公共财政预算收入	54.85 亿元
财政总收入	191.7 亿元
固定资产投资	247.14 亿元
实际利用外资	1.47 亿美元
进出口总额	42.17 亿元
社会消费品零售总额	152.63 亿元
旅游收入	121.24 亿元
公路总里程	2372.99 公里
航道总里程	76.63 公里
铁路里程	63.08 公里
学校总数	101 所
卫生机构	240 个
居民可支配收入	40697.5 元
城镇居民人均可支配收入	52802.2 元
农村居民人均可支配收入	25666.5 元

U0816131

2021

总第18卷

句容年鉴

句容市史志办公室 编

JURONG NIANJIAN

方志出版社
Publishing House of Local Records

《句容年鉴（2021）》
编审人员

主　　审	潘　群　周必松
副 主 审	赵树锋　郭　江　吴明成　凌　华 徐　飞　张　凯　吴亚芹　张德超
执行副主审	徐哲迅　高志祥
主　　编	张　俊
副 主 编	倪定胜　徐彬彬　许朝斌
编辑部主任	陈龙浩
责任编辑	陈东方　赵　霞　刘明亮　陈龙浩 朱　峰
编　　务	唐家亮

编辑说明

一、《句容年鉴》是句容市人民政府公报性质的综合性资料工具书。本书由句容市人民政府主办，句容市史志办公室编纂，1996年出版第一卷。第2卷于2001年编辑出版，系1996年—2000年合编。第3卷于2006年编辑出版，此后每年一卷，《句容年鉴（2021）》为总第18卷。

二、《句容年鉴（2021）》以马克思列宁主义、毛泽东思想、邓小平理论、“三个代表”重要思想、科学发展观、习近平新时代中国特色社会主义思想为指导，坚持辩证唯物主义和历史唯物主义的立场、观点和方法。其宗旨是通过综合整理，全面、系统、翔实地记录句容经济、社会的基本面貌和发展情况，为广大读者了解句容、研究句容，进而建设句容提供准确可靠的信息资料和基本数据，为全市精神文明建设和各项社会事业协调发展服务。

三、《句容年鉴（2021）》共设34个类目。个别分目下设立次分目，其标题前后加·表示。不同层次的标题，在字号、字体和版式设计上有明显标识。全书条目标题统一用黑体字加【】表示。《附录》中“组织机构及领导人名录”中的*表示“兼职”。全书稿件均按市政府批准的《句容年鉴》组稿大纲和撰稿要求，由各镇政府、各部门、各有关单位指定专人负责撰写，并经主要领导审定。所用统计数据，由于统计的来源、口径、方式、方法和时间不同而有一定差异，引用时请以市统计局提供的“句容市国民经济和社会发展统计资料”数据为准。

四、人物入鉴标准：“市领导简介”，收录年度内新任职者，介绍简历，配照片；年度内职务调整者，配照片，简历参见前鉴。“模范人物简介”，收录省委、省政府以上受表彰者，各类比赛国际前三名，国家前二名，省第一名，有重大贡献的新闻人物，介绍简历，配照片。“逝世人物”，收录年度内去世的市领导，介绍简历，配照片。省以上各类荣誉获得者和集体以名录形式收录。

五、本书在排版上，双页书眉为书名，单页书眉为类目标题；同时，设目录、索引等，以便读者查阅。

六、为丰富内容，本书收集部分补白资料，以及随文图照，力求做到图文并茂，形象、生动地反映句容市的发展面貌。

句容市行政图

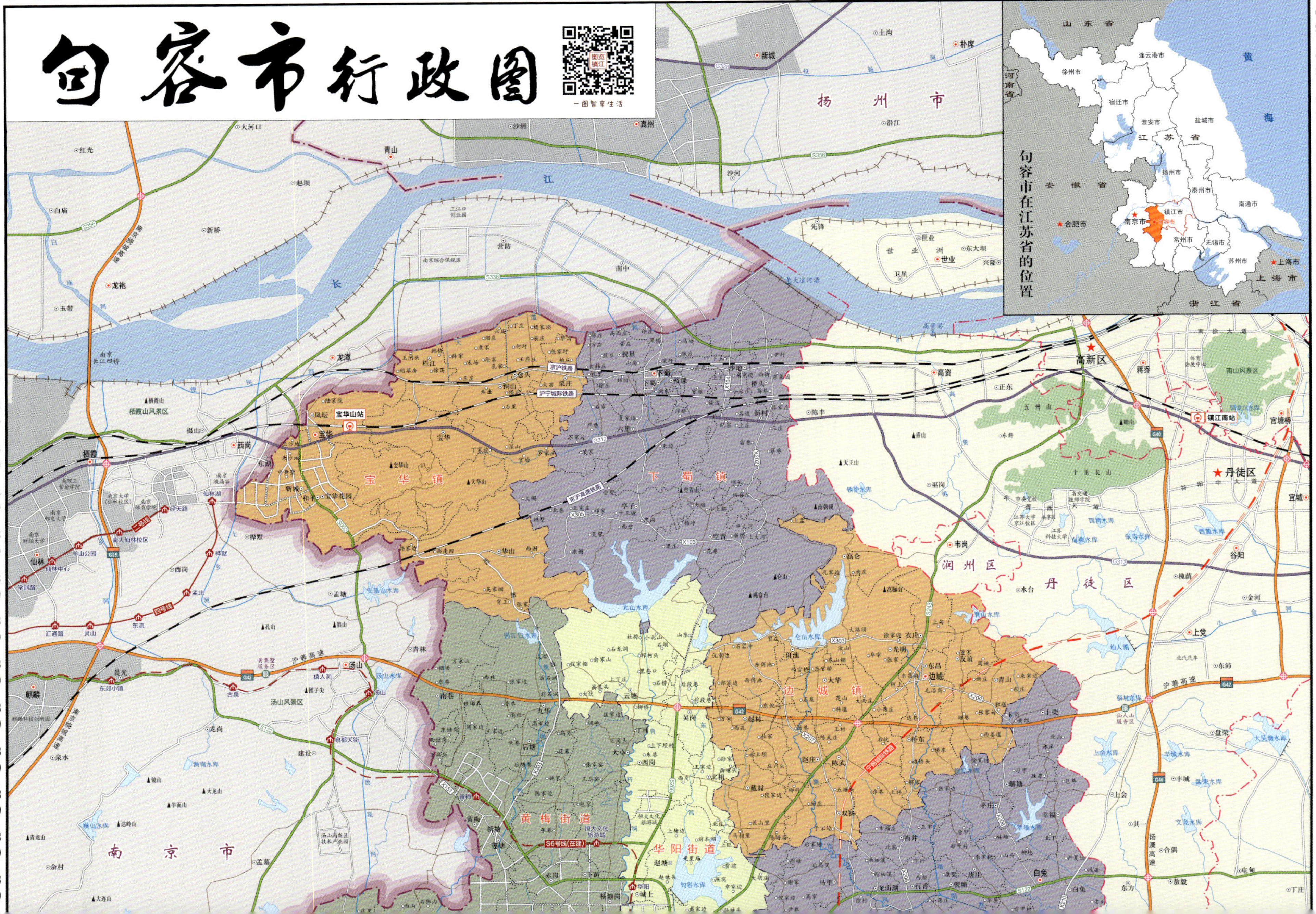

一图智享生活
扬州市
南京市
镇江市
宝华镇
下蜀镇
边城镇
华阳街道
黄梅街道
润州区
丹徒区
高新区
丹徒区
长江
句容市在江苏省的位置
山东省
安徽省
江苏省
浙江省
上海市
黄海
南京市
镇江市
合肥市
徐州市
连云港市
宿迁市
淮安市
盐城市
扬州市
泰州市
南通市
常州市
无锡市
苏州市
宝华山站
镇江南站
京沪铁路
沪宁城际铁路
沪宁高速铁路
沪蓉高速
S6号线(在建)

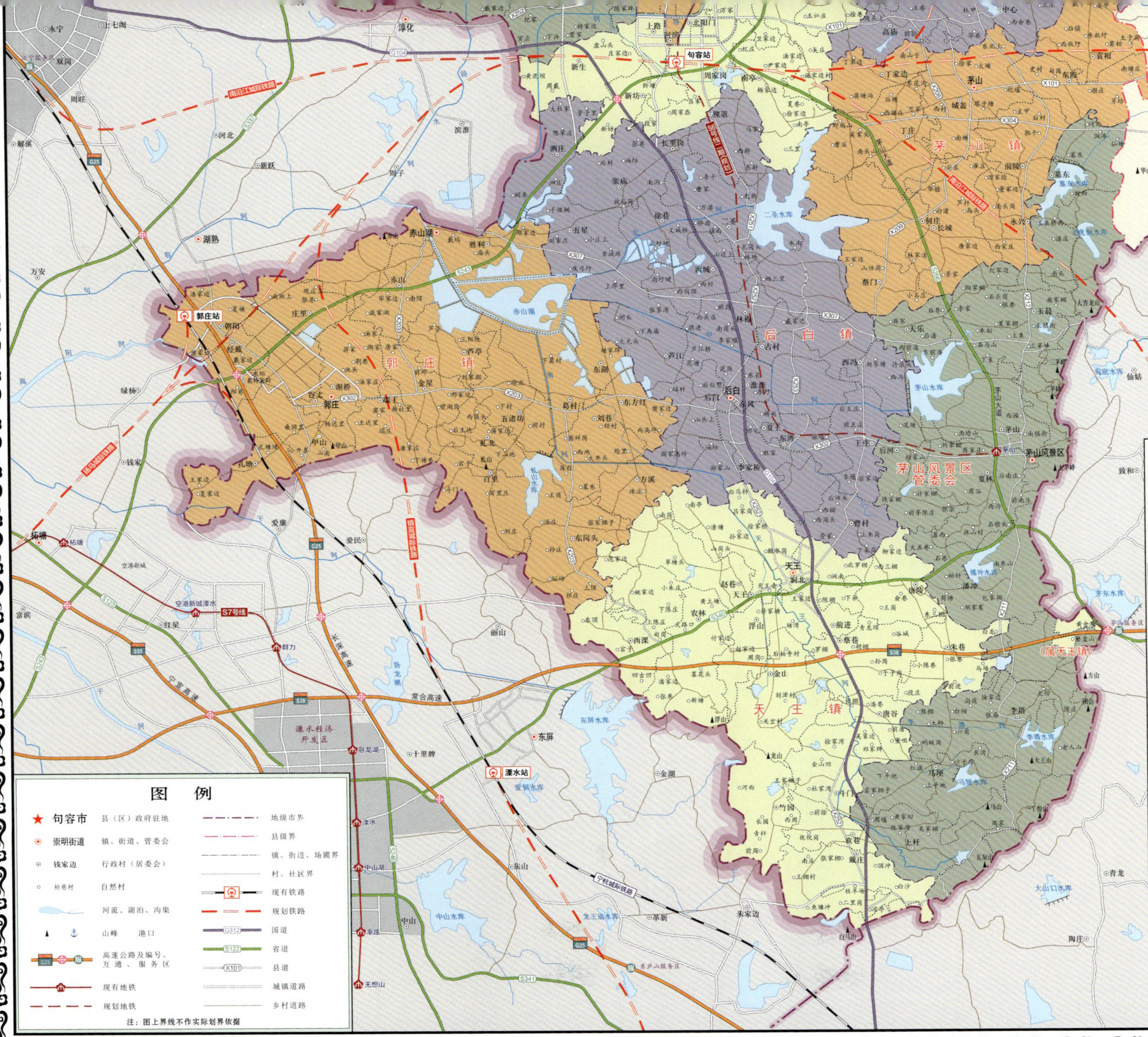

句容市简介

句容市是镇江市下辖市，地处镇江市西南部，东与镇江、常州两市交界，西与南京市相连，北纬31° 37′～32° 12′，东经118° 57′～119° 22′。

句容市交通便利，京沪铁路、沪宁城际铁路、京沪高铁、宁杭高铁穿境而过，沪蓉、长深、常合高速公路及312国道、104国道通达四方，南沿江城际铁路、宁（南京）句（句容）城际轨道交通等已在开发建设中。

句容市境内山丘岗坡起伏，全境有主体山峰10座，绵连山丘138个。其中，海拔400米以上山体4座。宁镇山脉大华山高444.9米，为镇江市第一高峰，居江苏省第三位。

句容市总面积1378km²，辖华阳、崇明、黄梅3个街道，下蜀、白兔、茅山、后白、郭庄、天王、宝华、边城8个镇和1个茅山风景区管委会，全市共有24个居委会、152个村委会。

句容市行政区划信息表

序号	镇街道名称	面积（km²）	下辖
1	华阳街道	122.49	社区（3个）：北阳门社区、上路社区、城上社区。 村（14个）：北相村、吉里村、里巷口村、南亭村、钱家边村、吴岗村、西岗村、下甸村、新坊村、新生村、杨家巷村、云塘村、赵塘村、周家岗村。
2	崇明街道	7.64	社区（13个）：崇明社区、东门社区、葛仙社区、河滨社区、红旗社区、甲城社区、建新社区、马扎里社区、茅山社区、梅花社区、新村社区、义台街社区、中凌社区。
3	黄梅街道	130.45	社区（6个）：赤岗社区、三里井社区、三台阁社区、西庙社区、杨塘岗社区、寨里社区。 村（13个）：大卓村、杜家山村、河桥村、后塘村、后荸村、黄梅村、九华村、莲塘村、南巷村、石狮村、下荫村、新塘村、姚徐村。
4	下蜀镇	130.67	村（9个）：空青村、六里村、桥头村、沙地村、亭子村、下蜀村、新村村、裕课村、祝里村。
5	白兔镇	117.85	村（15个）：白兔村、高庙村、古隍村、解塘村、龙山湖村、马里村、茅庄村、倪塘村、上荣村、太平村、唐庄村、西井村、行香村、幸福村、中心村。
6	茅山镇	86.16	村（10个）：袁相村、东霞村、前陵村、永兴村、城盖村、长城村、丁家边村、丁庄村、蔡门村、何庄村。
7	后白镇	140.66	村（21个）：曹村村、长里岗村、东风村、东湾村、二圣村、古村村、后白村、槐道村、淮源村、李家桥村、林梅村、芦江村、王庄村、五星村、西城村、西冯村、夏王村、徐巷村、延福村、张庙村、泗庄村。
8	郭庄镇	150.47	村（22个）：百里村、百丈村、朝阳村、赤山村、东方红村、东岗头村、东湖村、端王村、方溪村、葛村村、郭庄村、甲山村、金星村、经戴村、孔塘村、刘巷村、芦亭村、五渚坊村、谢桥村、庄里村、虬北村、胜利村。
9	天王镇	132.52	村（16个）：蔡巷村、戴庄村、斗门村、浮山村、涧北村、金山村、农林村、前进村、唐谷村、唐陵村、天王村、西溧村、袁巷村、赵巷村、朱巷村、竹园村。
10	宝华镇	104.73	社区（2个）：宝华花园社区、新城社区。 村（8个）：宝华村、仓头村、凤坛村、和平村、栏江村、栗庄村、铜山村、华山村。
11	边城镇	115.17	村（14个）：陈武村、大华村、戴村村、东昌村、高仓村、光明村、桥东村、青山村、双杨村、农庄村、友谊村、赵村村、赵庄村、倒池村。
12	茅山风景区管委会	140.71	村（10个）：纂东村、玉晨村、天乐村、茅山村、夏林村、后河村、潘冲村、李塔村、马埂村、上杆村。

句容市自然资源和规划局
镇江市勘察测绘研究院　编制

比例尺　1:10万

审图号：苏镇S（2020）10号　2020年9月编制

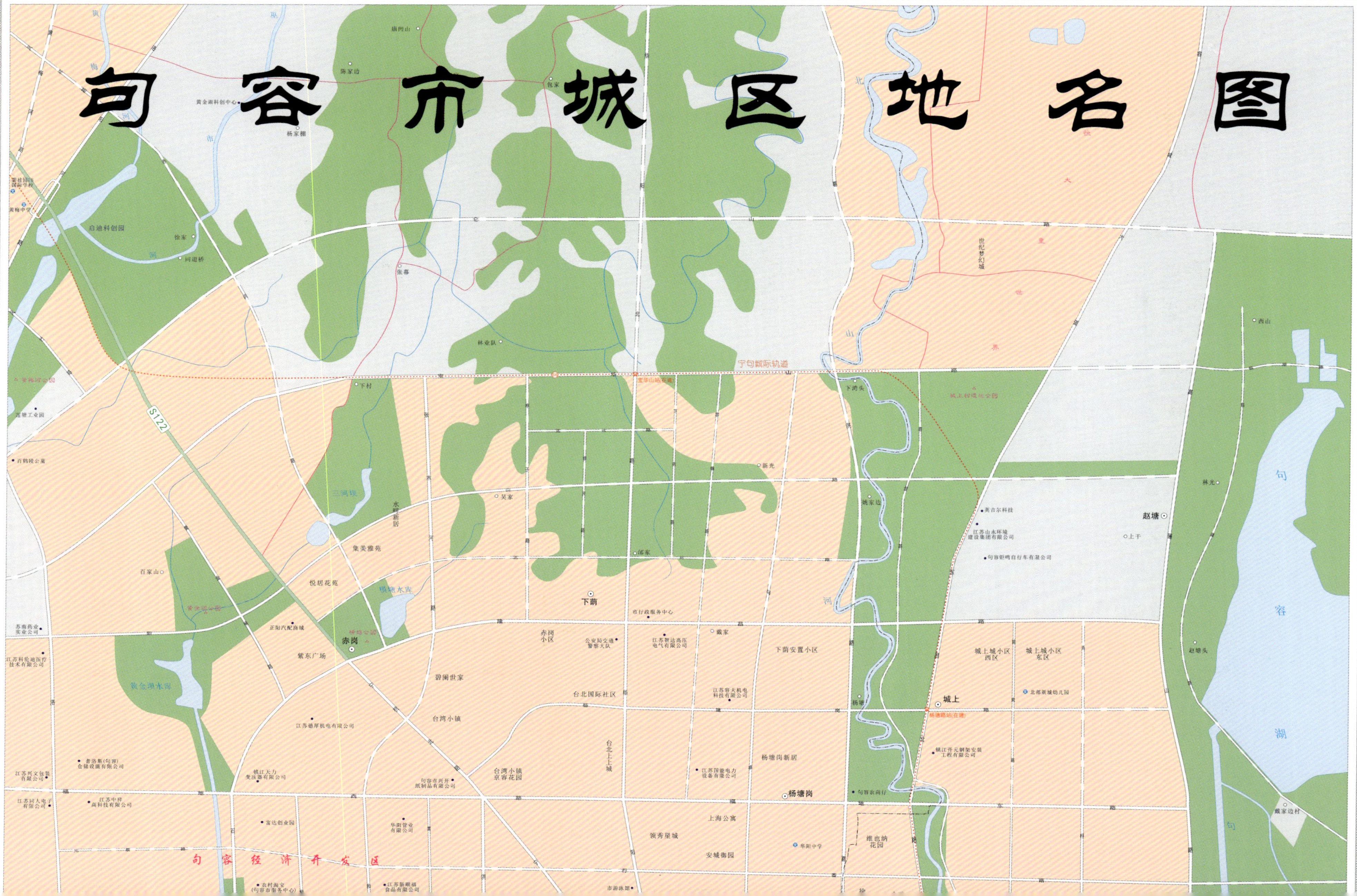
句容市城区地名图
下蜀
赤岗
城上
杨塘岗
赵塘
句容湖
宁句城际轨道
S122
句容经济开发区
启迪科创园
黄金湖水库
下蜀安置小区
台北国际社区
台湾小镇
碧澜世家
紫东广场
悦居花苑
集美雅苑
杨塘岗新居
上海公寓
颂秀星城
安城御园
城上城小区西区
城上城小区东区
世纪梦幻城
林业队
陈家边
杨家棚
张慕
下村
吴家
新光
戴家
赤岗小区
台湾小镇京春花园
台北上上城
维也纳花园
华阳中学
西山
林光
赵塘头
戴家边村
上干
百家山

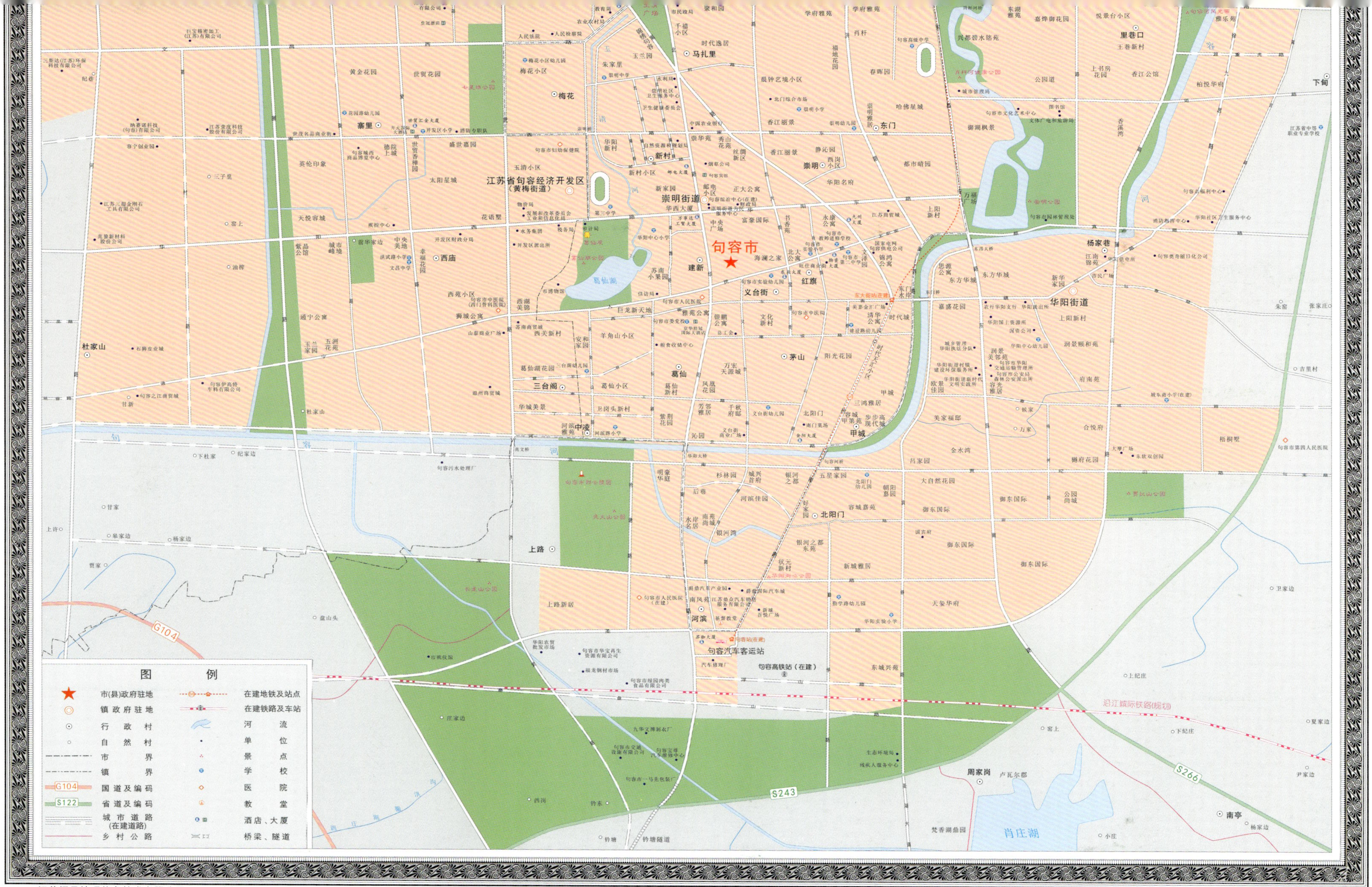

江苏恒月地理信息技术有限公司 编制　句容市民政局 监制　审图号：苏镇S(2019)09号　2019年11月

数 字

地区生产总值
亿元
700
600
500
400
300
200
100
0
500.42
540.75
619.98
649.63
675.48
2016年
2017年
2018年
2019年
2020年

人均地区生产总值
元
120000
100000
80000
60000
40000
20000
0
79965
86313
98786
103247
105766
2016年
2017年
2018年
2019年
2020年

公共财政预算收入
亿元
60
50
40
30
20
10
0
40.48
44.0
50.0
53.5
54.85
2016年
2017年
2018年
2019年
2020年

“十 三 五”

全体居民可支配收入

城镇居民可支配收入

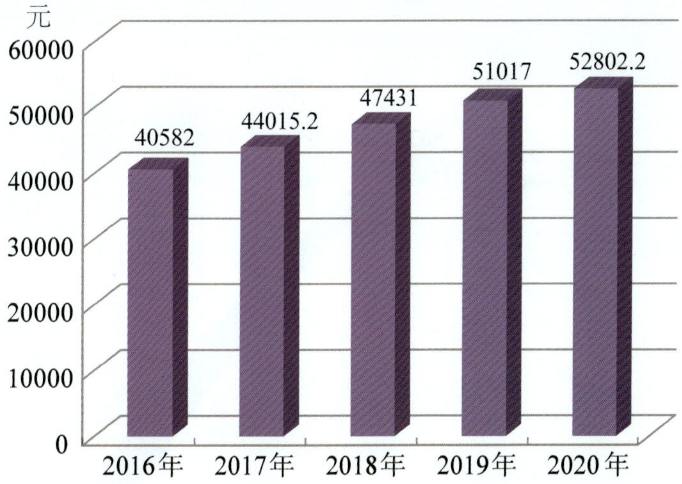

农村居民可支配收入

水美乡村下葛村·王义华

句容市医养融合综合体——社会福利中心投入运营

① 台湾半导体产业园项目

② 唐陵村获评“全国生态文化村”

③ 壹度科技

④ 西冯草坪成功创建国家地理标志

赤山湖创成国家湿地公园

丁庄葡萄产业融合发展入选江苏省乡村振兴典型案例

华阳东西南北路“白改黑”工程

句容市创成首批省级全域旅游示范区

句容市采购新能源公交车

农村公路建设

宁句城际轨道交通工程

白兔镇白兔村大棚草莓

白兔镇扶贫针织车间

宝华镇仓头村强民稻米专业合作社

边城镇军民共建脱贫项目开工建设

边城镇弭池村民屋顶光伏

后白镇五星村光伏发电

华阳街道经济薄弱村入股句容市景泰新农村建设有限公司项目

开发区在全市率先注册成立农村实业股份制公司——江苏容宁科技发展有限公司

后白镇李家桥村油菜花海

① 茅山风景区管委会李塔村茶叶加工厂项目

② 茅山镇丁庄葡萄玻璃智能大棚

③ 天王镇赵巷村樱花园门市房项目

全国文明城市

中央精神文明建设指导委员会
2020年11月

证　书

江苏省句容市：

被评为第六届全国文明城市（县级），特发此证予以表彰。

中央精神文明建设指导委员会
2020年11月

句容市获评全国文明城市

学雷锋志愿服务
授旗仪式

全市全国文明城市创建、国家卫生城市复审工作推进会

文明交通：路段志愿服务

崇明公园景观小品

新时代文明实践点赵亚夫事迹馆

"我们的节日"系列活动端午文化周

争当文明养犬人广场宣传活动

沪蓉高速句容陈武道口防控点

S122 防控点，碧桂园路段

2 月 2 日，第一批援鄂队员出征

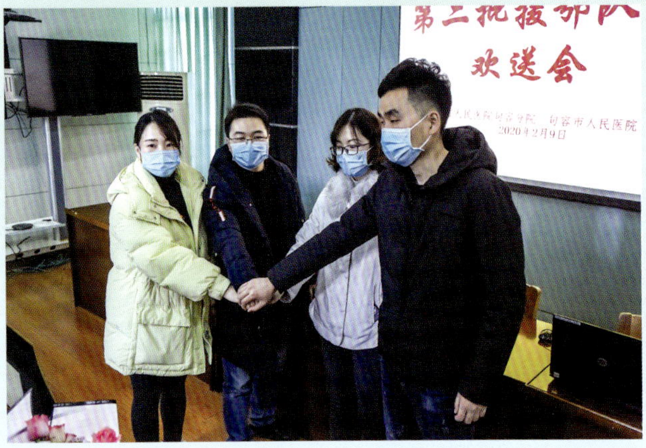

2 月 9 日，第二批援鄂队员出征

2 月 11 日，第三批援鄂队员出征

新村小区
防控点

疫情宣传

句容市集中隔离点

运政执法人员对返工专线包车进行安全检查

人民医院防控点

为返工人员
提供物资保障

句容市援鄂医务
人员返回句容

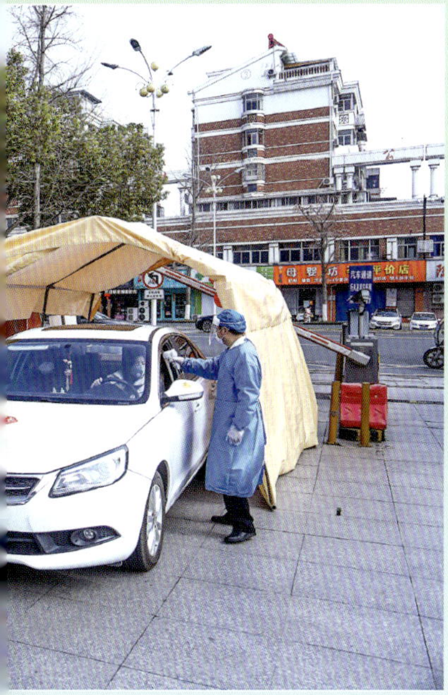

8 月 26 日，句容市开始承担南京禄口机场航班入境人员分流隔离

句容市向斯洛文尼亚友好城市阿伊多夫什契纳市捐赠抗疫物资

句容夜景 · 吴荣燕

目　录

特　载

大事记

句容概览

中共句容市委员会

句容市人民政府

句容市人民政府

政协句容市委员会

中共句容市纪律检查委员会 句容市监察委员会

群众团体

民主党派·工商联

法　治

军　事

自然资源和生态环境

综合经济管理

农业·农村

工　业

对外及对港澳台经贸合作

商贸流通

旅　游　业

金　　融

交通・邮政・物流

信息化建设

城乡建设和管理

科学技术

教　育

文化·体育

大众传媒

卫　生

社会生活

人力资源和社会保障

开发区建设和管理

镇（街道）·管委会

人物·荣誉

附　录

索　引

句容市全国文明城市创建工作综述

文明，是城市进步的标志，更是城市发展的灵魂。2018年以来，句容市将创建全国文明城市作为精美城市建设的有效载体，作为提升人民群众获得感、幸福感、安全感的有力手段，坚持“人民城市人民建、人民城市为人民”创建宗旨，贯彻“标准为王、美感为要、文化为魂、以人为本”创建理念，聚焦短板弱项、聚力攻坚克难，2020年，句容市以全省第5、全国第28名的优秀成绩摘得第六届全国文明城市桂冠。

一、坚持高位推动、多方联动，常态长效抓创建

牢牢把握新时代精神文明建设在全局工作中的重要地位，把文明城市建设作为推进区域治理体系和治理能力现代化的总抓手，作为改善民生福祉，增强群众获得感、幸福感的总引擎，突出高位统筹、健全工作机制、强化要素保障、层层压实责任，建立了“纵向到底、横向到边”的工作体系。

一是坚持“一把手”主抓。成立了市委、市政府主要领导任组长的创建领导小组，明确文明城市建设为全市上下“一把手”工程，每年围绕测评体系，编印《市长工作手册》《全国文明城市创建重点工作任务分解表》，量化目标任务、倒排时间节点、落实责任到人。多次召开市委常委会、党政联席会、四套班子专题联席会，研究文明城市创建重点工作。

二是坚持常态化推进。市委、市政府主要领导定期召开调度会，对存在问题逐一过堂、当面交办，围绕老旧小区、背街小巷、集贸市场、停车秩序等重点部位和薄弱环节经常性开展随机暗访。分级分类建立微信工作群，对动态问题，第一时间交办、第一时间处理、第一时间反馈。组织全市75家单位干部职工包干城区路段，突出卫生保洁、秩序维护、设施报修、文明宣传等重点，制定规范流程，每天填写路段服务执勤表和工作日志，使文明城市建设成为各单位一项常规性工作。

三是坚持强有力督查。按照标准从严、进度从紧、成效从实的原则，深化“干、督、查”机制，制定文明城市建设督查、考核和问责管理办法。坚持日常督查、专项督查、联合督查、路段巡查多管齐下，定期开展第三方测评。书记、市长“四不两直”方式常态化督查巡查，现场调度、一线指挥。开展双月考核，建立流动红旗激励机制，将模拟测评成绩纳入年度综合考核。

二、坚持以人为本、为民惠民，建管结合补短板

坚持以人民为中心的思想，把提升城市规划建设管理水平作为文明城市创建的关键指标，围绕解决群

众日常生产生活中的痛点堵点等问题，实施城乡环境、居民小区、集贸市场、文明出行、六小行业、黑臭河道等12项专项整治工程，推进“百日攻坚行动”“四大提升工程”，以实实在在的工作成效，把为民惠民要求落到实处。

一是注重顶层设计。深入谋划城市战略品牌，着眼产城景文深度融合，立足句容的历史文化元素，委托专业公司进行规划设计，形成了句容城市品牌战略系列规划，在文明城市创建测评体系点位要求基础上，涵盖城市路灯、路牙、绿化、窨井盖、公交站台、户外广告、标识标牌、城市“小品”及句容“福道”等城市公共信息与公共空间文化装饰系统，着力打造独具句容特色的城市LOGO。科学分解城市标准体系任务，明确今后所有涉及城市标准体系的相关建设项目，工程标准和设计样式必须要经过牵头部门的审核批准，确保实现资源统筹、扎口管理。结合城区主干道“白改黑”、道教论坛筹备、“福道”建设、公益景观小品、公益广告提升等各项工作，推动城市标准体系内容精准落地。

二是完善基础设施。2018年以来，句容市先后投入6000万元对人行道板等城区道路基础设施进行维修养护，投入1450万元对城区三条路段进行综合提标改造试点，投入8800余万元实施华阳东西南北路、人民路和玉清路“白改黑”升级改造。投入8000余万元实施句容河景观带二期工程，提升城市绿化。建成福地广场并对外开放，完成葛仙湖公园、玉清好人广场、和平鸽广场等改造项目，新建华阳市民广场、好运广场、北阳门广场等一批“口袋广场公园”。完成句茅路升级改造，有效提升通行舒适度，1256盏饱含福文化的路灯成为靓丽风景线。建成义台街历史文化街区，华阳农贸市场、福地生鲜汇等一批高标准农贸市场投入使用，打造365千米“句容福道”乡村公路，城市筋骨更为健壮，城乡颜值更加秀丽。

三是强化精细管理。坚持城区垃圾收集点“一日三清”，与商户签订市容环卫责任书，落实“门前三包”义务。实施占道经营和城区农贸市场周边环境集中整治工程，试点推进流动摊位管理办法。强化城市河道环境治理，在全省率先建立“排口长”管理制度，先后投入近3亿元对玉清河等5条主要河道实施黑臭水体综合治理。强化建筑工地管理，通过提标硬件和加强巡查，严格扬尘管控。开展“牛皮癣”小广告专项治理，通过集中清理、设置便民张贴栏疏导引导、加大巡查处罚力度，有力遏制小广告滋生蔓延。拆除违规户外广告设施及楼顶发光字近万平方米，还原建筑外立面和城市天际线，城区重要节点新增景观小品79个、环保灭烟柱280支，推广仿真绿植工地围挡10万余平方米。加强路域环境整治，整顿各类废品收购站（点）183家，清理公路沿线乱堆乱放、乱搭乱建950余处。实施文明出行、文明养犬、禁燃禁放等专项整治行动，加强城区停车泊位建设管理，新增机动车停车泊位1.1万余个，非机动车泊位2000余处。划定严管街区，在全市开展“封闭式电动三四轮车”“一盔一戴”专项整治行动，强力整治各类交通违法行为。招聘300余名协管员，协同引导各类车辆有序停放。

四是提升宜居水平。针对老旧小区，制定提标改造三年行动方案，统筹调配3亿元对城区30个小区进行综合改造，对121个老旧小区进行集中整治，新增微型消防站98个，维修、安装楼道照明灯1400盏，修补绿化面积5000平方米，惠及30000户居民。完成25个背街小巷整治工程，安装路灯570盏，有力提升群众的获得感、幸福感和安全感。成立市、镇两级物业管理机构，出台《句容市物业服务企业信用综合评价管理办法（试行）》，上线“智慧物业”句容市物业服务企业诚信综合评价系统，探索建立有力有效的常态管理机制。针对无物业小区，统一将其日常卫生保洁工作纳入属地街道管理，通过政府购买服务杜绝失管现象。坚持城乡联动，投入9亿元开展以“四清一治一改”为主体的农村人居环境整治行动，实施专项整治工程，完成138个行政村、1394个自然村人居环境整治，城乡环境面貌得到较大提升。

三、坚持共建共享、群众参与，齐抓共管促提升

2018年以来，句容市秉承共建共享的创建理念，创新各种方式，运用各种载体，充分调动群众的积极性、主动性，形成全民参与创建的良好局面。

一是倡导“人人说”，开展入户走访。将城区4万余户居民划分走访网格，与69个市级机关部门和3个城区街道的干部职工结对，开展文明城市建设大走访活动。统一定制环保手提袋、市民文明礼仪手册，

走访时送给广大市民，并就文明城市建设征求市民意见和建议。组织志愿者对街道周边商户逐一入户走访，做到“入户随访、文明宣传、听取民意”三位一体全覆盖。对政策咨询类的问题由走访单位及时给予答复；对于环境卫生等一般性问题，走访单位、街道和职能部门限时给予解决；对于较大投入和较长周期类的问题，纳入民生实事工程统筹推进，并及时向市民反馈处理进度。

二是支持“人人查”，共做“啄木鸟”。依托“句容发布”和“文明句容　智慧城管”微信公众号，12345市长热线、数字化城管平台，开通问题举报通道，市民可提交自己发现的道路不洁、设施破损、违法乱建等问题，城管部门线上受理、实时交办、线下整改、图文反馈。常态化巡查本地重点网站论坛，对文明城市建设主题帖文建立“发现、转交、整改、回复”“一条龙”机制，累计解决并反馈问题3000余条。同时，在句容电视台开设《啄木鸟在行动》栏目，聚焦反映较为普遍、性质较为严重的问题，不避不惧、监督曝光，300多个市民关注的问题得到有效解决。公开选聘100名市民监督员，通过积极献策、宣传动员和监督不文明行为等方式，引导社会各界积极参与文明城市创建。

三是引导“人人做”，争当文明使者。发挥志愿者协会统筹协调作用，依托江苏志愿者平台，打造“情暖句容”志愿服务品牌，组织青年志愿者、“五老”志愿者、党员志愿者等深入大街小巷、走进城乡社区，广泛开展文明旅游、移风易俗、保护环境、交通劝导、扶危济困等活动8000余场次，参与人数20万人次。举办“小手拉大手　文明一起走”“句容文明随手拍”“您文明驾驶，我为您加油”“网‘句’文明城　共襄新时代”等一系列线上线下互动引导活动，为市民参与文明城市建设搭建更多方便快捷、喜闻乐见的平台。

四、坚持以德润心、以文化人，价值引领树新风

坚持把培育和践行社会主义核心价值观作为建设文明城市的灵魂工程，塑造城市之魂、涵养道德风尚。

一是加强平台建设。一方面，继续深化以好人广场、道德讲堂、善行义举榜、句容好人馆、好人一条街等为主要内容的载体建设。加大公益广告载体管理和刊播力度，开展公益广告宣传发布规范化专项检查，投入5000万元对城区陈旧、破损公益广告进行更新，征集、刊播一批体现句容特色的公益广告作品。另一方面，加强既有阵地统筹，破除壁垒、打通关节，促进各部门同向用力建好新时代文明实践中心“五大平台”。坚持融媒体中心和新时代文明实践中心同步推进，借助新媒体传播优势，建设新时代文明实践融媒云平台。

二是突出典型引领。深入贯彻落实《新时代公民道德建设实施纲要》《新时代爱国主义教育实施纲要》，充分发挥典型引领作用，高水平承办江苏省道德模范与身边好人现场交流活动，持续开展“句容好人”“文明家庭”“感动句容人物”等评选活动。依托道德讲堂，开展模范好人“进校园、进机关、进企业、进社区、进农村”基层巡讲，组织《赵亚夫》电影公映巡演。常态化发布诚信“红黑榜”，开展诚信示范街区创建和文明诚信商户、诚信农产品星级评定等新时代文明实践活动。三年来，我市获评全国“最美奋斗者”1人，获评第七届江苏省道德模范提名奖1人，入选“中国好人榜”1人、“江苏好人榜”11人，3人获评省“最美系列人物”，1户家庭被评为“江苏省文明家庭”。

三是坚持以文化人。面向城乡持续开展群众文化艺术节、“百姓大舞台”“广场舞大赛”“文艺走亲”等群众性文化活动，将新思想新理念新战略及移风易俗、文明创建等知识与文艺节目有机融合，实现文艺“登台”、文化“搭桥”、文明“唱戏”。2018年以来，全市开展广场舞大赛、百姓大舞台、戏曲进乡村、民间文艺团体大比拼、“非遗”展演、歌咏比赛等各类群众文化活动4000余场。全市逐步形成政府主导、社会力量支持、全民参与群众文化活动的新局面。

四是践行立德树人。建立健全未成年人思想道德建设联席会议制度，定期召开会议部署推进年度重点工作。完善学校、家庭、社会“三结合”教育网络，3所学校获评省家庭教育优秀家长学校，天王中心小学获邀参加全省乡村学校少年宫优秀成果展。广泛开展“扣好人生第一粒扣子”“我们的节日”、“童”字系列美育活动。深化“八礼四仪”养成教育，崇明小学“太阳鸟”志愿服务活动获省中小学品格提升工程项目，高标准承办镇江市开学第一课现场观摩活动。常态化组织开展“新时代好少年”评选宣传工

作，1名学生获评江苏省“新时代好少年”、25名学生获镇江市“优雅少年·新时代好少年”。举办“学习模范精神　传递道德力量”——句容市道德人物走进句容中专校活动，邀请“中国好人”孙建云等先进典型讲述道德故事，引导广大师生见贤思齐、崇德向善。

五、坚持资源整合、机制创新，文明实践育新人

认真贯彻落实全国宣传思想工作会议精神和建设新时代文明实践中心试点工作专题会议精神，以群众参与、群众满意为重点，加强资源力量整合，健全高效运行机制，丰富创新活动载体，优化群众参与路径，大力推进新时代文明实践建设省级试点工作。

一是强化组织领导，突出整体推进。市委常委会召开会议研究新时代文明实践中心建设试点工作，并以市委、市政府名义印发《关于句容市新时代文明实践中心建设试点工作的实施意见》，建立联席会议制度，召开农村精神文明建设暨新时代文明实践中心建设试点工作推进会，市、镇、村三级已分别成立新时代文明实践中心、所、站。中心依托既有阵地，规划建设集展示、培训、办公、访谈等功能为一体的综合平台，配备14名专职工作人员。各所、站依托综合文化站、文化服务中心打造“五大平台”，每个所配备2—3名工作人员，每个站配备1名以上工作人员，并将相关建设经费纳入政府年度预算，强化工作保障。贯彻落实市、镇、村三级党组织书记“重点任务清单”，推进专题述职制度，强化“一线总指挥”主体责任。

二是打通平台阵地，整合各类资源。在阵地资源整合上，统筹运用现有基层公共服务资源，配套完善各类活动设施，根据文明实践需要统一调配使用。同时，注重地域特色资源的整合利用，把金山理论讲习所等融入理论宣讲平台；把茅山铁军营、赵亚夫事迹展示馆、巫恒通故居等红色教育基地融入教育服务平台；结合传统文化“双抢”工程，把张家蹚舞、二龙戏珠、秦淮灯彩等民俗文化融入文体服务平台，等等。目前，句容市已在全市建立890余个文明实践点，在志愿服务力量组成上，成立市级志愿服务总队，整合成立5支市级骨干志愿者队伍，带动全市1200余家志愿服务团队、公益性社会组织平均每天开展活动60场次以上。特别是依托新乡贤、老教师、退休老干部等，打造“百姓名嘴”理论宣讲队伍，依托农科所专家、农林学院师生、退休老专家等，打造“亚夫”科技助农队伍，打响“葡萄架下的文明实践”“有机稻田的文明实践”等“接地气”的服务品牌，让文明实践与农业生产深度交融，让“富口袋”与“富脑袋”互动互促。“葡萄架下的文明实践”，获评全国“四个100”最佳志愿服务项目。

三是健全运行机制，突出群众参与。利用道德讲堂、走访慰问、基层党员大会等时机，组织开展文明实践工作意见建议征集活动，推动文明实践活动百姓“点单”与组织“派单”相结合，最大范围调动群众参与文明实践热情。组织各级文明单位分批次与经济薄弱村开展文明结对行动，支持帮助结对村提升农民文明素质和乡村文明程度。打造“四屏一声”智慧平台，聚合指挥调度、项目展示、活动管理、文明频道、活动推送等功能，运用手机屏、电脑屏、户外屏、电视屏和覆盖全市镇村的“大喇叭”广播，实现文明实践目视化管理、多元化展示、人性化互动。组织开展优秀志愿服务项目评选活动，以项目建设引领志愿服务活动，孕育志愿服务品牌。

六、坚持思想引领、全域创建，基层基础更稳固

近年来，句容市认真贯彻落实中央文明委《关于深化群众性精神文明创建活动的指导意见》，以文明系列单位创建为引领，持续推进文明村镇、文明社区、文明单位、文明行业、文明校园、文明家庭系列创建活动，抓实精神文明建设的基础性工程，激活城乡文明的“细胞”，筑牢城乡文明的根基。

一是持续深化文明村镇创建。以习近平新时代中国特色社会主义思想为引领，以筑牢理想信念、改善人居环境、培育新型农民、弘扬时代新风、丰富文化生活、深化文明创建为目标，着力提升农民精神风貌、着力丰富农民文化生活、着力改善农村人居环境，不断推动农村精神文明建设不断往实里做、往深里做、往心里做，以乡风文明促乡村振兴。三年来，结合文明村镇创建、文明实践所、站建设，围绕决胜脱贫攻坚、全面建成小康社会、农村人居环境整治等主题，深入组织开展“我身边的小康”主题宣讲、“共圆小康梦　幸福舞起来”广场舞大赛、百姓大舞台、红色电影下乡等活动；持续推动农村公共基础设施建设，推进乡村规划、厕

所革命、垃圾治理、污水治理，引导农民群众合理布局、美化绿化家庭院落。

二是持续深化文明单位创建。突出优质服务和履行社会责任，引导各业广泛开展具有行业特色、职业特点、工作特性的创建活动，推动政务窗口单位实现线上“一网通办”、线下“只进一扇门”、现场办理“最多跑一次”为民便民惠民服务，推动服务性行业窗口单位深化“一站式”服务、提供错时延时服务；组织引导文明单位参与“城乡结对、文明共建”“万企联万村、共走振兴路”活动，服务乡村振兴、助力“六稳”“六保”。贯彻落实十九大关于促进非公有制经济健康发展和非公有制经济人士健康成长的部署要求，引导推动各类非公有制组织单位结合自身实际开展各具特色的文明单位创建活动。

三是持续深化文明校园创建。文明校园创建是落实立德树人根本任务、培养社会主义建设者和接班人的重要载体。近年来，句容市不断深化学校创建主体责任，坚持“六个好”文明校园创建标准，突出师德建设和校园文化建设，广泛开展形式多样、健康向上、格调高雅的校园文化活动，使校园成为社会文明风尚的重要窗口。特别在疫情防控工作中，市文明办组织动员省级文明校园发挥示范带动作用，加强师生疫情防控宣传引导，停课不停学，在家如在校，多措并举加强思想道德教育；每年组织开展“文明礼仪养成教育”主题实践月活动，组织广大未成年人争当“文明小天使”“健康小卫士”“我为社会主义价值观代言”等活动；组织开展“小手牵大手”社区志愿行。

四是持续深化文明家庭创建。家庭文明建设涉及千家万户，引导家庭树立优良家风、弘扬家庭美德，是营造良好社会风气的重要基础。近年来，句容市深入推进家庭文明建设行动计划，注重发挥村社区、基层单位、网格员队伍作用，积极推动“最美家庭”“绿色家庭”“文明户”等基础性创建，广泛组织开展好母亲、好媳妇、好公婆、好妯娌等家庭角色推选，不断夯实文明家庭创建的基础。每年组织开展“文明家庭”评选和“传、立、扬”系列活动。

（文明办）

句容市“十三五”发展综述

“十三五”期间，面对错综复杂的宏观环境和前所未有的风险挑战，特别是新冠肺炎疫情的严重冲击，句容全市上下坚持以习近平新时代中国特色社会主义思想为指导，全面贯彻党的十九大和十九届二中、三中、四中、五中全会以及习近平总书记在江苏考察时的讲话精神，落实镇江市委市政府、句容市委各项决策部署，统筹推进“五位一体”总体布局，协调推进“四个全面”战略布局，全面加强党的领导，紧紧围绕“一福地四名城”城市定位和“1355”战略部署，坚定不移“抓风险、抓统筹、抓协调”，高质量发展取得重大成就，基本完成“十三五”规划确定的主要目标任务，如期实现高水平全面建成小康社会的各项目标。

综合实力迈上新台阶。“十三五”期间，句容经济发展呈现出稳中有进的良好态势，逐渐迈向高质量发展。2020年完成地区生产总值675.5亿元，一般公共预算收入达到54.85亿元，分别是“十二五”末的1.44倍和1.37倍。城镇居民人均可支配收入和农村居民人均可支配收入分别达到5.28万元和2.57万元。2020年全国乡村振兴百佳示范县、全国小康指数百强县、全国投资潜力百强县分别排名第5位、第37位、第42位。

产业转型升级成效显著。坚持践行新发展理念，努力构建新发展格局，强长板补短板，一、二、三产协同发展。坚持通盘谋划全市产业布局，中科物栖、中科视语、壹度科技、台湾半导体产业园等一批成长性强、带动力强的优质项目落户。各板块在优势领域持续发力，宝华“桥头堡”、开发区“发动机”、郭庄“新引擎”、下蜀“千斤顶”功能进一步强化，环南京东部创新创业带加快形成。成功入选全国农村创新创业典型县。“丁庄葡萄”“西冯草坪”“戴庄大米”成功创建国家地理标志，唐陵花木交易市场有限公司成为农业产业化国家重点龙头企业。

三大攻坚战取得关键进展。完成镇江市下达的政府隐性债务化解年度目标任务，依法依规依纪处置一批存在重大风险隐患的问题。大力实施脱贫攻坚，制定出台低收入群体健康扶贫意见相关政策，79个经济薄弱村、6447户建档立卡低收入户全部达标脱贫，先后荣获“省农办系统先进集体”和“全省脱贫攻坚组织创新奖”。污染防治成效明显，$PM_{2.5}$平均浓度逐年下降，创造性设立“排口长制”，基本实现晴天污水不入河，国省考断面水质稳定在Ⅲ类水以上。

城乡区域协调快速推进。积极抢抓长三角一体化、宁镇扬一体化等重大战略机遇，南沿江城际铁路、宁句城际轨道交通等一批带动全局、影响长远的重大基础设施建设稳步推进，南京东部立体综合交通枢纽呼之欲出。新改建农村公路300多千米，更新新能源公交车225辆，开辟、优化公交线路26条，实现乡镇公交全覆盖。顺利完成赤山湖蓄滞洪能力提升工程、肖杆河整治工程和句容河城区段水环境提升工程，进一步夯实基础设施。累计完成农业水价综合改革面积54.48万亩，农村水利设施管护迈上新台阶。连续五年，一般公共预算支出四分之三以上用于民生。

乡村振兴有序推进。“戴庄经验”全省再推广，生态农业特色彰显，创成全国首批农村产业融合发展示范园、国家电子商务进农村综合示范县和全国森林旅游示范县，建成全国首家农业互联网医院，成功申办第五届国际道教论坛，成功举办第十九届中国草莓文化旅游节，创成江苏省农产品质量安全示范县、首批省级全域旅游示范区，赤山湖创成国家湿地公园，天王镇唐陵村获评“全国生态文化村”，丁庄葡萄产业融合发展入选江苏省乡村振兴典型案例。

城市功能品质持续优化。深入挖掘句容历史文化元素，形成独具特色的城市战略品牌。正式批复9个乡镇总规、10个乡镇控规，完成中心城区27个控规单元的规划编制。按照“三降两提”要求，打造高品质楼盘，有序推进城市微改造，实施城市主次干道“白改黑”工程、城市沿街立面改造提升，整治出新老旧小区居民楼，实施小区垃圾分类试点。创成国家节水型城市、第六届全国文明城市，“葡萄架下的文明实践”荣获全国学雷锋志愿服务“四个100”最佳项目，群众共建共治共享人民城市的信心得到极大提振。

深化改革实现重大突破。营商环境持续改善，开通“12345”企业服务专线，推行企业设立全程电子化和代办服务，实行“一窗受理、全科服务”，试行“一件事一次办”。放管服改革取得积极成效，基本实现“1330”改革目标。全面推广“交房（地）即发证”不动产登记模式。全面完成农村集体产权制度改革，新型经营主体适度规模经营面积达到62万亩，比重达70%。基层组织建设制度改革不断深化，农村基层党建标准化建设通过省级验收并成为镇江市地方标准，村书记专职化管理试点全省推广。村级小微权力清单制度持续推进，监察员办公室工作模式入选江苏省首届“廉政与治理”创新十佳案例。

社会民生事业亮点频现。就业创业质量改善，连续开展五届“福地青年英才”创业大赛，建设各类创业载体22家，城镇登记失业率控制在3%以内。保障水平稳步提升，公共服务供给优化，省句中异地新建工程开工建设，完成异地新建市人民医院、妇幼保健院等卫生健康重点工程，与省人民医院达成“院府合作”并不断深化，组建市人民医院、市中医院医疗集团，分级诊疗制度有序落实。新建句容市社会福利中心，开展乡镇敬老院升级改造工程，南部应急水厂投入运营，开工建设长江引水暨城区水厂、下蜀水厂，省级“双拥模范城”摘得“六连冠”。

社会文明程度不断提高。社会主义核心价值观深入人心，总结提炼“尊上德、崇人文、勇拼搏、甘奉献”的新时代句容精神，涌现全国“时代楷模”赵亚夫、全省“道德模范”糜林等一批榜样典型，句容成为道德高地、好人之城，福地底蕴、江南气质、本地特色进一步彰显，人民群众精神文化水平和思想道德素质显著提升。（发改委）

句容市脱贫攻坚工作综述

“十八大”以来，句容市先后开展“百村万户双达标”、“百村万户达新标”行动、省级“富民强村”行动、省级“富民强村”继续行动。2013年—2015年“双达标”期间全市5444户建档立卡户人均可收入达到6000元，达标率100%，124个经济薄弱村经营性收入全部达到或超过70万元，达标率100%；2016—2019年“达新标”期间全市共确定经济薄弱村共计79个，建档立卡户6447户12098人。截至2019年底，全市79个经济薄弱村、6447户建档立卡户12098人全部达标脱贫，村户达标率分别为100%和100%，圆满完成总目标任务。2015—2018年、2020年先后荣获“全省农工办（扶贫办）系统先进集体”“全省脱贫攻坚组织创新奖”“镇江市扶贫开发工作先进集体”；赵亚夫获得“全国脱贫攻坚楷模”，阮祥忠获得“全国脱贫攻坚先进个人”。

一、高标准、严要求，工作合力不断增强

全面落实“六个精准”工作要求，即精准选派帮扶责任人、精准落实帮扶政策、精准管理扶贫对象信息、精准安排扶贫帮扶项目、精准管理使用帮扶资金、精准落实帮扶责任。“达新标”期间，完成6447户，12098名农村低收入人口的精准识别、建档立卡工作，实现了户有卡、村有册、镇有数据库的信息化管理目标，选派78名第一书记，1595名帮扶责任人，实现精准帮扶。2020年79个已达标经济薄弱村村集体均收入151.9万元，已脱贫低收入户人均收入13138元。

二、抓项目、强产业，内生动力不断提升

因地制宜推进产业扶贫。依据我市已经稳定发展的葡萄、草莓等产业，积极放大产业优势，着力拓展农业生态、供给、富民三大功能，引导相关镇按照市场化、公司化原则，整合优势资源，获得稳定收益。茅山的葡萄、后白的草坪、白兔的草莓、天王的苗木等都成为强村富民的支柱产业。近8年来，累计落实村集体帮扶项目382个，总投资3.84亿，其中增收项目224个，落实就业岗位988个，产生收益近5000万元。“达新标”期间，建设广告牌66座、厂房34880平方米、门面房8997平方米、大棚135896平方米、沙坪1641亩，农旅项目14136平方米、光伏825千瓦、文化广场16579平方米、道路42310米、路灯1777盏，文化法治长廊1100米。光伏扶贫获益稳定。由市残联实施的229户贫困残疾人家庭光伏扶贫项目，安装运行以来，户均年收益均超过3000元。同时，句容市积极扩大光伏扶贫范围，目前全市共有近700户贫困户，利用光伏项目获得了稳定的收益。消费扶贫助民增收。出台《关于开展消费扶贫助力脱贫攻坚的通知》，推动全市消费扶贫工作开展。建立网络平台，对全市79个经济薄弱村近百种农副产品进行销售。精心组织茅山老区5个镇19个经济薄弱村22家参展商近百种地产农副产品，在后白镇古村农业科技示范园进行了展示展销推介活动。为进一步助力句容市茅山革命老区脱贫攻坚，联合南京市住房和保障局召开“茅山林品”南京推介会，推动消费扶贫群体需求与我市经济薄弱村、建档立卡户等优质农产品供给信息精准对接，让句容市优质、绿色、特色农产品走进南京市民家。举办优质农产品（南京）展销会，首次设置“精准扶贫展示区”，以图片、文字及实物等形式，展示近年来我市经济薄弱村脱贫达标过程中产出的优质农产品，并组织10余家经济薄弱村的农产品进行展示展销，受到当地市民的喜爱。

三、稳政策、兜底线，幸福指数持续提高

先后出台6项政策，在扶贫开发、“两不愁、三保障”、完善社会救助等方面提供制度保障。市委市政府一直以来高度重视扶贫工作，在“百村万户”双达标行动（2013—2015年）任务圆满完成后，2016年句容市制定了《关于开展“百村万户达新标”行动实施脱贫致富奔小康工程的意见》（句委发〔2016〕61号），以精准扶贫为导向，以“百村万户达新标”为抓手，强化茅山老区“富民强

村”行动，深入推进扶贫开发工作；在“两不愁、三保障”方面，首创低收入群体健康扶贫保障机制，句容市出台了《句容市加强低收入群体健康扶贫意见》，为全市建档立卡户参加商业保险（句容市政府扶贫救助责任保险服务），进一步发挥补充医疗保险、商业健康险等协同作用，建档立卡户个人参保费用由市财政补贴承担，提高医疗费用报销比例。2020年，在原有商业保险（医疗、住房）防止返贫基础上，市扶贫办为“九类人群”新增教育补助金和意外伤害保险，有效防止脱贫人口因病返贫。切实加强关键性扶贫政策的关联匹配，做好医保、医疗、医药“三医联动”和低保、医保、社保“三保联动”；出台《进一步加强和落实句容市建档立卡对象农村危房改造工作的通知》和《关于印发〈句容市2019年农村危房改造工作实施方案〉的通知》，保障全市建档立卡户住房安全，“一户不落，一户不少”。2019—2020年商业保险费用共计854.34万元。2019—2020年已完成全市建档立卡对象农村危房改造任务139户，其中财政补助174.3万元，商业保险赔付130.6万元。2019—2020年九类人群医疗救助人数14251人，报销总额3730.8万元，商业保险理赔金额377.6万元。2020年商业保险教育补助金已补助93人，共计25.1万元。同时落实社会兜底保障政策，通过落实低保、五保和临时救助等社会兜底保障政策，保障稳定收入。出台《关于印发〈句容市义务教育阶段学校家庭经济困难寄宿生生活补助经费管理办法〉的通知》等文件，不断完善“政府主导、学校联动、社会参与”的助学模式，按照“全员覆盖、全程助学、全面受益”原则，建立起从学前教育、义务教育、普通高中、中等职校以及大学生生源地助学贷款等较为完善的资助政策体系；完善社会救助方面，出台了《关于切实加强社会救助制度和扶贫开发政策有效衔接的实施意见》，针对贫困户中的老人、病人、残疾人等年老体弱、没有技术、又无劳动能力的人，符合政策性保障的尽可能做到应保尽保。同时，将发展壮大扶贫（慈善）基金作为新型力量，鼓励和引导社会力量设立扶贫基金、投资帮扶项目、提供志愿服务等形式参与开展社会扶贫。

四、社会参与、部门联动，防返贫防线更牢固

为顺利完成我市脱贫攻坚目标任务，句容市已健全完善的多部门联动机制和系统稳定的工作队伍，出台《句容市关于巩固提升农村低收入群体生活保障水平的意见》，共筑返贫防线。由市政府牵头，市扶贫办、财政局、组织部、民政局、教育局、住建局、卫健委、医保局、慈善总会、残联、红十字会等部门，多次召开联席会议，加强部门之间信息沟通，明确分工，各司其职，有序推进，例如，市扶贫办联合市医保局、卫健委做好句容市建档立卡户提高医保报销比率等健康扶贫工作；市住建局做好农村危房改造工作；市教育局做好建档立卡户家庭子女义务教育补助工作；市民政局做好低保、“五保”等人员认定审核、资金补助发放以及社会临时救助等工作，例如农村居民最低社会保障标准调高到2020年的790元/月，五保户调高至1030元/月，保障稳定收入。

全市脱贫攻坚“达新标”年度进展完成情况表

表1

年　度	经济薄弱村达标（累计数）	进度（%）	低收入户达标（累计数）	进度（%）
2016年	24	30.38%	2851	44.22%
2017年	49	62.02%	4288	66.50%
2018年	74	93.67%	6347	98.45%
2019年	79	100%	6447	100%

（农业农村局）

句容市新冠肺炎疫情防控工作综述

新冠肺炎疫情发生以来，句容市坚持把人民生命安全和身体健康放在第一位，严防输入、精准施策，毫不放松抓紧抓实抓细疫情防控工作。1月24日，句容市成立新型冠状病毒感染的肺炎防控工作领导小组。1月25日，句容市新型冠状病毒感染的肺炎防治工作领导小组调整为疫情防控指挥部，并决定立即启动一级应急响应。1月28日，成立句容市委应对疫情工作领导小组。4月中旬，句容市疫情防控工作转为常态化防控，加大“六稳”工作力度，做好“六保”工作。市卫健委按照市委应对疫情工作领导小组和市疫情防控指挥部的统一部署，坚决贯彻执行“坚定信心、同舟共济、科学防治、精准施策”的十六字总要求，认真落实“及时发现、快速处置、精准管控、有效救治”的常态化机制，持续做好外防输入、内防反弹工作。经过全市上下艰苦卓绝努力，在2020年取得“零确诊”“零疑似”“零境外输入”的疫情防控阶段性成效。年内，句容市公安局交警大队易善智获评江苏最美防疫先锋；句容市公安局裔玉诚、市交通运输局陈松、市人民医院秦娇获评全省抗击新冠肺炎疫情先进个人；市卫健委获评江苏省抗击新冠肺炎疫情先进集体。

句容市的宝华镇、句容省级经济开发区、郭庄镇、下蜀镇分别与南京市的仙林、汤山、湖熟、龙潭毗邻，在一级响应期间，句容与南京栖霞、江宁、溧水区间设置了43个道路卡口，其中宝华镇有92%为非句容人购房，句容省级经济开发区有52%为非句容人购房，有近10万人居住在句容，工作在南京。为此，句容市按照市委市政府提出的疫情防控总思路，落实镇江要求，借鉴南京做法，落地句容方案，从严从实做好疫情防控各项工作。

一、坚持联防联控，筑牢防疫“长城”。句容市委市政府将疫情防控作为头等大事来抓，按照党中央及省、市决策部署，全面动员，全面部署，全面加强疫情防控。市委应对疫情工作领导小组和市疫情防控指挥部统一领导，社会及社区防控组严格执行乡镇村组干部、网格员、基层医务人员、基层民警、志愿者的“五包一”制度，坚持“大数据+网格化+铁脚板”，投入2262人对226个小区实行摸排管控，紧盯重点人群，严防疫情输入；交通管控组实施最严密的卡口管理措施，对全市83个道路交通卡口入句车辆人员实行严格管控，坚守城市大门；涉外防控组规范南京禄口机场入境人员和丹阳隔离人员接驳转运工作，将元鼎酒店和榴莲小星酒店作为集中隔离点，确保从国门到家门的“全链条防控”；预防控制及医疗救治组严格落实“四早”措施，严格筛查，规范开展医疗救治和健康管理，医务人员冲锋在前、日夜奋战，十勇士逆行湖北援鄂抗疫；企业防控组选派195名帮办员，学校防控组选派109名医务人员，做到复工复产复学督查指导全覆盖，推进生产生活秩序全面恢复。各部门、各级政府履职尽责、通力协作、信息共享，全面落实主体责任、监管责任和属地责任，全市上下一条心，拧成一股绳，守望相助，筑起防范疫情输入的坚固防线。

二、主动分析研判，当好阻疫“参谋”。卫健委作为疫情防控的主力军和先锋队，迅速行动，强化分析研判，根据疫情防控不同阶段，提出防控建议，为市疫情防控指挥部决策提供科学依据。1月17日启动疫情防控工作，成立卫生健康系统疫情防控工作领导小组，组建医疗救治、综合防控两个专家组。根据疫情发展变化，23日成立卫健委疫情防控工作指挥部，整合内部资源，组建综合协调、医疗救治、疾病防控等七个工作专班，实行集中办公。坚持分析研判制度，一级响应期间，每天晚上召开疫情防控工作会议；二级响应期间，隔天晚上召开一次例会；三级响应以来，每周召开一次例会。汇报交流工作，查找问题漏洞，分析研判疫情，重点过堂发热门诊可疑患者、居家医学观察人员、集中隔离观察对象、医院隔离留观病人情况，筛查临床疑似病人，确定下一步诊断和防控措施，统筹推进卫生健康系统疫情防控工作。市人民医院医疗救治专家组根据最新《诊疗方案》，每天对隔离留观病人进行会诊，不放过可疑病人。制定有序恢复医疗服务的26条实施意见，及时向企业防控组和学校防控组提出疫情防控指导建议，指导落实复工复学复课期间疫情防控工作，助力经济社会秩序逐步恢复。

三、从严从紧防控，织密阻疫交通网。按照“外防输入、内防扩散、严防输出”的工作要求，交通管控组在全市县乡村道和高速、国省干线设卡部控，构建形成城乡联防、上下联动的交通管控网络。严格落实“逢车必查、逢人必测，每人必测”要求，先后发布了《关于进一步加强句容市新型冠状病毒感染的肺炎疫情交通管控工作的通知》、《句容市新型冠状病毒感染的肺炎疫情交通管控工作规程》、《关于对外地来句车辆及人员加强交通管控工作的实施意见》等20余份，细化工作流程，创新工作方式，实行领导包干到点靠前指挥，建立“包干领导统筹、点位长负责、带班长执行”三级责任体系，采用“四班三运转”工作方式，确保24小时不间断查验。建立起“两书一表一查询”检查制度，开通了应急物资专用通道、“三必需”绿色通道，实行货车通道和小轿车分道管理，实施“三增加一限制”、“一路四方”、“两书一表”、身份证标识、“三证合一”通行证等管控办法，发挥镇江健康平台作用，张贴二维码查询入句人员行动轨迹措施。1月31日，时任江苏省长吴政隆采取“四不两直”方式检查到沪蓉高速句容城区道口，对我市交通卡口管控的严谨的态度、细致的工作、规范的操作予以肯定。疫情防控期间，交通管控组还组织交通行业14名出租车驾驶员组成党员先锋车，免费接送因防疫公交停运而无法搭车进城看病的25名尿毒症患者进城就病、入院血透。疫情好转后，又率先开通了专车接回外地务工人员返岗，确保了南沿江铁路、宁句城际建设等重大工程开工建设，为我市经济快速复苏作出贡献。从1月25日截至2月23日解除交通管控，全市56个交通管制卡口，累计检查车辆368845辆、检查人数513851；累计劝返车辆34116辆/人员55109人；累计检查到湖北籍车辆5辆、湖北籍人员12人（不含劝返）；检查发现发热异常人员23人。交通管控战线累计出动人员18111人次，志愿者12578人次。

四、强化早期筛查，架设探疫“雷达”。加强筛查技术能力建设，及早锁定可疑对象。一是提升核酸检测能力。市财政拨付371.5万元，用于疾控中心核酸检测实验室生物安全设施改造与检测设备购置，加快加急建成运行疾控中心核酸检测实验室，为落实“应检尽检”“愿检尽检”奠定基础。4月7日，疾控中心新冠病毒核酸检测（PCR）实验室正式启用，截至12月31日，完成15132份标本的核酸检测。市人民医院新冠病毒核酸检测（PCR）实验室于10月9日投入使用，完成7853份标本的检测。二是规范流行病学调查。严格落实启动调查更快速、调查对象更全面、信息收集更准确、部门协作更紧密、信息报告更及时、密接管理更规范要求，加强与上级疾控部门和公安、通信管理、社区、村组的快捷联动，确保信息采集准确无误，不遗漏一个可能的传染源。组建4个流行病学调查组，累计出动1431车次6110人次，组织对321例临床可疑病例和65名协查的密切接触者流行病学调查，24小时内完成调查报告；完成集中隔离医学场所、密切接触者居室等重点场所消毒278.6万平方米，防止疫情传播和蔓延。三是严格预检分诊设置。医疗机构规范设置预检分诊，实行领导带班制度，基层医疗单位相对固定责任心强、经验丰富、培训到位的高年资内科医师，二级医院安排一名呼吸科或感染科主治以上医师，提高预检分诊质量。预检分诊人员严格核验健康码，测量体温并询问流行病学史，规范、完整登记预检分诊信息，发现可疑新冠病人，立即引导、转送至发热门诊隔离诊治。

五、深化全面排查，严把抗疫社防“关口”。针对社会及社区防控工作点多、线长、面广的实际，严格按照市指挥部一级响应要求，紧紧围绕“人、车、物、场所”等要素建立了横向到边、纵向到底的社会防控体系，坚决严防死守。秉持“网格化、地毯式”筛查原则，建立市、街道、社区三级疫情防控排查体系，充分发挥各基层党组织的战斗堡垒作用，以社区、村组等为基本作战单元，以居民小区、沿街商铺等为重点筛查区域，全面排查我市各类涉疫风险人员，逐一登记造册备案，坚决做到“不漏一户、不落一人”。各社区共需筛查总数177095人，已完成3轮筛查，累计居家观察1377人，未发现疑似病例。借助我市公安部门立体化信息化治安防控体系及大数据情报平台，主动排摸在句各类涉疫风险人员，下发至各基层所队，逐一上门走访，明晰人员现状，迅速核查反馈，全面落实数据的统计、上报，坚决做到“数据不隔夜”。截至目前，共推送下发数据6362人次，除因特殊原因无法取得联系外，均已核查完毕，其中，落实居家观察措施3157人，送医检查27人。为强化风险人员管控，制定并发布《关于进一步规范居家隔离管理工作的通知》，成立由乡镇（街道）、村组（社区）干部牵头，医护人员、公安民警、网格员共同参与的“四包一”工作小组，严格落实居家隔离要求，严防疫情对外扩散。全面摸排全市歌舞娱乐、棋牌休闲、洗浴足疗等“十类”场所的具体数量及经营人员，深入讲明政策要求、宣传疫情形势，全面强化重点行业场所的管控。对全市所有个体工商户，制定印发《关于做好疫情期间全市工商户外来从业人员管控工作的通知》，结合社区疫情排查工作，组织“三人工作小组”，逐人逐户的开展人员核查，全面登记个体经营从业人员信息，并督促经营者落实防疫主体责任，完善疫情防控管理制度，强化消毒防疫各项措施，稳固筑牢内部防线。

六、科学精准施策，开具击疫“良方”。根据国内外疫情防控形势及应急响应级别，适时调整防控策略，分阶段做好疫情防控工作，严格落实外防输入要求。第一阶段，重点做好密切接触者和湖北、武汉等国内疫情防控重点地区来句返句人员隔离医学观察，开发“句容市医学观察登记管理平台”，运用信息化手段，做好疫情防控重点地区外来人员管理和医学观察工作，累计开展居家医学观察9174人，医务人员上门诊察16万余人次。第二阶段，重点做好境外疫情输入，公安、交通、卫健、外办等部门组建接驳转运专班，指定人员24小时调度值班，落实入境来句人员从国门到家门的闭环管理，累计隔离医学观察1205名入境人员，其中外籍26人，港澳台51人。第三阶段，落实疫情常态化防控，加大无症状感染者筛查力度。在基层医疗机构设立集中采样检测点15家，做好重点地区入句人员的核酸和抗体检测。完成3月22日以来国内重点地区来句人员核酸检测9174人，入境解除隔离人员核酸检测561人；指导1044家工业企业（195家规上企业）、建筑工地复工复产，103所学校复学复课；12月，正式运行进口冷链食品集中监管仓；常态化监测农贸市场、商场超市进口冷链食品样品1414份、人群样品1593份；8月26日起，承担南京禄口机场航班入境人员分流隔离10批1340人。

七、严格落实“四早”，坚守战疫“阵地”。严格落实“早发现、早报告、早隔离、早治疗”措施，严密防范疫情扩散蔓延。一是细查彻查发热人员。紧盯国内中高风险地区及境外旅居史、接触史，着力做好筛查工作。规范落实9174名隔离医学观察对象每天2次体温测量和症状询问，规范处置123名有症状人员。摸排发热门诊、基层发热诊室收治的发热、咳嗽等上呼吸道症状患者11329名，不明原因肺炎和诊断不明发热住院病人250名，锁定重点排查对象，组织专家进行会诊，全部采样、送检，不遗漏一名可疑病人。二是应检尽检重点人群。全面落实密切接触者、国内重点地区和入境来句人员、发热门诊患者、新住院患者及陪护人员、手术患者、出现发热或呼吸道症状的在院患者、开展内镜检查等风险操作的患者、监所工作人员等重点人群核酸检测“应检尽检”，累计开展核酸检测85205人、87800人次、87667份。三是严格严密防控院感。吸取山东青岛等地院感事件的惨痛教训，以最严格的措施防控院感事件发生。开展各类院感防控和医务人员防护培训，严格落实医院出入口体温检测、登记管理，限制患者家属探视，严防外来人员输入感染；规范医疗废物处置和转运，坚决杜绝院内感染。卫健委建立医疗卫生单位常态化督查机制，累计派出1012人次，督查医疗单位750家次，发出整改意见书700份，做到重点部位防控无死角，风险点防范全到位，最大限度避免院内感染发生。

八、统筹资源配置，备足抗疫“粮草”。按照“四个集中”的原则，全面做好救治准备。一是全员动员培训。组建80人的流调队伍、36人的核酸采样队伍、80人的环境消杀队伍和21人的心理健康服务队伍，及时组织培训医务人员1万余人次，全员学习不断修订完善的诊疗规范和防控规范，熟练掌握防控技能。卫生健康系统收到党员和职工“请战书”千余份，培训组建应急医疗队2批次共54人，全面进入应急救治实战状态。二是落实救治场所。新建、扩容隔离留观病房至107间，建设负压病房4间（其中ICU2间）；根据集中隔离场所储备要求（20间/万人），做好入境人员及中高风险来句人员集中隔离准备。三是集中资源装备。市财政下达疫情防控专项经费数千万元，用于购置疫情防控物资；各医疗卫生机构按照满足30天满负荷运转需求，储备防控物资，保障疫情防控需要。

（卫健委　交通运输局　公安局）

1月

3日 中国人民政治协商会议句容市十届四次会议在市文化艺术中心举行。大会应到委员227人，实到222人。市政协党组书记、主席章壮钧向大会作政协句容市第十届委员会常务委员会工作报告。会议于5日闭幕。

4日 句容市第十六届人民代表大会第四次会议在文化艺术中心大剧院开幕。大会应到代表242名，实到233名。市长周必松代表市政府向大会作工作报告。会议于6日闭幕。

9日 市消防救援大队挂牌仪式举行。市委常委、副市长贾云亮出席仪式并揭牌。

10日 勤学路幼儿园举行开园仪式。

15日 “江苏省平安校园建设示范市”省考核组一行，就句容市创建工作进行现场考核评估。副市长侯华锋出席汇报会。

24日 句容市成立新型冠状病毒感染的肺炎防控工作领导小组，发布《句容市关于加强新型冠状病毒感染的肺炎疫情防治工作的通告》。句容市人民医院收治句容市首例新冠肺炎密切接触者进行隔离医学观察治疗。

25日 句容市新型冠状病毒感染的肺炎防治工作领导小组调整为疫情防控指挥部，并召开第一次例会。会议决定立即启动一级应急响应，指挥部一办六组立即转入战时状态，做好各项工作，争取疫情影响人群最少、范围最小，保障城市正常运转和市民日常生活；要进一步加强教育引导，增强防护意识，普及防护知识，打赢群防群控攻坚战。发布《关于实施新型冠状病毒感染的肺炎疫情一级响应措施的通告（第1号）》，在全市启动实施突发公共卫生事件一级响应防控措施。

27日 句容市启用市人民医院石狮传染病区。

28日 句容市新型冠状病毒感染的肺炎疫情防控指挥部办公室发布《关于进一步加强句容市新型冠状病毒感染的肺炎疫情交通管控工作的通知》，在全市边界出入口设置56个交通管控点，进行交通管控。24时起，句容汽车站暂停省、市、县际客运班线。

31日 江苏省委副书记、省长吴政隆采取“四不两直”方式，到句容市的高速公路出入口、居民小区，检查疫情防控工作，并对疫情防控工作做出指示。江苏省政府秘书长陈建刚陪同检查。

△ 句容市启用宝华镇胜宝旺宾馆作为市级集中隔离医学观察点，对2名密切接触者进行集中隔离医学观察。

是月 赤山湖国家湿地公园被纳入江苏省省级湿地名录。

△ 农业农村部发布全国农村创新创业典型县及农村创新创业园区、农村创新创业孵化实训基地名单，句容市入选全国农村创新创业典型县，华东森林产品电商城孵化实训基地、后白福源电子商务创业园两家单位入选全国农村创新创业孵化实训基地。

△ 位于下蜀镇的建华建材（中国）有限公司技术中心入选2019年新认定国家企业技术中心名单，成为句容市首家获国家企业技术中心认定的企业。

△ 由句容市宝华镇江苏金沃机械有限公司参与完成的《混合材高得率清洁制浆关键技术及产业化》项目获得国家科学技术进步二等奖。

△ 句容市天王镇在2019年江苏"味稻小镇"推介中，获江苏"味稻小镇"称号。后白良种场选送的绿源大米在第四届"江苏好大米"评鉴推介活动中，获2019年"江苏好大米"金奖。

2月

1日 句容市排查出丹阳市确诊病例（镇江市第6例）在该市的25名密切接触者，启用天王镇福元农庄和茅山风景区知青山庄两个市级集中隔离医学观察点对密切接触者进行集中隔离医学观察。

2日 句容市人民医院（江苏省人民医院句容分院）第一批援湖北（武汉）医疗队医护人员出征，医疗队由ICU护士秦娇、赵甜甜、殷慧慧3人组成。

9日 句容市人民医院（江苏省人民医院句容分院）第二批援湖北（武汉）医疗队医护人员出征，医疗队由ICU主治医师孙文、血液肿瘤科护士张古方、急诊科护士包华成、石狮卫生院护士巫章娟4人组成。

10日 丹阳市确诊病例（镇江市第6例）在句容市的25名密切接触者全部解除隔离医学观察。

11日 句容市人民医院（江苏省人民医院句容分院）第三批援湖北（黄石）医疗队医护人员出征，医疗队由感染科医师张美玲、急诊科护士长杨慧组成。

23日 句容市全面撤除市域范围内14个高速道口和国省道管控点及42个县乡道市级管控卡口。

25日 句容市开始有序恢复全市道路交通和公共客运。市民需通过手机扫码实名登记乘车。

26日 副省长赵世勇到句容市调研"三农"和民政工作。镇江市市长张叶飞、副市长曹丽虹，句容市委书记潘群陪同调研。

是月 起句容阶段性减免社会保险费。2月至6月，免征中小微企业职工基本养老保险、失业保险、工伤保险的单位缴费部分（包括按单位参保的个体工商户）。2月至4月，减半征收大型企业、民办非企业单位、社会团体等其他参保单位（不含机关事业单位）企业职工基本养老保险、失业保险、工伤保险的单位缴费部分。2月至6月，减半征收职工基本医疗保险单位缴费部分（包括按单位参保的个体工商户，不含机关事业单位）。

是月 句容市茅山温泉谷、句容恒大童世界（一期）入选2020年江苏省重点文化和旅游项目。

3月

4日 江苏省委政法委委员、省公安厅党委委员、副厅长程建东到句容市就网格化社会治理工作开展调研。镇江市委常委、政法委书记许文和句容市委书记潘群陪同调研。

7日 句容市召开境外疫情输入风险防控工作部署会。会议要求，摸清已入句、拟来句外籍人员和句容在国外人员底数情况，落实涉外事务邀请方、主管方、接收方等各方责任；动员高风险国家人员非必要暂不来句，做好提前告知、报批报备、登记转运、隔离观察等各项措施。

17日 江苏省委副书记任振鹤到句容市调研基层党建、脱贫攻坚工作。省委副秘书长、省委党建办主任尹卫东，镇江市领导马明龙、李健、郭建和句容市领导潘群、高庆华陪同调研。

△ 句容市援湖北医务人员开始返回句容。

18日 句容市召开打造最优营商环境暨作风效能建设大会。

24日 第五届国际道教论坛江苏组委会到句容市调研。省民宗委副主任何昌林，镇江市委常委、统战部部长、宣传部部长孙晓南，句容市委副书记、统战部部长高庆华出席会议。

27日 由镇江博物馆、句容市博物馆联合进行的句容高骊山路北延勘探、发掘考古工地取得收获，发掘出一座汉代砖室墓，出土随葬品17件（套）。

31日 中共江苏省委宣传部发布10位"江苏最美抗疫先锋"先进事迹，句容市公安局交警大队大队长易善智获选"江苏最美防疫先锋"。

4月

2日 江苏省委台办主任练月

琴到句容市走访调研台资企业项目推进和生产情况。镇江市委常委、宣传部部长、统战部部长孙晓南，句容市领导潘群、高庆华陪同调研。

3日 句容市召开全市党建工作会议，总结2019年党建工作取得的成绩，研究部署2020年党建工作任务。会议宣读并表彰2019年度“四硬”型先进集体和先进个人。

9日 句容市向斯洛文尼亚友好城市阿伊多夫什契纳市捐赠的抗疫物资从青岛流亭国际机场启程。该批物资包括一次性医用防护口罩30000枚、红外测温仪300个，总价值近20万元。

12日 句容市最后一批援湖北医疗队员返回句容。

15日 句容市举行首个视频招商洽谈会，市长周必松带领市商务局、句投集团等相关部门负责人采用“移动云视讯会议系统”与北京某互联网医疗科技公司进行网上视频洽谈。

23日 副省长陈星莺到句容市调研宗教工作，现场检查第五届国际道教论坛筹备情况以及宗教场所疫情防控和安全生产工作。陈星莺一行先后检查了第五届国际道教论坛开幕式举办地、主论坛会场、电视论坛会场以及会务接待的环境氛围等。

26日 省旅游协会会长张卫国一行到句容市调研乡村振兴和文化旅游工作。镇江市委书记马明龙，市委常委、宣传部部长、统战部部长孙晓南，市旅游协会会长张庆生，句容市委书记潘群、市政府党组成员徐飞陪同调研。

28日 句容市召开“五一”表彰暨市工会工作会议，庆祝“五一”国际劳动节。市委常委、组织部部长汪丹宁，市人大常委会党组成员、市总工会主席徐胜宝出席会议。

30日 句容市政府和省农技推广总站、省茶叶学会共同在南京金鹰世界举行2020“首届国际茶日”江苏系列活动——2020茅山长青茶文化节暨专场推荐会。

是月 在宝华镇牡丹西路附近，工人在挖自来水管道的时候发现两座古墓。镇江市文物部门的工作人员经现场挖掘勘察，基本确定这两座是六朝时期的古墓，距今约一千四百年。

△ 句容市3个省大中型水库移民后期扶持结余资金项目通过省水利厅竣工验收，验收项目总投资2400万元，分别为茅山丁庄村“美丽库区幸福家园”建设项目二期工程、下蜀镇下蜀村环境综合整治项目、后白镇西冯村“美丽库区幸福家园”建设三期工程。

△ 华阳“好运”公园对外开放，该公园位于宁杭南路东侧，长龙山路北侧，占地约8亩。

△ 句容市福地茅山旅行社有限公司申报的“醉美生态”镇江美食养生三日游入选江苏省文旅厅公布的30条“江苏疫后旅游精品线路”。

△ 句容市特色农产品“茅山长青”入选2020年第一批农产品地理标志登记保护名单。

5月

8日 句容市举行欢迎援鄂医疗队员凯旋座谈会。

12日 市卫健委举办卫生健康系统纪念“5·12”国际护士节暨优秀护士表彰会，并宣读市政府关于表彰优秀护士的通知和致全市护理工作者的慰问信。

13日 省水利厅党组书记、厅长陈杰到句容市调研水利工作。市长周必松陪同。

△ 南沿江城际铁路句容段首榀箱梁成功提架，标志着句容段从线下机构施工正式转到线上施工。

18日 句容市首届生态水产捕捞季在后白二圣水库开捕，在活动现场二圣水库、北山水库、句容水库、茅山水库管理所还与南京乐和餐饮有限公司等多家南京公司合作，对句容湖生态渔产进行认购签约。

20日 句容长江引水暨城区水厂、下蜀水厂建设工程开工仪式举行，镇江市委书记马明龙出席开工仪式并宣布开工。镇江市委常委、秘书长郭建，句容市委书记潘群，丹徒区委书记谢继步，上海市政总院董事长周军，中建安装集团有限公司党委书记、董事长田强出席开工仪式。句容长江引水工程暨城区水厂、下蜀水厂建设工程总投资25亿元，取水规模设计为日供水能力40万吨，取水口位于丹徒区世业洲洲头。

△ 句容市茅山老区扶贫基金会成立大会暨第一届理事会第一次全体会议召开，镇江市扶贫“三会”会长宦祥宝，句容市委副书记高庆华出席会议并为基金会揭牌。

21日 省政协副主席周继业带领部分少数民族界、宗教界委员到句容，专题调研句容市第五届国际道教论坛筹备工作，市政协党组书记、主席章壮钧陪同调研。

28日 市长周必松会见应邀到句容考察的长江生态环保集团江苏区域公司副总经理曹诤一行，双方就句容河全流域生态治理达成意向。

△ 句容市召开项目观摩暨产业强市大会。市委书记潘群，市长周必松，市委常委，市人大、政协主要领导，副市长，市法院院长，市检察院检察长参加会议。

29日 新希望六和农牧有限公司句容15万头生猪养殖项目举行开工仪式。镇江市副市长曹丽虹，句容市领导周必松、高庆华、文雁才，新希望六和股份公司副总裁陶玉岭出席开工仪式。该项目是2020年江苏省生猪养殖重点项目，也是镇江市产业强市大会后开工建设的最大农业项目，计划总投资7.5亿元，达产后存栏生猪7.2万头，年出栏商品肥猪15万头，年产值近5亿元。

是月 句容市成立社会保障卡管理服务中心，负责全市社会保障卡制发卡管理与服务、一卡通应用开发与推广等工作。

△ 句容市8人入选2020年江苏省普通高中省级三好学生、优秀学生干部名单。

△ 陕西宝钛集团董事长王文生和总经理贾栓孝一行到下蜀镇天工科技股份有限公司实地考察，天工国际董事局主席朱小坤，市委常委、副市长贾云亮陪同察看。在随后的座谈会上，双方达成合作意向，举行签约仪式。

△ 句容市宝华镇、宝华镇铜山村、天王镇戴庄村、后白镇古村入选第三批江苏省生态文明建设示范乡镇（街道）、村（社区）候选名单。

6月

2日 省军区战备建设局局长许浒带领工作组到句容市检查民兵整组工作，现场点验边城镇民兵应急排，查阅了民兵整组台账资料，实地查看基层规范化建设等情况。镇江军分区司令员杜新，句容市市委常委、人武部政委陈志勇陪同检查。

3日 省扶贫开发与老区建设“三会”理事长丁解民带领部分“三会”成员到句容市，就该市消费扶贫工作开展情况进行专题调研。

△ 市长周必松在余坤开元大酒店会见应邀到句容考察的同心医联科技（北京）有限公司董事长兼CEO刘伟奇、CFO刘峥等一行，双方就同心医联总部选址句容相关事项进行深入交流。

4日 句容市举办第三十届青少年科技创新大赛作品展，并召开全市中小学科技创新教育推进会。市委常委、组织部部长汪丹宁参观全市青少年科技创新作品展。

5日 第七届句容市十佳青年发布仪式在市融媒体中心演播大厅举行。3月，市委组织部、市委宣传部、市文明办、团市委、市融媒体中心联合开展第七届句容市十佳青年评选活动，经过人选推荐、资格审核、初评、社会公示、评委会投票等环节，最终评选出10名句容市十佳青年和10名提名奖获得者。

△ 江苏大学新时代“三农”问题研究中心茅山研究基地在茅山镇何庄村揭牌，江苏大学党委副书记李洪波及句容市市长周必松共同为基地成立揭牌。

6日 句容旅游推介会在江阴万达广场举行，推介会以“山水田园福地　宜居宜游名城”为主题，多方位呈现福地句容文化旅游的品牌形象，并在端午节前夕推出多条精品旅游线路及景区景点优惠政策。

8日 句容市召开“三治理一挂牌”专项行动部署会，贯彻落实中央和省委“一号文件”精神，研究部署句容市专项行动，巩固提升脱贫攻坚成效，确保全市如期高质量全面建成小康社会。市长周必松出席会议并讲话。

8—9日 江苏清华校友会一行到句容市考察交流，副市长沈向民陪同。

11日 句容市2020年青年就业见习双选会在市人力资源市场成功举办。200余名高校毕业生和青年进场洽谈双选，达成初步就业见习意向70余人。

12日 由句容市文化馆主办的镇江市“江苏公共文化云”实际操作培训班举办，来自镇江市各县（市）、区文化科长、文化馆长、镇（街道）文化站近100名“江苏公共文化云”管理员参加培训。

13日 由中共句容市委宣传部、句容市文体广电和旅游局、句容市文学艺术界联合会主办，句容市文化馆、句容市摄影家协会协办的“句容首届民俗艺术摄影展”在市福地广场开幕。

18日 第七届“灵秀镇江”“全面小康”美术、书法作品句容巡展在市书画艺术研究会展馆开展，共展出中国画、书法等作品80件。

19日 江苏省最美人物发布会在句容市融媒体中心演播大厅举行。句容果牧不忘家庭农场有限公司总经理华梦丽入选江苏“最美大学毕业生”。

20日 宁句城际轨道交通工程全线首个盾构区间（东句盾构井—句容站左线盾构区间）提前工期节点20天顺利贯通。

△由中国投资协会农业和农村投资专业委员会、中国林业与环境促进会林业生态旅游工作委员会、中国旅游媒体联盟主办的“美丽中国2020文旅融合与乡村振兴发展投融资大会”在海南举行，句容市在会上获“中国最佳全域旅游休闲目的地”称号。

21日 江苏世泰诊断技术有限公司、江苏圣龙实验仪器有限公司两个句容市重点产业类项目在边城镇开工。江苏世泰诊断技术有限公司项目总投资额超5亿元，建筑面积约51785平方米。江苏圣龙实验仪器有限公司项目总投资1.2亿元，建筑面积约30920平方米。

22日 茅山温泉假日度假酒店正式开业。市委书记潘群，市委副书记高庆华与江苏金象集团、洲际酒店集团、翠林集团负责人出席开业典礼。

24日 省委常委、统战部部长杨岳到句容市调研第五届国际道教论坛筹备工作。镇江市领导马明龙、徐曙海、郭建、孙晓南、胡宗元，句容市领导周必松、高庆华陪同调研。

△南沿江城际铁路宁常段首榀箱梁架设仪式举行，标志着南沿江城际铁路宁常段进入桥梁上部结构施工阶段。市委常委、常务副市长宋飞雄出席架设仪式并授旗。

25日 2020江苏句容首届“华阳福桃”文化节在南京河西金鹰世界开幕。

30日 江苏“时代楷模”发布活动在省广电总台江苏“时代楷模”发布厅举行，糜林获省委宣传部授予的江苏“时代楷模”称号。

△国务院常驻督导组组长、国务院安委办副主任王浩水一行到句容市督导安全生产工作。镇江市副市长陈可可，句容市委书记潘群，市长周必松，市委常委、副市长贾云亮出席汇报会并陪同检查。

是月 华电句容煤炭储运码头工程通过省交通运输厅竣工验收，华电集团在长江流域首个煤炭储运码头正式投入运营。

△为深入学习宣传糜林的先进事迹，大力弘扬糜林的宝贵精神，句容市委发出《关于在全市开展向糜林同志学习活动的决定》。

7月

1日 句容市召开纪念中国共产党成立99周年暨“七一”表彰大会。市委书记潘群出席会议并讲话，市委副书记、市长周必松主持会议。会议为先进基层党（工）委、先进基层党组织、优秀共产党员、优秀党务工作者、新时代领航发展好书记代表进行颁奖。

3日 由市残联和市妇幼保健院联合建设的句容市第一家儿童康复治疗中心正式启用。该中心位于市妇幼保健院病房四楼，面积达800平方米，拥有完善的康复治疗设备。

△句容市在市区、下蜀镇开展以“禁捕、禁售、禁食”为主题的长江禁渔联合执法检查行动，全面推进国务院、省、市落实长江“十年禁渔”工作要求，确保各项决策部署落地见效。

7日 江苏省民营经济人士理想信念教育基地授牌仪式在句容市举行。省委统战部副部长、省工商联党组书记顾万峰向茅山景区授牌。镇江市委常委、统战部部长、宣传部部长孙晓南，镇江市政协副主席、工商联主席卢道富，句容市委书记潘群，市委副书记、统战部部长高庆华，市政协副主席、工商联主席王道银及全省50多名年轻一代民营企业家代表出席活动。

10日 茅山风景区2020年《中国好声音》全国海选句容赛区启动仪式暨首场海选活动正式举行，150名歌唱爱好者报名参赛。

16日 江苏“时代楷模”糜林同志先进事迹巡回报告会（句容专场）举行。市委副书记高庆华，市委常委、宣传部部长查兆娣，市人大常委会副主任周春芳，市政协副主席商震出席报告会。

△常熟农商银行句容支行银

企战略合作签约仪式举行，常熟农商银行正式入驻句容市。签约仪式上，常熟农商银行句容支行与句容市6家企业代表签订银企合作协议。市委书记潘群出席签约仪式，市委常委、常务副市长宋飞雄致辞。

17日 华祥耀（江苏）电子科技股份有限公司开业典礼举行。市委书记潘群，市委常委、常务副市长宋飞雄，华祥耀（江苏）电子科技股份有限公司董事长李建祥出席活动。该项目总投资20亿元，整合了台湾半导体设计、半导体封装、半导体新材料等企业技术，产品涉及智能终端、IC设计、封装测试等多个领域。

18日 应急管理部国家减灾中心副主任张学权带领国家防总督导组一行到句容市督查防汛工作。镇江市副市长曹丽虹，句容市领导潘群、周必松陪同。

22日 山湖路（后白至赤山湖段）新建工程通过交工验收。

26日 句容市综合交通运输学会（协会）正式揭牌成立，这是全省首个县级综合交通运输学会（协会）。

27日 市长周必松主持召开金融助推产业强市座谈会，邀请25家金融机构负责人进行座谈。

27—28日 上海市句容商会筹委会、985高校上海校友会联盟成员一行到句容市考察，就筹委会、校友会联盟与句容市深度交流合作进行洽谈交流。市委副书记高庆华，市发展促进会会长王远根，市委常委、副市长贾云亮，副市长张荣海，市政协副主席、工商联主席王道银出席考察交流活动。

是月 句容宁武高新技术发展有限公司博士后工作站成功引进一名在站博士后，这也是该站近年来引进的第5位博士后。

8月

3日 中共句容市委十二届九次全会在市文化艺术中心大剧院举行。全会由市委常委会主持，市委书记潘群代表市委常委会作工作报告。

△江苏省人民医院句容分院（句容市人民医院）检验科徐琴和张俊随江苏对口支援新疆喀什核酸检测医疗队到新疆喀什开展新冠核酸检测工作。

5—6日 句容市到连云港海州区开展“万企联万村，共走振兴路”联建对接活动。市长周必松及海州区领导江锦峰、韩加兵参加，共有13家企业参与对接。

6日 句容市举行“项目突破年”集中签约仪式，12个总投资141.89亿元的重点产业项目集中签约落户。镇江市委书记、市人大常委会主任马明龙出席签约仪式并为句容市招商中心揭牌。镇江市委常委、政法委书记许文，句容市委书记潘群出席。

7日 天王镇人民政府与江苏护理职业学院举行“天医星”药学产学研基地签约仪式。市委副书记高庆华，市委常委、副市长贾云亮出席活动。该项目位于天王镇，总投资1.2亿元，规划建设集产、学、研和社会服务于一体的千亩药材产业园。

10日 句容市召开市政府全体（扩大）会议，部署下半年重点工作，落实全年目标任务，进一步统一思想、凝聚共识，全力推动宁句同城化建设，顺利实现高水平全面建成小康社会和“十三五”规划圆满收官，跑出“一福地四名城”建设加速度。

11日 康缘养生谷医养中心项目开工。该医养中心总投资约9亿元，总建筑面积约10万平方米，配备1.5万平方米公共配套服务设施。

12日 句容市“共圆小康梦·幸福舞起来”第八届广场舞大赛在宝华镇开幕。本次比赛由市委宣传部、市文明办、市文体广电和旅游局等联合举办，分为农村组和城市社区组。

13—16日 市长周必松带领市商务局、科技局、华阳街道、农业科技园区、招商中心等部门负责人到北京开展系列招商活动。

16日 2020“苏韵乡情”乡村休闲旅游农业（镇江）专场推介活动暨中国句容第十一届丁庄葡萄节开幕。省农业农村厅厅长杨时云，镇江市委副书记、组织部部长李健，副市长曹丽虹，句容市领导潘群、高庆华，全国时代楷模赵亚夫出席开幕式。

17日 由江苏省文旅厅主办、市文体广电和旅游局承办的江苏省“五星工程奖”入围终评作品研修提升活动在市文化艺术中心开班，省文旅厅党组成员、副厅长裴旭出席开班仪式并致辞。来自全省各市近120名群文工作者参加培训。

△常州市金坛区委书记狄志强带领金坛区党政代表团一行到

句容市考察交流。句容市市委书记潘群、市长周必松，金坛区代区长陆秋明等两地四套班子领导出席考察交流活动。

18日 由市委宣传部、市卫健委、团市委主办，市融媒体中心承办的句容市庆祝第三个“中国医师节”表彰大会在句容市大剧院举行。

19日 全省茶叶加工工（精制）职业技能竞赛暨全国茶叶加工工（精制）职业技能竞赛江苏初赛在句容开赛。

△镇江市句容生态环境综合行政执法局成立，镇江市生态环境局党组书记成杰、句容市市长周必松出席并揭牌。

△镇江首家“三整合”乡镇新机构揭牌仪式在郭庄举行，市委书记潘群，镇江市委组织部副部长、编办主任顾小俊出席并为新成立机构揭牌。

19—20日 国务院消防安全督导组组长、消防救援局防火监督处副处长王天瑞一行到句容市开展消防安全生产专项整治督导“回头看”。省消防救援总队一级督导员李磊、市长周必松陪同。

20日 句容市召开全国文明城市创建工作推进大会。会上通报句容市获得第六届全国文明城市参评资格。

21日 交通运输部副部长刘小明带队到句容市检查长江经济带船舶和港口防污染工作开展情况，镇江市委书记马明龙，镇江市副市长胡宗元及句容市市长周必松陪同检查。

26日 全省村党组织书记专职化管理试点工作座谈会在句容市召开，省委常委、组织部部长郭文奇出席会议并讲话。

28日 茅山道温泉酒店正式开业。市委副书记高庆华与江苏金象国际集团、翠林集团相关负责人出席开业典礼。茅山道温泉酒店位于茅山大道东侧，项目总投资45亿元。

28—30日 第五届句容优质农产品（南京）展销会在江苏农业国际展览中心举行。

31日 句容市召开2020年度政情通报会，市长周必松代表市政府通报上半年工作情况，市政府分管领导现场接受人大代表专题询问。市人大常委会党组书记、主任文雁才主持会议。

是月 句容市新增27家医保协议定点零售药店。

△句茅路及沿线路灯工程完工，共新建路灯1256盏，包括句茅路、万寿路、环湖路、茅墓路四条路。

△句容市入选全国县域旅游研究课题组、北京华夏佰强旅游咨询中心公布的2020年全国县域旅游综合实力百强县，位列第20名。

△句容市获2019年“四好农村路”省级示范县称号。

△荷兰贸易促进会南京代表处代表理查德、副代表何霖到句容市考察农业科技发展情况，并就农业科技合作相关事宜进行洽谈。

△句容市在2019年中国文化和旅游总评榜颁奖典礼上获两大奖项：句容市获“2019中国文化和旅游网红目的地”，宝华山千华古村获“2019中国文旅融合示范景区”。

9月

1日 句容市长江禁捕管理办公室正式挂牌运行，该机构为句容市长江十年禁渔常设机构，执行长江禁捕常态化执法管理工作。

3日 句容市召开“句容慈善奖”表彰大会，总结2019年以来全市慈善工作，表彰为句容慈善工作做出重大贡献的企业（单位）和个人。市委副书记高庆华出席会议并为获奖企业及个人颁奖。

5日 “镇江市中医院茅山中医诊疗中心”正式启动运行。

8日 走进镇江国家农业科技园区暨创建省级句容农高区启动仪式在句容市举行。荷兰驻中华人民共和国农业参赞武田富、镇江市副市长周凯、句容市委书记潘群出席启动仪式。

9日 第十五届中国传媒年会句容分论坛暨全国知名媒体强“四力”走基层采访活动举办。来自人民网、新华网、学习强国、央广网等30余家国家、省、市媒体参加。

11日 《江苏省农民专业合作社条例（修订草案）》立法调研座谈会在句容市召开，省司法厅党委书记高建新出席会议。

△省政协副主席王荣平带队到句容市就“加强特色田园乡村建设发展农业产业”重点提案进行督办调研。镇江市政协主席李国忠，句容市市委书记潘群，市政协党组书记、主席章壮钧陪同调研。

15日 省人大常委会副主任、省总工会主席魏国强一行到句容市，专题调研乡村产业振兴情况，对《江苏省农民专业合作社条例（修订草案）》征求修改意见。镇江市和句容市领导王常生、曹丽虹、文雁才、徐胜宝出席会议。

16日 2020年财政部定点扶贫县扶贫干部能力提升培训班现场教学座谈会在句容市召开。

17日 中央文明办发布2020年2月至7月“中国好人榜”，江苏“时代楷模”、句容市已故农业专家糜林入选。

22日 全国脱贫攻坚奖评选表彰工作办公室公示2020年全国脱贫攻坚奖获奖建议名单，句容市已故农业专家糜林入选。

28日 下蜀至龙潭、仙林3条公交班线开通仪式在下蜀镇举行，3条线路总里程达到58千米。

30日 句容市在兆文山烈士陵园举行烈士纪念日公祭活动，部分烈士家属代表、驻句部队官兵代表、少先队员、志愿者及各界群众近500人参加公祭活动。

△ 由市政协、市委宣传部、镇江市美术家协会主办的“福地名城杯”书画作品展在市书画艺术研究会正式开展。

是月 句容市选送的葡萄紫金红霞和阳光玫瑰在省葡萄产业发展大会暨第二届优质葡萄评鉴活动上获特等奖。

△ 句容市天王金蝉花炖老母鸡汤、下蜀狮子头两道菜入选“江苏省百道乡土地标菜”。

10月

1日 由中国农业电影电视中心与市人民政府共同主办的“喜庆丰收，福迎小康，美丽中国乡村行走进句容天王”活动在天王镇浮山樱花园举行。中国关工委常务副主任胡振民、中国电视艺术家协会名誉主席赵化勇，镇江及句容市领导徐曙海、孙晓南、周必松、高庆华、赵树锋、徐飞参加活动。

15日 生态环境部卫星中心与句容市政府，福田汽车、深圳天地与江苏航科特种装备有限公司分别签署战略合作框架协议。镇江市委书记马明龙，生态环境部卫星中心主任高吉喜，句容市委书记潘群出席签约仪式。生态环境部卫星中心与句容市政府的合作内容主要包括建设句容市天空地立体协同监控示范基地、建立句容市天空地立体协同监控体系、创新生态文明建设“央地”协同合作机制等。

△ 江苏省句容经济开发区管理委员会获评全省民族团结进步模范集体。

16日 公安部A级通缉犯刘继园在句容市落网。

17日 2020年度“全国脱贫攻坚奖”获奖名单出炉，句容市已故农业专家糜林获“全国脱贫攻坚奖贡献奖”。

19日 2020年句容市“福地青年英才”创业大赛总决赛暨颁奖典礼举行，“平衡叶片式执行机构研发及产业化推广”等22个项目获得总决赛奖项。此次大赛以“创聚容城，绽放梦想”为主题，自4月15日启动，共征集参赛项目457个。

20日 句容市外贸企业句容协鑫集成科技有限公司的“GCL”商标和江苏华神特种橡胶制品股份有限公司的“蛟龙”商标，获省重点培育和发展的国际知名品牌称号，实现该市省级国际知名品牌“零”的突破。

△ 全省设区市人大外事工作座谈会在句容市召开。

△ 句容市自然资源和规划局发布句容市镇村布局规划（2019版）草案公示。

23日 由市委宣传部、市文体广电和旅游局、市文联联合主办的2020“福地句容文化艺术节”闭幕式暨“百姓大舞台”市级汇演在福地广场举行。

△“小康句容，一福地四名城”美术书法作品展在市文化艺术中心开展。此次展览由市委宣传部、市文体广电和旅游局、市文学艺术界联合会联合主办，自6月12日征稿以来，共收到投稿作品300余幅，通过省级专家评审，最终选出获奖作品20件，入选作品127件。

△ 省委党校现场教学基地揭牌仪式在赵亚夫事迹馆举行。省委党校常务副校长桑学成，镇江市领导李健，时代楷模赵亚夫出席。市委书记潘群主持揭牌仪式，市长周必松以第37期省管干部进修班学员身份参加揭牌仪式。

28日 句容市举行《全国革命老区县发展史丛书·句容卷》首发仪式。该书由中国老促会统一部署撰写，历时两年，到2020年6月底印刷出版。在9月10日召开的全省史书编纂工作总结表彰大会上，该书被评为特等奖。

30日 大塚江苏汽车部件有限公司与金城集团—上海坦达举行合作签约仪式。市委常委、组织部部长汪丹宁出席签约仪式，副市长张荣海致辞。

是月 江苏广兴集团有限公司首席技师、总工程师，高级工程师沈春雷入选“全国劳动模范”表彰名单。

△ 省水利厅、省财政厅下发《关于2019年度农村河道长效管护、农村生态河道建设、农村饮水安全巩固提升、农田水利管护和生态清洁型小流域绩效评估结果的通知》，句容市农村河道长效管护工作在全省绩效评估中位列第一等次。

11月

1日 句容市全面开启第七次全国人口普查入户登记工作。

5日 句容—蒲城举行两地交流协作座谈会。会上，句容市与陕西省蒲城县签订《招商共享框架协议》，江苏农林职业技术学院与蒲城县签订《电商平台运作帮扶协议》。

10日 中央文明办公布第六届全国文明城市入选城市名单和复查确认保留荣誉称号的前五届全国文明城市名单，句容市入选。

12日 后白镇与南京农业大学举行共建句容草坪研究院深化校地合作签约仪式。

△ 2020年全民终身学习活动周暨职业教育活动周开幕式在市文化艺术中心举行。

13日 全国政协副主席、民进中央常务副主席刘新成率团到句容市考察。镇江市及句容市领导李国忠、徐平、章壮钧、胡现龙陪同考察。

15日 句容市第四届农耕文化收割节在后白镇开幕。

17日 “网眼看镇江 见‘镇’跑起来”系列网络传播活动在句容市举行，来自《人民日报》全媒体平台、光明网、中国日报网等国内30余家中央、省级网络媒体及自媒体参加活动。

21—22日 2020新能源汽车下乡——句容站活动在句容市文化艺术中心举行。本次活动由江苏省工业和信息化厅、江苏省农业农村厅、江苏省商务厅、江苏省公安厅、国网江苏省电力有限公司、新华日报社主办。

26日 江苏省举行抗击新冠肺炎疫情表彰大会。句容市公安局政委裔玉诚、市运输管理处处长陈松、市人民医院主管护师秦娇获“江苏省抗击新冠肺炎疫情先进个人”称号，句容市卫健委获“江苏省抗击新冠肺炎疫情先进集体”称号。

△ 全国政协常委、民建中央副主席、云南省政协副主席高峰带领全国政协农业农村委党外委员团一行到句容市，围绕“加强乡村人居环境整治和公共卫生体系建设”课题进行考察。市政协副主席商震陪同。

△“福地至味 美食美奂”2020句容市首届美食嘉年华活动开启。活动由省餐饮行业协会、市文体广电和旅游局等联合主办，最终评选出“句容地方招牌菜”“句容最佳特色菜”“句容人气乡土菜”“句容十大名点”和“句容十大名厨”多个奖项。

27日 中国道教协会第十次全国代表会议在句容开幕。本次会议的任务是总结中国道教协会第九次全国代表会议以来的工作，交流经验，分析问题，研究部署今后5年主要工作，选举产生新一届理事会。中央统战部副部长、国家宗教事务局局长王作安应邀出席并讲话，省委常委、省委统战部部长杨岳应邀出席并致辞。中央统战部十二局副局长肖虹、吴国生，省委统战部副部长、省民宗委主任陈正邦，镇江及句容市领导马明龙、巩海滨、陈可可、潘群、高庆华应邀出席活动。

29日 市人民医院“心衰中心”通过中国心血管健康联盟心衰中心认证，成为国家基层版“心衰中心”。

是月 句容市启动2020年度句容市政府人才津贴申报工作。

△ 第十八届江苏名特优农产品（上海）交易会在上海国际农业展览中心举行，句容市12家农业企业参加展示展销。

△ 句容市政府发布《关于开展农村不动产登记颁证工作的通告》，在全市范围内启动农村不动产登记颁证工作。

△ 句容市白兔镇唐庄村（葡萄）、茅山镇永兴村（花木）入选第十批全国“一村一品”示范村镇名单，白兔镇白兔村、后白镇西冯村、天王镇唐陵村、茅山镇丁庄村、茅山镇丁家边村入选2020年全国乡村特色产业亿元村名单。

△ 农业农村部公布了47家第二批全国农民合作社典型案例，句容市丁庄万亩葡萄专业合作联社入选“开展联合合作，提升市场竞争能力”类型，也此次江苏省唯一入选推介的合作社。

△ 句容市公安局刑警大队刑事科学技术室指导员卢丹获得江苏省三八红旗手荣誉称号。

△ 句容市宝华镇仓头村姚武荣、张红建、龚于高入选江苏省农机使用一线“土专家”名单。

△ 在纪念中国关工委成立30周年暨全国关心下一代工作表彰大会上，句容市关工委获全国关心下一代工作先进集体称号。

12月

1日 《中国县域经济发展报告（2020）》暨全国百强县（区）报告在北京举行，句容市在全国县域经济综合竞争力排名中列第82名。

3日 戴庄有机农业专业合作社与南京盒马网络科技有限公司，在戴庄村举行“盒马村”授牌仪式暨霜打菜发布会。

8日 句容市召开“平安家庭”“最美家庭”创建工作表彰大会，对全市10家“平安家庭”创建工作先进集体单位、79户创建活动示范户和60户“最美家庭”进行表彰。

9日 由中国绿色食品发展中心主持召开的2020年第四次农产品地理标志登记专家评审会在北京举行，句容市“丁庄葡萄”通过评审。“丁庄葡萄”农产品地理标志地域保护范围为茅山镇，辖茅山镇城盖村、东霞村、袁相村、前陵村、永兴村、何庄村、长城村、丁庄村、丁家边村、蔡门村，共计10个行政村。

△ 江苏省审计厅党组书记、厅长侯学元到句容市调研，了解句容市审计工作开展情况及明年工作计划打算。镇江市委常委、常务副市长郭建，句容市委书记潘群陪同调研。

10日 市青年联合会第二届委员会第一次全体会议召开。会议听取市青联第一届委员会常务委员会工作报告，选举市青联第二届委员会主席、副主席和常务委员。

11日 镇江市退役军人就业创业示范基地落户句容市，省退役军人事务厅副厅长陈旭、镇江市退役军人事务局局长方德龙和句容市市长周必松察看示范基地。

16日 天王镇自行车产业（昆山）项目对接会在昆山市召开。会上，昆山市2家企业与天王镇签约；颁发天王镇招商顾问聘书。

22日 句容恒嘉自动化设备制造有限公司举行投产仪式，市政协党组书记、主席章壮钧，副市长张荣海，翔峰集团董事长周罗洪、中节能太阳科技（镇江）有限公司董事长李菁楠、句容恒嘉自动化设备制造有限公司董事长周帆、江苏中实新能源有限公司总经理葛相麟出席投产仪式。

△ 第19届中国（句容）草莓文化旅游节开幕式在市大剧院举行。农业农村部种植业司二级巡视员李文星，江苏省委农办副主任杨天水，镇江市委副书记、组织部部长李健，句容市领导高庆华、文雁才、查兆娣、吴明成、凌华、徐飞等出席开幕式。开幕式上公布了全国草莓精品擂台赛的比赛结果，并现场为10名特等奖获得者和10名金奖获得者颁奖，同时为全国时代楷模、道德模范、最美奋斗者赵亚夫颁发“终身荣誉奖”。

23日 和能人居句容智能制造基地开工。该项目位于下蜀镇，总投资3.4亿元。

25日 句容市首家创建党建引领物业服务管理省级示范点嘉烨御花园小区迎来省级验收。

27日 新葛仙湖公园、葛洪纪念馆正式开园开馆。市委书记潘群、市长周必松携手十名道德模范、劳模、好人、美德少年等代表共同为新葛仙湖公园揭幕，与中国中医药信息学会葛洪研究会副会长陈仁寿、葛洪后人共同为葛洪纪念馆揭幕。

31日 中国共产党句容市第十二届委员会第十次全体会议举行，全会听取和讨论了潘群代表市委常委会所作的工作报告，审议通过《中共句容市委关于制定句容市国民经济和社会发展第十四个五年规划和二〇三五年远景目标的建议》。

是月 句容市入选第三批节水型社会建设达标县（区）。

△ 农业农村部、国家发展改革委、财政部、商务部等八部委联合认定批准唐陵花木交易市场有限公司为农业产业化国家重点龙头企业。这是句容市首个国家级农业龙头企业。

地情概要

【地理位置】 句容位于江苏省西南部，北纬 31°37′至 32°12′，东经 118°57′至 119°22′；地处长江下游南岸，东连镇江市丹阳、丹徒、润州和常州市金坛，西接南京市栖霞、汤山、江宁、溧水，南邻常州市溧阳、金坛，北隔长江与仪征相望。

（志 办）

【土地面积】 句容地形南北向较长，约 75 千米；东西向较短，约 40—50 千米。全市土地总面积 1378 平方千米。（志 办）

【地质地貌】 句容境内地层出露齐全，化石丰富，岩浆岩发育，构造典型（属扬子古陆台褶带），是中国最早开展地质研究地区之一。

在距今约 8 亿年前的元古代震旦纪地区沉陷呈海相，直到距今约 2.3 亿年前的中生代三叠纪，地面或海或陆（以海为主）。在中生代三叠纪晚期，境内转为陆地。距今 1.8 亿年前的印支运动形成宁镇间连绵山脉的雏形。1.3 亿到 6500 万年前的燕山运动开始形成扬子大断裂带，并逐渐发育成长江。同时，奠定宁镇山脉的基本轮廓。在距今 6500 万年到 300 万年前的新生代第三纪，逐渐形成低山丘陵、平原山谷、河溪沟涧等地貌。境内已探明的主要地层有古生界寒武系上统地层观音台组、古生界志留系高家边页岩等十余种。部分地名是国内许多标准地层命名地，如泥盆系茅山砂岩；石炭系高骊山砂岩、船山灰岩；中生界白垩系上统赤山砂岩；新生界第四系下蜀黄土等。地质构造有褶皱，如宁镇山脉区宁沪线背斜，以及茅山丘陵区浮山、赤山玄武岩覆盖区等地。较大的断裂带有 4 条：汤山—东昌—上会；茅山—高淳；溧阳—南京；铜陵—扬州。句容在中生代白垩纪时期，岩浆活动十分活跃，特别是在宁镇山区的北部，大华山以东，仑山以北，空青山前后，多处有火成岩出露，其他地区火成岩分布较少。250 年至 1985 年，发生较大地震 24 次，其中属中强地震 3 次。明建文元年（1399 年），方山发生 5.5 级地震（茅山—高淳断裂带）。明万历三十三年（1605 年），宝华山发生 5 级地震。明崇祯二年（1629 年），境北发生 5 级地震（铜陵—扬州断裂带）。

句容地貌形态主要有低山、丘陵、岗地、平原等四大类型。除长江、水库、河沟、池塘等各种形态的水域外，有低山、丘陵及峰、岗、墩、凹、坡地（陡坡地、斜坡地、缓坡地、平缓坡地）等多样形体，素有“五山一水四分田”之称。其中低山是海拔 200—400 米之间的山地，面积 21.57 万公顷，占全市总面积 15.64%，主要分布在境北宁镇山脉和境南茅山山脉。近代地图上注明的山丘有 159 座，主体山 10 座，低山 34 座。境内最高山为大华山（海拔 437.20 米）。丘陵 102 座，一般海拔在 50—200 米之间，面积 893 公顷，占全市总面积 0.65%，主要散于市境中部。岗地面积 98.32 万公顷，占全市总面积 71.29%，分布于全市各地，白兔、茅山两镇居多。平原面积

17.13 万公顷，占全市总面积 12.42%，主要分布于市境西南秦淮河流域和境北沿江冲积地带，以及东部太湖水系中白兔、茅山、边城等镇。 （志 办）

【水系河流】 句容地处长江南岸、宁镇山脉中段与茅山丘陵交会处。南北环山，中部陇岗起伏，间以冲谷平原，西部低洼，东部向东南倾斜，是秦淮河东支、太湖西支与沿江 3 个水系的分水岭。境内河流分属秦淮河水系、太湖水系和沿江水系，共有大小河道 44 条，总长 310.18 千米，其中流域性干河 14 条。市境北部宁镇山脉南侧和南部茅山山脉西侧属秦淮河水系，面积 951.3 平方千米，干支河道 18 条，其中句容河最长。境内太湖湖西水系面积 264.82 平方千米，主要河道有洛阳河、糜墅河。沿江水系面积 162.99 平方千米，有便民河、大道河 2 条干河。赤山湖是句容河流域的一片天然湖荡洼地，流域面积 520 平方千米（1975 年前为 806.13 平方千米），有大小支流 24 条，其中北河、中河、南河为一级支流，其流域面积均在 100 平方千米以上。赤山湖东西长约 4 千米，南北宽约 2 千米，面积 7.8 平方千米。句容已建成在册中小型水库 57 座，湖泊 2 座，市级骨干河道 13 条，镇级河道 62 条，管护名录范围内灌排泵站 382 座，干支斗农渠 469.8 千米，各类水工建筑物 15986 座。 （志 办）

【水文水情】 2020 年 1—10 月，句容市平均降雨量 1059.6 毫米，较多年平均（951 毫米）偏多 1 成，

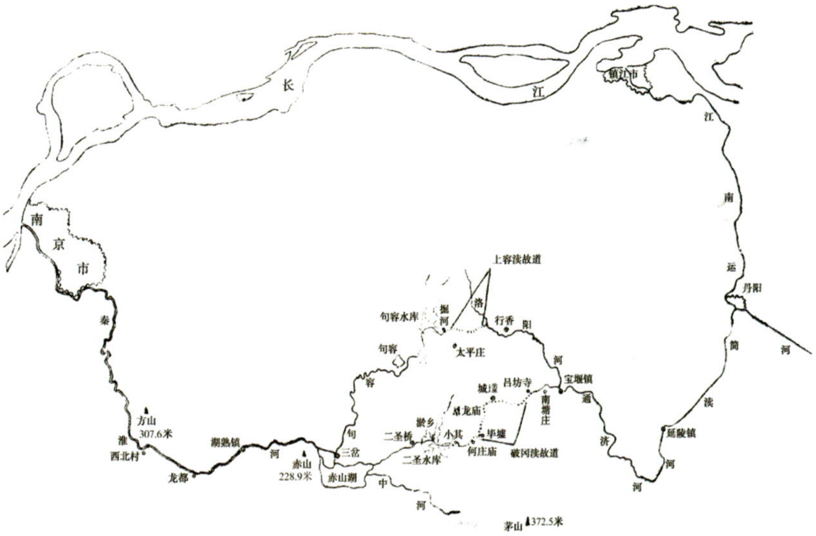

破冈渎、上容渎示意图

较 2019 年同期（640.7 毫米）偏多近 7 成。汛前 1—4 月全市平均降雨量 236 毫米，与多年平均（239 毫米）基本相当，较 2019 年同期（200 毫米）偏多近 2 成。汛期 5—9 月降雨量 766.2 毫米，是 2019 年同期（439.2 毫米）的 1.7 倍，是多年平均（649 毫米）的 1.2 倍。

梅雨情况：梅雨期自 6 月 10 日至 7 月 21 日，入梅偏早，出梅偏晚，梅雨期长达 42 天，较常年明显偏长，是近 20 年来最长梅雨季，是有气象记录以来第三长的梅雨季。全市梅雨期降水明显偏多，平均梅雨量为 545.9 毫米，是常年平均（220 毫米）的 2.5 倍，是 2004 年以来降水量最多的梅雨季。

汛期受长江来水及潮汐共同影响，句容市沿江片区发生超历史大洪水。大道河水位从 7 月 5 日开始，最高水位超过警戒水位（7.65 米）；7 月 6 日，最高水位超过 8.0 米；7 月 9 日，最高水位超过 8.5 米；7 月 18 日，最高水位超过 9.0 米。7 月 21 日，大道河高潮位达 9.30 米，超有记录以来最高水位 9.04 米（1998 年）0.26 米。7 月至 9 月，大道河水位超 7.65 米警戒水位共计 55 天（7 月 5 日至 8 月 24 日，9 月 1 日至 9 月 4 日），超 8.8 米共计 12 天（7 月 16 日至 7 月 27 日）。 （朱 力）

【气候】 常年特征：句容市属北亚热带季风气候区。根据 1981—2010 年气候资料统计，常年平均气温 15.5℃，年降水量 1099.1 毫米，年日照时数 1999.3 小时，年极端最高气温 39.2℃，年极端最低气温-14.8℃。

2020 年气候概况：2020 年全市平均气温 16.6℃，较常年偏高 1.1℃；年平均降水量 1172.2 毫米，比常年（1099.1 毫米）平均偏多 7%。年日照时数为 1741.4 小时，比常年少 257.9 小时。年极端最高气温 37.8℃，出现在 8 月 15 日，年极端最低气温-7.5℃，出现在 12 月 31 日。无霜期 269 天，年极大风速 17.4 米/秒（6 月 12 日）。 （胡丹丹）

2020年句容市气候资料统计情况一览表

表2

项目	平均气温（℃）		降水量（毫米）		日照（小时）		相对湿度（%）		平均风速（米/秒）	
	常年	今年	常年	今年	常年	今年	常年	今年	常年	今年
1月	2.5	4.8	48.2	79.3	136.5	45.3	77	87	1.9	1.9
2月	4.6	7.6	54.9	41.3	126.5	130.9	76	78	2.3	1.9
3月	8.8	11.7	83.2	80.0	148.6	165.1	76	72	2.2	2.2
4月	14.9	14.9	81.7	67.0	169.5	215.1	76	65	2.5	2.0
5月	20.5	22.3	90.3	35.1	194.3	176.3	76	73	2.1	2.2
6月	24.4	25.5	178.7	350.2	165.0	104.8	79	87	2.4	1.9
7月	27.8	25.3	202.5	223.8	202.6	56.8	83	94	2.0	1.7
8月	27.1	29.8	145.3	65.1	204.5	213.3	84	81	2.3	1.8
9月	22.8	23.7	67.8	79.4	174.2	186.9	83	80	2.2	1.4
10月	17.2	16.9	60.1	57.4	170	161.8	79	80	2.3	1.5
11月	10.8	12.7	56.6	74.5	156.2	139.4	77	79	2.4	1.9
12月	4.6	4.3	29.8	19.1	151.4	145.7	75	72	1.9	1.6
全年	15.5	16.6	1099.1	1172.2	1999.3	1741.4	78	79	2.2	1.8

常年资料为1981—2010年气候资料统计。

（胡丹丹）

附：2020年重要天气气候事件及其影响

1. 暴雨（大暴雨）

2020年句容共有4天暴雨日，其中大暴雨日1天，出现在6月15日，累计雨量为100.2毫米。

2. 高温

2020年句容市高温天气集中在8月份。年高温日数16天，与常年平均的9天相比多7天，年极端高温达37.8℃。

3. 降雪和积雪

2020年出现5个降雪日，其中12月29—30日受寒潮影响出现大范围降雪，29日上午降雨，中午至下午自西北向东南先后转为纯雪，29日08时至30日08时24小时雨雪量为9.3毫米，积雪深度为7厘米。

4. 大雾和霾

2020年全年霾天数25天，大雾日数33天。

5. 梅雨

句容市2020年6月10日入梅（常年平均6月18日），7月21日出梅（常年平均7月10日），入梅偏早，出梅偏晚，梅雨期长达42天，较常年明显偏长。全市梅雨期降水明显偏多，降水量为471.1—743.0毫米，平均梅雨量为580.8毫米，是常年平均（220毫米）的2.6倍，是2004年以来降水量最多的梅雨季。

6. 大风

2020年大风天气1次，出现在6月12日，极大风速为17.4米/秒，风向为西风。

7. 寒潮

（1）受北方较强冷空气南下影响，2月14—15日出现了寒潮天气过程，24小时最低气温降温幅度达到11.8℃，最低气温极值为0.2℃，同时15日还出现了阵风6级偏北大风。

（2）受北方较强冷空气南下影响，3月26—28日出现了寒潮天气过程，48小时最低气温降温幅度达到15.5℃，最低气温极值为0.3℃，同时27日还出现了阵风6级的东北大风。

（3）受北方强冷空气南下影响，12月29—30日出现了寒潮天气过程，48小时降温幅度达到15.2℃，最低气温极值出现在31日，为-7.5℃。（胡丹丹）

【资源】 土地资源：句容地带土壤为黄棕壤。全市土壤分6个土类、13个亚类、17个土属、23个土种（变种）（土壤普查五级分类制）。其中，水稻土类主要分布在丘岗冲、圩区、湖区的高平原及江河一带低洼处，黄棕壤土类主要分布在茅山、宁镇山脉的低山丘岗、平缓坡地及山凹等地，紫色土类主要分布在茅山、赤山、红山、宝华山一带低山山脚处，石灰岩土类主要分布在宁镇山脉一些山脚处，红沙土类主要分布在一些低山山脚处，潮土类主要分布在长江南岸下蜀至宝华一带。据1985年《句容县综合农业区划》，境内5个区划土地资源总量为13.79万公顷。其中，宁镇丘陵区4.82万公顷，占土地总面积的34.93%。茅山丘陵区5.68万公顷，占土地总面积的41.17%。赤山湖平原圩区1.70万公顷，占土地总面积的12.35%。沿江圩区0.49万公顷，占土地总面积的3.58%。亭子山区1.10万公顷，占土地总面积的7.97%。

生物资源：市境有宝华山国家森林公园、省级宝华山自然保护区、省级茅山森林公园，有林面积达2.7万公顷，木材蓄积量80万立方米。市境地带性植被为北亚热带含有长绿树种的落叶阔叶林，现仅在宝华山隆昌寺西北、茅山华阳洞和大茅峰下的大洼尚有小片的落叶阔叶林。人工林木植被发展较快。赤山湖等湖荡、河道植被有水生植物和湿生植物群落，沿岸地区主要植被为芦苇和杂草，其他丘陵岗地有灌木、草本植物和菌类植被等。宝华山植被保存较好，自然保护区有148.7公顷，有“吃不尽的天宁米，烧不尽的华山柴”之说。植物有林木植物、灌木和草本植物、水生植物、菌类及多种农作物。宝华山植物共124科352属529种。其中蕨类植物11科13属15种，裸子植物4科5属6种，双子叶植物88科261属480种，单子叶植物6科49属64种。宝华玉兰为特有珍稀树种，还有红豆杉、银杏、樟树、榉树、栎树等。国家和省级珍贵树种保护名录所列的古树名木有榉树、朴树、枫香、樟树、木瓜、黄连木、椤木、槭树、椴树、银杏、檀树、宝华玉兰、紫楠、珊瑚、青冈栎、冬青、四照花、江南椤木、铜钱树、桂花等。树龄在100—199年有139棵，200—299年45棵，300—399年21棵，400—499年13棵，500年及以上8棵，最老树龄有3棵达800年，全部列入重点保护树种。动物有鱼纲、哺乳纲、两栖纲、爬行纲、鸟纲等脊椎动物，毛足纲、瓣鳃纲、昆虫纲、甲壳纲、蛛形纲、多足纲等无脊椎动物，以及5个纲、120多种野生动物。

中国特有的生长于句容林场的国家一级保护植物——宝华玉兰

中药材资源：句容是江苏省药材重点产地。茅山有中草药750多种，仅《本草纲目》就收录有380多种，如茅苍术、太保黄精等。全市各类药材有754种，其中植物类药材153科460属705种，动物类药材32科44种，矿产类药材2种（人灵磁石和钟乳石），其他有人中白、优龙肝、百草霜等3种。全国重点调查的366种药材资源中，句容有157种，占总数的43%。江苏省增加的重点调查35种药材资源中，句容有26种，占74%。境内中药材蕴藏量丰富。据有关部门调查，重点

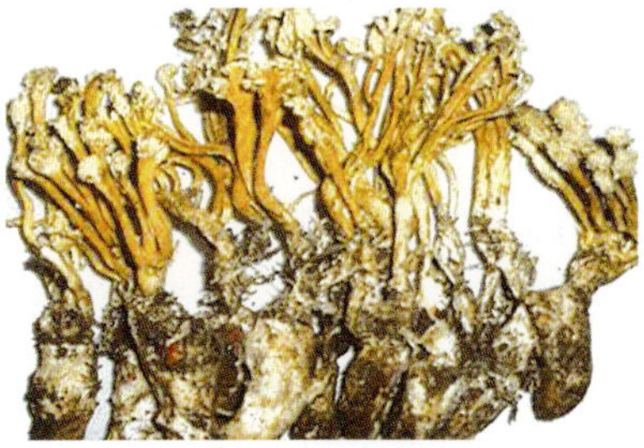
天王镇磨盘山金蝉花

药材品种年产量在25000千克以上的有39种，20000千克左右的有39种，5000千克以下的有11种，1000—2500千克的有62种；不足1000千克的有32种。

矿产资源：句容具备较好的成矿条件，矿产资源丰富。探明矿床30余处，矿种25种。其中金属矿8种、非金属矿15种、能源矿2种，水气矿产1种。主要有膨润土、铁、锰、铜、钼、石灰岩、煤、玄武岩等。矿床点分布广，储量大，易开采，具有投资少、见效快等特点。其中膨润土矿品位高，储量达1.5亿吨，被列为全国第二大储区。优质石灰石储量达20亿吨，且含钙量高达55%以上。宝华山发现江苏省内第一处大型红柱石矿。此外，还有储量可观的黄沙、红沙等。

水资源：全市水资源总量2.4亿立方米，正常年用水量2.0亿立方米。市境地表水径流总量5.18亿立方米，人均占有量869立方米。全市河道及中、小型水库和塘坝、浅井等水利工程的蓄量为2.47亿立方米。其中水库为1.25亿立方米。市境深层地下水资源主要分布在宁镇山脉南、北两侧和茅山丘陵区。（志　办）

【建置沿革】 句容，春秋属吴，战国属越，楚并越遂属楚，秦属鄣郡。秦置江乘县，治所在今句容市北（三国吴废，晋复置，隋开皇初废），句容境北部属之。汉置句容县，隶丹阳郡。汉武帝元光六年（前129年）封长沙定王刘发之子刘党为句容侯，元朔元年（前128年）刘党死，复为县。治所即今句容市区。直至南北朝，均属丹阳郡。东晋大兴三年（320年）句容琅琊乡、江乘金陵乡立为怀德县，安置琅琊国人，此为东晋最早侨县。咸康元年（335年）侨置琅琊郡有实土、桓温为太守，治所在金城（今句容市西北宝华镇西）；南朝宋改为南琅琊郡，齐迁治于白下（今南京市金川门外），陈废。隋废郡置州，以州领县，句容属扬州。唐武德三年（620年），以句容、延陵二县置茅州，武德七年（624年）茅州废，句容属蒋州。武德九年（626年）句容划归润州。天宝元年（742年），句容属丹阳郡。乾元元年（758年），昇州辖句容。上元二年（761年）昇州废，句容复归润州。光启三年（887年），复置昇州，句容重归其辖，直至唐末。五代时期，昇州先后改称金陵府、江宁府，均辖句容。宋初复置昇州，天禧二年（1018年），置江宁府，辖句容。天禧四年（1020年）改句容县为常宁县，寻复为句容。南宋建炎三年（1129年）江宁府改称建康府，句容属建康府。元建省设路，建康府改为建康路，后又改名集庆路，句容归其领治。明改集庆路为应天府，句容属应天府。清改应天府为江宁府，句容属江宁府。太平天国时，句容直属天京。民国元年（1912年），江宁府改称南京府，辖句容。民国3年（1914年），废府设道，句容属金陵道。民国16年（1927年），道废，句容直属江苏省政府。民国24年（1935年），江苏省划分10个行政督察区，句容属第十行政督察区。抗日战争时期，句容属江南行署第一行政督察区。1938年，新四军进入茅山地区，建立了以茅山为中心的苏南抗日根据地，先后成立了“抗敌总会”和“抗日民主政府”，此间根据地和抗日民主政府归苏南第五行政区专员公署（后又曾与邻县地区建立过镇句、江句等县政府）。民国32年（1943年）后为苏南行政公署。敌占区被日伪统治。民国34年（1945年）抗日战争胜利后，句容重归江苏省第一行政督察区。民国38年（1949年）4月23日句容解放，4月26日句容县人民政府正式成立，属苏南行政公署镇江专员公署。同年12月2日中共中央华东局决定将句容划归南京所辖，1950年1月仍划归镇江专员公署。1953年江苏建省后属镇江专区。1958年镇江专区改为常州专区，后又改为镇江专区，句容仍属之。1983年3月，江苏省实行市管县后，句容属镇江市。1995年4月经国务院批准撤县设市；6月，江苏省人民政府正式发文，句容撤县设市，实行计划单列，仍属镇江市管辖。

2009年12月26日，句容市委十届八次全委扩大会议提出“推进同城同建，打造南京副城——阔步迈向宁句一体化发展新时代”发展战略。10月30日，宁句一体化研究会成立，全面对接南京，承接南京辐射。2010年4月4日《南京日报》电子版郭之纲撰《句容与南京的历史认知和文化认同》一文：句容2138年间，行政隶属，作为茅州治所5年，隶属浙江安吉8年，隶属安徽芜湖11年，隶属扬州12年，隶属镇江321年，隶属安徽宣城391年，隶属南京1390年。（志　办）

附：句容名称由来

一是以山取名。南宋《景定建康志》、明弘治《句容县志》、民国《今县释名》均注明：县内有勾曲山（即茅山），山形似“己”，勾曲而有所容，故名勾容，又名句曲。古代句、勾二字相通，因此逐渐写成句容。

二是以山、水取名。清乾隆《句容县志》转载明万历《句容县志》称：“句容有句曲山，山形如‘己’字。箕距三茅绛岭，襟带九曲秦淮，县治四面山水环抱，俨若城池。”清《茅山志》载：江水之东，金陵之左，右间有一小泽（今赤山湖），周时名其源泽，为曲水之穴。泽东为句曲山，形如“己”字，故名句曲。山源曲而有容，故其境为句容里。观《赤山湖志》：县境北、东、南三面环山呈“勹”形，“勹”上之水注入赤山湖，湖为“口”，四岸有所容，所以叫句容。还有一说，是以秦淮河取名的。境内宝华山东南侧系秦淮河发源地之一，山水由县城之东北绕经城南流向西南进赤山湖而入秦淮河，弯曲成“勹”状，县城为“口”处于“勹”中，为“句”字；县城有高地，古之称为“容山”，因而县名为“句容”。

三是以语音取名。南京大学语言学专业研究人员认为，句容在春秋战国时代是古越人居住的地方，他们说着一种与华夏语完全不同的语言。“句”“勾”相通，在古越语中是“个”“棵”的意思。“容”在上古时读“dōng”，与壮侗语译音“崬”字相同。而“崬”意为森林，壮侗语与古越语又密切相关。因此，两字合在一起就成为“一个森林”之意。事实上，古代“句容”这块土地上树木确实是很多的，与周围各县有明显区别。

【行政区划】 截至2020年年底，全市辖8个镇，3个街道办事处，1个管委会，24个社区居委会，152个建制村。（民政局）

句容市村（居）委会情况一览表

表3

市、镇（驻地）	行政村数（个）	涉农社区数（个）	城市社区数（个）	行政村	涉农社区	城市社区
华阳街道	14	3		周家岗、南亭、吉里、下何、新生、云塘、西岗、吴岗、北相、新坊、钱家边、里巷口、杨家巷、赵塘	上路、北阳门、城上	
下蜀镇	9			下蜀、祝里、六里、裕课、沙地、桥头、亭子、空青、新村		
宝华镇	8	1	1	宝华、铜山、栗庄、仓头、栏江、和平、凤坛、华山	宝华花园	新城
边城镇	14			东昌、友谊、衣庄、光明、青山、高仑、桥东、陈武、大华、侢池、双杨、戴村、赵庄、赵村		
白兔镇	15			白兔、上荣、解塘、茅庄、幸福、唐庄、行香、中心、古隍、太平、龙山湖、马里、西井、高庙、倪塘		
郭庄镇	22			郭庄、端王、甲山、孔塘、朝阳、庄里、经戴、百丈、金星、葛村、刘巷、东岗头、五渚坊、东湖、东方红、方溪、虬北、百里、谢桥、赤山、芦亭、胜利		

续表 3

市、镇（驻地）	行政村数（个）	涉农社区数（个）	城市社区数（个）	行政村	涉农社区	城市社区
后白镇	21			后白、芦江、曹村、淮源、古村、李家桥、夏王、东湾、东风、王庄、延福、西冯、二圣、徐巷、张庙、泗庄、五星、槐道、林梅、西城、长里岗		
天王镇	16			天王、赵巷、前进、西溧、农林、金山、朱巷、蔡巷、唐陵、浮山、唐谷、涧北、袁巷、戴庄、斗门、竹园		
茅山镇	10			城盖、丁庄、何庄、长城、永兴、前陵、东霞、袁相、丁家边、蔡门		
黄梅街道	13	6		黄梅、莲塘、后塘、九华、新塘、南巷、河桥、石狮、后荤、大卓、下荫、杜家山、姚徐	三台阁、三里井、杨塘岗、西庙、赤岗、寨里	
茅山管委会	10			茅山、夏林、玉晨、后河、天乐、墓东、潘冲、李塔、上杆、马埂		
崇明街道			13			东门、义台街、红旗、崇明、茅山、马札里、中凌、葛仙、甲城、新村、建新、梅花、河滨
合计	152	10	14			

（民政局）

【城市性质及规划】 在打造“一福地四名城”的战略目标下，句容致力于发展成为长三角的山水公园城市、南京都市圈的副中心、宁镇一体化的先导城市。

长三角的山水公园城市：深刻践行“绿水青山就是金山银山”理论，依托优越的生态资源本底，激发生态资源动能，引领全域生产、生活方式绿色转型。构建生产和生态良性循环、生态经济品牌效应突出的生态文明发展之路，推动人类与自然和谐共生、全域功能与风景共融、创新链与产业链共进、福地韵和田园味共鸣，打造长三角的山水公园城市，争创“两山理论”实践示范区。

南京都市圈的副中心：句容应成为南京都市圈的生态绿色高质量一体化发展示范区，成为支持南京都市圈升级的副中心城市，具体职能为南京市同城化圈层上的次区域服务中心、南京枢纽经济的外溢承载区、南京创新带的延伸链、南京远郊的生态田园圈。

宁镇一体化的先导城市：句容是宁镇一体化发展的先行区，一体化发展已初具框架，未来应聚焦一体化发展从量的扩展向质的提升转变，从公共服务的共享转向更多高品质公共服务的共建，从交通的单一联系转向多元便捷的立体综合交通互联，从产业的简单承接转向创新功能的转化，从单一的远郊休闲旅游转向区域文旅品牌的共塑。

（自然资源和规划局）

【交通】 句容市境内国省干线公路包含 G42 沪蓉高速、G25 长深高速、G312 沪霍线、G104 北平

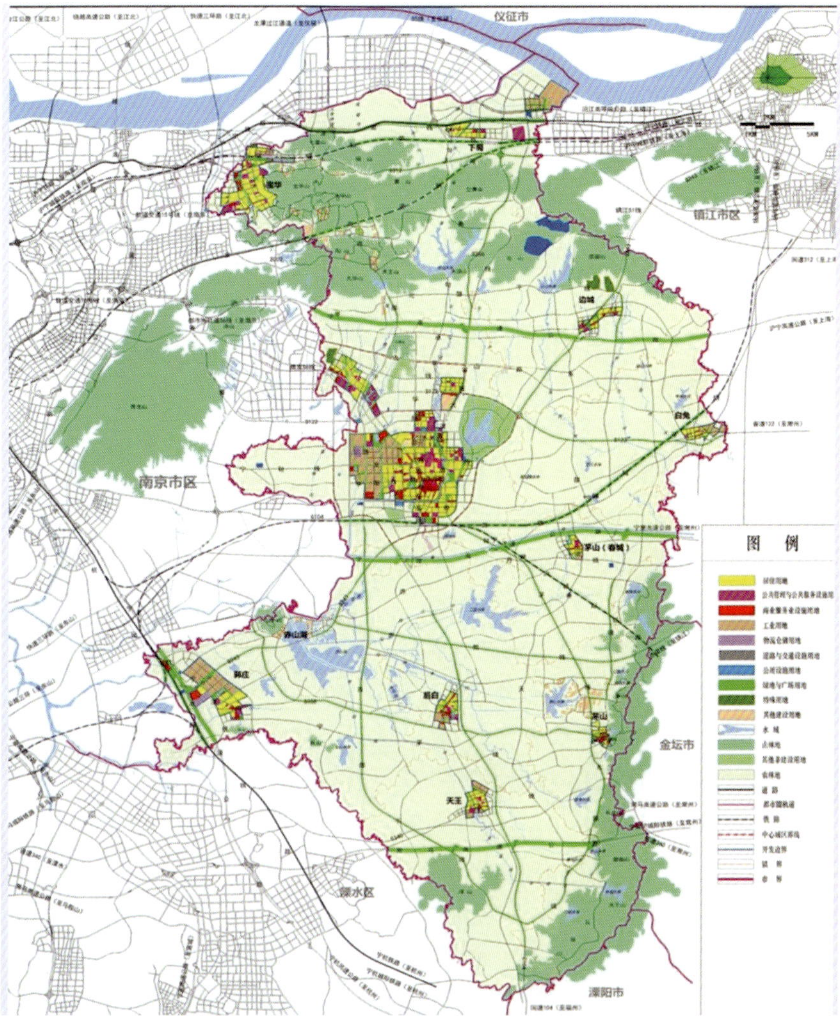

句容市城市总体规划图

位于郭庄镇的宁杭高速铁路句容西站

线、S38常合高速、S122宁张线、S243扬禄线、S266下茅线、S002南京三环线、S338宁镇线、S340虞宁线。至2020年年底，全市公路总里程达2372.99千米（含312国道：21.51千米，高速公路：51.57千米），公路密度达171千米/百平方千米。高速公路共51.57千米，一级公路227.98千米，二级公路322.63千米，三级公路279.50千米，四级公路1491.77千米。公路客运站场5个。

航道总里程达76.63千米。其中等级航道里程19.16千米，为句容河航道（东门电站—赤山友谊桥，现六级规划五级）；等外级航道里程57.47千米，为秦淮中河航道（赤山湖—后白农场）里程为10.58千米，秦淮南河航道（赤山湖—李家桥）里程为10.35千米，赤山湖航道（赤山闸—北河口—中河口—赤山湖口）里程为14.34千米，便民河航道（桂花庄—长江江口规划五级）里程为5.2千米，大道河航道（栏江桥—长江江口，其中5.4千米规划五级）里程为17千米。

句容境内已形成沪宁铁路、沪宁城际铁路、京沪高铁、宁杭城际铁路四条铁路干线，铁路里程达63.08千米，车站2个。其中沪宁铁路途经句容境内（下蜀、宝华两镇）17.8千米；沪宁城际铁路途经句容（下蜀、宝华两镇）境内20.22千米，设有宝华山车站；京沪高速铁路途经句容（下蜀镇）境内17.40千米；宁杭城际铁路途经句容（郭庄镇）境内7.66千米，设有句容

西站。（交通局）

【人口】 2020年，句容市户籍人口58.53万人。常住人口为639266人，与2010年第六次全国人口普查的617706人相比，十年共增加21560人，增长3.49%，年平均增长0.34%。全市常住人口中，男性人口为323689人，占50.63%；女性人口为315577人，占49.37%。总人口性别比（以女性为100，男性对女性的比例）由2010年第六次全国人口普查的103.40下降为102.57。（统计局）

附一：句容先民移居崇明

据《句容县志》《崇明县志》等记载：崇明人的祖先于周万岁通天元年（696年）最早到东、西两沙定居，为黄、顾、董、施、陆、宋六姓，大多来自句容一带。北宋建中靖国元年（1101年），涨三沙，句容人朱、陈、张三姓定居。北宋末年，开封鲁惠公后裔施天寿先迁句容，后于明洪武、永乐年间亦迁崇明。明洪武二十七年（1394年），本县无田农民500余户，迁昆山县定居。明永乐时宋杰的祖先，是从句容迁居崇明的。

附二：句容历史上的三次移民

第一次是在两晋交替时期。西晋末年，匈奴入侵中原，朝野的官僚和地主纷纷率家室与部属渡江南逃。晋室琅琊王司马睿在南京称帝后，在句容侨设“怀德县”，专门安置随他自山东琅琊一起出逃的亲朋故旧。不久，晋成帝司马衍在句容的北乡侨置琅琊郡，让琅琊逃来的普通百姓也定居于此。至今，黄梅镇仍有一个村子叫“琅琊界”。过了这个郡界往东，则是“南徐州”（镇江）的辖地，侨置的多是江淮一带难民。

第二次是在南宋时期。句容民间流传“泥马渡康王”的故事。相传康王当年跑反时，曾被金兀术自江北一直追杀到句容葛村的短落桥，差点儿成了无头冤鬼。江北黎民不愿受异族暴政统治，迁往江南。就连居住在城里的民众，也遵循“大乱入乡”的规律，逃来避乱。如宋太祖的七世孙赵伯珪，曾袭封为金陵（南京）的郡王，元兵南渡后，为了笼络这位王爷，特赐地200顷，其中有20顷在句容境内。赵伯珪誓不与元兵合作，抛弃高官厚禄，隐居偏僻的句容南乡。如今，天王镇赵巷村的赵氏村民，全是这位王爷的后裔。据史料载，南宋前期，句容约有10%的客民，而130年后，居民中已有80%的外籍人了。

第三次是在光绪年间。太平天国战争时期，清政府为绞杀农民革命运动，在石头城外筑起“江南大营”，以重兵进行包围。句容因此沦为两军恶战的主战场，历时长达11年之久。经过战乱、兵火、瘟疫、旱灾、蝗灾的重重洗劫，句容“荒榛满地、白骨撑天，数百里内无人觅食，村野为之一空”。战前约有50万居民的句容，一下子锐减的人口高达80%以上。清代文人陈康琪《郎潜纪闻》记载，同治三、四年（1864—1865年）句容等地“到处食人”“人肉始卖三十文一斤，后增至八十文一斤”。（志办）

民族村——边城镇佴池村

【民族】 句容市是汉族聚居、少数民族散杂居地区。全市有35个少数民族，共3605人，占全市总人口0.6%。80%的少数民族生活在农村，绝大多数是从云南、贵州、广西等省区婚嫁至句容的少数民族妇女。其中回族836人占全市少数民族人数的23.2%。全市各镇、管委会均有分布，有回族、蒙古族、藏族、维吾尔族、彝族、壮族、布依族、朝鲜族、满族、侗族、瑶族、白族、土家族、傣族、黎族、傈僳族、佤族、拉祜族、水族、东乡族、纳西族、土族、达斡尔族、仫佬族、羌族、仡佬族、阿昌族、鄂温克族、京族等。边城镇佴池村属全省 42 个民族村之一，是回族聚居相对集中的地方。句容各少数民族一般讲汉语，用汉名，服饰、生活习惯等亦与汉族大致相同。同时，各少数民族仍保持本民族的文化习俗、宗教信仰和生活习惯。（统战部）

【宗教】 句容市是江苏省、镇江市宗教工作重点县（市）之一，境内有佛教、道教、伊斯兰教、基督教四大宗教，经批准登记的宗教活动场所 30 处，其中，道教 2 处，佛教 4 处，伊斯兰教 1 处，基督教 23 处（含临时活动点 1 处）。茅山道院、宝华山隆昌寺是全国重点寺观。全市设有爱国宗教团体 4 个，登记备案的宗教教职人员 82 人。（统战部）

【方言】 句容市西北方言接近南京话，属江淮次方言；东部接近江淮方言与吴语的分界线，其中几个镇的语音、词汇有些接近吴语；南部乡镇由于历经战乱和灾荒，从河南、湖北等地迁进一批移民，他们的语言属北方方言，对当地有一定影响。语音方面：句容方言有阴、阳、上、去、入等 5 个声韵调。两个字或几个字连续时会发生变调。句容话两字组轻声一般发生在后字，后字的轻声调值主要取决于前字的声调，与后字原调有时也有一定联系。古入声在普通话中已消失，分别归入新四调中。阴入如“积、黑”等，阳入如“国、绝”等，上入如“塔、葛”等，去入如“特、勒”等；声韵配合上，有很多发音没有什么规律，普通话无拼读关系的，句容方言有的却可以，但为数很少，如“去”读作 kì，“峰”读作 Fōng，“回家”读成“嘎 ki”，“好吃的”读成“好切的”，等等。鼻化元音中往往 n、l，in、ing，en、eng 不分。n、l 不分且一律读作 l，如“男、兰”等，鼻舌音 n 对句容人来说很“陌生”。zh、ch、sh 一律读作 z、c、s。卷舌音对句容人亦显困难，如“是的”，读成“似的”；“人生”读成“人森”。j、g，r、y 在个别字中相混，突出的如“讲、江”都读作 gāng；rong 发 yong，比如说“句容”，就发成“ju yong”，毛绒绒，发成“mao yongyong”。韵母方面，韵母 in、ing 相混且常读作 in，丢失 g，如“阴、英、京、津”这样的字在普通话中，北方人是很容易分得清也读得准的。音节中韵母丢失现象严重，如

老子神像位于茅山印宫，高 33 米、重 106 吨，由 226 块特制紫铜板焊接而成，入选上海大世界基尼斯纪录

“罗、堆”等字，读作 lō、dēi，丢失 u。韵母 ian，读作 in，丢失 a，所以北方人听句容人念“天”字，常听成“厅”。

语法方面：句容方言构词特色一是有一些名词后加成分“家”，在词中读“ge”的轻声，习惯上写作“格”，表示强调，如男人格、女人格、往年格，“格”在口语中读“gā”；二是人体及动物名称，以及其他一些事物的名称，有一些词是用重叠法合成的，如大腿瓜瓜（大腿肚）。词汇方面：句容话和普通话之间有很多词是相同的，只是读音不同。句容话和普通话不同的词汇也很多，有些不能用适当的汉字写出来，而只能用同音字或字音相近的字来代替。（王 晓 蒋兆有）

附：句容方言录入国家语言资源有声数据库

2011 年 1 月 12—14 日，国家语言资源有声数据库调查组专家对句容 4 名方言发音人进行有声数据采集。采集分为个体数据采集和群体数据采集。个体采集时，发音人需读 1000 个字音、1200 个词汇、50 个句子，讲述包括“规定故事”和“自选话题”两部分约 20 分钟的话语；群体对话由 4 名发音人围绕句容地方文化特色、衣食住行改变等随机漫谈，对话时长约 40 分钟。有声数据采集过程运用录音、录像和摄影相结合的手段，相关数据在作技术处理后将进入国家语言资源有声数据库，实现在线点击。

素以“只闻钟声不见庙、宝华庙门独向北、和尚尼姑齐受戒、厨房大师烧‘荤菜’”“四怪”扬名的全国重点文物保护单位隆昌寺

首届“古越神韵”道教文化音乐节

【风景名胜】 句容是中国优秀旅游城市，市境旅游资源丰富，自然景观、宗教文化、红色文化、乡村生态、农业观光、休闲养生等皆有特色，主要景区有茅山（包括九龙山）、宝华山、赤山湖等。茅山是道教上清派发祥地，素称“第一福地，第八洞天”“秦汉神仙府，梁唐宰相家”。茅山道院为全国首批对外开放的 21 处重点道观之一。茅山是全国六大山地抗日根据地之一，茅山新四军纪念馆和苏南抗战胜利纪念碑为全国爱国主义教育示范基地。“碑下放鞭炮，碑上响军号”成为世界一绝，与高达 33 米的露天老子铜像一同被载入《上海大世界基尼斯纪录》。茅山风景区是江苏省甲级风景区、国家 AAAAA 级旅游区、国家有机农业示范区。宝华山风景区是省级自然保护区、国家森林公园、国家 AAAA 级旅游区，素有“林麓之美，峰峦之秀，洞壑之深，烟霞之胜”四大奇景，享有佛教“律宗第一名山”之美誉。隆昌寺古建筑群被列为全国重点文物保护单位。赤山湖风景区是著名的湿地公园，被誉为南京都市圈最大的“天然氧吧”，2017 年获批成为国家湿地公园。（志 办）

【历史文化遗存】 句容是江苏省建县2000年以上13个古县之一，历史文化遗存丰厚。市境古遗址27处。青山鱼化石距今有2.25亿年。一种为江苏裂齿鱼，在全省是第一次发现，另一种叫句容鳞齿鱼，在华东地区也是第一次发现。放牛山旧石器遗址距今约30万年，是全省迄今为止发现得最早的旧石器早期遗址，填补了全省旧石器早期只有古人类化石，没有古人类文化的空白。距今6500—7000年的丁沙地遗址是宁镇地区发现最早的一处新石器文化遗存，是定居农业氏族聚落遗址。城头山新石器遗址上层为湖熟文化层、下层为良渚文化层，填补良渚文化中晚期缺环。另有反映吴文化的土墩墓1000多处，获称"2005年全国十大考古新发现"。

城上村遗址是新石器时代至周代的古遗址，它与石狮、隆昌寺、春城土墩墓一起被评为全国重点文物保护单位。另有国家级文物94件。句容民俗文化丰富多彩，被列入非物质文化遗产的有国家级的"秦淮灯彩""茅山道教音乐"，省级的"二龙戏珠"，镇江市级的"芦江张家镗"，还有民间剪纸等。（志 办）

东晋道教学者、著名炼丹家、医药学家，所著《肘后备急方》记载"青蒿一握，以水二升渍，绞取汁，尽服之"。屠呦呦受其启发，发现青蒿素治疗疟疾的新疗法，于2015年10月，获诺贝尔生理学或医学奖。

【历代名人】 明弘治《句容县志》序文称句容"名宦、人物、师儒、忠良、节义、孝烈比他邑多"。句容历代人才辈出，自唐至清，有进士117人、状元1人。《江苏艺文志镇江卷》记载句容文史人物272人及其著作。三国时期，葛玄在吴国炼丹行医，被樟树市尊称为"药界鼻祖"；西汉茅盈、茅固、茅衷至句曲修炼，始有茅山之称；东晋葛洪是道教理论家、炼丹术家、医学家，著有《抱朴子》等；南北朝时期陶弘景为"山中宰相"，宝志为"帝师"；五代时期周文矩为宫廷知名画家；唐代颜真卿归葬句容，《全唐诗》中有句容籍作者殷遥、沈如筠、樊晃、祝元（天）膺、樊珣、刘三复等6人存诗16首，刘邺官至宰相；宋代刘混康为茅山赢得"镇山四宝"；明代状元李春芳官至宰相，"青菜县令"徐九思"画菜辅官"，还有剧作家朱从龙、音乐家朱载堉等；清代笪重光书画兼长；近现代钱立三发现"湖熟文化"，革命烈士郭纲琳、巫恒通以身殉国……明神宗皇帝为宝华山古刹赐额。清康熙帝南巡句容登宝华山，为古刹题寺名。乾隆皇帝六下江南，六上宝华山，作诗联句，题书匾额。历代诗人皮日休、王伟、韩愈、李商隐、顾况、范仲淹、王安石、祝允明等，在句容留下诗文200多篇……当代，中科院院士杨樾、戴立信，婚姻法专家巫昌祯，湖北省文联主席骆文，全国劳动模范余锁根、方继生、杨修林、纪荣喜，全国十大"三农"人物、时代楷模赵亚夫，革命烈士周宜顺、王祖修……（志 办）

【历代兵事】 句容地处南京东郊，军事战略地位重要，史称"石城左臂"。三国时，曹丕率水军攻吴之战是《中国军事史》上记载句容建县后的第一仗。其后，东晋刘裕讨伐桓玄、唐时刘展兵败下蜀、南宋黄天荡截击之战，以及元代华山农民起义军击败数万元军进攻等均发生在句容。清代太平天国战争，清军与太平军争夺句容之战达11年，县境四乡百里范围皆战场。北伐战争期间，国民革命军于1927年8月与军阀孙传芳部，在县境北部龙潭、仓头一带激战，史称"龙潭战役"。1932年，国民政府在句容城北建造飞机场，驻守空军，保卫南京。

苏南抗战胜利纪念碑

抗战时期，茅山是全国六大山地抗日根据地之一，抗日军民坚持7年多，直至胜利。其间，根据地人民有5万多人参加新四军，新四军7000多人为国捐躯，仅县团级以上军政干部就有近百人。句容革命烈士590多人。1949年4月23日，渡江战役胜利后，句容解放。（志　办）

【市徽和市花】　1995年8月11日市第11届人大常委会第22次会议通过。市徽：马宏峰设计。圆形环绕，JR（市名汉语拼音声母）居中。市花：月季花。（志　办）

市徽

月季花

国民经济和社会发展

【概况】　2020年，句容市统筹推进疫情防控和经济社会发展，扎实做好“六稳”工作、全面落实“六保”任务，全市经济社会高质量发展，人民生活水平稳步提高，生态环境质量持续改善，各项社会事业不断进步，社会治理体系和治理能力实现新提升。全年实现地区生产总值675.48亿元，同比增长3.6%。其中，第一产业增加值52.6亿元，同比增长4.0%；第二产业增加值283.44亿元，同比增长2.4%；第三产业增加值339.43亿元，同比增长4.7%。经济结构进一步优化，服务业增加值占地区生产总值比重进一步提高，三次产业比重由上年的7.3∶44.3∶48.4调整为7.8∶42.0∶50.2。全年实现一般公共预算收入54.85亿元，同比增长2.5%。其中，一般公共预算税收收入48.31亿元，同比增长0.1%。全年完成一般公共预算支出79亿元，同比增长7.6%。综合经济实力实现新突破，2020年句容市名列全面小康指数百强县第37位、全国县域经济百强第73位。（统计局）

【农业】　2020年，句容市实现农业增加值57.52亿元，同比增长8.3%。其中，种植业38.52亿元，同比增长13.0%；林业3亿元，同比下降2.4%；畜牧业4.7亿元，同比增长3.1%；渔业6.36亿元，同比增长3.5%；农业服务业4.92亿元，同比增长3.1%。全年粮食播种面积55.02万亩，总产量25.77万吨，其中小麦13.89万亩，产量4.54万吨，稻谷33.11万亩，产量18.68万吨；蔬菜播种总面积10.69万亩，总产量30.91万吨，总产值约17.8亿元；果树总产量12.9万吨，总产值11.45亿元。（统计局）

【工业】　2020年，句容市实现规上工业总产值378.56亿元，同比增长7.0%；实现规模以上工业增加值106.85亿元，同比增长6.8%。分门类看，制造业增加值增速较快，全年实现制造业增加值207.74亿元，同比增长8.4%。分行业看，新兴产业快速增长，高质量发展成效更加显著，全市战略性新兴产业实现产值同比增长27.3%，高于全市规模工业产值增幅20.3个百分点，占总产值的比重为48.5%。（统计局）

【建筑业】 2020年，句容市实现建筑业总产值110.34亿元，同比增长8.1%；签订合同额178.22亿元，同比增长18.3%，其中，本年新签合同额120.36亿元，同比增长32.0%。建筑业房屋施工面积452.27万平方米，同比下降18.3%。其中新开工面积150.85万平方米，同比下降8.8%；竣工面积176.19万平方米，同比下降34.1%，其中住宅竣工面积110.84万平方米，同比下降44.5%。（统计局）

【固定资产投资】 2020年，句容市固定资产投资247.14亿元，同比增长2.4%。其中，工业投资59.16亿元，同比下降11.5%；制造业投资49.14亿元，同比下降2.2%；工业技改投资20.16亿元，同比增长54.0%；服务业投资183.33亿元，同比增长2.9%；高技术产业投资30.24亿元，同比增长1.7%。

全年房地产开发投资118.5亿元，同比增长8.3%，其中住宅投资105.3亿元，同比增长12.1%。商品房施工面积 907.27万平方米，同比下降22.0%，其中住宅施工面积808.73万平方米，同比下降9.7%。商品房竣工面积72.86万平方米，同比下降75.1%，其中住宅竣工面积61.95万平方米，同比下降73.1%。商品房销售面积213.03万平方米，同比增长3.1%，其中住宅销售面积209.67万平方米，同比下降6.3%。商品房销售额201.72亿元，同比下降17.6%，其中住宅销售额198.32亿元，同比下降17.7%。（统计局）

【服务业】 2020年，句容市实现社会消费品零售总额152.63亿元，同比下降1.9%，按经营单位所在地分，城镇市场零售额112.35亿元，下降1.1%，乡村市场零售额40.29亿元，下降4.1%。按单位规模分，限上单位零售额50.00亿元，增长1.1%，限下单位零售额102.63亿元，下降3.3%。限额以上批发零售业通过网络实现的商品零售额比上年增长29.1%。在限额以上批发和零售业零售额中，粮油、食品类4.72亿元，下降2.7%；汽车类31.14亿元，增长19.3%；日用品类2.37亿元，增长8.5%；烟酒类，1.56亿元，下降24.2%。

（统计局）

【开放型经济】 2020年，句容市实际利用外资1.47亿美元，同比增长21.2%。其中，先进制造业到位外资1.06亿美元，同比增长48.8%；实现进出口总额（人民币口径）42.17亿元，同比下降9.8%。（统计局）

【交通运输】 2020年，句容市公路客运量364万人次，同比下降29.3%。公路旅客周转量14616万人千米，同比下降18.6%。公路货运量882万吨，同比下降39.6%；水路货运量366万吨，同比下降0.5%。公路货物周转量140321万吨千米，同比下降1%。

2020年末全市公路总里程达2372.99千米。其中，高速公路51.75千米。重大交通基础设施加快推进，南沿江城际铁路句容段总工程量过半，宁句轨道交通句容站全面封顶，轨道铺设加速推进。农村公路提档升级工程完成15千米。（统计局）

【邮政电信】 2020年，句容市固定电话用户7.76万户，同比下降5.7%；移动电话用户59.96万户；年末互联网宽带接入用户27.95万户，同比增长9.4%。

（统计局）

【金融】 2020年，句容市金融机构人民币各项存款余额1050.21亿元，同比增长11.4%；其中，住户存款余额60.86亿元，同比增长41.9%。金融机构人民币各项贷款余额1274.63亿元，同比增长13.4%。（统计局）

【科学技术】 2020年，句容市研究与试验发展（R&D）经费支出占地区生产总值的比重达1.8%，比上年提高0.2个百分点。规上工业企业研发投入强度达1.8%，比上年提高0.1个百分点；每万家企业法人中高新技术企业数124.8个，比上年增加53个。全年专利申请总量为2994件，发明专利申请635件，专利授权量1719件，其中发明专利授权196件，万人发明专利拥有量26.18件，比上年减少0.68件。

（统计局）

【教育】 2020年，句容市学校总数101所，其中普通中等专业学校1所，普通中学14所，小学28所，幼儿园55所，特殊教育学校1所。共招生18514人，在校生67476人，毕业生15461人。学龄儿童入学率、女童入学率均达到100%，小学毕业生升学率100%，初中毕业生升学率98.5%，高中毕业生升学率97.0%。 （统计局）

【文化】 2020年，句容市共有文化馆1个，公共图书馆1个，博物（纪念）馆2个，美术馆1个。数字电视用户17.22万户。年末拥有省级以上重点文物保护单位8处，其中全国重点文物保护单位4处。全年共开展全民艺术普及活动120余场。（统计局）

【旅游业】 2020年，句容市拥有A级景区8家，其中AAAAA级景区1家，AAAA级景区2家，AAA级景区5家。拥有省级旅游度假区1家，省星级乡村旅游区33家。拥有星级旅游饭店3家，其中星级宾馆3家；拥有旅行社18家，其中星级旅行社7家。全年接待境内外游客1246.53万人次，实现旅游业总收入121.24亿元。句容旅游进入2020年全国县域旅游综合实力20强。

（统计局）

【卫生】 2020年，句容市拥有各类卫生机构240个，其中二级医院8个、卫生院10个，社区卫生服务中心5个，卫生防疫防治机构（疾病预防控制中心）1个，妇幼保健机构1个，村卫生室130个。卫生机构床位2200张，其中公立二级医院1120张、二级民营医院136张，一级综合医院（驻句监狱医院）169张，乡镇卫生院569张，社区卫生服务中心206张。年末拥有卫生技术人员3389人，其中执业医师及执业助理医师1484人，注册护士1398人。年内新市人民医院全面搬迁有序开展，体检中心投入使用，下蜀、天王中心卫生院建成全省首批农村区域性医疗卫生中心。

（统计局）

【体育】 2020年，句容市拥有县、镇级全民健身中心10个，体育小公园及多功能运动场19个，人均体育场地面积3.69平方米，居镇江市高质量考核第一。举办2020福地句容线上跑挑战赛，吸引全国各地98264名选手参赛。句容马拉松荣获中国田径协会“金牌赛事”称号。全年共组织开展有影响的全民健身活动和比赛30余场次，超过一万人次句容居民参加各项赛事活动。输送夏小茜、张博海两名句容籍运动员至国家乒乓球青少年队。句容市体育类社会组织共计73个。登记在册遍布城乡的晨晚练点达502个，活跃在一线的体育指导员骨干力量有2826人（万人拥有社会体育指导员达45人）。 （统计局）

【城乡建设】 2020年，句容市创成第六届全国文明城市。城区“白改黑”二期工程全面建成，华阳西路、人民路建筑立面改造试点正式启动，完成121个老旧小区改造、25个背街小巷整治提升工程，安装“福元素”文化护栏超5千米。全面开展城市干道绿化、工地围挡美化等行动，拆除违规广告152处，新增机动车停车泊位近2000个。 （统计局）

【环境保护】 2020年，句容市完成国家生态红线调整划定上报和自然保护地整合优化编制工作。大力开展蓝天保卫战“百日攻坚”行动，常态化推进工地扬尘管控、重点区域车辆整治，台泥水泥窑飞灰协同处置项目主体完工，全年空气质量优良率达到78.5%，同比提升7.5个百分点，$PM_{2.5}$平均浓度36微克/立方米，同比下降15%，质量镇江最优。城北垃圾填埋场综合整治有序实施，“排口长制”工作不断深化，有序推进城区雨污分流工程，国省考断面水质优Ⅲ比例均达到100%。狠抓长江大保护，“十年禁渔”全面落实，长江经济带废弃裸露矿山生态修复加快推进，生态环境突出问题专项整治取得阶段性成果。 （统计局）

【人民生活】 2020年，句容市全体居民人均可支配收入40697.5元，同比增长4.6%。按常住地分，城镇居民人均可支配收入52802.2元，同比增长3.5%；人均生活消费支出为26717元，同比下降1.5%；农村居民人均可支配收入达到25666.5元，同比增长6%；人均生活消费支出为17620元，同比下降4.1%。全年新增城镇就业人数9914人，城镇登记失业率2.0%，保持低位运行。 （统计局）

【社会保障】 2020年，句容市脱贫任务提前完成，巩固提升工程全面推进。动态做好返贫人口和新发生贫困人口监测，探索构建分层分类的社会救助体系，城乡低保、农村特困供养、城市“三无”等群体补助稳步提高，城乡基本社会保险覆盖率达98.12%，成功创成全省首批唯一县级社会保险标准化“先行城市”。企业退休人员基本养老金实现十六连增。扎实推进全国第四批居家和社区养老服务改革，完成630户老年人居家适老化改造，全市居家养老上门服务率镇江市第一，边城医养中心入选全省医养结合典型经验名单。（统计局）

碧水蓝天

综　述

【概况】　2020年，句容市委团结带领全市上下万众一心加油干、越是艰险越向前，积极应对大战大考，扎实做好“六稳”“六保”，全面争先进位、奋力追赶超越，交出一份来之不易的高质量发展新答卷。全年实现地区生产总值675.48亿元，同比增长3.6%；完成一般公共预算收入54.85亿元，同比增长2.5%；列全面小康指数百强县第37位，全国乡村振兴百佳示范县第5位。

坚持人民至上、生命至上，疫情防控取得重大成效。突出把人民生命安全和身体健康放在第一位，第一时间启动突发公共卫生事件一级响应，及早研判、快速反应，打出“12356”防控“组合拳”，牢牢把握战疫主动权。在这期间，基层干部日夜坚守，白衣天使勇毅逆行，各条战线通力协作，社会各界捐款捐物，广大群众守望相助，形成了众志成城的强大合力，涌现出一批抗疫先进典型，谱写了激昂嘹亮的抗疫战歌，取得了零确诊、零疑似、零境外输入的重大成效。疫情进入常态化防控阶段后，严格落实“外防输入、内防反弹”防控要求，接续部署、落实落细秋冬季疫情防控任务，紧盯重点人群、重点场所、重点环节不放松，加强人物同防、闭环管理、物资储备、应急演练，全面构筑防控“铜墙铁壁”，有力保障了人民安全、社会安定。

中共句容市委十二届九次全会

坚持稳中求进、精准施策，产业强市激发强劲动能。精准把握疫情变化趋势，因时应势按下经济社会发展“重启键”“加速键”，坚决守住“保”的底线、夯实“稳”的基础、拓展“进”的态势。精准施策帮企业。强化经济运行及高质量考核监测指标常态调度，建立企业帮办员制度，深入落实援企稳岗、减税降费、金融扶持等优惠政策，为广大市场主体雪中送炭、纾困解难，全年减免企业各类社会保险费用3.6亿元，协助26家企业申报各类专项奖补资金2981.75万元，有效提振了市场主体信心、助力生机恢复。保持定力稳投资。围绕“项目突破年”主题，实施“三听三答”、招商流动红旗等推进机制，抽水蓄能电站等3个省级重大项目完成投资31.6亿元，31个镇江市级、59个句容市级重点产业项目分别完成投资59亿元、43亿元，均超额完成年度任务。国民新能源车、环境监测和负压方舱项目成功落户、即将开工建设，华祥耀半导体、协鑫高效智能组件等项目建成投产。北新建材获评国家级“绿色工厂”，天晟药业被认定为国家级专精特新小巨人企业，建华建材成为句容市首家国家级制造业单项冠军。全年完成固定资产投资247.14亿元，同比增长2.4%；实现工业应税销售608.4亿元，同比增长7%；全年新签约亿元以上项目40个，其中制造业项目占67.5%；实际利用外资1.47亿美元，同比增长19.69%。持之以恒优环境。优化完善产业强市政策体系，持续激发实体经济发展活力动力。深入推进基层整合审批服务执法力量改革，全面推广“交地即发证”模式，开展“民营企业服务月”活动，以“指定”涉企中介服务机构为切口，实施营商环境“中梗阻”专项治理，开展营商环境服务满意度测评，建立营商环境“红黑榜”制度，行政审批涉企中介服务收费项目下降34.9%，企业获得感明显提升。

坚持外塑颜值、内优品质，城市建设赢得历史荣光。坚持“人民城市人民建、人民城市为人民”，保持“创则必成、志在必夺”的决心，运用把握规律、追求极致的方法，树牢创建惠民、联创联建的理念，同心同向、苦干实干，在竞争激烈的省级大考、全国大赛中脱颖而出，一举夺得第六届全国文明城市桂冠，铸就了句容发展历史上的无上荣光。城市颜值更加靓丽。坚持“标准为王、美感为要、文化为魂、以人为本”，以文明城市创建“四大提升”工程为抓手，推动城市战略品牌规划和建设标准体系精准落地。新葛仙湖公园开园、葛洪纪念馆开馆，“城市新客厅”在广大群众期待中蝶变新生、闪耀回归。完成人民路、玉清路、崇明路等城市干道“白改黑”，启动华阳西路、人民路建筑立面改造试点，完成121个老旧小区改造、25个背街小巷整治提升工程。全面开展城市干道绿化、工地围挡美化、变电箱靓化、户外广告牌净化等行动，城市更加精致雅致、更加美丽宜居。功能品质不断提升。新增政府专项债券23亿元，重点聚焦交通、卫生、水利等基础设施补短板。有序推进城市有机更新，聚焦长龙山、老影剧院、甲城片区及开发区等一批影响城市形象、制约项目建设的征收拆迁工作，强力攻坚、完成扫尾。南沿江城际铁路句容段总工程量过半，宁句城际轨道交通句容站全面封顶，轨道铺设加速推进。长江引水暨城区水厂、下蜀水厂工程加快建设，肖杆河整治工程顺利完工，创成国家级节水型城市。开通下蜀至仙林、龙潭3条跨界公交班线。生态环境持续向好。完成国家生态红线调整划定上报和自然保护地整合优化编制工作。大力开展蓝天保卫战“百日攻坚”行动，常态化推进工地扬尘管控、重点区域车辆整治，台泥水泥窑飞灰协同处置项目主体完工，全年空气质量优良率达到78.5%，同比提升7.5个百分点，$PM_{2.5}$平均浓度36微克/立方米，同比下降15%。深化“排口长制”工作，有序推进城区雨污分流工程，国省考断面水质优Ⅲ比例均达到100%。城北垃圾填埋场综合整治加快推进，渗滤液污染问题完成整改。积极推进“林长制”试点工作，在全省率先完成公益林调整及森林植被异地恢复空间储备库。

坚持优先发展、示范带动，乡村振兴呈现美丽风景。始终坚持农业农村优先发展，以农业农村现代化示范市创建为抓手，系统推进“五大振兴”，乡村振兴画卷徐徐展开。产业振兴步伐有力。扎实推进农业产业项目建设，签约落户项目21个，15万头生猪养殖项目竣工投产，总投资12亿元的何庄瑞华生态农业项目开工建设，天王唐陵花木交易市场成为句容市首家国家级农业龙头企业，实现历史性突破。完成农村集体产权制度改革试点，新增新型经营主体70家，建成高标准农田4万亩，丁庄葡萄合作联社入选全国农民合作社典型案例，戴庄大米、西冯草坪获得国家地理标志商标。全省“万企联万村共走振兴路”现场会在句容市召开，句容乡村振兴的美丽风景赢得广泛赞誉。美丽乡村可观可感。茅山何庄乡村振兴试点加快推进，姚凹组团95栋民房达到交付标准、其他组团加速推进，水利、道路等基础设施有序实施。深入实施农村人居环境整治和“513”公共空间治理，村庄环境整治全面收官，户厕改造提升通过省级验收销号，完成35个农村生活污水设施建设。建成省级特色田园乡村5个，丁庄村入选中国美丽休闲乡村。农文旅融合系统发力。全面启动“一山三湖”空间规划编制。恒大童世界29个单体主体封顶、景观湖及中心园林对外开放，茅山道温泉酒店建成运营，康缘中医药文化产业园、茅山豆腐村乡村田园酒店加快建设。第19届中国（句容）草莓文化旅游节、丁庄葡萄节等重大节庆活动顺利举办。芝樱小镇、伏热花海、天下玫景等美丽经济如火如荼，句容“真山真水真生态、福地福运福文化”的魅力不断彰显。

坚持尽力而为、量力而行，民生情怀得到有效彰显。始终把人民放在心中最高位置，持续排查解决突出民生问题，全力解民忧、暖民心，提升高水平全面小康成色，全市民生支出占一般公共预算支出比重达83.6%。民生保障持续加强。坚持以“首稳”促“六稳”，打好稳就业组合拳，开展“线上春风”“创业富民”“就业见习”系列活动，全年城镇新增就业16765人，城镇登记失业率控制在2%以下。动态做好返贫人口和新发生贫困人口监测，探索构建分层分类的社会救助体系，城乡低保、农村特困供养、城市“三无”等群体补助稳步提高，城乡基本社会保险覆盖率达98.12%，企业退休人员基本养老金实现十六连增。扎实推进全国第四批居家和社区养老服务改革，完成630户老年人居家适老化改造，边城医养中心入选全省医养结合典型经验名单。社会事业加快推进。坚持教育优先发展，省句中异地新建工程即将开工建设，石狮小学、华阳实验小学弘景校区建成交付，宝华新城小学、幼儿园等工程加快推进。教育质量持续提升，全市高考一本达线率提高11.7%，清华北大等“双一流”高校录取人数创历史新高。“院府合作”不断深化，新市人民医院全面搬迁有序开展。聚焦群众期盼，全年完成安置房权证发放1.2万余本，已具备发证条件的占任务总数68.84%。兆文山烈士陵园一期景观改造工程完成并交付使用，市殡仪馆改扩建工程加快推进。治理效能不断提升。统筹衔接安全生产“一年小灶、三年大灶”要求，安全生产事故起数、死亡人数大幅下降，宝华物流行业专项整治取得全面胜利，先后关停搬离物流园区27个、专线315条。全面打赢长江防汛阻击战，实现江河安澜、百姓安康。全面完成政府隐性债务年度化解任务，获评省金融生态优秀县。深化扫黑除恶专项斗争，破获九类涉恶案件159起，摧毁黑社会性质组织、恶势力犯罪集团4个，工作成效获全国扫黑办特派督导组高度肯定。建成市级网络舆情监测和应急处置中心并实体化运作，“升级版技防城”和“雪亮工程”通过省级验收，重要敏感节点信访维稳持续保持“三零”佳绩，全年省测公共安全感指数保持高位。深化拓展“大数据+网格化+铁脚板”经验做法，配备288名专职网格员，完成第七次全国人口普查工作。

坚持扛起主责、抓好主业，管党治党取得积极成果。市委常委会坚持把学习贯彻新思想作为政治之责、为政之要，聚焦“能力提升年”建设，开展市委理论中心组学习12次，组建市委宣讲团，开展十九届五中全会精神宣讲30余场。加强基层“领头雁”队伍建设，构建以“专职五级”为核心的村书记专职化管理体系，全省现场会在句容市召开。扎实做好村（社区）“两委”换届工作，落实选人用人“四硬”标准，在疫情防控、文明城市建设、重大项目攻坚等主战场培养干部、选拔干部。强化新时代句容精神的感召力、引领力，糜林入选中国好人榜，易善智、章美霞、华梦丽分获全省“最美抗疫先锋”“最美志愿者”“最美大学毕业生”，芮东明、沈春雷荣获“镇江市人民奖章”。圆满承办中国道教协会第十次全国代表会议，扎实做好第五届国际道教论坛筹备工作。压实管党治党政治责任，对履责不力的80名干部、4个党组织进行问责。深化形式主义、官僚主义突出问题集中整治，查处违反中央八项规定精神64起111人。一年来，市人大紧扣中心、依法履职，市政协围绕全局、咨政建言，各民主党派、工商联、群团组织戮力同心、服务大局，驻句部队、在句单位积极融入地方建设，形成了心齐气顺、共克时艰的磅礴伟力。（市委办）

重要会议

【中共句容市委十二届九次全会】 8月3日，中共句容市委十二届九次全会在市文化艺术中心大剧院举行。全会回顾总结上半年工作，科学把握当前形势，动员全市上下全面争先进位、奋力追赶超越，推动句容高质量发展走在前列，把“一福地四名城”美好蓝图演绎成现实。全会由市委常委会主持，市委书记潘群代表市委常委会作报告。全会要求，下半年工作，要加快推进“一福地四名城”建设，奋力冲刺全省高质量发展县市20强。要全力以赴推进产业强市，把产业链条建得更强、把项目马力开得更足、把服务保障做得更优；要全力以赴提升城市品质，攻坚重大基础设施建设、大力提升城市宜居水平、奋力摘得全国文明城市桂冠；要全力以赴加快乡村振兴，更高质量推动试点建设、更高水平推动农旅融合、更高标准推进人居环境整治；要全力以赴防范化解风险，扎实抓好疫情防控、强力攻坚污染防治、积极化解风险隐患；要全力以赴办好民生实事，坚决保就业稳收入、坚决保民生优服务、坚决保稳定护平安。市委副书记、市长周必松要求，深入贯彻落实全会精神、持续保持争先进位势头、持续筑牢安全稳定底线。 （市委办）

【中共句容市委十二届十次全会】 12月31日，中共句容市委十二届十次全会在市文化艺术中心大剧院举行。会全会由市委常委会主持，市委书记潘群代表市委常委会作报告、作关于《中共句容市委关于制定国民经济和社会发展十四个五年规划和二〇三五年远景目标的建议（草案）》的说明。会议强调，明年是“十四五”开局之年，要全力以赴在“争当表率、争做示范、走在前列”中扛起句容担当、展现句容作为，把“一福地四名城”美好愿景向纵深推进，以优异成绩献礼建党100周年。要聚焦深入开展美丽句容建设新实践这一抓手，干好抢抓南京紫东发展战略“家门口的机遇”、高水平建设句容立体综合交通枢纽、高起点高标准开展“一山三湖”整体规划编制“三件大事”。会上，潘群受市委常委会委托，就《中共句容市委关于制定句容市国民经济和社会发展第十四个五年规划和二〇三五年远景目标的建议（草案）》起草的有关情况，向全会作说明。 （市委办）

【全市打造最优营商环境暨作风效能建设大会】 3月18日，句容市召开“打造最优营商环境暨作风效能建设”会议。会议指出营商环境和作风效能建设中存在的问题，并从必须以永远在路上的心态正视存在的问题、必须以永远在路上的心态打好作风建设持久战、必须以永远在路上的心态打好最优营商环境建设攻坚战三个方面提出要求。会议还对2019年度全市重大突破奖及高质量发展综合考核先进单位进行表彰。

【全市农村工作暨争创农业农村现代化示范市动员会议】 3月19日，句容市召开全市农村工作暨争创农业农村现代化示范市动员会议。会议明确始终坚持农业农村优先发展，并从“必须提高站位，科学把握‘三农’工作的新形势、新挑战”“必须统筹谋划，扎实推进‘三农’工作的新部署、新任务”“必须强化领导，奋力取得‘三农’工作的新成效、新突破”三个方面提出要求。 （市委办）

【全市党建工作会议】 4月3日，句容市召开全市党建工作会议。会议总结全市全年党建工作成绩，并从“锻造硬中坚，为加快推进‘一福地四名城’建设夯实组织保障”“唱响主旋律，为加快推进‘一福地四名城’建设营造最佳氛围”“画好同心圆，为加快推进‘一福地四名城’建设凝聚强大力量”三个方面对全市党建工作提出要求。 （市委办）

【村（社区）“两委”换届工作会议】 9月27日，句容市召开村（社区）“两委”换届工作会议。会议部署村（社区）两委换届工作，并从坚持政治挂帅，思想认识坚决到位；坚持选优配强，标准举措坚决到位；坚持统筹协调，履职尽责坚决到位三个方面提出要求。 （市委办）

重要活动

【句容市长江引水暨城区水厂、下蜀水厂建设工程开工】 5月20

日，句容长江引水暨城区水厂、下蜀水厂建设工程开工仪式举行，镇江市委书记马明龙出席开工仪式并宣布开工。镇江市委常委、秘书长郭建，句容市委书记潘群，丹徒区委书记谢继步，上海市政总院董事长周军，中建安装集团有限公司党委书记、董事长田强出席开工仪式。句容长江引水工程暨城区水厂、下蜀水厂建设工程总投资25亿元，取水规模设计为日供水能力40万吨，取水口位于丹徒区世业洲洲头。（市委办）

【“项目突破年”集中签约仪式】 8月6日，由句容市委市政府举办的“项目突破年”集中签约仪式在茅山温泉假日度假酒店举行，共签约12个重点产业项目，总投资141.89亿元。镇江市委书记马明龙，镇江市委常委、政法委书记许文，句容市委书记潘群等镇江及句容主要领导参加签约仪式。句容市委书记潘群在签约仪式上致欢迎辞，并为句容市上半年招商先进单位制造业板块郭庄镇和非制造业板块天王镇授旗。

（市委办）

【全省村书记专职化管理试点工作座谈会在句容市召开】 8月26日，全省村党组织书记专职化管理试点工作座谈会在镇江句容市召开，省委常委、组织部部长郭文奇出席会议并讲话。各设区市委常委、组织部部长和试点县（市、区）委组织部部长参加会议。镇江市委组织部等5家单位作交流发言。与会人员实地考察了镇江句容市村书记专职化管理试点工作。（市委办）

【第十五届中国传媒年会句容分论坛暨全国知名媒体强“四力”走基层采访活动】 9月9日，第十五届中国传媒年会句容分论坛暨全国知名媒体强“四力”走基层采访活动在句容市举行。本次论坛由中国新闻出版研究院传媒杂志社、中共镇江市委宣传部、中共句容市委、新华报业传媒集团主办，以“助力乡村振兴　筑梦福地名城”为主题，邀请业界、学界嘉宾进行主题演讲和互动对话，研讨媒体在乡村振兴战略中的角色定位，以及对乡村振兴产生的积极推动作用。（市委办）

句容长江引水暨城区水厂、下蜀水厂建设工程开工

组织工作

【概况】 2020年，是句容市组织工作守正创新、提质增效的一年。全市组织系统坚持以习近平新时代中国特色社会主义思想为指导，坚定践行新时代党的建设总要求和新时代党的组织路线，讲政治、顾大局，守初心、担使命，重创新、抓落实，推动组织工作高质量发展，为建设“一福地四名城”提供坚强组织保证。2020年，市组织部门第一时间号召全市党员干部抗击疫情，完成基层党组织换届，全省村书记专职化管理现场调度会在句容市召开，农村党建标准化被确定为省级试点项目，工作经验在《江苏改革简报》刊登，机关党建标准化经验做法在中组部《组工信息》刊发推广，《情铸天平》等四部电教片分别在国家级、省级党员教育电视片评比中获奖，积极开展党建助推产业强市六项行动，及时出台“人才四条”政策应对疫情。（秦昌文）

【干部队伍建设】 2020年，句容市始终坚持党管干部原则，认真落实新时代好干部标准，健全完善“选育管用”全链条机制，着力建设一支忠诚干净担当的高素质专业化干部队伍。树好选人用人“四硬”导向，紧扣句容市高质量发展要求，切实选优干部、配强班子，坚持选用能扛事、敢扛责的“急先锋”，注重在防疫前

全省村书记专职化管理试点工作座谈会在句容市召开

线考察识别干部；坚持实践一线用干部，注重发现在一线岗位、实践锻炼中艰苦奋斗、攻坚克难的干部；坚持拓宽视野选干部，集中开展干部调任工作，突出好中选优、优中选强。探索实践“甄别六法”干部研判机制，创新开展“一封家书、双向访谈”活动，运用“听声音、观行动、摸口碑、辨品行、考担当、查实绩”甄别六法，全方位、多角度、近距离考察识别干部，全面掌握干部精神状态、履职成效等情况，形成“一班子一分析、一干部一报告”的研判档案库，实现对全市71个领导班子、634名市管领导干部综合分析研判全覆盖，经验做法被省党建学会评为优秀调研成果。加强年轻干部培养，创新开展“容城·青论坛”系列活动，打造年轻干部展现自我、碰撞思想的成长平台，鼓励年轻干部在共同学习中开阔眼界、深化见解；实施“专有一手”培育计划，举办“四硬”型年轻干部培训班，推动年轻干部业务过硬、本领高强；围绕服务中心大局，接续选派20余名年轻干部到全国文明城市创建、“双铁”工程等项目历练，全年保持100余名年轻干部在急难任务一线锻炼；聚焦产业强市，持续释放“双挂双培”工作效应，组织12名镇（街道、园区）90后挂职干部“一对一”联系服务全市在建重点产业项目，让企业获服务、干部获成长。强化干部教育培训，围绕全市中心大局，重点保障和支持党校类主体班次，分行业、分类别举办小班次、专题化培训；发扬“铁军精神”“亚夫精神”等，利用本土优质教育培训资源，进一步深化打造干部教育“五色”现场教学线路，句容市茅山红色文化服务中心申报的《烽火家书　铁军信仰》课程成功入选中组部党性教育网络精品课程。加强干部监督，有序推动干部人事档案专项审核“全覆盖”，组织专题培训、定期督查指导，确保档案信息审准核实；修订完善领导干部从业、出国境有关制度，印发社团兼职请示（备案）提示单，审核备案社团兼职、出国出境33人次，确保日常管理规矩规范；抓好举报受理办理，畅通12380信访举报受理渠道，及时处理各类信访举报事项，做到处理规范、查核准确、反馈及时。规范股级干部管理，着重把好中层干部选拔程序关、资格条件关，结合推进基层整合审批服务执法力量改革契机，协同编制部门进一步强化镇（街道、园区）股级干部管理工作，2020年累计受理63批次中层干部调整请示，审核审批股级干部任免560人次。强化干部正向激励，围绕市委打造“四硬”型高素质干部队伍要求，制定出台《关于开展“四硬”型好班子好搭档好班长好先锋评选活动的实施方案》，深化开展“四硬”型先进集体和个人评选工作，共评选出“四硬”型好班子4个、好搭档2对、好班长4个、好先锋25个。（陆云松）

【基层组织和党员队伍建设】 截至2020年12月，全市共有基层党组织1888个，其中市直属党（工）委44个，二级党委52个，党总支216个，党支部1576个。全市建制村162个（含涉农社区10个），共有党组织656个；城市社区14个，共有党组织62个；机关事业单位党组织622个，国有、集体企业党组织148个，“两新”组织党组织385个，其他党组织15个。全市共有党员37203名，其中正式党员36747，预备党员456名。农村党员22768名，城市社区党员2221名。全市党员中，女性8172名，35岁及以下的6599名，60岁以上的12047名。

2020年，句容市基层党建工作以“能力提升年”为主线，实施“基层基础提升”行动，党组

全市农村基层党建标准化建设现场推进会

织政治功能和组织力持续增强。开展党建引领“战疫情”行动，向全市党组织和党员发出倡议书，制定疫情防控党组织“五个坚决”正面清单和不力行为负面清单，发挥基层党组织战斗堡垒和党员先锋模范作用。推进农村基层党组织建设，把“书记项目”作为落实管党治党责任的关键抓手，建立涵盖4大类30个破题方向的基层党建“书记项目”库，严格审核把关，聚力提质增效，真正把“书记项目”做成实事项目、民心项目；以省村书记专职化管理试点为契机，构建以“专职五级”为核心的村书记专职化管理体系，通过完善进入与退出、管理与培育、职级与报酬、考核与评价等制度，加强“领头雁”队伍建设；推进“乡村振兴头雁项目”，全市村书记围绕乡村振兴五个方面共领办、创办162个“头雁项目”，发挥示范引领作用；完成村（社区）党组织换届工作，以“一稳三好”为目标，选优配强村（社区）“两委”班子，把好程序关、人选关、纪律关，换届后符合条件的村党组织书记和村委会主任“一肩挑”比例达100%，村（社区）干部队伍年龄、学历结构比例大幅优化；持续优化农村基层党建标准化工作，严格阵地、队伍、活动、服务、运行五大类建设标准，符合建设条件的行政村完成率100%。推进“两新”组织党建，实施“四大行动”，探索“两新”组织党组织作用发挥有效途径；建立“两新”组织党建工作联席会议和目标考核制度，采取单建、派建、联建相结合的形式，“两新”组织“两个覆盖”100%落实；全面推行“两新”组织党务工作者资质认证制度和专项津贴制度，分区域试点组建“两新”组织党建指导员工作室2家，搭建非公企业聚集区域“一站式”党群服务平台。开展“党建引领乡村振兴”行动，通过支部引领、党员带动、党群互动，完成138个行政村、1394个自然村整治任务；推进抓党建促联建、助推“万企联万村、共走振兴路”行动，推动组织互融共建、人才互动共育、资源互利共享、发展互促共赢，96家民营企业与经济薄弱村开展联建工作，覆盖率达63.2%，对接合作项目104个。加强党员教育管理，开展“七一”庆祝建党99周年系列活动，召开“七一”表彰大会，选树“两优一先”等先锋典型168个；用好用活本地红色资源，新打造草莓田间课堂等党性教育载体12个，构建“20分钟党性教育圈”，助推党员教育增效；探索党建新媒体宣传形式，在“句容党建”微信端开设学习、服务板块；加大教学资源开发力度，突出重点打造精品课件，电教片《父亲的足迹》获省级一等奖、十佳制作奖。（秦　川）

【人才工作】 2020年，句容市以“福地聚才”工程为依托，实施精准引才、柔性引才，推动“人才强市”助力高质量发展，人才工作质效不断提升。推动人才工作助力抗击疫情，号召全市高层次人才企业捐献防疫物资，贡献抗疫力量；出台“人才四条”，汇编人才、人社、科技等部门支持企业复工复产政策，并多次到企业宣传“科才贷”等人才政策；主动收集企业用工需求，协同人社局租用26辆大巴到内蒙古等地，接回产业工人750名；开展线上人才项目绩效评价，简化绩效评价流程，下拨人才专项资金，资助人才企业32家，缓解企业资金周转困难。建立健全“双招双引”联动机制，通盘布局招商引资和招才引智工作，牵头商务、科技等部门联合开展引才引智引资工作，先后到深圳、上海、南京等地点对点开展“双招双引”

活动10余场，为企业引进紧缺人才30余名；在各个合作高校创新设立专员工作室，制定专员工作办法、管理制度、考核机制，优选3名副科级干部到南京大学、南邮、南京工业职业技术大学担任“双招双引”专员。推动人才助力产业强市，以“福地”牌系列引才计划为载体集聚各方人才，根据产业定位和产业布局，采取市镇联动方式，因地制宜、精准精确地引进一批人才产业项目集群；举办第六届“福地青年英才”创业大赛，共征集245个项目参赛，吸引81个优秀创业项目落户。强化人才项目管理，完善《句容市高层次人才项目绩效管理办法》，突出项目经济效益、人才效益和科技效益，对项目落户、人才引进、项目评审、后续资金拨付全生命周期进行优化管理；组织申报省、市人才计划，1人入选省“双创”计划，2人入选省“科技副总”，13人入选镇江“金山英才”计划。（刘小青）

【公务员工作】 2020年，句容市认真贯彻落实公务员法，做好公务员录用、培训、考核等管理工作，不断激发公务员队伍创新活力。强化公务员教育培训，全年共组织3100余名公务员开展能力建设培训，组织54名新录用公务员和军转干部开展初任培训。规范公务员工资福利，参照镇江市和周边县市做法，联合市人社局对全市2000余名公务员（参公人员）的住房租金补贴、住房公积金等待遇执行基数进行规范；按照上级统一部署，测算句容市公务员职级序列津贴补贴标准，在全市范围内部署推进公务员职级工资政策的贯彻实施。加大公务员考核，围绕考细考准考实公务员德才表现，研究制定《句容市公务员平时考核实施办法（试行）》，全市69家机关单位已按规定制定本单位平时考核方案并及时备案。（杨　声）

【综合考核工作】 2020年，句容市紧盯目标任务，健全体制机制，把高质量发展要求量化为考核指标，切实调动各地各部门奋发有为、干事创业的积极性。坚持把考核导向立得更明，加大产业项目建设、招商引资等考核权重，进一步突出“产业强市、项目为王、亩均为要”的发展导向；结合各主体功能区定位，首次实行分组考核，既加强同类竞争，又引导差异化发展；打破“固有思维”，着眼全省大局，实行“指标排名计分法”。坚持把考核过程抓得更严，注重平时考核与年终考核相结合，常态化开展“月讲评、季分析、半年考”；强化目标导向，实行“一指标一方案”工作法，实现指标提升赶有方向、争有目标、追有举措。坚持把考核结果用的更优，落实“三项机制”要求，衔接用好考核结果。2020年，共有4个镇（街道、园区）、27个市级机关部门获得年度考核第一等次，3个镇（街道、园区）、6个市级机关部门获得高质量发展“重要贡献奖”，10个市级机关部门获得服务高质量发展“十佳单位”。（董　凡）

【主题教育工作】 2020年，句容市按照“不忘初心、牢记使命”主题教育安排部署，建立和落实不忘初心、牢记使命的制度，进一步巩固和拓展主题教育成果。抓好制度建设，建立和落实学习新思想、“一人一重点”为民办实事、初心使命常态化检视、联系服务群众等制度，持续深化常态长效制度建设。抓好制度落实，坚持把支部建设作为最重要的基本建设，落实党委（党组）书记带头建立党支部工作联系点制度，全市共建成联系点68个。抓实专项整治，推动主题教育专项整治常态化，深化8个专项整治，建立32个健全长效工作机制，定期开展“回头看”，跟踪问效，防止反弹回潮。（牛　璐）

【市级机关党建工作】 2020年，句容市以机关党建标准化建设为主抓手，推动机关党建工作规范提升、创新发展，机关党建与经济社会高质量发展“同频共振、互促共赢”新格局初步形成。服务中心取得实效，聚焦阻击疫情，市级机关党组织迅速开展“党员冲在前”行动，第一时间组建由276名党员组成的志愿者队伍，30个机关部门与镇（街道、园区）结成对子共同抗疫，900余名机关党员干部奋战在抗击疫情一线；聚焦文明城市创建，组织74个机关单位的党员志愿者，在城区的57条道路上开展志愿服务工作。思想武装不断强化，推动加强新思想学习，采取党组织书记上党课、举办党务干部论坛等方式组织机关党员干部学习十九届五中全会精神；办好第十届市级机关读书节，开展好书推荐、优秀读后感评选、机关党建微调研等活

年轻干部集体谈话会

“葡萄架下的文明实践”志愿服务

动，收到读后感206篇、好书推荐146本、微调研文章78篇。组织建设持续推进，开展机关党建标准化建设，51家单位完成标准化阵地建设，网络记实管理系统持续优化升级；加大星级支部建设力度，年内机关党组织建成“五星”先进党支部2个，“四星”先进党支部60个；开展新一轮“党员示范岗”创建和复查审核，15个集体“党员示范岗”和4个个人“党员示范岗”获市级机关工委命名。（张　帅）

宣传思想工作

【概况】　2020年，句容市宣传思想文化工作把握“举旗帜、聚民心、育新人、兴文化、展形象”的使命任务，唱响主旋律，建好主阵地，打好主动仗，凝聚起推动句容高质量发展的强大正能量。句容市以全省第5、全国第28名的好成绩一举创成第六届全国文明城市；后白西冯、茅山丁庄、白兔中心三个行政村入选新一轮全国文明村；“葡萄架下的文明实践”获评全国学雷锋“四个100”最佳志愿服务项目；糜林被追授江苏“时代楷模”，入选“中国好人榜”；承办第十五届中国传媒年会句容分论坛。融媒体中心率先通过省级验收；社会文明程度指数、注册志愿者占比和全民阅读指数三项省高质量考核指标均居镇江辖市区第一。（尹季璇）

【思想理论建设】　2020年，全市宣传工作始终把学习贯彻习近平新时代中国特色社会主义思想和党的十九届五中全会精神作为首要政治任务，更好地用新思想凝聚人心，切实打牢团结奋斗的思想基础。组建市委宣讲团，市委、市政府主要领导带头到基层宣讲五中全会精神。共承办省委宣讲团、镇江市委宣讲团在句容市宣讲活动13场，全年开展宣讲30余场。围绕安全生产、能力提升年、夺取疫情防控和经济社会发展“双胜利”等重点开展市委理论中心组学习，用新思想领航定向。开展“对标对表新思想，开拓实践新境界”专题读书调研活动，引导领导干部全面系统学、深入思考学、联系实际学，不断提高政治能力和工作水平。创新“冬训+防疫”模式，在防控一线检验党员冬训成效。充分发挥“学习强国”平台的聚合引领作用，完善学习管理制度机制，提升基层党员学习活跃度、上稿率。以新时代句容精神为引领，强化议题设置，把好人模范先进事迹融入理论宣讲，增进群众的情感认同和思想共鸣。举办首届理论宣讲大赛，征集一批好故事、选拔一批好苗子、形成一批好成果，掀起理论学习新热潮。（尹季璇）

【新闻宣传工作】 2020年，句容市按照“一种声音、一支队伍、一个平台”总体目标，以高水平全面建成小康社会为重点，不断深化媒体融合发展，持续壮大主流思想舆论，提升新闻舆论传播力、引导力、影响力、公信力，着力营造“主旋律高昂、正能量充沛”的浓厚氛围。聚焦高水平全面建成小康社会和“十三五”双收官，围绕高质量发展、产业强市、“一福地四名城”建设、疫情防控等重大主题，精心策划、精深采编、精品制作，以小切口折射大主题、以小故事反映大时代，形成整体合力和舆论强势。推出系列专题专栏和全媒体报道，形成整体合力和舆论强势。全年《人民日报》用稿3篇，央视用稿61条，新华日报头版7篇，省级以上主流媒体用稿连续4年位列全省县市区第一。深入宣传江苏“时代楷模”糜林先进事迹，承办全省“最美人物”发布会。开展“点亮新时代句容精神集卡”活动，“尊上德、崇人文、勇拼搏、甘奉献”的新时代句容精神深入人心。“句容发布”用户数覆盖全市近80%智能手机用户，“看句容”APP成功改版，“句容日报”微信订阅数突破10万，进一步提高主流舆论的覆盖面、渗透性。（尹季璇）

【意识形态工作】 2020年，句容市坚持“两个巩固”根本任务，发挥制度效应，强化跟踪问效，确保意识形态责任规矩硬起来，把落实意识形态工作责任制作为主抓手，牢牢掌握意识形态工作领导权。调整意识形态领域问题分析研判联席会议成员，将驻句高校纳入，努力实现属地管理无盲区。着力落实讲座论坛、报告会、研讨会、商业演艺等报备制度，全年受理备案67件。抓实薄弱环节，把文明实践、公益宣传送到群众身边、教堂周边，帮助群众抵制封建迷信。推动“网信+信访”管理创新，加快构建“线上应对有力、线下可防可控、双线联动管控、规范高效创新”的舆情引导和联动处置新格局，妥善处置各类舆情25起。深化派单制度，强化考核激励，全面压紧压实企业主体责任、属地直接责任和行业监管责任。开展不良“自媒体”和非法采编行为专项治理，牢牢掌握网络意识形态斗争主动权，为“一福地四名城”建设营造良好舆论环境。围绕“扫黄打非”“正道”“新风”专项行动，切实发挥基层站点前沿哨所作用，“扫黄打非”斗争向纵深推进。（尹季璇）

茅山风景区开展百姓名嘴理论讲习活动

【文化事业发展】 2020年，句容市充分发挥文化浸润作用，以打造“最有味道的历史文化名城”为目标，不断增强文化软实力，推动文化建设高质量。打造“福地句容文化艺术节”，丰富群众文化生活。开展“乡村文艺播种计划”，助力乡村文化振兴。修订《句容市优秀文艺作品奖励办法》，引导更多精品创作。优化阅读阵地的空间布局，为部分农家书屋更新置换通借通还设备，确保农家书屋通借通还率达到100%；推进五星、四星级农家书屋建设，三星级农家书屋达标率超70%；推进“农家小书屋”向村组延伸；对20个社区书屋进行提质提标。年内后白镇西冯村农家书屋获评江苏省五星级农家书屋和全国双服务先进农家书屋。开展主题为“耕读传家兴文化·脱贫攻坚小康年”的新时代乡村阅读季启动仪式。开展“阅读共享·捐一本好书”活动，组织全市25家党委部门干部职工捐书15000余册，充实到社区书屋。在全市开展354场全民阅读村（社）行活动，参与群众近7万人次。在城区银行、车站、办事大厅等公共服务窗口建成33个“星光阅读角”；在创业、休闲、文化等场所，建成20个“城区阅读新空间”。投资600余万元建成民营书店弘毅书城，丰富句容市图书市场资源供给，形成实体书店+阅读空间的服务模式。2020年“4·23”阅读节期间，在线上开展为期10天的“全民阅读小知识”答题·免费赠书活动，向参与活动的市民赠送各类畅销图书共3000册。打造“句容发布·有声书屋”栏目；开通调频91.7句容广播有声读物节目并链接农村大喇叭，定期播放听书节目。做好全市农村电影放映工作，明确农村电影放映工作责任单位，贴近农村实际，制订放映计划，完善选片制度，加大群众喜闻乐见的优秀国产影片的放映，完成2020年农村电影放映场次任务。年内新建的两家乡镇影院承担本乡镇农村公益电影放映任务，宣传部门与影院和属地政府沟通联系，制定试点工作方案，及时向村民发放观影兑换券，并协调各村组织集体观影。修订《文化产业引导资金管理办法》，围绕文化产业营收、推进重点文产项目建设、培育规上文化企业等重点，推动文化产业高质量发展。全年新增规上文化企业13家，营业收入增长15%。（尹季璇）

·精神文明建设·

【概况】 2020年，句容市以培育和践行社会主义核心价值观为根本，聚焦培养时代新人、弘扬时代新风，文明创建、文明实践、道德建设、志愿服务、未成年人思想道德建设等领域亮点纷呈，精神文明建设取得显著成效。年内，句容市被中央文明委表彰为第六届全国文明城市；“葡萄架下的文明实践”获评全国学雷锋“四个100”先进典型最佳志愿服务项目；新时代文明实践工作在全省现场会上作交流发言。（文明办）

【文明城市创建】 2020年，句容市实施城市文化品牌战略，推进城市精美工程。完成句茅路升级改造，安装1256盏路灯。编制执行全市公益广告规划，拆除违规户外广告设施及楼顶发光字144处、9760平方米，还原建筑外立面和城市天际线。在城区重要节点新增公益广告景观小品69个、环保灭烟柱240支，推广仿真绿植围挡10万平方米。升级道德典型宣传阵地“好人广场”。实施华阳东西南北路中央隔离栏标准化建设，完成人民路、玉清路改造工程，常态化推进人行道、非机动车道等“微改造”，完善基础设施。改造、整治130个城区老旧小区，探索建立常态化管护机制，改善市民居住环境。完成138个行政村、1394个自然村农村人居环境整治，通过镇江市验收。推进“厕所革命”，高标准新建、改建一批公共卫生间。完成葛仙湖片区景观提升改造工程，成为集休闲娱乐、生态修复、文化传承于一体的城市公共空间。开展交通秩序整治，出新城区27条道路停车泊位，新增机动车停车位1600个，查处机动车违停、不礼让行人、行人乱穿马路等违法行为5.4万起。开展私搭乱建、乱堆乱放、占道经营、农贸市场、路域环境等专项治理，维护良好市容市貌。结合疫情常态化防控，

文明城市志愿服务者

深入开展爱国卫生运动，围绕“文明健康、有你有我”主题，开展“垃圾分类”“公勺公筷”“防‘疫’有我，爱卫同行”等教育实践活动。新增垃圾分类试点小区25个，分类垃圾桶、回收房302个。面向餐饮从业者和广大市民发布文明用餐行动倡议，主要餐饮企业初步普及公勺公筷。结合日常行业监管，严格落实商户“门前三包”责任，查处不当行为200余起。举办“端午文化周”“我身边的小康微宣讲”“网络嘉年华”等主题活动，运用传统文化、动人故事、网络力量，传播现代风尚、号召共塑文明，吸引5万多人次参与。

2020年，句容市将创建工作作为“一把手工程”，突出高位统筹，强力调度推进，四套班子领导带头落实“管行业必须管文明创建”要求，做到“亲自抓、具体抓、反复抓、抓反复”。建立“每天一交办、每周一报告、两周一碰头、每月一调度”常态推进机制，市委、市政府主要领导定期召开调度会，并围绕老旧小区、集贸市场等重点部位和薄弱环节不定期开展“四不两直（不发通知、不打招呼、不听汇报、不用陪同接待、直奔基层、直插现场）”暗访督查。实施城区创建网格化管理，对照分工定工作、定人员、定目标、定责任。深化文明城市建设路段长制度，围绕卫生保洁、秩序维护、设施报修、文明宣传等重点，开展路段巡查工作。完善创建考核问责办法，形成量化计分制度，实施“流动红旗”动态管理，将日常督查、专项督查、定期测评结果纳入年度高质量考核、纳入精神文明创建项目测评考察。（文明办）

【文明实践工作】 2020年，句容市立足“中心—所—站—点”四级架构，建成890个文明实践点，组织“百姓名嘴”“老少同台”颂小康、“我身边的小康微微宣讲”等文明实践活动千余场次。结合疫情防控、文明创建、政策宣讲，运用4000多个“农村大喇叭”、流动宣传车、移动音响等设施设备，构筑线上线下全方位宣传网。依托赵亚夫事迹馆、茅山铁军营、好人广场、好人工作室等文明实践点，推动基层宣传思想工作。放大“葡萄架下的文明实践”“草莓棚里的文明实践”等科技惠农志愿服务项目的品牌效应，推动文明实践。按照“所有特色，站有品牌，以点带面，整体提升”的工作思路，增强文明实践项目的针对性、前瞻性和创新性。组织开展机关、企事业单位志愿服务品牌建设和评选活动，规范志愿服务流程、浓厚文明实践氛围。健全新时代文明实践工作考评机制，创新实施文明实践“所长项目”“站长项目”建设行动，印发文明实践所、站两级“书记重点任务清单”，明确要求，强化落实，进一步筑牢实践主阵地，提升服务力。2020年，全市1200余家志愿服务团队、公益性社会组织，平均每天开展活动百余场次。疫情防控工作中，2万余名志愿者冲锋在一线，面对草莓滞销，市志愿者协会、“爱之声”义工团发挥组织力量，让“滞”销变“直”销；市交通局“爱心车队”为疫情影响居家隔离的尿毒症患者提供服务，免费接送700余人次。打造30多个田间地头农业技术推广类文明实践点，将理论宣讲、科技科普等志愿服务直接送到田间地头、百姓身边，惠及5万余人。（文明办）

【道德建设】 2020年，句容市开展“好人之城”专题宣传，梳

句容市新时代文明实践中心

理弘扬新时代句容精神、志愿服务、公益慈善等方面举措成效，总结经验、提炼规律。组织开展“疫情防控工作”好人评选、文明家庭评选，承办江苏“最美人物”发布会等活动，糜林入选“中国好人榜”、获评江苏“时代楷模”，3人获评“江苏好人”，3人入选省“最美系列人物”，9人获评“镇江好人”。组织“好人之城”专题宣传报道，新建善行义榜103组，新增“好人工人室”3个，组织开展新一轮诚信示范街区建设。组织开展2017—2019年度句容市文明村、文明镇、文明单位、文明行业、文明社区、文明校园创建评比活动，3个行政村获评第六届全国文明村。组织开展爱国卫生运动，开展清洁家园、美化环境、绿色环保等系列活动，宣传“禁食野味”“公勺公筷”“节俭养德”理念。大力倡导移风易俗，句容市“集体婚礼”入选全省移风易俗典型案例，二圣村规民约入选全省优秀村规民约。加强未成年人思想道德建设，开通24小时心理咨询热线，普及心理健康知识。深化戏曲、书法、传统体育等中华优秀传统文化进校园系列活动，组织开展“文明礼仪养成教育”主题实践活动，组织开展“童”字系列美育活动，评比选树一批“新时代好少年”。（文明办）

统战工作

·综述·

【概况】 2020年，句容市委统战部突出思想政治引领，凝心聚力服务大局，不断建立健全体制机制，持续创新工作方式方法，坚持经济发展与疫情防控“两手抓”，推动统战工作取得新进展新成效。年内，通过“以活动提升、以党建引领”，持续强化统战队伍思想政治建设，确保统战队伍牢固树立政治意识，站稳政治立场。界别化组织统战干部和统战成员开展培训学习4次，参训人数300余人次；开展中共十九届五中全会精神统战专场宣讲会，全市100余名各界统战成员参加；组织党外干部到苏州大学开展理想信念教育培训；支持各民主党派到安徽、上海、苏州等地开展红色教育。以袁相村同心工程实验区和佴池村为宣传典型，《统一战线十年砥砺　句容袁相村旧貌换新颜》和《民族村寨展新颜　携手脱贫奔小康》在中央统战部开展的统一战线“脱贫攻坚奋斗有我”活动中分获图片类和短视频类三等奖。短视频《袁相：同心十年》获省委统战部“助力小康·奋斗有我”统一战线微视频创意大赛一等奖。（刘吉才）

11月15—21日句容市党外干部理想信念教育培训班在苏州大学开训

【党外代表人士工作】 2020年，市委统战部结合“苏统云”平台建设，更新完善民主党派成员、非公经济人士、新的社会阶层人士、民族宗教人士等统战成员数据库；常态化完善党外代表人士数据库和党外干部数据库，各镇（街道、园区）也同步建立更新人员数据库。帮助新的社会阶层人士联谊会成立功能性党支部，完善内部管理制度和办事机构架设。协同组织部门抓好“789”年轻干部队伍建设，进一步拓宽干部培养渠道，共推荐4名党外干部提拔到副科级（职）领导岗位。至2020年年底，句容市共有副科级以上（含副科级）党外干部28人，除垂直单位外，党外干部必配部门全部配齐，政府部门、司法机关、国有企事业均配备科级党外干部。（刘吉才）

【非公有制经济工作】 2020年，

市委统战部联合市委组织部、市委宣传部、市委政法委等29个部门，建立句容市民营经济统战工作协调机制，推动开展“温心暖企六大行动”（宣企弘扬行动、惠企助力行动、暖企帮办行动、联企关爱行动、护企维权行动、党建领航行动）民营企业服务月活动，活动开展期间，共走访424家企业，召开73场座谈会，收集264条意见，当场解决134问题。建立健全政企沟通协商制度，形成市委统战部牵头协调，乡镇、成员单位各负其责的工作格局，不断增强民营经济统战工作的领导力、执行力和约束力。（刘吉才）

【统战阵地建设】 2020年，市委统战部实施袁相村“同心工程实验区”提档升级工程，持续创新“同心”实践，着力完善基础建设、改善人居环境，突出项目带动、致力“造血”脱贫。建立全市首家镇级统战平台——后白“同心之家”统战工作室；茅山风景区被授牌“江苏省民营经济人士理想信念教育基地”；在马扎里社区建成新的社会阶层人士实践创新基地；打造下蜀商会“同心驿站”，下蜀商会被评为全国“四好”商会。（刘吉才）

·民族工作·

【概况】 句容市是汉族聚居、少数民族散杂居地区。全市有35个少数民族，共3605人，占全市总人口0.6%。边城镇佴池村属全省42个民族村之一，是回民族聚居相对集中的地方。2020年，市委统战部开展民族团结进步宣传月活动；10月21日，到边城镇佴池少数民族村，开展送文化进民族村活动。（刘吉才）

【民族团结进步宣传月】 2020年，市委统战部围绕“民族团结一家亲、小康路上心连心”主题，活动期间，在全市范围内通过LED电子屏、黑板报、宣传栏发布民族政策、民族理论和民族知识；在全市各镇、街道、园区醒目的路段、墙体悬挂民族团结进步宣传标语。通过道德讲堂平台，组织民族团结主题讲座2场。开展少数民族饮食补贴发放工作，做好发放对象登记、资格审核、资金发放工作。宣传月期间审核登记655名对象，共发放补贴94320元。（刘吉才）

【少数民族群众帮扶工作】 春节期间，市委统战部走访慰问全市建档立卡的45户少数民族贫困户，发放慰问金共计4.5万元。高考结束后，为11名被本科以上院校录取的优秀少数民族贫困学子送上助学金共计1.1万元。对2020度边城镇佴池村的基础农路、村容美化和光伏路灯3个少数民族发展项目组织验收，下拨少数民族发展专项资金70.65万元。（刘吉才）

·宗教工作·

【概况】 句容市是江苏省、镇江市宗教工作重点县（市）之一，境内有佛教、道教、伊斯兰教、基督教四大宗教，经批准登记的宗教活动场所30处，其中，道教2处，佛教4处，伊斯兰教1处，基督教23处（含临时活动点1处）。茅山道院、宝华山隆昌寺是全国重点寺观。全市设有爱国宗教团体4个，登记备案的宗教教职人员82人。2020年，为宗教团体拨付180万元专项补助经费；春节期间，市民宗局先后走访全市各宗教场所20余次；开斋节前，市民宗局、市伊斯兰教协会走访慰问穆斯林群众50余人次。以宣传贯彻学习中共十九大精神和新修订的《宗教事务条例》、新《江苏省宗教事务条例》为重点，

中国道教协会第十次全国代表会议在句容市举行

制定年度法治宣传计划和宣贯方案，开展政策法规学习教育活动。4月9日，江苏省伊斯兰教协会七届二次教务委员会在省尔林文化培训中心（句容清真寺）召开。年内，健全民主议事、值班、财务、消防、食品卫生等管理制度，制定消防和突发事件应急预案，做到责任到人，确保规范有序开展民间信仰活动。（刘吉才）

【宗教领域安全整治工作】 2020年，市委统战部会同市纪委派驻组围绕“百查百看”和专项整治10个方面79项重点内容深入一线进行督查指导，对全市所有宗教活动场所进行多次检查，形成问题整改清单下发到各镇（街道、园区）、各宗教团体、各宗教活动场所，限期整改。全年共排查出涉及消防、建筑、疏散、电气、技防、森林防火、交通、食品、防雷、宗教活动等方面的安全隐患349条，逐条进行整改，整改率100%。（刘吉才）

【第五届国际道教论坛筹备工作】 2020年，句容市本着“主题鲜明、办出特色、热烈隆重、节俭务实”的原则，着眼举办论坛的疫情防控要求，加强与中道协、省、镇江活动组的汇报和工作对接，做好论坛筹备工作。结合《镇江市关于第五届国际道教论坛疫情防控方案》要求，调整和完善配套活动防控方案，充实与疫情防疫相关的内容52处。年内，副省长陈星莺，省政协副主席周继业，省委常委、统战部部长杨岳等领导分别实地调研推进论坛筹备工作。（刘吉才）

【中国道教协会第十次全国代表会议在句容市召开】 11月26日至28日，中国道教协会第十次全国代表会议在茅山举行。会议总结了中国道教协会第九次全国代表会议以来的工作，交流经验，分析问题，研究部署今后5年主要工作，选举产生新一届理事会。中央统战部副部长、国家宗教事务局局长王作安应邀出席并讲话，省委常委、省委统战部部长杨岳应邀出席并致辞。（刘吉才）

·港澳台工作·

【概况】 2020年，市委统战部加强与句容籍在港人士的联系交往，深化句容与香港的交流合作，年内“香港句容联谊同乡会”正式成立。围绕“2020两岸企业家峰会（紫金山）创新发展研讨会”“江苏发展大会”“华创会”，共组织3批11家企业分别参加“紫金山峰会”“华创会”和“华创会”北美专场。服务好在句港澳台资企业，全年全市新批港资企业4家，累计注册资金1290.44万美元；新批台资企业2家，累计注册资金2641.91万美元；2020年到账港资5587万美元，到账台资8913.46万美元。截至2020年年底，句容市累计已批台资企业491家，合同利用台资28.87亿美元、实际到位台资17.98亿美元。（刘吉才）

【服务慰问】 2020年，句容市继续做好对属地港澳台企业及台胞台属的服务，创新服务方式，提升服务质量和效力。助力港澳台资企业复工复产，第一时间将相关要求传达到各企业，专门抽调工作人员协助企业做好疫情防控工作。市台办牵头成立由属地党委政府、卫生防疫部门、交通客运及公安出入境部门组成的“台商快捷通道”配套防疫转运专班，协助3批次30名台商台胞通过“台商快捷通道”返回句容。组织港澳台侨资企业参加安全生产专题宣讲活动，强化企业安全生产意识，压紧压实主体责任，保障企业和员工的生命财产安全。推进镇江市“惠台56条”政策落地落实，妥善解决各类投诉求助。（刘吉才）

·侨务工作·

【概况】 2020年，句容市归侨侨眷联合会（市侨联）和市侨务办公室（市侨办）在市委、市政府的领导下，围绕中心工作，坚持“以侨为本，为侨服务”的宗旨，推进各项工作，取得一定成效。2020年是《中华人民共和国归侨侨眷权益保护法》颁布实施30周年，也是“七五”普法的收官之年，句容市多措并举，开展普法工作。（刘吉才）

【走访慰问】 2020年，市委统战部（市侨联）先后组织走访慰问4批次，慰问侨眷属近百人次。春节前夕，市侨联开展“迎春送福”联谊活动，通过书写春联、现场送“福”。端午节前，组织归侨侨眷和留学生亲属参加了崇明街道举办的“中国心　端午情”包粽子活动，共迎端午佳节。5月，市侨联通过走访镇江东丰制衣有限公司、三斯达（江苏）环保科技有限公司、江苏新顺福食品有限公司等企业，通过发放宣

春节前夕，市侨联开展“迎春送福”联谊活动

传手册、现场宣讲等形式，宣传《江苏省保护和促进华侨投资条例》、《中华人民共和国归侨侨眷权益保护法》等涉侨法律法规。9月，市侨办和侨联联合组团，带领部分基层统战委员、侨联委员和侨务工作者到丹阳市、京口区参观“微侨家”建设情况，学习交流阵地建设和基层侨务工作的经验做法。同月，市侨办、侨联、崇明街道联合举办“庆国庆·迎中秋”侨界文明志愿进社区活动，发挥侨界人士在文明创建中的积极作用。（刘吉才）

【平台建设】 2020年，市侨联在崇明街道中凌社区建立句容市“微侨家”，为侨届群众提供新的活动场所。5月，镇江市侨联调研组到句容市参观“微侨家”活动阵地，了解辖区归侨侨眷及街道侨务工作开展情况，并为“微侨家”授牌。年内市侨联推荐茅宝葛园为新的“微侨家”活动阵地，更好地弘扬句容“葛文化”。

（刘吉才）

【交流交往】 2020年，句容市接待比荷卢（比利时、荷兰、卢森堡）江苏商会、纳米比亚中国和平统一促进会考察团参观考察，并对句容市的投资环境进行推介。（刘吉才）

机构编制

【概况】 2020年，句容市共有政法机关4家、党政群行政机关75家，其中：党委系统（含人大、政协）行政机关27家，市级政府系统（含派出机构和派出机关）行政机关28家，群团系统行政机关9家，乡镇行政机关8家，街道行政机关3家；有事业单位355家。（陆欣语）

【行政体制改革】 2020年，句容市编办推进基层整合审批服务执法力量改革。围绕“加强党的全面领导，审批服务一窗口、综合执法一队伍、基层治理一网格、指挥调度一中心”的“1+4”改革任务，在镇街统筹设置7—9个职能机构，推动相关审批服务执法力量向镇（街道）集中，下放基层审批服务事项83项、行政处罚事项228项，确保基层有人有物有权办事。9月，全市11个镇（街道）全部挂牌运行。10月—11月，通过省和镇江两级评估验收。

年内，完成团市委、市供销合作总社、市工商联机关、省句容茅山湖旅游度假区管理办公室、市公益林管理中心、市招商中心等6家单位的“三定”规定，坚持优化协同高效，科学配置内设机构，强化部门内部职责和业务整合，推动组织架构重建和流程再造，提高机构编制管理科学化、规范化水平。深化综合执法改革。整合组建文化市场综合执法大队，将其机构规格由股级明确为副科级，做好人员的转隶工作。明确市自然资源和规划监察大队机构规格为副科级，提升自然资源和规划、林业工作的执法监察履职水平。将市交通局下属14家事业单位整合为6家，新组建市交通运输综合行政执法大队，承担交通运输行政执法工作。

推进从事生产经营活动事业单位公司化改造工作。按照“分类实施、分步实施”的原则，推进经营类事业单位改革，改革方式包括公司化改造、撤销两种方式。全年批复涉改事业单位共计18家，其中实行公司化改造的7家，予以撤销的11家。（陆欣语）

【机构编制管理】 2020年，市编办优化机构编制管理。牵头制定《中共句容市委机构编制委员会工作规则》《中共句容市委机构

编制委员会办公室工作细则》，确保市委编委和市委编办各项工作规范、科学、有序进行。盘活编制资源，调剂15名事业编制加强疾病预防控制中心力量配备，提高疾病预防控制和公共卫生安全保障能力；调剂4名事业编制至市国有资产经营总公司，解决没有编制难以开展工作问题。优化机构设置，在市纪委监委机关增设第九纪检监察室（市级机关纪检监察工委），在人社局档案与信息化中心增挂“市社会保障卡管理服务中心”牌子，在江苏省句容中等专业学校增挂“句容市技工学校”牌子。

完成全市编外用工清理规范工作。全年开展常态化编外用工督查检查，贯彻落实全面梳理、分段清理、编制联动等各项措施，将整改工作与编制使用计划、股级干部调整以及年度绩效考核挂钩，通过严格执行“三挂钩”工作机制，圆满完成清理规范工作，编外人员管理全面加强，财政负担明显减轻，发展环境不断优化。（陆欣语）

【事业单位登记管理】 2020年，市编办对371家事业单位进行信用等级评定，其中A等级346家，B等级25家。完成2020年度全市373家事业单位法人年度报告公开，根据“双随机一公开”的要求对9家事业单位开展抽查，进一步加强事业单位事中事后监管。（陆欣语）

老干部工作

【概况】 2020年，句容市老干部工作以习总书记关于老干部工作的重要讲话精神为指导，以党的建设、服务保障、银发生辉、素质提升“四项工程”为牵引，各项工作取得明显成效。截至2020年年底，全市有在册离休干部80人，其中市管离休干部69人，垂直系统10人，异地安置1人；十四级以上离休干部和原四套班子领导26人。年内，下蜀镇老干部党支部被表彰为省级离退休干部先进集体，财政局老干部党支部被评为江苏省首批“六有一提升”示范党支部，天王镇、后白镇等5个离退休干部党支部入选镇江市第二批“六有一提升”示范党支部。（潘鸣鹤）

【老干部政治待遇落实】 2020年，1月10日，召开全市离退休干部情况通报会，句容市委常委、常务副市长宋飞雄向全市副科级以上离退休干部通报全市经济社会发展情况及2020年市委、市政府主要工作安排；6月、12月先后2次邀请14级以上离休干部和原四套班子领导参加市委全会，共同审议工作报告；6月和10月，分别安排参观边城镇蓄水电站建设和教育系统改革成绩，同时征求意见建议；11月，组织部分原四套班子领导到安徽宣城新四军纪念馆参观学习，重温红色年代、再走战斗历程。（潘鸣鹤）

【老干部走访慰问工作】 2020年1月19日，市委书记潘群、市长周必松、市委副书记高庆华和市委常委、组织部部长汪丹宁以及市人大、政协等领导，上门走访慰问十四级以上离休干部和原四套班子领导。市委老干部局在元旦、春节前夕，分组上门走访慰问全体离休干部，在夏季高温季节和重阳节走访慰问市原四套班子领导。（潘鸣鹤）

【离休干部服务工作】 2020年，句容市新增下蜀镇、天王镇卫生院2条就医绿色通道，离休干部看病就医绿色通道实现全覆盖；家庭医生签约率达100%，建立家庭医疗服务团队18支，全年随访服务600余人次，上门紧急处置9次。着眼医疗特困帮扶，继续落实“二次报销”制度，全年全市离休干部医疗费用总计542.1万元，医保报销后自费部分为42.9万元，为离休干部按80%的比例“二次报销”34.3万元。2020年，首次开展“三有一落实”（有就医绿色通道、有家庭签约医生、有医疗特困帮扶机制，落实好离休干部提高享受医疗待遇政策）评先评优工作。（潘鸣鹤）

【老干部作用发挥】 2020年，句容市建立“银发生辉”志愿分队22支，骨干213人，疫情期间全市共有881名老干部捐款16万余元。句容农业农村局“农业互联网”医院和老年科协农林分会挂牌镇江市“银发人才工作站”。首创“去行政化”理念，探索开展老年人才服务中心建设，建立以“三老”为主体的104人“老年人才库”，推进22个产业帮扶项目。去行政化老年人才服务中心建设做法在镇江市得到推广。（潘鸣鹤）

党校工作

【概况】 2020年，句容市委党校重视教师队伍建设，继续做好干部教育培训、课题研究等工作，年内整体办学水平得到有效提升。组织开展规章制度修订完善工作，最终形成20项制度，于年底编印《党校制度汇编》。年内，市委办出台《贯彻落实〈中国共产党党校（行政学院）工作条例〉重点任务的实施细则》，明确各项重点任务的落实措施、责任单位、进度安排，共计30项任务。根据事业单位公司化改造有关要求，8月，党校招待所完成撤销，固定资产和在职人员均妥善安置，确保人员稳定和国有资产完整。（郑　正）

【干部教育培训】 2020年，句容市委党校共举办各类培训班41期，培训3500人次。培训副科级以上领导干部和高层次学历人才达600人次。举办全市“四硬”型年轻干部培训班1期，培训44人次。举办全市初任公务员培训班1期，培训55人次。举办发展对象培训班3期，培训460人次。举办全市专职村书记培训班2期，培训130人次。举办各类党性教育培训班3期，培训150人次。开展“送教上门”到机关服务中心、市应急管理局和乡镇、街道、园区共计12次，培训500人次。（郑　正）

【课题研究】 2020年，句容市委党校编印《探索与思考——调研课题研究成果选编》，收录本校教职工16人17篇高质量调研文章。全年完成江苏省社科联立项课题1个；镇江市社科联立项课题1个；镇江市委党校结项课题12个，获一等奖1个，二等奖1个，三等奖3个，优秀奖7个。在各级刊物发表或在各种会议交流的理论文章36篇。其中，《“草民”何以变“富农”》在《求是》网发表；2篇论文入选第十七届“长三角”地区党校校长论坛。（郑　正）

【教师队伍建设】 2020年，句容市委党校2名教师被评为高级讲师。以“青蓝工程”为平台，采取听课、说课、赛课、送课等多种形式促使年轻教师尽快成长，2名年轻教师参加镇江党校系统赛课活动，1人获三等奖。选派教师参加各类师资培训班、理论研讨班充电学习，组织教师参加各类培训达23人次。其中，5名教师到上海、厦门参加“四史”专题师资培训班，5名教师参加省委党校师资培训班，4名教师参加在北京举办的学习十九届五中全会精神高级研修班，1名教师参加“长三角”地区党校校长论坛。首次举办带班人员基本功竞赛，提高带班人员业务能力和理论水平，促进带班人员队伍专业化发展。（郑　正）

【专职村书记培训学院挂牌成立】 2020年，江苏省首个“专职村书记培训学院”在句容市委党校挂牌成立。市委党校落实《句容市专职村书记教育培训实施细则》，从省内外各领域专家学者、本地专业人士、乡土人才、优秀村书记中选取师资，组建“乡村振兴师资库”，组建课题开发小组，开发设计课程，编写典型案例，打造实训基地。全年举办专职村书记培训班2期，培训130人次。（郑　正）

档案工作

【概况】 2020年，市档案馆推进体制机构改革后续工作，参照省、镇江市和周边市（县）改革经验，向机构编制部门报送有关材料。全馆共有馆藏文档资料41.6万卷，历史跨度500年，包括明清档案、民国档案、革命历史档案和新中国成立后的档案四大部分，载体形式有纸质、录音、录像、影片、照片、光盘、缩微胶片、实物、电子档案等，其中民生专业类档案占馆藏的75%以上，包括婚姻、退伍军人、国有企业退休人员、乡企职工改制、新生儿、承包地确权等近27个类别，年内完成新一轮档案数字化招标。2020年，共查档接待2154人次，调阅2488卷（件），查实率达90%，较好发挥了存史、咨政、为民服务的职能。（戴婧华）

【“6·9国际档案日”系列活动】 2020年6月9日，“档案见证小康路、聚焦扶贫决胜期—全市脱贫攻坚纪实主题展”在福地广场举办。现场用33块展板5个板块的档案史料展示句容全面建成小康社会，打赢脱贫攻坚战的全过程。同

时，通过广场展览、资料发放、基层巡展、主体征文、档案开放日等形式，在全市掀起第13个国际档案日宣传热潮。（朱　云）

【红色档案资源开发利用】　2020年，为用活用足红色档案、讲好红色故事，市档案馆以馆藏红色档案资源为主线，整合资源，多措并举、多点发力。《句容抗日战争档案汇编》首次入围国家级重点档案开发项目，也是镇江市唯一入选的国家级档案开发项目。完成《高彦文抗战日记档案汇编》第一卷、第二卷的编纂工作，并通过省档案馆的初审和复审。制作的“丹心碧血——巫恒通”、“赵亚夫眼中的小康路”两部短视频，分别在“句容发布”和省档案公众号发布，当日浏览量共达万余人次。线上线下同步开展“纪念抗日战争胜利75周年——不容忘却的句容抗战史”档案文献展，充分发挥档案“记录历史、传承文明”的作用，放大句容红色档案的品牌效应。（胡　伟）

【驻句央企、省企退休人员档案进馆工作】　2020年，市档案馆作为驻句央企、省企退休人员档案接受管理责任单位，通过业务培训、网上咨询、技术支持等服务方式，全程跟踪指导国有企业退休人员档案整理和数字化副本制作，确保纸质和数字副本双套制档案符合进馆质量要求。年内完成8家驻句央企、省企525人退休人员档案全部进馆。其中纸质档案525卷22664件，数字化副本56566页、目录23107条，数据共计35.17GB，可依法开展国有企业退休人员档案查询利用开放工作。（胡　伟）

【新一轮《出生医学证明》档案进馆工作】　2020年，市档案馆联合市卫健委正式启动新一轮《出生医学证明》档案规范进馆工作。出台《句容市出生医学证明档案管理实施方案》，对出生医学证明档案的归档范围、保管期限、档案移交、档案数字化副本制作、档案查借阅等相关内容作了详细规定。全程跟踪指导市妇幼保健院出生医学证明档案规范整理和档案数字化工作，完成2013年7月—2019年共计30000余件出生医学证明档案实体整理工作。（胡　伟）

【新冠肺炎疫情防控档案征集工作】　2020年，新冠肺炎疫情发生以来，市档案馆及时开展疫情防控档案工作，下发《句容市新型冠状病毒疫情防控文件材料归档范围》，组织精干力量定期到市新冠疫情防控各工作组做好跟踪服务指导和服务，实地了解疫情防控文件材料的收集进展情况，现场指导疫情防控文件材料收集整理归档工作，确保这一重大事件档案安全进馆，留存全市疫情防控工作记忆。首批收集到有关小区重要疫情防控照片、实物、文字档案36件。（胡　伟）

【全国时代楷模赵亚夫捐赠个人特色档案】　2020年，市档案馆接收“全国时代楷模”赵亚夫捐赠57件个人档案，涵盖其近年来所获各项荣誉、学术讲座、一线指导、参加全国性活动、“亚夫精神”宣传和“戴庄经验”推广等多方面内容。档案馆现收藏赵亚夫各类各载体档案3859件，下一步将持续跟进赵亚夫档案征集利用，努力将馆藏赵亚夫名人档案库打造成“赓续红色基因、践行亚夫精神”的思想库。（糜　娟）

史志工作

【概况】　2020年，句容市史志办完成年初预定的各项目标任务。《句容年鉴（2020）》出版发行，编纂出版2020年《句容大事记》2期。参与《全国革命老区县发展史（句容卷）》编纂工作，全书约11万字，于4月正式出版发行。继续推进镇（街道、管委会）、村志，名镇名村志编纂工作，并帮助镇江农科所编修所志，指导句容监狱、边城监狱编修监狱志。参与葛仙湖公园、葛洪纪念馆建设方案的研讨。（陈龙浩）

【《句容年鉴（2020）》出版发行】　2020年，市史志办根据全市机构改革后各部门工作职责，对《句容年鉴（2020）》条目进行重新调整，全书设34条目，189分目，约70万字。同时，对《句容年鉴（2020）》排版设计进行改动，文中增加插图数量，并由黑白改为彩色印刷。该工作自2020年1月起正式启动，于5月初完成初稿，7月送出版社审稿，12月底正式出版发行。

（陈龙浩）

【《中国共产党句容历史》（第三卷）编纂工作】 2020年，市史志办拟定编纂篇目，组成编写小组，按章节将任务分解到每个人。年内，编写人员通过查阅档案、实地走访、交流研讨等形式，广泛收集第一手资料，初步完成资料的征集工作，并转入文稿撰写工作。（陈龙浩）

【镇（街道、管委会）、村志编纂工作】 2020年，市史志办对镇（街道、管委会）、村志编纂强化指导和督查，《茅山镇志》《崇明街道志》《边城镇志》《茅山景区志》《开发区志》先后于年内出版。指导天王镇唐陵村开展村志编修工作，《唐陵村志》形成初稿。根据省地方志办公室的要求，对江苏名镇名村志《下蜀镇志》《下甸村志》作进一步修改完善，压缩文字稿，增加影像和图照。（陈龙浩）

【史志网站建设】 市史志办网站设立句容概览、机构简介、工作动态、走进党史、翻阅方志、宣传教育、通知公告、政策法规、廉政教育9个专栏。在走进党史和翻阅方志栏目中，把史志办历年编纂的部分志书和年鉴电子化，实现可在线查询、阅读、复制，使史志更好地服务社会和广大文史爱好者。（陈龙浩）

史志办举行《宝华镇志》审稿会

句容市人民代表大会

责任编校：徐彬彬

综　述

【概况】　2020年，市人大常委会贯彻市委人大工作会议要求，紧扣人大“两个机关”职能定位，强化使命担当，依法履职尽责，积极主动作为，各项工作取得新成效，为跑出“一福地四名城”建设加速度、推动句容高质量发展走在前列、实现“十三五”圆满收官作出积极贡献。年内，人大常委会党组充分发挥把方向、管大局、保落实的政治引领作用，围绕生态文明、产业强市、乡村振兴等事关经济社会发展全局和人民群众高度关注的农村环境治理等重要事项，综合运用视察调研、听取和审议报告、专项评议、专题询问等多种形式，促进市委决策部署全面落到实处。重点紧盯“十三五”规划纲要目标任务的完成情况以及“十四五”规划编制进展情况，组织6个调研组，并组织全市人大代表开展“我为‘十四五’规划献良策”活动，为编制句容市“十四五”规划提供智力支持。

句容市第十六届人民代表大会第四次会议

2020年，市人大常委会发挥职能优势，助推疫情防控、经济发展。聚焦全市发展重点领域，充分发挥人大优势。全年召开常委会会议7次、主任会议12次，组织执法检查4次、政情通报暨专题询问会议1次，开展专题视察、调研13次，听取和审议“一府两院”专项工作报告35项，作出决议、决定18项，依法任免国家机关工作人员61人次。常委会围绕市委疫情防控部署要求，第一时间就疫情防控和复工复产向全市各级人大代表分别发出《一封信》《倡议书》，号召各级代表主动作为、冲锋在前。常委会分6个工作组，带着课题沉入基层，专题调研督查疫情期间全市复工复产复商情况，形成《积极有效应对疫情影响，大力促进服务业稳定增长》代表建议。主任会议专题听取市政府关于实施产业强市推进园区升级工程的工作报告，督办《关于主动对接南京紫东地区建设，积极打造宁镇扬一体化示范区》1号议案。以优化营商环境为切口，紧扣“服务高质量发展，推进产业强市”主题，对工信局、市场监管局、地方金融监督管理局等12个部门，围绕聚力改革创新、推进依法行政、服务项目建设与招引，开展专项工作评议，促进被评议部门强化履职、提升效能。为给产业强市提供积极的财政政策保障，常委会推进预算联网监督，对部门预决算和重点专项资金执行情况开展数据分析，组织2021年度项目预算初审听证会，全程参与市政府组织购买的第三方58个服务项目绩效评价工作。聚焦全市上下关注的重大工程项目，全程参与葛仙湖公园规划改造方案，对项目实施过程中的建设进度、工程质量、文化品位进行建言；重点围绕句容饮水工程，持续推进议案建议的督办，为促使长江引水和第一水厂如期开工进行建言；主任会议深入宁句城际轨道交通站点、南沿江高铁句容段梁场等施工现场，视察调研工程进展情况，就加快构建现代化综合交通运输体系进行建言。

2020年，市人大常委会围绕群众关心关切，创新开展集中监督、持续监督。坚持以人民为中心的发展思想，紧盯群众身边的急难事、烦心事，创新谋划，推动监督工作，推进问题解决，增进民生福祉。主任会议专题视察和听取教育、创业就业、老旧小区改造、全民健康等专项工作报告。聚焦农民增收，着眼深化农村产权制度改革，跟踪督办《关于提升流转土地综合利用效率，加快农民专业合作社建设》重点建议。聚焦重点人群，听取市政府关于《残疾人保障法》《江苏省残疾人保障条例》实施情况的报告，助力脱贫攻坚；制定民生实事票决项目监督办法，实施代表联系督办、工委对口督办、领导现场督办，把民生实事真正落到实处。常委会会议听取和审议年度环境状况和环境保护目标完成情况的报告，督促北门垃圾填埋场等突出环境问题整改。聚焦河长制，主任会议实地调研万家河、葛仙湖公园水体治理情况，推进合力攻坚，打好句容“碧水保卫战”。聚焦土壤问题，主任会议深入复垦项目现场、治理点位，听取并审议市政府关于废弃矿山治理修复情况的工作报告，推动政府部门持续加强土壤环境监测和管理。聚焦农村人居环境改善，主任会议视察整治工作现场，建议政府以打赢三年行动计划收官之战为抓手，补齐“四清一治一改”中的突出短板。基层人大在生态监督上也突出重点，精准聚焦，宝华镇人大围绕物流行业专项整治，边城镇人大围绕农村生态环境治理，茅山镇人大、茅山风景区代表小组围绕美丽乡村建设，主动发挥监督作用。坚持把营造法治环境、推进依法行政和公正司法作为监督工作的重点。常委会会议专题审议市公安机关扫黑除恶专项工作，听取审议市政府“七五”普法工作报告。对市教育局、应急管理局负责人开展述职评议，现场询问并进行满意度测评。发挥基层立法联系点作用，做好《镇江市电梯安全管理条例》《镇江市扬尘污染防治条例》立法调研。配合全国人大和省市人大联动开展《中华人民共和国安全生产法》《江苏省安全生产条例》《中华人民共和国土壤防治法》《中华人民共和国野生动物保护法》执法检查，推进依法治市。接入省人大常委会备案审查信息平台，依法对《句容市市长质量奖管理办法》《句容市农村不动产确权登记实施意见》等规范性文件开展备案审查，维护法制统一。做好人大信访工作，全年受理人民来信27件，接待来访32人次，信访接待交办率100%。

2020年，市人大常委会保障代表主体作用，依法组织代表工作站、代表小组活动。进一步规范代表工作站建设和管理，后白镇、凤坛村等全市镇、村47个代表工作站进行提档升级改造，为代表联系群众提供良好的履职载体。紧扣“代表履职高质量、助推决胜全面小康”主题，按照“五个有”标准，加强闭会期间小组活动管理。开展五级人大代表接待选民日活动。围绕提升代表依法履职能力，分别以代表主体实践、《中华人民共和国民法典》解读为主题开展培训。围绕拓宽代表知情知政渠道，邀请代表列席人大常委会会议，参与专项评议、法院庭审和检务公开，促进代表深入了解全市发展和各方面工作。围绕充分激发代表履职热情，组织代表述职，开展优秀代表、优秀建议等“五评”表彰活动。以解决问题为核心，按照新修订的《关于进一步规范市人大代表建议、批评和意见处理的办法》，推进议案建议办理，逐步形成职责分明、督办有力、落实到

句容市人大组织"人大讲座"

位的办理工作格局，推动解决一批代表和群众关注的热点、难点问题。在年度政情通报会上，组织代表就关注度高的10件议案建议相关问题进行专题询问，市政府分管领导直面问题，现场应询，有效畅通民意渠道。（翟伏雷）

重要会议

【市十六届人大四次会议】 2020年1月4—6日，句容市第十六届人民代表大会第四次会议举行。大会应到代表242人，实到代表232人。会议先后听取和审议市政府、市人大常委会和市法院、市检察院工作报告，审阅计划、财政和民生实事票决候选项目书面报告，会议批准以上报告并通过相应的决议。会议补选丁学平、谢兵、蔡艳为句容市第十六届人大常委会委员。（翟伏雷）

【市人大常委会会议】 2020年，市十六届人大常委会共举行7次会议。

1月14日，市十六届人大常委会第二十六次会议审议通过市人大常委会2020年工作要点、市人大常委会各工作委员会组成人员调整名单、市十六届人大常委会代表资格审查委员会组成人员调整名单。

3月30日，市十六届人大常委会第二十七次会议审议通过市十六届人大四次会议确定的《关于主动对接南京紫东地区建设，积极打造宁镇扬一体化示范区升级版的议案》和《关于扎实开展农村环境整治，全力推进生态文明建设的议案》的办理意见，并作出决议，审议通过关于人大代表联系监督政府民生实事票决项目的实施办法及分工情况，通过有关人事任免事项。

5月28日，市十六届人大常委会第二十八次会议审议通过《市人大常委会2020年专项评议实施方案》，审议通过了市政府关于提请审议新增镇江一马先制衣有限公司征收项目纳入2020年国民经济和社会发展计划的议案，听取并审议市政府2019年度环境状况及突出环境问题清单完成情况的报告，听取并审议"七五"普法工作报告，对6名镇江市人大代表进行述职评议，通过有关人事任免事项。

7月29日，市十六届人大常委会第二十九次会议听取并审议市政府关于2019年同级审计情况的报告，审查、批准2019年市本级财政决算，听取并审议市政府《关于2020年上半年国民经济和社会发展计划及财政预算执行情况的报告》，听取并审议市政府《关于十六届人大四次会议代表建议办理情况的报告》，听取并审议《关于扫黑除恶专项工作的报告》，通过有关人事任免事项。

9月29日，市十六届人大常委会第三十次会议听取并审议市政府《关于市十六届人大四次会议代表议案和重点建议办理情况的报告》，对市教育局局长、应急管理局局长开展述职评议，通过有关人事任免事项。

11月26日，市十六届人大常委会第三十一次会议审议并作出《关于召开句容市第十六届人民代表大会第五次会议的决定》，对12个部门开展专项评议，通过有关人事任免事项。

12月29日，市十六届人大常委会第三十二次会议审议通过市政府《关于提请调整2020年度财政收支预算的议案》，研究政府民生实事项目人大代表票决制相关工作，审议《市人大常委会工作报告（审议稿）》，审议市十六届人大五次会议有关事项，审议通过"五评"表彰决定，通过有关人事任免事项。（翟伏雷）

【市人大常委会主任会议】 2020

年，市十六届人大常委会共举行13次主任会议。

1月14日，主任会议通过代表议案、建议督办分工。

2月27日，主任会议学习党的十九届四中全会精神和习近平总书记关于坚持和完善人民代表大会制度重要思想，学习省委人大工作会议暨纪念省人大设立常委会40周年大会精神，传达学习习近平总书记、省委书记娄勤俭在统筹推进新冠肺炎疫情防控和经济社会发展工作部署会议上的讲话精神，以及镇江市统筹推进新冠肺炎疫情防控和经济社会发展工作部署会议主要精神。会议要求，毫不松懈抓好疫情防控，抓好全年人大工作，抓好纪律作风建设，努力促进一季度经济运行开好局、起好步；因时制宜、因势制宜开展全面工作，认真研究、压实压细议案建议的办理，重点监督议题的落实，票决民生实事项目的跟踪推进等，将各项工作组织好、实施好。

3月24日，主任会议视察江苏信速洁环保科技、句容市捧花蜂业专业合作社等现场，听取市政府关于全市创业就业工作情况的报告，研究市十六届人大四次会议3件重点建议交办意见。会议建议，进一步增强创业就业促富民增收工作合力，确保如期建成高水平全面小康社会；千方百计扩大创业就业途径，大力拓展群众致富门路；对标打造最优营商环境，不断做实创业就业服务保障。

4月16日，主任会议视察边城中小企业科创园、开发区半导体产业园等现场，听取市政府关于全市实施产业强市推进园区升级工程情况的报告。会议建议，规划布局要更加精准，引领园区升级；项目选择要更加精准，支撑园区升级；服务要更加精明，推进园区升级。

5月19日，主任会议视察万家河、葛仙湖等现场，听取市政府关于河（湖）长制实施工作情况的报告。会议建议，强化责任担当，深刻领会推行河湖长制战略要义；创新方式方法，上下联动推动河湖治理落实落细；坚持长抓严考，推进句容河湖长制高质量运行。

6月23日，主任会议视察后白镇残疾人之家、句容市俊伟服饰有限公司（天王镇残疾人自主创业示范点）等现场，听取市政府关于《中华人民共和国残疾人保障法》《江苏省残疾人保障条例》实施情况的报告。会议建议，要以小康路上不让一人掉队为目标，充分认识严格执行《中华人民共和国残疾人保障法》《江苏省残疾人保障条例》的重要性；以现阶段“六稳”“六保”为基础，多途径让残疾人在就业、生活等领域共享社会发展成果；以聚集合力为保障，着力推动整体帮扶工作高质量开展。

7月22日，主任会议视察东门小区、梅花小区等现场，听取市政府关于老旧小区改造情况的报告。会议建议，要坚持人民至上的思想，把老旧小区改造这项民心工程办实办好；积极探索可持续老旧小区改造模式，努力为群众打造宜居宜业美丽家园；在老旧小区精细化管理上持续用力、久久为功，推进城市治理体系和治理能力现代化创品牌、当示范。

7月29日，主任会议研究常委会会议相关事项。

8月25日，主任会议视察白兔镇上荣山工矿废弃地复垦项目、边城镇八步山宕口等现场，听取市政府关于废弃矿山治理修复情况的报告。会议建议，多维度强化引导，形成治理自觉；多渠道争取资金，推动项目实施；多方位协同联动，凝聚治理合力；多元化创新治理，保证治理成效。

9月24日，主任会议视察茅山风景区李塔村陈庄、天王镇唐陵村东三棚等现场，听取市政府

句容市人大常委会主任会议视察老旧小区改造情况

关于农村人居环境整治工作情况的报告。会议建议，充分运用何庄试点经验，进一步以规划引领，有序推进环境整治；突出重点和标准，进一步提升环境整治水平及成效；强化建管并重，进一步完善环境治理长效机制。

10月22日，主任会议视察宁句城际轨道交通句容站、南沿江高铁句容段梁场和高骊山路北延项目等现场，听取市政府关于全市重点交通工程建设情况的报告。会议建议，坚持高起点规划，全速带动城市功能品质提档升级；坚持高质量推进，全面提升交通重点工程建设品质；坚持高水平协同，全力保障交通重点项目顺利实施。

11月23日，主任会议视察华阳街道市民广场、葛仙湖公园和开发区赤岗小区健身广场等现场，听取市政府关于健康句容开展情况的报告。会议建议，强化正确引导，大力推动健康句容理念深入人心；坚持问题导向，全面破解制约健康句容发展的困难障碍；注重高位统筹，协同推进健康句容高质量发展。

12月23日，主任会议传达学习中央经济工作会议精神；听取市政府关于全年代表议案、建议办理情况的报告；研究专项评议评定意见；研究加强人民当家做主制度保障考核和镇、街道人大“百分考核”结果；研究“五评”表彰意见。（翟伏雷）

【政情通报会】 8月31日，市人大常委会召开政情通报会，市长周必松通报上半年全市经济社会发展情况和下半年主要工作安排。王广辉、王霞、侯红宝、高平、丁学平等人大代表分别围绕市人代会确定的目标任务、议案和重点建议，以及票决民生实施、生态环境建设、优化教育布局、历史文化场所新建保护等群众关注的焦点、热点问题进行了现场提问，与会市政府领导分别作解答。（翟伏雷）

【专项评议大会】 11月26日，市人大常委会开展集中专项评议部门工作。在前期对市教育局、工信局、公安局、人社局、水利局、退役军人事务局、应急管理局、市场监管局、统计局、医疗保障局、信访局、地方金融监督管理局等12个部门分阶段有序开展专项评议的基础上，会议分别听取并审议关于各被评议部门的专项评议报告，常委会组成人员现场投票，开展满意度测评，评议结果当场公布。（翟伏雷）

重要工作

【任免市政府副市长】 9月29日，市十六届人大常委会第三十次会议决定任命吴亚芹为句容市人民政府副市长（挂职，时间2年），决定接受沈向民辞去句容市人民政府副市长职务的请求。11月26日，市十六届人大常委会第三十一次会议决定任命李永辉为市人民政府副市长（挂职，时间1年）。12月29，市十六届人大常委会第三十二次会议决定任命张德超为市人民政府副市长（挂职，时间2年）。（翟伏雷）

【统一接待选民日】 11月13日，句容市开展“五级人大代表统一接待选民日”活动，677名人大代表深入105个选民接待点，共接待选民2047人次，收集意见建议和诉求1516件，现场重点解答群众民生问题901件，同时开展法律宣传活动。（翟伏雷）

代表议案、重点建议工作

【概况】 2020年，市十六届人大四次会议期间，共收到代表10人以上联名提出的议案39件，代

句容市人大召开政情通报暨专题询问会

表提出的建议、批评和意见85件。经大会主席团研究，将其中的13件并案为2件议案、3件重点建议，2件作为市人大主任会议专题督办建议，9件转交相关镇（街道、管委会）处理，其余100件作为一般建议办理。经大会主席团研究，将宝华代表团胥兴华等12名代表提出的《关于主动对接南京紫东地区建设，积极打造宁镇扬一体化示范区升级版的议案》、将边城代表团桑学军等14名代表提出的《关于扎实开展农村环境整治，全力推进生态文明建设的议案》作为议案办理。将崇明代表团徐益盛等11名代表提出的《关于统筹规划和利用城上村遗址，加强历史文化保护传承，不断推进历史文化名城建设的议案》、天王代表团高平等16名代表提出的《关于提升流转土地综合利用效率，加快农民专业合作社建设的议案》、崇明代表团王政代表提出的《关于加大城区老旧供水管网改造力度，保障城市生活供水安全的建议》作为重点建议办理。年内所提议案、建议全部办结，代表建议解决率达70%，代表满意率和基本满意率达到100%。（翟伏雷）

市人大常委会专项评议大会

句容市人民政府

综　述

【概况】　2020年，句容市面对错综复杂的外部形势和突如其来的新冠肺炎疫情，紧密团结全市人民，扎实做好“六稳”“六保”（六稳：稳就业、稳金融、稳外贸、稳外资、稳投资、稳预期工作。六保：保居民就业、保基本民生、保市场主体、保粮食能源安全、保产业链供应链稳定、保基层运转）工作，全面加快“一福地四名城”建设，各项事业在大战大考中交出了一份合格答卷。全年实现地区生产总值675.48亿元，同比增长3.6%；完成一般公共预算收入54.85亿元，同比增长2.5%，总量全省第16位、税占比全省第一；全面完成镇江市下达的化债任务，政府全口径债务实现总量下降、成本下降、结构优化；列全面小康指数百强县第37位，全国乡村振兴百佳示范县第5位。

年内，句容市确保零确诊、零疑似、零境外输入，全面构筑了疫情防控的“铜墙铁壁”。“融入南京、接力镇江”强势推进，40个亿元以上项目签约落地，宁句轨道交通、南沿江城际铁路工程加快建设，南京东部立体综合交通枢纽呼之欲出。精美城市纵深推进，城市战略品牌规划和建设标准体系精准落地，新葛仙湖公园和葛洪纪念馆盛大开放。“万企联万村共走振兴路”经验全省推广，村党组织书记专职化管理试点成绩突出，唐陵花木交易市场成为全市首家国家级农业龙头企业。长江引水暨城区水厂、下蜀水厂工程加速建设，省句中异地新建工程正式开工，安全生产专项整治“一年小灶”任务圆满完成。　　（政府办）

新葛仙湖公园开园

重要会议

【市政府全体（扩大）会议】　8月10日，句容市政府召开全体（扩大）会议，部署下半年重点工作，落实全年目标任务。市长周必松指出，上半年，面对新冠肺炎疫情的冲击和国内外错综复杂的形势变化，句容市认真落实中央“六稳”“六保”决策部署和省、镇江市工作要求，统筹推进疫情防控和经济社会发展，全市经济社会发展呈现出加速向常态化回归的良好态势。周必松要求，进一步提高政治站位、强化使命担当，做好打赢污染防治攻坚战、产业强市、高质量考核、决胜全面小康、加快乡村振兴、常态化疫情防控、筑牢安全生产防线七个方面的工作。要抢抓宁镇扬一体化和宁句同城化发展机遇，全面落实“六稳”“六保”，坚持规划、交通先行，做好精准对接、全力推动“双招双引”、全面提升跨界水体水质，全力推动宁句同城化建设。（政府办）

【政府常务会议】 2月19日，召开第十六届人民政府第33次常务会议。会议传达了镇江市全市领导干部会议精神；传达了省安委会全体成员会议和省安全生产第十一督导组督导镇江市工作动员部署会精神，并研究句容市安全生产派驻监督工作；传达了省委常委、常务副省长樊金龙在全省应急管理工作会议上的讲话精神并研究《句容市危险化学品安全综合治理实施方案》；传达了中央政治局常委会会议、习近平总书记在北京市调研指导新冠肺炎疫情防控工作时的重要讲话、省委常委会会议、省政府专题会议精神。会议听取了句容市2019年预算绩效管理工作开展情况及2020年工作打算；听取了政务服务中心二期二标段工程变更情况汇报；听取了关于句容市回收行业考核激励办法的汇报；听取了2020年句容对口帮扶蒲城协作工作方案；听取了句容市2019年全市行政复议应诉工作情况报告；听取了2019年法治政府建设情况报告。研究了将“城北垃圾填埋场封场工程”纳入政府投资项目实施库事项；研究了《关于有效应对疫情支持企业履行土地出让合同有关事项的通知》。

3月30日，召开市第十六届人民政府第34次常务会议。会议传达学习了习近平总书记在二十国集团领导人应对新冠肺炎特别峰会和中共中央政治局会议上的重要讲话精神；学习了《中华人民共和国外商投资法》。听取了全市信访工作情况汇报；听取了关于调整句容市城乡居民基本养老保险退休人员养老金和被征地农民养老待遇的情况汇报；听取了关于句容市黄梅片区石油管道、高压燃气管线迁改情况的汇报；听取了关于执法办案管理中心建设的情况汇报；听取了关于加强市区和部分集镇道路机动车停放管理工作的汇报。研究了将“句容市烈士陵园南侧兆文山路道路工程”纳入政府投资项目实施库事项；研究了《支持新型农业经营主体应对新冠肺炎疫情积极春耕备耕的实施意见》；研究了《关于句容市高标准农田建设项目资金的审计意见》。

4月28日，召开市第十六届人民政府第35次常务会议。会议传达学习了习近平总书记在陕西考察时的重要讲话精神；学习了中共中央、国务院《关于建立国土空间规划体系并监督实施的若干意见》（中发〔2019〕18号）和新《中华人民共和国土地管理法》；学习了中共中央、国务院《关于构建更加完善的要素市场化配置体制机制的意见》。讨论了《2020年全市招商工作方案》；研究了市区直管公房危房处理问题；讨论了市第三中学过渡性办学方案。听取了拟纳入政府投资项目库的情况汇报；听取了关于调整句容市非居民用水、非居民用管道天然气价格的情况汇报；听取了关于阶段性减免社会保险费情况汇报。

6月1日，召开市第十六届人民政府第36次常务会议。会议传达学习了习近平总书记视察山西、参加内蒙古代表团审议、看望参加政协会议的经济界委员、参加湖北代表团审议时的重要讲话精神；学习了中共中央、国务院《关于新时代加快完善社会主义市场经济体制的意见》；学习了《江苏省反间谍安全防范工作条例》；学习了镇江市委书记马明龙在4月28日镇江市产业强市大会与5月30日乡村振兴推进会上的讲话精神；传达了上级扫黑除恶专项斗争有关会议精神。研究了加快解决产业类项目历史遗留问题的实施办法；研究了句容市自然保护地整合优化方案。听取了关于全市食品安全监管工作的情况汇报；听取了关于申请拨付2019年飞灰处置费用缺口及2020年飞灰处置费用的情况汇报；听取了关于部分市属学校消防验收整改和田径运动场改造的情况汇报；听取了关于句容市柏悦华府片区道路工程采取“设计、施工总承包”（EPC）模式进行项目招投标的工作汇报；听取了关于将宝华中心小学消防整改工程直接纳入市项目实施库的情况汇报。

6月11日，召开市第十六届人民政府第37次常务会议。会议传达学习了习近平总书记赴宁夏考察调研以及主持召开专家学者座谈会时的重要讲话精神；学习了省安全生产专项整治第十一督导组集中督导镇江市情况反馈会会议精神；学习了《中华人民共和国民法典》。审议了《句容市安全生产警示提示制度》等文件；审议了《宁句城际轨道交通句容段管理办法》。听取了关于明确句容市烈士陵园南侧兆文山道路工程实施单位的情况汇报；听取了关于明确全市给水、供水特许经营权的情况汇报。

7月6日，召开第十六届人民政府第38次常务会议。会议传达学习了习近平总书记主持召开中央政治局第二十一次集体学习、中央全面深化改革委员会第十四次会议上的重要讲话精神以及对防汛救灾工作作出的重要指示；传达学习了镇江市委书记马明龙主持召开各市、区委书记座谈会及检查防汛工作时讲话精神。传达了全省领导干部安全生产专题研究班工作要求，听取了国务院常驻督导组督导句容市安全生产情况汇报；传达了镇江市扫黑除恶专项斗争领导小组全体（扩大）会议精神，听取了句容市上半年扫黑除恶斗争开展情况汇报。传达了2020年宁镇扬党政联席会议精神；学习了《中华人民共和国公职人员政务处分法》《关于深化统计管理体制改革提高统计数据真实性的意见》等相关文件。传达了镇江市研究长江镇江段全面禁捕工作专题会议精神；听取了关于调整句容市住房保障有关标准的情况汇报。审议了《句容华电码头对外开放合作备忘录》；审议了《句容市人民政府与江苏省环保集团有限公司战略合作协议》。

8月3日，召开市第十六届人民政府第39次常务会议。会议传达学习了习近平总书记主持召开企业家座谈会以及赴吉林考察调研时的重要讲话精神；学习了7月30日中共中央政治局会议、江苏省委十三届八次全会、镇江市委七届十一次全会精神和句容市委十二届九次全会精神；学习了江苏省信访局《关于深入学习贯彻习近平总书记关于加强和改进人民信访工作重要思想的通知》和国务院《信访条例》；学习了全国安全生产会议及全省安全生产电视电话会议、国务院联防联控机制严防聚集性疫情做好秋冬季防控工作电视电话会议及全省疫情防控工作会议精神；学习了国务院第三次廉政工作会议和7月23日省政府廉政工作会议精神，研究进一步加强句容市政府廉政工作；学习了国务院办公厅《关于进一步优化营商环境更好服务市场主体的实施意见》。听取了市商务局、招商中心上半年招商引资工作情况汇报；听取了句容经济开发区上半年“双招双引”工作情况和重点产业项目建设情况汇报等。审议了《句容市关于在基层开展集中行政审批综合行政执法工作的意见》。研究了《关于建立句容市省级公益林调整和森林植被异地恢复两个储备库和实施市内异地指标交易的意见》。

8月25日，召开市第十六届人民政府第40次常务会议。会议传达学习了习近平总书记主持召开扎实推进长三角一体化发展座谈会、赴安徽考察调研以及关于“十四五”规划编制工作和制止餐饮浪费行为的重要讲话精神，学习了8月24日省委常委会会议精神。传达了镇江市“违规倾倒危废垃圾”问题专项整治工作会议精神；审议了《句容市人民政府 中国移动通信集团江苏有限公司镇江分公司 共同推进5G网络建设及应用战略合作协议》；审议了《句容市重大行政决策程序实施细则》。听取了关于建立企业破产处置协调联动机制的建议；听取了镇江市安全生产第二督导（巡查）组督导句容市安全生产工作情况反馈；听取了农村人居环境整治工作汇报；听取了加快推进句容市乡镇（街道）空气质量监测网络建设的建议；听取了关于2020年教育民生实事经费安排和高考奖励的情况汇报；听取了关于进一步推进义务教育集团化办学的情况汇报；听取了关于申请新希望养猪产业项目资金支持的情况汇报；听取了关于新人民医院拆改及新增项目的汇报；听取了关于新人民医院搬迁开办费的汇报。

9月30日，召开第十六届人民政府第41次常务会议。会议学习了习近平总书记在经济社会领域专家座谈会等会议上的重要讲话精神；学习了国务院办公厅《关于以新业态新模式引领新型消费加快发展的意见》；学习了国务院办公厅《关于坚决制止耕地“非农化”行为的通知》。研究了政府投资储备库“句容市张木河路道路工程”项目拟入实施库事项；听取了关于扩大句容市残疾人护理补贴补助范围的情况汇报；审议了《句容市人民政府工作规则》和《句容市人民政府议事决策规则》。

11 月 11 日，召开第十六届人民政府第 42 次常务会议。会议传达学习了党的十九届五中全会精神；学习了习近平总书记近期重要讲话和指示精神；学习了《省政府办公厅关于深入推进数字经济发展的意见》《省政府办公厅关于加强市县国有企业竞争性领域投资监管的指导意见》。研究了句容市人民政府与中国工商银行股份有限公司镇江分行战略合作协议文本。听取了关于自 2021 年起执行省统一公布的企业社会保险缴费基数上下限标准的情况汇报；听取了关于 2021 年度城乡居民医保筹资方案的情况汇报。

12 月 14 日，召开市政府第 43 次常务会议。会议学习传达了习近平总书记近期重要讲话精神；学习了《基本医疗卫生与健康促进法》；听取了关于中央环保督察和“回头看”反馈问题整改情况的汇报；研究了句容市人民政府与南京银行镇江分行战略合作协议文本；审议了《句容市服务外包产业发展规划（2021—2025 年）》；听取了关于设立进口冷链食品集中监管仓工作情况汇报。（政府办）

【全市招商工作部署会】 3 月 4 日，句容市召开 2020 年全市招商工作部署会，市长周必松出席会议并对 2020 年全市招商引资工作进行部署。他要求，要强化“双招双引”，打造宁镇扬同城化的战略性新兴产业基地；全市上下要全力以赴完成镇江市 2020 年招商引资招才引智的任务；通过“双招双引”，形成句容战略性新兴产业集群；积极打造成南京都市圈、宁镇扬同城化的战略性新兴产业基地。（政府办）

第十六届人民政府第 41 次常务会议

【“双招双引”专题培训会】 4 月 17 日，句容市召开“双招双引”专题培训会，市长周必松为与会人员作专业化招商专题培训，强调“招商引资、招才引智”是句容实施“产业强市”战略好坏与否的前提和基础，要高度重视招商队伍专业化建设，把招商变成令人向往的工作。（政府办）

重要活动

【句容新希望 15 万头生猪养殖项目开工】 5 月 29 日，新希望六和农牧有限公司句容 15 万头生猪养殖项目举行开工仪式。市长周必松表示，将全力打造诚信、法治的亲商重商爱商环境，主动服务、诚信服务、靠前服务，确保项目早建成、早投产、早达效。同时，他希望，新希望六和公司既要守牢生态和安全的红线底线，将项目建成生态农业、循环农业的示范基地，也要发挥农业龙头企业的辐射带动效应，为句容市农业产业结构优化、农民增收致富做出积极贡献。该项目是 2020 年江苏省生猪养殖重点项目，也是 4 月 28 日镇江市产业强市大会后开工建设的最大农业项目，是“融入南京、接力镇江”的菜篮子工程之一。该项目选址后白镇、天王镇，总占地面积 885 亩，计划总投资 7.5 亿元。达产后存栏生猪 7.2 万头，年出栏生猪 15 万头。（政府办）

【全省“万企联万村共走振兴路”行动现场推进会】 11 月 25 日，全省“万企联万村共走振兴路”行动现场推进会在句容市召开。省委副书记任振鹤出席会议并讲话。会上观看了专题宣传片，宣读了江苏省银行业协会倡议书，4 家金融机构和12家企业签订合作协议，举行“万企联万村共走振兴路”服务平台开通仪式，苏州市、盐城市、南京市溧水区、泰兴市、泗阳县、江苏恒顺集团、金浦投资控股集团、徐薯薯业科技有限公司作交流发言。（政府办）

【全国草莓精品擂台赛】 12月21日，全国草莓精品擂台赛在句容市举行。来自全国各地50多个品种、640份草莓样品参加评审。其中句容市共有21家草莓种植户、25个草莓品种参与比赛。比赛最终评选出精品草莓特等奖10名、金奖10名。其中句容市白兔镇纪荣喜家庭农场、白兔镇樊忠家庭农场的参赛样品获特等奖；白兔镇柏生草莓专业合作社、白兔镇笪小华家庭农场的参赛样品获金奖。（政府办）

机关服务工作

【概况】 2020年，句容市机关服务中心树立优质服务理念，不断增强服务意识。响应落实市委、市政府新型冠状肺炎疫情防控工作要求，按照职责分工，落实落细防控措施，为全市机关防控工作提供基本遵循。完善各项制度，形成严密的网络，推动各项工作。深入开展“节能宣传周”活动，并将反对餐饮浪费作为重要宣传内容，进一步提高广大干部职工的节约意识。与国家电网江苏省综合能源服务有限公司正式签订市行政服务中心能源托管合同，通过节能技改，每年可节省电量约64万千瓦时，相当于每年减少标准煤79吨，减少二氧化碳排放213吨，减少二氧化硫排放0.68吨。与江苏中鑫富能能源管理有限公司签订售电合同，每年节约经费约30万元。加强公车管理，共审核更新公务用车26辆，公开拍卖22辆，全年出车2000余次，行车50万千米安全无事故。做好食品采购索证、验证、招标、蔬菜的检验留样等工作，确保用餐安全。全年共为894次会议活动提供会务保障，与会人员达24422余人次。协助公安、信访等部门做好维稳工作，全年共协助接待大小信访、上访65批次，人数4570余人次。维护设备正常运转，全年累计维修3100余次，共更换灯具设备等4037余只。（沈方敏　沈柳梦）

12月21日，全国草莓精品擂台赛在句容市举行

政务服务

【概况】 2020年，句容市行政审批局落实国家、省市“放管服”改革任务要求，打造一流营商环境，纵深推进句容“一福地四名城”建设。优化政务服务，扩大公共服务的惠及面。打造公正规范交易，提高公共资源交易的效率。1月，省政府办公厅刊发的《江苏政务督查》专报将句容市优化营商环境、深化“放管服”的做法作为典型经验在全省范围内进行了推广；6月，句容市2019年度“放管服”改革工作被省政府办公厅发文通报表扬。（行政审批局）

【优化营商环境】 2020年，句容市在市场准入领域，推行企业设立全程电子化，加强政银合作，组建专业代办队伍，全年累计代办企业设立1528件；推出101个高频事项“一件事一次办”，推广企业开办“全链通”平台；推出新办企业刻制公章政府补贴服务。全年为728家新开办企业提供14.56万元的补贴，年内全市1个工作日内完成企业开办的占比51.79%，3个工作日内办结不动产权证的占比99.9%，30个工作

日内领取工业企业项目施工许可证的占比100%。在不动产登记领域，利用自助缴费机实现涉费项目自助缴纳、自助打票；推广“二手房转移+抵押”登记并办业务；取消二手房买卖合同、完税凭证等材料的收取，提交材料由4件缩减至1件；开通不动产司法查控专线，提供微信公众号网上预约登记服务；在全市开设23家便民服务点；开通“二手房+水电气、广电网络”同步过户服务；推进“交房交地即发证”工作。在投资建设领域，推进工程建设项目审批制度改革，在市政务大厅设立工程审批综合受理服务区和市政报装服务区，将项目建设全流程审批和市政报装集中到大厅办理；将项目建设全流程审批事项划分立项用地，建设许可、施工许可和竣工验收四个审批工作阶段，承诺最长项目审批用时不超过59个工作日。

（行政审批局）

【公共服务】 2020年，市行政审批局推进基层政务服务“标准化”建设，对接镇江市政务服务一体化平台，打造市、镇、村三级互联互通的大系统“一网通办”。指导各镇（街道、管委会）将原基层综治、信访、司法、民政、人社等职能纳入为民服务中心，对市级层面下放的65个新审批服务事项，采取设立综合窗口的方式进行“一窗通办”，打造前台统一受理、后台分类审批、统一窗口出件的基层政务服务模式。开通疫情“绿色通道”、开设“苏政50条”专窗，帮助企业共克疫情时艰。在妇保院、华阳镇试点办理新生儿相关证件“一件事一次办”，并将试点范围扩大至政务服务中心公安窗口。完成江苏政务服务网权利清单编制工作，编制权利清单1813条，可网办事项达100%；依托句容市“一张网”平台，将数据录入平台生成电子证照，有效推进“减证明、减材料”。全年累计受理各类行政许可和服务事项269265件，办结率100%。（行政审批局）

【公共资源交易】 2020年，市公共资源交易中心完成公共资源交易项目359个，交易额112.7亿元。开展句容本地远程异地评标42个，配合省内其他地区远程评标192个。正式推行货物类、服务类与物业类等项目的招标文件模板，简化招标文件的制作流程，缩短制作时间。落实政府采购项目免收保证金政策，全年政府采购科减免投标保证金超800万元。推进“鸿雁不见面开标室”建设，全过程透明化管理，全流程电子化交易，累计共为句容茅山高速、梅花小区北片改造出新工程等119个项目进行“不见面”开标。

（行政审批局）

【政府服务热线】 2020年，市行政审批局梳理政府服务热线工作流程，对在岗人员每月进行业务知识培训考试，提升话务员队伍的整体素质水平。通过催办、督办、通报和综合考评等措施对成员单位进行考核，进一步规范热线的建设、运行和管理。启用“一企来”企业服务专线，专业精准解答企业提出的证照办理、税收服务、优惠政策等问题。全年共接听群众来电100667个，派发工单44978件，及时办结率99.9%，满意率99.8%。

（行政审批局）

政协句容市委员会

责任编校：徐彬彬

综述

【概况】　2020年，句容市政协落实市委十二届八次、九次全会各项部署要求，精准定位谋全局、服务发展强担当、凝心聚力谱新篇，团结带领各党派团体和广大政协委员，做到目标同向、事业同心、工作同步，积极为建设“强富美高”新句容、取得疫情防控和经济社会发展“双胜利”贡献智慧和力量。年内，举办市政协委员培训班，系统学习政协理论和业务知识，并以界别和小组为单位，定期开展活动交流，教育引导委员“懂政协、会协商、善议政”，切实提升委员的综合素养和参政水平。健全市政协党组成员联系界别、中共党员委员联系非中共党员委员制度，开展教育、文体、医卫、民族宗教等界别活动30余次，深入解各界心声、协调解决实际问题，持续加强党内外、界别间的沟通联动。引导基层政协联络委组整合资源、延伸触角，全力争当“助发展、解民忧、保稳定”的履职先锋。鼓励界别组广泛深入调研协商、及时传递各界呼声，发挥在助推改革、服务群众、凝聚人心等方面的独特优势和重要作用。

（张明中　刘　浩）

1月3—5日，句容市召开市政协十届四次会议

重要会议

【市政协十届四次会议】　2020年1月3—5日，市政协十届四次会议召开。会议听取并审议政协常委会工作报告和提案工作情况的报告；听取委员大会发言；列席市十六届人大四次会议，听取并讨论《政府工作报告》和其他报告；会议听取并通过提案审查报告；通过《政协句容市第十届委员会第四次会议决议》。

（张明中　刘　浩）

【市政协常委会】　2020年1月5日，召开市政协十届十七次常委会议。会议听取2019年度全市纪检监察工作情况。审议市政协十届四次会议决议（草案）和提案审查报告（草案）。

2020年4月3日，召开市政协十届十八次常委会议，会议以

“激发农业企业发展新动能，推动乡村振兴高质量”为主题，推动农业产业化高质量发展，发挥好龙头企业在实施乡村振兴战略中的重要作用。会议视察新顺福食品、苏南药业、华桑食品科技有限公司等农业龙头企业。会议传达镇江市政协召开的“垃圾分类从我做起——政协委员在行动”委员主题活动动员会会议精神。

2020 年 8 月 31 日，召开市政协十届十九次常委会议。会议听取市政府上半年经济社会发展情况通报和市政协十届四次全会以来提案办理情况通报。会议审议通过人事任免事项。

2020 年 11 月 12 日，召开市政协十届二十次常委会议，专题视察全市重点民生工程建设情况。会议视察葛仙湖公园提升改造工程、长江引水暨城区水厂和下蜀水厂项目建设现场。听取住建局、教育局、句投集团等部门相关情况汇报，委员们围绕全市民生实事相关情况进行交流发言。

2021 年 1 月 5 日，召开市政协十届二十一次常委会议。会议传达市委全会精神。审议并通过《关于召开市政协十届五次会议的决定》。确定召开市政协十届五次会议有关事宜；部署政协全会期间疫情防控相关事宜。部分政协常委进行述职。

（张明中　刘　浩）

【市政协主席会】　2019 年 12 月 13 日，召开市政协十届二十四次主席会议。会议讨论政协常委会报告和提案工作报告。讨论表彰方案。会议讨论其他事项。

2020 年 4 月 3 日，召开市政协十届二十五次主席会议。会议审议市政协十届十八次常委会议建议方案；审议政协人事调整建议方案；审议市政协民主评议方案（草案）。

2020 年 5 月 22 日，召开市政协十届二十六次主席会议。会议贯彻学习省委全会、镇江市委全会和句容市委全会精神；开展治理体系和治理能力现代化专题学习；会议进行交流发言。

2020 年 6 月 23 日，召开市政协十届二十七次主席会议。会议学习两会精神；学习《民法典》和《国安法》；会议开展专题学习和研讨交流。

2020 年 7 月 21 日，召开市政协十届二十八次主席会议。会议讨论政协近期工作安排；讨论人事调整建议方案。

2020 年 8 月 21 日，召开市政协十届二十九次主席会议。会议学习《关于建立市委巡察整改“四责协同”机制的实施意见（试行）的通知》；会议研究市政协十届十九次常委会议有关事项；讨论爱心助学活动及文明城市创建布置。

2020 年 9 月 29 日，召开市政协十届三十次主席会议。会议视察抽水蓄能电站、边城镇医养中心并听取相关单位工作情况汇报。

2020 年 11 月 10 日，召开市政协十届三十一次主席会议。会议讨论民生重点工程等相关事宜。讨论《关于民主评议预算绩效管理工作情况的报告》《关于民主评议城市精细化管理工作的报告》和《市政协十届二十次常委会议方案》。　　（张明中　刘　浩）

11 月 12 日，市政协召开十届二十次常委会议，视察全市重点民生工程建设情况

议政协商

【概况】　2020 年，市政协紧扣高质量发展主线和高水平全面建成小康社会目标，积极参政议政、深入协商资政，用实干担当凝聚起智慧和力量。

年内，市政协邀请部分金融机构、企业代表等经济界人士交流座谈，精选银企对接、金融生态等课题视察调研，召开民营企业服务月推进会，助力全市营商环境全省排名提档进位。政协领导挂钩联系重点企业、重大项目，进一步加强协调服务、化解瓶颈制约，为句容打造创新创业新高地、提升城市综合竞争力造势鼓劲。专题视察葛仙湖公园景观提升和长江引水暨城区、下蜀水厂建设工程，听取市教育局、住建局、句投集团相关民生情况汇报和部分委员建言，从处理好“经济发展与民生改善、全民共享与政策特惠、量力而行与尽力而为、增加投入与深化改革”等方面建言献策。疫情期间，围绕激发农业企业发展新动能，集中视察苏南药业、新顺福食品等企业，从创新体制机制、释放农业产业活力，抢抓政策机遇、壮大龙头企业阵营，实现产业融合、加速农业企业发展等方面提供助力。围绕长江大保护突出问题整改，开展三级政协专题联动民主监督，重点聚焦水、大气、化工等5个方面，采取专题视察、座谈交流、明察暗访等多种形式，提出合理化意见建议，助推全市打好污染防治攻坚战。呼应市委城市精美工程决策部署，选择城市精细化管理作为民主评议课题，坚持边评、边查、边改，深入查找公共环境、基础设施、服务管理等方面短板，助推人居环境和功能品质再上新台阶。立足增强群众幸福感，高度关注医疗卫生、公用事业、实事工程等民生焦点，主席会议专题视察边城镇抽水蓄能电站、医养中心等项目，依托多种建言渠道提出加大服务力度、充实专业队伍、体制机制转型等针对性建议。（张明中　刘　浩）

【建言献策】　2020年，市政协通过现场察看、座谈协商，并学习借鉴昆山等地成功做法，对宁句城际和南沿江高铁轨道建设、运行管理体制等方面提出前瞻性意见建议。围绕基础设施配套完善，提出《关于实施华阳北路（122省道至宝华山路段）道路绿化的建议》《关于尽快打通西部干线黄梅段的建议》等社情民意。专题视察葛仙湖公园景观提升和长江引水暨城区、下蜀水厂建设工程，听取市教育局、住建局、句投集团相关民生情况汇报和部分委员建言，从处理好“经济发展与民生改善、全民共享与政策特惠、量力而行与尽力而为、增加投入与深化改革”等方面建言献策。围绕激发农业企业发展新动能，集中视察苏南药业、新顺福食品等企业，从创新体制机制、释放农业产业活力，抢抓政策机遇、壮大龙头企业阵营，实现产业融合、加速农业企业发展等方面提供支持。围绕长江大保护突出问题整改，开展三级政协专题联动民主监督，重点聚焦水、大气、化工等5个方面，采取专题视察、座谈交流、明察暗访等多种形式，提出合理化意见建议。积极呼应市委城市精美工程决策部署，选择城市精细化管理作为民主评议课题，坚持边评、边查、边改，深入查找公共环境、基础设施、服务管理等方面短板，有力助推人居环境和功能品质再上新台阶。（张明中　刘　浩）

5月9日，镇江市协商议事室建设推进会暨市区政协主席座谈会在句容市召开

【民主监督】　2020年，市政协与市政府联合举办政情通报会，为委员知情明政提供渠道。经常邀请各党派团体和政协委员参加参政议政活动，进一步提高社会各界对政情、市情的关注度、知晓度、参与度。围绕推进基层治理体系与治理能力现代化、法治建设等，组织政协委员与政府部

门开展专题协商，为党政部门推进工作、科学决策提供智力支持和民意支撑。专项评议“财政资金绩效管理”工作，通过专题视察、互动协商、问卷调查、民主测评等形式，形成21项具体建议，促进财政资金使用效率进一步提高。针对安全生产专项整治、乡镇（街道、园区）安全生产领域行政处罚权限等重点工作，选派政协委员和机关干部参与监督，提出合理化意见建议。始终将调查研究贯穿于政协履职全过程，精选《补齐发展短板，提升中医药服务能力》《打造智慧农业，推动现代农业高质量发展》等调研课题，深入基层一线摸实情、听意见，提出对策建议27条。

（张明中　刘　浩）

11月13日，全国政协副主席、民进中央常务副主席刘新成率团到句容市考察

【提案工作】　2020年，全市政协委员紧紧围绕市委、市政府中心工作和人民群众普遍关心的热点难点问题，深入调查研究，积极建言献策，共提出提案201件，经审查，立案165件，并案36件，立案率82.1%，其中10件确定为重点提案。截至6月底，提案已全部办结，委员对提案办理的满意及基本满意率达100%（其中满意156件，占比94.5%，基本满意9件，占比5.5%）；已经解决或本年度已有明确工作方案的提案93件；所提问题列入今后逐步解决的66件；因条件限制或其他原因有待今后解决的6件。提案中的许多建议被市委、市政府和有关部门吸收采纳，为推动句容“一福地四名城”建设，促进全市高质量发展和改善民生等方面发挥积极作用。年内，市政协充分发挥桥梁纽带作用，为提案人和承办单位加强沟通协商提供服务。注重牵头抓总，针对涉及面广、多部门联合办理的提案，提案委要求主办单位充分发挥牵头部门职能，加强与协办单位的联系沟通，共同研究提案落实的具体措施和办法。着力制度建设，制定下发《提案立案审查办法》《重点提案遴选及督办办法》，从提案立案、审查、遴选、督办等方面，对提案质量进行全面把关。加强宣传引导，利用电视、广播、报刊、网络等多种媒体，大力宣传提案成效，不断扩大提案工作的社会影响。（张明中　刘　浩）

【社情民意反映】　2020年，市政协加强社情民意渠道畅通。创设《政协专报》，全年编报社情民意信息12期，《科学种养草坪》《针对弱势群体完善公交线路》等建议得到市委、市政府领导的重视签批，对社情民意办理落实情况开展常态化专项督查与通报，一批群众关心、社会关注的问题得到及时、有效解决。参政建言质量提高。为各民主党派、工商联、无党派人士开展履职活动创造条件、提供保障，组织各党派团体和委组发挥专业优势、加强整体联动、深入研判分析，形成集体和联名提案26件、参政议政材料45篇。在全省政协工作经验交流会上作主题发言，《新华日报》予以全文刊登。全年“学习强国”、《人民政协报》《新华日报》等媒体平台刊登市政协工作报道70余篇次。

（张明中　刘　浩）

【文史工作】　2020年，市政协深入挖掘和弘扬本土历史文化，编撰出版42万余字的文史资料《句容历史记忆》，全面展现句容市2000多年的人文底蕴；做好存史资政、团结育人工作，推动文史工作实现高质量发展。助推文

化事业发展，“福地名城杯”书画作品展开展，共收到美术、书法类作品近 300 件，以生动的笔墨绘就全市决战决胜全面小康的华丽篇章。相关委员提出的“对大运河句容运道进行考古调查和遗址规划保护”“促进我市民间文艺团体健康发展”等提案均得到相关部门办复，为挖掘句容市文化资源、助推文旅深度融合发挥积极作用。（张明中　刘　浩）

5 月 21 日，省政协副主席周继业带领部分少数民族界、宗教界委员到句容，专题调研句容市第五届国际道教论坛筹备工作

中共句容市纪律检查委员会 句容市监察委员会

责任编校：徐彬彬

综　述

【概况】　2020年，句容市各级纪检监察组织在上级纪委监委和市委的坚强领导下，自觉扛起"两个维护"政治责任，知责担当、知难而进。年内，市纪委监委获全省纪检监察信访举报工作一等奖。全市全面从严治党群众满意度连续三年稳步提升，达到94.7%。　(市纪委)

政治监督

【概况】　2020年，全市纪检监察干部始终心怀"国之大者"，在大战大考中忠诚履职尽责，坚决护航稳定发展，展现铁军担当。

(市纪委)

【"六稳""六保"落实】　2020年，坚持吃劲不松劲，紧跟疫情形势，扎实有效监督，督促做好"六稳"工作、落实"六保"任务，坚决稳态势、防反弹。全年推动整改问题569个，有力保障句容市"三零"成果。(市纪委)

【"阳光扶贫"监管】　2020年，深化运用"阳光扶贫"监管系统，开展脱贫结果"回头看"、"四不摘"政策落实问题"大起底"，压实工作责任，约谈党委（党组）主要负责人6人次，查处扶贫领域腐败和作风问题37起42人，推动句容市脱贫攻坚圆满收官。

(市纪委)

【"两个责任"落实】　2020年，协助市委制定"两个责任"清单，分解37项具体任务，请党组织主要负责人谈话占比达69.93%，对履责不力的80名干部、4个党组织进行问责处理。做好党风廉政审核把关工作，对49批3227人次进行审核回复。完成领导干部廉政档案入库工作，全年查询80余人次。协助市委建立政治生态工作联席会议制度，每季度调度推进相关指标，护航清朗政治生态。

(市纪委)

群众身边腐败和作风问题整治

【概况】　2020年，始终坚持以人民为中心，持续深化"三治理一挂牌"专项行动，靶向整治群众反映强烈问题，查处群众身边腐败和不正之风120起144人。全市纪检监察组织接收信访举报同比下降28.7%，群众获得感、幸福感、安全感不断增强。

(市纪委)

【"四风"纠治】　2020年，锲而不舍落实中央八项规定精神，切实为基层真减负、减真负，全年查处形式主义、官僚主义问题30起62人；紧盯重要时间节点，开展违规吃喝、餐饮浪费、公车私用等专项治理，共计查处享乐主义、奢靡之风29起39人，新风正气更加充盈。

【营商环境专项整治】　2020年，以"指定"涉企中介服务机构专项整治为“小切口”，严肃查处破坏营商环境问题12起24人，建立营商环境服务满意度“红黑榜”制度，推动涉企收费项目大幅“瘦身”。（市纪委）

【安全生产专项整治】 2020年，监督推进安全生产专项整治，督促开好“一年小灶”“三年大灶”，突出违法违规“小化工”问题整治重点，严肃查处背后官商勾结、失职失责等问题18人次。坚决打好扫黑除恶“打伞破网”收官战，深挖彻查了倪俊、王建龙等涉黑涉恶腐败和“保护伞”11人，受到全国扫黑办特派督导组充分肯定。（市纪委）

【基层治理】 2020年，紧盯农村乱占耕地建房问题开展专项整治，深究背后漠视侵害群众利益行为，严防边制止、边建设现象，严肃查处13人。深化村级小微权力清单制度，促进基层权力运行规范化。（市纪委）

6月8日，句容市召开“三治理一挂牌”专项行动部署会

十二届市委第九轮巡察期间，市委巡察组深入田间地头，走访了解相关情况

巡察工作

【概况】 2020年，坚持巡视巡察工作方针，深入查找政治偏差，彰显“利剑”作用，完成本届市委任期内巡察全覆盖。（市纪委）

【政治体检工作】 2020年，全年完成3轮对23个市直部门和1个镇所辖村（社区）的巡察工作，共发现问题466个，移交问题线索17件。将“六保”任务、安全生产情况纳入巡察重点，编制《市委安全生产（专项）巡察资料汇编》，确保有章可循。（市纪委）

【巡察整改】 2020年，建立巡察整改“四责协同”机制，打造“明责、履责、督责、问责”工作闭环，层层压实整改责任。用好“巡后回访”制度，对部分被巡村（社区）进行回访和专题调研。开展巡后督查，对已被巡察的18个单位整改落实情况进行专项督查，制发督查通报，推动问题改到位、改彻底。结合被巡察党组织反馈报告，认真开展巡察综合评估工作，量身定制评价表，从执行民主集中制、中央八项规定精神等8个方面，定格“画像”，为科学决策提供参考。（市纪委）

监督工作

【概况】　2020年，持续深化纪检监察体制改革，不断健全制度、完善机制、创新方法，以改革的高质量推动纪检监察工作的高质量。（市纪委）

【领导体制规范】　2020年，严格执行“两为主一报告”“三为主一报告”制度，规范线索管理、审查调查、处分处置等环节流程。分4个层面优化高质量考核办法，鼓励比学赶超、争先进位。建立“一机构一课题”模式，各级纪检监察组织与委机关上下联动，分层分类集中解决一批焦点问题，取得良好效果。（市纪委）

【四项监督】　2020年，纪律监督宽严相济，运用“四种形态”处理604人次，第一、二种形态占比93.2%，最大程度帮助、教育、挽救干部。监察监督下沉一线，监察员办公室与镇级纪委紧密协作，开展专项监督132次，立案69件。巡察监督系统集成，探索建立“四联”工作机制，不断加强巡察机构与纪检监察机关对接协作。派驻监督有的放矢，将“探头”嵌入驻在单位业务流程，主动发现问题线索131件，立案39件。各级纪检监察组织紧盯“关键少数”，推动同级监督制度化常态化。（市纪委）

【纪检监察体制改革】　2020年，稳妥有序推动市属企事业单位纪检监察体制改革，打通监察员办公室与委机关干部流动通道。监察员办公室工作经验做法入选全省典型案例。（市纪委）

12月4日，句容市纪委监委开展人防领域问题整改台账督查工作

反腐工作

【概况】　2020年，牢牢把握“严”的主基调，惩、治、防同向同步同时发力，反腐败斗争压倒性胜利不断巩固发展。（市纪委）

【腐败惩治】　2020年，全市共立案284件，其中科级干部26人，给予党纪政务处分231人，采取留置措施15人，移送检察机关10人，挽回直接经济损失1581万元，严肃查处王玉林、杨瑞等一批严重违纪违法的党员领导干部，同步推进减存量、遏增量、提质量。注重将思想政治工作贯穿办案始终，坚持震慑与感召并举，让被审查调查对象知错认错悔错。全年查处诬告陷害案2件，为9名干部澄清正名，取得较好的政治效果、纪法效果和社会效果。（市纪委）

【权力运行规范】　2020年，结合日常监督、专项监督、审查调查中发现的突出问题和普遍性问题，坚持查改一体，加强“一案一分析”，有针对性地提出纪检监察建议45份，推动制度建设，规范权力运行。（市纪委）

【廉政教育】　2020年，摄制警示教育片《贪欲歧途》，协助市委召开警示教育大会，以“身边事”警示“身边人”。全年开展54人次受处分干部回访教育工作，帮助“出错”干部放下包袱、轻装前行。创作“句小纪、句小宣”系列微动画，生动传递廉洁声音。年内《做活资源优势，构筑句容特色廉洁文化高地》短视频获全省廉洁文化实践探索十佳成果奖。（市纪委）

群众团体

责任编校：陈龙浩

句容市总工会

【概况】 2020年，句容市各级工会围绕句容市夺取“双胜利”和“六稳”“六保”各项目标任务，努力克服新冠疫情带来的影响，及时调整工作着力点和应对措施，压实责任、形成合力，各项工作取得新进展新成绩。疫情期间，广泛宣传复工复产政策和防控举措，组织开展“劳模工匠进校园 思政教师进企业”活动。筹集专项慰问资金、物资共计18万余元，慰问句容市奋战在疫情一线的、支援湖北的医务工作者及家属，人民警察，结对帮扶村一线疫情防控志愿者。明确疫情影响下工会经费缴纳政策，对小微企业的工会经费实行全额返还。年内，举行庆“五一”表彰暨工会工作会议，会上授予10个先进单位句容市“五一劳动奖状”称号，授予20位先进个人句容市“五一劳动奖章”称号，授予15个先进集体句容市“工人先锋号”称号，推荐镇江市劳动模范30人，全国劳动模范1人。

（市总工会）

8月4日，市总工会开展“送清凉”慰问一线职工活动

【产业工人队伍建设改革】 2020年，市总工会统筹联动推进产业工人队伍建设改革，召开产改暨试点工作部署会，确定4家镇江市级试点培育单位，4家本市级试点培育单位。组织全市50余名责任单位、工会骨干参加产改工作培训，提高业务能力。组织职工在2019年度大中型水库移民后期扶持基金项目玉晨村、茅山镇何庄村“美丽库区幸福家园”“后白镇张庙茶香苑安置房三期”项目中开展重点工程劳动竞赛。联合人社等部门，全年组织开展建筑施工技能、家庭医生团队感控技能、保育员职业技能、育婴师职业技能四场技能比赛。

（市总工会）

【乡村振兴工作】 2020年，市总工会在疫情最紧张、大棚草莓上市最高峰的时候，发动各级工会组织和社会各界帮助莓农解决滞销，助销草莓1万余箱，实现销售收入80多万元。组织开展全市职工乡村游活动，开辟六条乡村游专线，同时开展消费助农活动，组织农业劳模参加镇江农副产品销售。全年新建劳模创新工作室4家、劳模团队创新工作室1家，建立后白悠品劳模创新工作室联盟。开展五场“劳模传帮带”活动，组织白兔草莓、郭庄渔业、后白悠品、丁庄葡萄劳模创新工作室联盟的劳模们，为400余名农户提供种植、养殖技术指导。

（市总工会）

【职工帮扶工作】 2020年，市总工会开展“送温暖”慰问活动，为451名困难职工送去慰问金45.4万元；专场慰问一线环卫工人100名，送去慰问金、物资共计8万元。配合省总第三方评估机构完成60户城市困难职工解困脱困工作成效评估抽查，截至2020年年底脱困22户，注销户13户，有在档困难职工46人。联合发改委、交通部门为46名特困职工解决免费乘坐公交车事宜；联合城管、慈善部门为城区800多名一线环卫工人免费办理大病互助保障。培树创业示范基地3家，创业先进个人5名。组织80名2020年“五一”奖获得者、优秀职工参加疗休养活动。开展“互助携手·守护健康”送健康讲座进基层活动3场，共为81名参保职工发放慰问金78.1万元。

（市总工会）

【和谐劳动关系构建】 2020年，市总工会强化工会劳动保护工作，举办工会劳动保护监督检查员培训，为42名企业安全负责员发放证书。开展送清凉、送安全、送法律夏季“三送”走访慰问活动，发放防暑降温用品2000余份。走进基层工会开展“送法普法进企业，复工复产促和谐”活动，为职工发放各类法律宣传读物200余份。开展疫情影响职工心理咨询、组织工会法律援助律师团为职工解答劳资纠纷、社会保险等问题。

（市总工会）

共青团句容市委员会

【概况】 2020年，句容市团市委强化青年思想引领，着力构建多维度、多层次的思想引领矩阵；推动从严治团向基层延伸，落实各领域团支部基本工作制度，激发基层团组织活力；解决青年面临的痛点、难点、堵点问题。疫情防控方面，动员团员青年投身疫情防控，全市各级团组织累计招募1200多名青年志愿者参与城乡基层防控、应急服务保障、复工复产等工作。组织开展“向最美逆行者致敬”活动，2人被评为团省委“向最美逆行者致敬”活动优秀志愿者。助力文明城市创建方面，在全市窗口单位开展“青年文明号”创建活动，3年共创成省级青年文明号2家、镇江市级15家。依托“青年之家”常态化开展社会主义核心价值观宣传教育、文明礼仪养成等活动。重大活动服务保障方面，深化“句小志”志愿服务品牌，依托第五届国际道教论坛青年志愿者队伍，组织各单位青年志愿者200多人，完成中道协第十次全国代表会议、第19届中国（句容）草莓文化旅游节服务保障工作。2020年，团市委获2020年度江苏希望工程“圆梦行动”15周年优秀组织奖；成为江苏“青马工程”省级试点单位、2020年希望工程“梦想小屋”改造项目

“句小志”志愿服务队为中国（句容）草莓文化旅游节提供服务保障

省级试点单位。（丁　超）

【青年教育工作】　2020年，团市委会同市委组织部打造“容城·青论坛”品牌项目，举办“绽放战疫青春，坚定制度自信”、产业强市等主题活动，搭建青年干部学习提高、交流共享的互动平台。推进团省委“青马工程”试点工作，选拔33名优秀农村青年、青年企业家开设“青马工程”农村班、企业班。全市共建成青年学习社17家，年内创成省级青年学习社1家。常态化推动“青年大学习”网上主题团课学习，累计参学约60万人次举办第七届句容市“十佳青年”评选活动，评选表彰优秀青年典型。全年全市3人获评“江苏省好青年”。（丁　超）

【青年组织工作】　2020年，团市委对全市团支部开展星级评定，强化低星团支部整改。面向已建党组织企业、青企协会员企业、创新创业型企业、工业集中区企业四类对象，加大团组织建设力度，全年新增非公有制企业团组织285家。开展“推优入党、推优入库”工作，挖掘培育身边的好青年，着眼村（社区）两委换届青年干部梯次配备需求，按照创新创业、匠人匠心等分类建库，入库青年220名。建立团干部信息库，规范基层团干部任免程序，及时向各级党委反馈团干部履职表现。加强基层团干部业务培训，完善团干部考核评价机制。指导各学校结合实际完善实施细则和评分标准，推优产生入团积极分子和团的发展对象，严把团员入口关。推动青年社会组织团建，建立青年社会组织创新孵化基地，对青年社会组织进行分类指导，引导其专业化发展。（丁　超）

【青年服务工作】　2020年，团市委配合组织、人社等部门开展2020年句容市“福地青年英才”创业大赛，推进“校地联盟”“青年人才高校行”等活动，共计吸引创业项目457个。举办第八季“回乡看发展，梦是故乡圆”暨句容籍大学生暑期双选会，吸引39家企事业单位、200余名大学生参加。实施“新农菁英贷”项目，累计为40名农村创业青年发放贷款5345万元。承办团省委“新农菁英”服务站建设现场会，全市建成“新农菁英”服务站12个，服务“新农菁英”68名，3人获评全国农村青年致富带头人。举办“青春四进　建功乡村”共青团助农丰收直播节，联合融媒体中心打造“团团直播间”品牌，集中开展农产品直播5场，累计销售额百万元。（丁　超）

句容市开发区“萱草花”志愿者服务行动

句容市妇女联合会

【概况】　2020年，句容市妇联推进妇联改革，组织动员妇女群众共建共治共享。加强家庭建设，关爱妇女儿童，团结引领妇女建功立业，切实维护妇女儿童合法权益。年内获第二届江苏女性融媒体创意大赛优秀组织奖，《架设矩阵宣传　汇聚巾帼力量》入选首批全省妇联优秀融媒体工作案例。全市有乡镇妇联组织12个，城区妇委会48个，村、社区妇联组织176个。（王　莹）

【妇女儿童帮扶工作】　2020年，市妇联联合市文明办、市生态环境局开展文明家庭、最美家庭、绿色家庭评选表彰活动，表彰60

户“最美家庭”。联合市委宣传部、市教育局等开展“三项学习型组织”评比表彰活动，推荐评选表彰60户句容市学习型家庭。年内，王秀燕家庭被评为全国最美家庭，胡祖源、卢丹家庭分别被评为江苏省五好家庭和江苏省最美家庭。开展家庭教育宣教活动，举办13场家庭教育讲座。实施“织爱行动·益童助她”项目，向276名困境儿童、10名“两癌”贫困妇女发放帮扶金及爱心大礼包。实施“音乐种子”“e万行动”“社会妈妈”“语商大爱”等项目，筹集善款167060元，救助儿童222人次。为198名困境单亲贫困母亲建档立册，向150名单亲困境母亲发放慈善帮扶资金。争取镇江市慈善资金，救助57名患癌贫困妇女和16名“两癌”贫困妇女；争取全国妇联“贫困母亲‘两癌’救助专项基金”，救助5名农村贫困“两癌”妇女。开展萱草花志愿者服务活动，招募154名“萱草花”志愿者与94名困境儿童结对帮扶。（王　莹）

【妇女就业创业】 2020年，市妇联挖掘培树先进典型，涌现出一批以省巾帼建功标兵范亚君、长江三角洲民宿女主人联盟副理事长方卫君为代表的优秀女性。束晨阳等4名女企业家入选“镇有一手”电商新业态创业女党员示范岗，汲静、姜娇娇入围省妇联女性直播创业大赛决赛。创成省级巾帼示范电商服务站1个，省级巾帼示范专业合作组织2家，省级巾帼示范精品民宿3家，镇江市级巾帼示范基地10个。创成省级巾帼文明岗1个。打造3家“镇有一手”“田妈妈”田间课堂，组织培训36期2505人次。创成江苏省级“美丽家园”示范点3家。发动15个巾帼文明岗与全市53名建档立卡户及低保家庭患癌妇女和农村贫困“两癌”妇女进行“岗家”结对，为每户家庭赠送优质的无花果苗，提供果树养护服务等技术。组织开展巾帼家政、育婴师职业技能、“巾帼直播带货”等创业实用技术培训。组织开展巾帼家政“四进”活动，全年共培训28场次，参训妇女达1575人次。（王　莹）

【妇女儿童权益保障】 2020年，市妇联联合市司法局在全市选聘7名公益女律师组成“木兰家事”公益律师团，与巾帼维权志愿岗、“康乃馨”婚姻家庭调解室等结对共建。在葛仙社区、梅花社区、马扎里社区开展《中华人民共和国民法典》的普法专题讲座和反家暴宣传服务活动；在后白镇中心小学、边城镇中心幼儿园、陈武中心幼儿园开展“开学第一讲”、防拐骗专题讲座；在江苏华阳管业股份有限公司、天王镇万顺新能源科技有限公司开展反家暴宣传系列活动。新创成3家镇江级社区标准化家事调解室。与检察院、民政局、教育局、公安局等多家单位联合建立侵害未成年人案件强制报告制度，加强对未成年人的全面综合司法保护。召开“平安家庭”创建工作表彰会，表彰10个“平安家庭”创建工作先进集体、示范村（社区）和79户示范户。联合市司法局、市人民法院、市人民检察院等多家单位开展禁毒宣传月主题活动暨禁毒教育宣传进校园专场活动。（王　莹）

句容市科学技术协会

【概况】 2020年，句容市科协围绕“一福地四名城”及乡村振兴战略，团结带领广大科技工作者，全面履行“四服务一加强”工作职能，扎实工作，锐意进取，推动科协各项事业取得新发展。

（科　协）

【科普宣传】 2020年，市科协开展基层科普行动计划，提升基层科普工作的规范化和创新力。全年，推动“句容市应时鲜果电商直播及培训”“茶叶综合科技示范”“丘陵地区葡萄绿色高效技术科普示范”等实施，组织开展培训、讲座、研学活动等60余项（次）。开展“科普社区共建”活动，在红旗社区建设“科普教育站”1个，启用70米科普画廊，举办“消防安全”“居家生活常识”等讲座、咨询活动13场次；推动开展“惠安行动”，在东丰制衣、义台街社区开展安全应急知识宣传，通过设置展板和发放宣传资料等形式广泛宣传安全科普知识。在义台街、梅花等4个社区和图书馆投放科普大屏，建成后白镇夏王村科普E站。建设并推荐句容赤山湖湿地公园为省优秀科普教育基地，镇江启迪数字天下有限公司数字体验馆为省科普教育基地。全市科普教育基地、科普惠农服务站均全年免费开放，接待参观8000人次。

（科　协）

赤山湖湿地公园被推荐为省优秀科普教育基地

【青少年科技教育】 2020年，句容市举办第三十届青少年科技创新大赛作品展，举办第六届中小学生机器人比赛，推进全市中小学科技创新教育。组织参加第十一届全国青少年科学影像节、天文知识网络竞赛活动。组织部分中小学校参加全国青少年人工智能活动，华阳实验小学和省高级中学被评为"全国青少年人工智能活动特色单位"。省句中、宝华小学获评2020年省级综合示范校。（科 协）

【科技服务】 2020年，市科协采取向上级科协"备案制"方式，成立企业科协工作站15家。推进海智计划工作，提升海智基地的服务效能，承办镇江科协组织的海智现场会1场，落地海外工作站2家。主动对接人社局、市农业农村局，合作推进农业科技教育。9月4日，中国国际服务贸易交易会开展，市科协利用5G+全息直播新平台，通过直播连线交易会北京现场，推介句容地区优质特色农产品和特色文化。全年开展抖音带货、淘宝店铺培训20场次，开通抖音账号20个，培训人数210人，通过抖音、淘宝、天猫销售8000多万，受益农户200多户。7月6日，句容市成立全省首家县级交通运输学会、交通运输协会。（科 协）

【科技人才工作】 2020年，市科协开展"全国科技工作者日"系列活动，组织学会秘书长、企业科技专职人员40人到黄梅科技园区考察学习。4人申报参加青年科技人才托举工程，2人申报优秀科技工作者选树工作。组织企业科技工作者参加镇江市企业科技标兵评比，2人入选镇江市十大科技标兵，3人入选镇江市优秀工程师，1人推荐为省级"创新达人"。（科 协）

句容市文学艺术界联合会

【概况】 2020年，市文联围绕中心、强化协调，组织开展了一系列有声势、有影响、有质量的文艺主题活动。加强阵地建设，加强队伍建设，出作品、出人才，促进文艺事业健康繁荣发展。

（王镇容）

【文艺主题活动】 2020年，市文联组织文艺工作者围绕"抗击新冠肺炎疫情"创作出了文学、书画、摄影、视频、音乐、戏曲、民间文艺等各门类反映抗击疫情主题的文艺作品两百余件，编辑"众志成城 抗击疫情"诗歌专辑，出版文苑抗疫专刊《风雅句曲》并在《句容发布》线上展播。举办"小康句容 一福地四名城"美术书法作品展，共收到作品300余幅，通过省级专家评审，最终选出获奖作品20件，入选作品127件。举办第六届摄影艺术展暨"一福地四名城"小康句容摄影展，共收集到作品3267幅（组），从中选出111件代表作品进行展示。开展"乡村文艺播种计划"，按照各镇村艺术需求，选派41名文艺专家、志愿者在全市12个镇（街道、园区）171个村开展涵盖美术、书法、民俗表演、舞蹈、戏曲等各门类艺术指导，形成全市"一镇一民俗"的文艺特色。9月，举行句容市"乡村文艺播种计划"一镇一民俗汇报展演。（王镇容）

【文艺阵地建设】 2020年，市文联在赤山湖国家湿地公园设立文艺采风创作基地，组织广大文艺工作者定期到基地交流学习、潜心创作。以公益讲坛、网络交流等形式不断提高社会书法爱好

市文联"乡村文艺播种计划"走进下蜀镇

者的水平，在多个社区、学校建立书法基地，开展书法进社区、进校园活动。全年举办5场高层次公益讲座活动，为句容文艺爱好者提高文艺鉴赏水平搭建平台。（王镇容）

【文艺队伍建设】 2020年，市文联组织开展线上"丹青只为国家染"主题画展，组织会员到茅山老区、赤山湖风景区、下蜀镇等地写生。年内还组织开展"下蜀之春""访古琅琊"以及"行走句容，品读家乡"等采风活动。（王镇容）

【文艺创作】 2020年，卞瑞、王冠杰加入中国美协，李华、朱国良加入中国书协，汪小兰、崔金昊加入省书协、谷佳加入省美协，新增省音协会员2人，新增省作协会员5人。卞瑞入选2020《艺术百家》江苏省优秀青年美术家提名奖，谭小玉被评为江苏省第二批群众文化"百千万"工程候选名单优秀群文骨干，许能俊被评为江苏省首批群众文化"百千万"工程复核保留名单优秀群文骨干。许能俊、朱国良、周龙俊等人作品入选江苏省抗疫主题美术书法精品展并收藏，汪小兰、崔金昊入选江苏省十二届新人展，朱国良楷书作品获第十四届江苏省"五星工程奖"优秀奖。张建军中国画作品《林泉高致》入选第二届"神圣长白"全国中国画作品展、中国画《雨满栖霞》入选"雨花满天"全国山水画展，卞瑞、徐静作品《故园》入选中国美协主办的"运河画脉 南田风骨——2020恽南田艺术双年展"。马宏峰作品《山高水长远》入选江苏省小康颂美术作品展。王斌、王照萍、张衡、谷佳、徐静等作品入选江苏省第七届新人美术作品展。（王镇容）

句容市残疾人联合会

【概况】 2020年，句容市残联落实中央、省、市决策部署，以疫情防控为底线，以脱贫攻坚、教育就业和康复医疗为抓手，高举高质量发展高线，提升残疾人基本公共服务水平，优化残疾人融入社会环境，不断增进残疾人民生福祉，努力促进残疾人全面发展，实现疫情防控和残疾人事业发展"双胜利"。（王梦竹）

【残疾人康复服务】 2020年，市残联制定《句容市完善残疾儿童康复救助制度实施办法》，进一步推进0—16周岁残疾儿童康复救助工作。转介96名残疾儿童到康复机构接受康复训练，救助金额158万元。深化基层康复示范点工作，完成华阳街道和后白镇两家基层康复示范点改造提升工程，为村（社区）残疾人提供基本康复服务。与市卫健委联合开展残疾人家庭医生签约服务，全年各基层医疗卫生机构累计签约残疾人13493名，签约服务率达90%。（王梦竹）

【残疾人教育就业】 2020年，市残联落实按比例就业补贴奖励政策，全年共为11家企业发放补贴及奖励资金18.18万元。常态化搭建就业招聘平台，帮助49名残疾人实现就业。壮大辅助性就业阵地，补助105.5万元，新建14所村（社区）"残疾人之家"。开展残疾人职业技能培训，30多名残疾人通过培训成为“种植能手”。注重农村特色产业扶持，新建西冯草坪、丁庄葡萄两所扶贫基地。巩固光伏扶贫成效，216户家庭光伏发电平均收入稳定在3000元以上。残疾人教育补贴提标扩面，为28名高等教育阶段残疾学生发放补贴5.4万元，为79名贫困残疾人家庭子女发放补贴11.85万元。完成脱贫攻坚“三进三查”工作。根据省、市残联统一部署，对全市2529名建档立卡残疾人入户排查，对梳理出的1067条问题全部整改到位。　（王梦竹）

【扶残助残工作】　2020年，市残联在第30次“全国助残日”期间，先后开展“家电发放”“上门慰问”“法律讲座”等宣传活动，提升残疾人的幸福感、归属感、安全感，进一步营造“平等、参与、共享”的社会氛围。“国际聋人节”“国际盲人节”期间，开展形式多样残疾人文体活动，丰富广大残疾人的精神生活，助力句容市残疾人事业高质量发展。通过加大“扶智”投入，减轻“扶贫”支出，为残疾人家庭获取“造血”能力提供源生动力。

（王梦竹）

全国助残日期间，市残联开展送家电活动

市红会举行“博爱送万家”物资集中发放活动

句容市红十字会

【概况】　2020年，句容市红十字会面临新冠疫情影响带来的诸多挑战，一方面服务大局为疫情防控等重点工作做出积极贡献，另一方面开拓思路、锐意进取，完成各项职能任务。年内，获得中国红十字会总会报刊宣传先进集体三等奖、抗击新冠肺炎疫情暨红十字应急救护知识竞赛获得单位组织一等奖。　（石　卫）

【救护培训】　2020年，市红会共计开展培训75场，其中普及性培训55场，共计培训11010人；初级救护员培训20场，共计培训963人。以全市各学校为主阵地，将普及性培训纳入到中小学综合实践的常规课程中去。在军训期间，为军训学生开展普及性培训授课。与教育工会协调配合，组织全市各学校教师、家长开展初级救护员培训。开展师资队伍建设，每年举行场次繁多的救护培训，不定期开展教学研究活动，组织师资座谈交流，组织师资们互相旁听课程。鼓励师资参加应急救护竞赛，并为师资参赛创造有利条件、提供相应保障。委托专业性强、授课水平高的师资制作标准课件，统一授课标准。

（石　卫）

【“三献”工作】　2020年，中华骨髓库志愿者登记105人，累计登记入库1574人。遗体捐献新增登记1人，累计登记130人，完成捐献1人，累计捐献11人。组建“生命接力”宣讲团，在全市范围内的学校、机关、企事业单位进行巡回宣讲，开展30余场生命接力宣讲活动。“6·14”无偿献血日前期与句容电视台合作制作无偿献血短视频在网络上推广宣传，在句容各户外宣传电子大屏上滚动播放。制作三献宣传折页，通过在各种活动现场、在救护培训书籍中夹置等方式向市民发放。“5·8”世界红十字日活动周期间，召开生命接力座谈会，邀请“三献”捐献者及其家属参加。　（石　卫）

【人道救助】　春节前后，市红会开展“博爱送万家”等活动走访慰问困难群众，配套救助资金约8万元。与爱心企业合作开展慰问敬老院、走进博爱学校等活动。对口支援蒲城10万元，支持蒲城红会开展爱心捐助活动等。协助乐乐助学团队、百姓互帮网等公益机构在句开展博爱助学活动。全年共计帮助困难群众（不含疫情专项募捐及救助）493人，救助款物总额12.82万元；助困86人，资助金额8.06万元；助医86人，资助金额8.06万元；助困134人，资金金额1.34万元；助学138人，资助金额2.41万元；助残135人，资助金额1.01万元。　（石　卫）

【疫情捐赠】　2020年，市红会共接受疫情防控捐款523491.4元，累计划转支出523491.4元（其中划转句容市防控指挥部40万元，定向武汉123491.4元），及时划转汇缴账户资金，切实在第一时间将资金用于疫情防控。接受疫情防控物资捐赠累计价值约50.6万元，所有物资直接由句容市防控指挥部接收并使用。严格按照《中华人民共和国慈善法》、《中华人民共和国红十字会法》等法律法规开展接受捐赠工作，按照民政部门要求开展公开捐赠备案，及时填报实时数据，每日向句容市指挥部、镇江市红会报告当天工作情况及捐款数据，每天下午5点左右通过微信公众号（后期调整为每月）向社会公布捐赠款物明细，自觉接受社会监督、审计监督。　（石　卫）

中国民主同盟江苏农林学院支部

【概况】　2020年，民盟江苏农林学院支部在思想政治建设、参政议政、组织队伍建设和岗位建功等方面发挥积极作用，为江苏农林职业技术学院的发展和句容市经济发展和社会进步，为和谐社会做出积极的贡献。截至2020年年底，支部有11名盟员，具有正高职称的5人，副高职称6人，在职学院领导1人，学院中层干部3人，队伍结构呈现高知化、年轻化。（刘吉才）

【支部活动】　3—4月，支部围绕疫情防控工作，推进盟组织相关工作和学习活动的开展，就疫情期间如何积极开展线上活动等具体内容进行重点研讨，并于线上开展疫情防控措施及线上教学方法交流会。6月，召开座谈会讨论科技帮扶的合作对象和合作方向，并开展相关调研。8月，组织盟员到句容慢生活生态农业有限公司进行技术指导；8月，组织盟员到句容袁相村、春城、后白等草业基地进行技术指导，并建立长期的电话沟通服务。9月，组织盟员到淮安市开展农村人居生态环境调研，通过现场观摩、召开座谈会等方式，详细了解当地农村的人居生态环境情况，对有关问题进行反馈，为当地生态环境的改善贡献力量。10月，组织盟员参加句容市沼气工程安全运行管理及评价培训，对沼气的日常运行管理、操作技能、安全管理、安全措施进行系统全面的了解，在农户中进行宣传引导和技术指导。10月，召开“不忘合作初心，继续携手前进”主题教育活动集体学习会。（刘吉才）

中国民主同盟句容支部

【概况】　2020年，中国民主同盟句容支部深入开展“活力支部、温馨之家”建设，打造“盟友开讲”社会服务品牌，履行参政议政和民主监督职能，为推动地方经济社会发展、打造“一福地四名城”作更大的贡献。截至2020年年底，民盟句容支部新增盟员3人，总计盟员34人。年内，支部获评“民盟思想政治建设和宣传工作先进基层组织”“盟务工作先进基层组织”；主委苏红获省2020—2021年度社会服务工作先进个人；盟员张震获省2020—2021年度宣传工作先进个人。

（刘吉才）

【支部活动】　2月16日，江苏华菁科技有限公司代表句容支部向句容市政府捐出价值4.6万元的护目镜。4月13日，句容支部到句容市崇明小学文昌校区举办“预防新冠，从改变生活习惯开始”健康主题讲座。4月19日，民盟省中医院支部和省直科技第三支部到句容市开展调研交流。8月27日，支部杨俊霞、韩利、陈慧、张震等盟员参加镇江市民盟“抗疫颂”主题书画摄影诗歌展。9月29日，民盟支部携手文昌校区太阳鸟志愿者和盟员陈继芳医师团队，走进句容逸仙养老院，为老人送健康，送关爱。10月24日，民盟鼓楼医院支部与句容支部手到句容宝华镇义诊并进行盟务交流。（刘吉才）

【参政议政】 2020年，盟员杨俊霞提交《关于推进全民阅读，建设书香句容的建议》《关于611公交线路规划的建议》等人大议案。盟员王群在市政协十届四次会议大会委员发言上作《强化产业园区建设，助推经济加速奔跑》的大会发言；盟员张震、米正英、卞英明、周再兴、聂德华、苏红、王秀英、马羽、赵长健等提出《关于监管本市中小学》《关于全面加强未成年人成长指导中心建设的提案》《关于加强对高空抛物、坠物现象预防与治理的提案》《关于在崇明中学双利桥两侧安装路灯的提案》《关于加强学校体育工作 促进全民健身活动深入开展的提案》《关于建立海绵城市建设激励机制的提案》《关于完善“句容福道”道路标牌等公共服务设施建设的提案》等多份提案。

（刘吉才）

民盟句容支部进社区开展健康讲座

民进句容支部开展送灯谜进校园活动

中国民主促进会句容支部

【概况】 2020年，民进镇江句容支部在民进镇江市委会的领导下，在中共句容市统战部的指导下，以习近平新时代中国特色社会主义思想和中共十九大精神为指导，圆满完成各项工作。年内，副主委王六生先后获得“润博园维也纳国际酒店室内装饰工程”2020年度中国建筑工程装饰奖、“维多利亚综合楼室内装修工程”金山杯等荣誉。肖婷参与研究项目获得江苏农业科技创新类二等奖，夏春来被评为“江苏省教科研先进个人”。疫情期间，会员陈军带领团队研发车辆行人道口核验系统+无接触自助登记系统各1套；支部会员通过各种渠道捐款捐物折合人民币约18300元；会员杨莹以及其组织的七色花义工团捐款10210元。会员陈军被评为“民进江苏省委抗疫工作先进个人”。（刘吉才）

【支部活动】 1月，会员肖婷应邀到天王镇浦溪幼儿园，给小朋友们开展科普讲座。5月，邀请了镇江作家协会副主席、民进镇江文化支部会员陶然，到句容市义台街社区开展“送文化进社区”

活动。6 月 1 日，支部到句容市崇明小学，开展“送灯谜进校园”活动。8 月 12 日，主委裔胜东和会员杨莹应邀到句容市崇明街道义台街社区，开展阅读推广活动。8 月 22 日，民进句容支部号召会员参与连云港灌云县捐书助学活动，共捐赠各类书籍 500 余册。10 月 1 日，民进镇江句容支部协同句容市财政局、句容市职工灯谜协会等联合举办“欢度国庆中秋‘财政杯’预算知识灯谜竞猜”。10 月 24 日，由民进镇江市句容支部主办的“民师大讲堂”公益讲座（第四季）第一场在江苏省句容市高级中学报告厅举行。

（刘吉才）

【参政议政】　两会期间，支部通过政协委员、人大代表共提交提案、建议 30 多件。其中主委裔胜东向句容人大提了《关于在 312 国道宝华山北出口路段增设信号灯建议》《关于重大项目建设多方听证的建议》等 10 件建议（议案），其他会员也纷纷推出一系列提案与建议。年内丁志春被民进中央授予“民进全国履职能力建设先进个人”。

（刘吉才）

中国农工民主党句容支部

【概况】　2019 年 5 月，中国农工民主党句容支部成立。2020 年，中国农工民主党句容支部新增 6 名党员和两名入党积极分子，共有党员 14 名，分布在医疗卫生界、教育界及经济界。其中，近 90% 党员有本科学历，高、中级知识分子占党员总数的近 80%。8 月 9 日，农工党句容支部召开庆祝中国农工民主党成立 90 周年纪念大会。年内，杨慧获江苏省人力资源和社会保障厅、江苏省卫生健康委员会颁发的 2020 年新冠肺炎疫情防控记功奖励；刘丽华获农工党江苏省委表彰“抗击新冠肺炎疫情先进工作者”；刘丽华获农工党江苏省委表彰“先进党员”；王丽在江苏省老龄工作委员会办公室举办的“安康关爱行动”中获“先进个人”称号。

（刘吉才）

农工民主党句容支部庆祝农工党建党 90 周年

【社会服务】　2020 年，新冠疫情期间，农工党句容支部立即响应号召，发挥医药卫生界的优势，投身到疫情防控一线战场及常态化疫情防控的工作中。句容支部主委、句容市人民医院副院长刘丽华是句容市人民医院防控小组副组长之一，主要负责疫情防控药品保障和医技管理，在老院区领导改建了单人份日检测能力达 2000 人份的 PCR 实验室，并带领大家在新院区提前建成日检测能力同样也达 2000 人份的 PCR 试验室，将该实验室作为句容市疫情抗战能力储备实验室。农工党句容支部 10 位党员医护人员全部进驻本市隔离病区参与疑似患者的诊疗。其中党员杨慧在 2 月 10 日到武汉黄石大冶人民医院，战斗在疫情一线，并获“大冶青年五四奖章（防疫专项）”“黄石市荣誉市民”和“大冶市荣誉市民”称号。党员吴边向后白镇政府捐献 5000 只医用口罩用于一线防疫工作。句容支部发挥小组优势，为需要复工复产的企业单位提供健康服务，以实际行动助力复工复产。年内多次开展科普宣传进乡村活动，免费为城区一百多名残疾居民健康体检、义诊和咨询。

（刘吉才）

【参政议政】　2020 年，支部参与农工党专题调研，并提交多篇参政议政稿件，其中柳世香的《关于加强我市独居老人、留守儿童服务体系建设的建议》被省委采用。刘丽华在参加句容市政协十届五次大会发言中提出《紧抓医保改革，力促县域医疗发展》的建议。

（刘吉才）

九三学社句容支社

【概况】 2020年，九三学社句容支社共有社员19名，均具备本科及以上学历，其中博士2名，硕士研究生以上学历7名，正高级专业技术职称2名，副高以上9名，国家注册师2名。社员中，有江苏省“333”科技人才1名，镇江市“169”科技人才2名，句容市“313”科技人才2名。年内，主委林兴芳被九三学社江苏省委评为参政议政先进个人；委员倪卫东被九三学社江苏省委评为思想宣传先进个人。（刘吉才）

【支社活动】 2020年7月1日，为庆祝中国共产党建党99周年，句容市文明办、九三学社句容支社等五家团体和组织在句容启迪数字科技城联合举办书法作品展活动。10月25日，支社主委林兴芳带领社员代表探访慰问句容市部分百岁老人。11月6—8日，支社组织社员到安徽泾县新四军军部旧址开展爱国主义教育活动。

（刘吉才）

【参政议政】 2020年，九三学社句容支社充分发挥全社的人才和科技优势，贯彻实施上级九三的工作部署，围绕市委、市政府中心工作，紧扣社会关注的热点和难点问题，通过省“九三论坛”、重大社情民意和信息报送等方面履职发声。社员赵林平的《加快我省大运河国家文化公园建设》、社员陈一进的《加快推进江苏市域社会治理现代化对策建议》和社员倪卫东《基于句容地区苍术资源现状分析探讨我省道地药材的保护和开发》先后被九三学社江苏省委选用。（刘吉才）

重阳节期间，九三学社句容支社社员慰问句容市部分百岁老人

句容市工商业联合会

【概况】 2020年，市工商联围绕句容“一福地四名城”发展战略，突出自身建设和所属商会改革发展，打造“民营经济人士之家”，为区域民营经济高质量发展贡献力量。年内新增1家团体会员（句容市青年企业家协会）。7月，与茅山风景区管理委员会合作创建江苏省第5个“江苏省民营经济人士理想信念教育基地”，全年各地工商联系统到“基地”开展理想信念教育办班16次。年内，市工商联被江苏省工商联评为2013—2020年“江苏省民营企业调查点工作示范单位”；下蜀镇商会首获全国“四好”商会；后白镇商会、宝华镇商会、茅山景区商会、浙江商会、装饰建材商会、青年企业家协会6家获得江苏省“四好”商会。（祝震宇）

【企业服务】 2020年，市工商联创立教育培训“容商讲坛”“容商论道”服务品牌。4月，开展“句容市部分商务政策解读”“句容市政务服务热线‘12345’简介”“句容营商环境微信公众号解读”3次政策解读分析。6月，联合市场监督管理局举办“安全生产专题讲座”。8月，联合检察院开展“履行检查职责护航民营经济发展专题讲座”。10月，举办“首届商会秘书长培训班”。12月，举办“吹响‘福地美食融农旅’集结号——政企沙龙”活动，邀请12个政府部门代表和省市专家学者，句容市73家餐饮企业参与，就“宁镇扬一体化背景下做大做强句容餐饮”主题进行研讨。建立健全与市检察院沟通联系7

项机制。结合市委统战部“温心暖企六大行动”民营企业服务月活动，建立全市民营经济统战工作协调机制。（祝震宇）

【对外交往】 2020年5月，市工商联带领餐饮商会筹备组到扬中烹饪餐饮行业协会考察学习，组织装饰建材商会到南京栖霞区统战部、工商联开展交流座谈。6月，组织后白镇商会，市华阳街道商会到溧阳先后对溧阳市天目湖商会、溧阳市酒业商会进行实地走访考察。7月，南京市工商联、苏州市吴江区工商联、上海市句容商会筹备委员会、985高校上海校友会联盟到句容市进行友好交流。8月，组织12名企业家到淮安市清江浦区考察调研，与清江浦区工商联（总商会）缔结友好合作商会。9月，带领电子商务协会到南京新媒体产业园参观见学。（祝震宇）

【商会特色工作】 2020年，下蜀镇商会提炼打造“五彩”商会，成立镇江首家镇级人民调解委员会，全年调解涉企纠纷百余起；对接企业诉求，联络相关单位开通下蜀——南京公交车，缓解企业职工通勤压力；推动区域经济联盟。茅山景区商会组织党员及会员代表，依托区域红色资源，开展“红色文化党性教育”活动。后白镇商会突出以商引商，配合镇政府开展“三乡”活动。华阳商会号召会员企业启动“内循环”抱团发展。装饰建材商会开展慰问老兵活动。青年企业家协会开展“青商摇篮”培训，2020年组织2期句容市企业高技能人才训练营人才育成班。（祝震宇）

市工商联开展商会服务讲座

【社会服务】 疫情期间，工商联机关及下属商会第一时间成立志愿服务队，各商会和广大民营企业累计筹集资金100万元，捐赠口罩、酒精、方便面等防疫和生活物资若干。执委企业家投身全市文明城市建设之中，特别是装饰建材商会创新开展诚信街区建设，构筑诚信文化体系。助力乡村振兴战略，经句容市工商联联络，镇江市创业精英联合会与句容李塔村签约联建，开展“会村联建一二三行动”；镇江安徽商会与句容市马梗村签约联建，开展中草药种植示范田项目。推动江苏茅山人家生态农业有限公司与戴庄村联建；江苏山水环境建设集团股份有限公司、后白镇商会联建西冯村草坪种植项目；江苏茅宝葛业有限公司联建城盖村农特产品种植等项目成功签约。创新落实苏陕东西部协作扶贫任务，超额完成苏陕协作对口扶贫指标，累积采购扶贫物资22.95万元。（祝震宇）

句容市无党派人士联谊会

【概况】 2020年，句容市无党派人士联谊会重视思想、政治建设，巩固共同思想政治基础；加强组织建设，做好组织发展和会员教育管理工作；加强制度建设，完善内部管理和监督制度，健全各项工作机制；加强队伍建设，提升会员素质。截至2020年年底有会员112人，其中新发展会员7人；当年1人加入民盟、2人离会。（唐家亮）

【联谊会活动】 2020年，联谊会深入开展“不忘合作初心，继续携手前进”主题教育活动；组织会员参加市委、市政协、市委统战部有关主题报告会；组织20名会员参加市委统战部苏州大学党外干部理想信念教育培训班，市政协与新加坡新华国际教育集团苏州工业园区新汇点教育培训中心委员履职能力素质提升培训班。发起“扶贫帮困、奉献爱心”“同心抗‘疫’、守望相助”活动，募资约14万元，用于扶贫帮困、敬老助学、慰问抗“疫”人员等。与市红十字会联办骨髓捐献科普讲座33场次，慰问9名骨髓捐献者。开展文化进校园、建设全国文明城市大扫除、教师培训等活动10余场次。各联谊小组全年开展敬老助学、关爱老兵、抗“疫”慰问、企业调研、参观村社、教师培训、书法惠民、诗文笔会等活动近30场次。

（唐家亮）

【参政议政】 2020年，联谊会引领、带动会员积极协商议政、参政建言、民主监督，履职尽责。市政协十届四次会议期间，会员委员撰写提案41件，其中3件列为主席办提案，《精细化管理城市，提升城市宜居度》列为大会书面发言材料。周晓杰参与市政协十届十八次常委会议，以“激发农业企业发展新动能，推动乡村振兴高质量”为主题发言。胡永顺参与市政“推进乡村振兴工程”专题协商会议，作题为《打造乡风文明“句容样板”》发言。胡云翔获聘市优化营商环境监督员。谭素平《关于加快发展农村电子商务产业的提案》、刘学武《关于提前规划南沿江城际句容站站前广场的提案》、任金萍《关于精细化管理城市，提升城市宜居度的提案》被市政协十届五次会议表彰为2020年度“优秀提案”。

（唐家亮）

无党派人士联谊会慰问援鄂医疗队员

法 治

责任编校：陈龙浩

综 述

【概况】 2020年，句容市政法系统面对突如其来的疫情和各类风险叠加带来的严峻挑战，围绕中心，服务大局，忠诚履职，担当作为，交出了一份非同寻常的优异答卷，为全市经济社会高质量发展创造了安全稳定的社会环境。全年，政法系统共获集体荣誉78项，136人次受到表彰。其中，市检察院被评为“全国检察宣传先进单位”；市法院被镇江中院授予“集体三等功”；市人民调解委员会被司法部评为“大排查、早调解、护稳定、迎国庆”专项活动先进集体；市看守所第15次被评为全国“一级看守所”；市公安局刑警大队被评为“全省公安机关执法示范所队”；先后涌现出“全国法院办案标兵”李师柯、“全国七五普法中期先进个人”罗建军、“全国检察宣传先进个人”钟海、“全省抗击新冠肺炎疫情先进个人”裔玉诚、“全省政法系统先进工作者”丛培周、“江苏最美抗疫先锋”易善智、“江苏最美巾帼奋斗者”闫晓星、“江苏省三八红旗手”卢丹、“全省检察机关案件管理业务能手”庞云云等一批先进典型。

2020年，全市政法机关先后查处涉疫案件30起、走访群众30余万人次、采集核查信息19万条、化解社会矛盾1700多起，全力保障复工复产，有力筑牢了疫情防控和安全稳定关卡。各级各部门扛起防范化解重大风险责任，全年未发生重大群体性事件。政法委、公安局、司法局以及各地、各部门全力推动风险防控、信访责任制、多元化解等机制落地见效，矛盾纠纷调解后解决率达89.96%，国家和省信访局交办重点攻坚标识案化解率达100%。

（市政法委）

【扫黑除恶】 2020年，句容市新打掉黑社会团伙1个，6名目标逃犯全部缉捕归案，先后出台基层基础、行业监管等机制制度78个，通过全国扫黑办特派督导，整体成效获充分肯定。三年专项斗争期间，全市共摧毁黑社会性质组织、恶势力犯罪集团各2个，破获九类涉恶案件171起，抓获涉黑涉恶犯罪嫌疑人471人，“打财断血”战果3416.71万元，查处“保护伞”和工作推动不力25人，整顿软弱后进村党组织23个，清理不合格村干部19人，扫黑除恶群众评价指数达96.9%。

（市政法委）

【平安建设】 2020年，句容市一体推进打防管控，省测群众安全感指数达98.75%，高于全省平均水平，平安创建群众参与率达31.67%、治安问题有效解决率达66.25%，分列镇江第一、第二位，“升级版技防城”和“雪亮工程”率先通过省级验收。市政法委持续深化人民防线和专项打击，牵头打掉“1040阳光工程”特大有害精神传销团伙1个。公安机关打击违法犯罪，同步推进追赃挽损，命案破案率保持100%，先后侦破公安部督办邪教专案、跨国赌博犯罪案件、省公安厅毒品目标案件各1起，盗窃电动车、电瓶案件发案同比下降

48%。（市政法委）

【社会综合治理】　2020年，句容市瞄准“全要素、高智能、大联动、精细化”发展方向，加强社会治理。政法各单位深入组织“三官一律”进网格，察民情、解民忧、纾民困、惠民生。市综治中心发挥龙头作用，广泛汇聚治理合力，网格规范达标率、网格员巡查服务知晓率双双跃居镇江第一，警网关联率、签收审核率均为100%，“综治银行”创新项目获镇江二等奖。郭庄、边城、华阳、崇明、开发区、宝华、下蜀等地推进治理试点和专职网格员、智慧平台建设。后白林梅村推行“综治银行+环保”模式，实现了环境保护和社会治理效益的“双提升、双促进”。

（市政法委）

【法治建设】　2020年，句容市政法委出台《服务产业强市战略12条措施》，助力打造最优法治营商环境。法院推进《司法助推产业强市实施意见》实施，推动“无讼村居（社区）”创建，组建“1审1助1书1员”新型审判团队，诉前分流率达75.59%，“百日清案攻坚战”战果突出。检察院开辟服务民营企业绿色通道，认罪认罚适用率、确定刑采纳率始终保持较高水平，获镇江检察系统现场会推广。公安机关先后打造便民服务网点22个，设置24小时自助服务区2个、“一体机”16台，打通了法治为民“最后一厘米”。司法局创新将低保、五保、重度残疾人等列入法援数据库，“七五”普法成效显著，先后建成“法治文化特色小镇”“社会普法公益基地”各1个，1个案例、3部视频分别入选司法部案例库、省法治文化作品库。

（市政法委）

白兔镇白兔村综治银行

公　安

【概况】　2020年，句容市公安局把握“稳中求进”总基调，深入践行“五大发展理念”，统筹抓好战疫情、防风险、保安全、护稳定、促发展各项工作，推动全市高质量发展。年内，市看守所第15次蝉联“全国一级看守所”，市车管所第5次获评“全国优秀县级车辆管理所”，4名个人在抗疫工作中获全省表彰，18名个人和3个集体立三等功，83名个人和集体受到省市表彰。（杨　光）

【扫黑除恶专项斗争】　2020年，市公安局强化组织推进、线索核查、专案侦查，全年接各类涉黑涉恶举报线索117条，核查办结111条，办结率94.9%。公诉判决黑社会性质组织1个、恶势力集团1个、涉网黑恶集团4个，涉黑涉恶九类判决108人，查封、冻结、扣押涉黑涉恶资产311万元。

（杨　光）

【打击违法犯罪】　2020年，市公安局提高侦查破案水平和执法办案能力，全市刑事犯罪保持“发案下降、破案上升”的良好态势。截至12月4日，全市共立八类案件35起，破33起，八类案件破案率为94.2%。共抓获刑事作案成员859人，刑事拘留346人，逮捕297人，移送起诉674人。全年2起命案现案全破，同时攻克命案积案1起，抓获贵州省潜逃25年的命案逃犯。组织开展“蓝剑行动”“云剑2020”“雷霆行动”等专项工作，推进打击电信网络诈骗，传统盗抢骗，网络贩枪，盗窃电动车和网上追逃工作。抓获电诈犯罪嫌疑人35名，查扣、冻结涉案资产718.6万元，发还369.7万元。于3月成立合成作战与反诈中心，做实止付冻结、初侦初查、合成研判等工作。抓获在逃人员239名，抓获A级通缉令逃犯1人，抓获潜逃18年入室抢劫犯1人。

（杨　光）

3月26日，句容市公安局召开全市公安机关扫黑除恶专项斗争推进会

【治安防控】 2020年，句容市治安部门发挥治安管理的职能作用，狠抓基层基础，创新社会管理，强化指导，严厉打击，为维护句容市社会政治和治安稳定作出积极的努力。在全市范围开展人口管理基础工作攻坚会战、双实管理、出租房屋和流动人口攻坚会战、一标三实专项攻坚等行动。全年户口审批4511份，审核签发身份证15744份，居住证31961份，下发居住证32011张，接待来电来访1693人次。开展群租房百日整治，通过省、镇江检查组抽查发现消防、治安、供电等问题264处，自我检查发现685条隐患，全部整改到位。对辖区内出租房和流动人口集中清查62次，逐一核实登记在册的群租房，形成常态化管理机制。完成全国第七次人口普查户口整顿工作。推进“网格+警格”融合建设工作，推进“大数据+网格化+铁脚板”新时代社区警务模式，主动把社区民警、辅警、信息员等社区警务工作力量统一纳入“全要素”网格组织体系，把社区人、房、物、地、事、组织等治安要素全部纳入网格管理范畴，整合网格各方力量资源，常态开展信息采集、人口管理、矛盾化解、治安防范、服务群众等工作。配合市委政法委落实网格指导员工作任务，确定832名网格指导员，实现公安民警下沉一线常态化，提升网格工作水平。全年检查涉危单位200余家次，发现整改治安隐患43余处；组织督查检查4轮次，督促整改隐患6条，制作销号卷宗18个，立案查处不按规定备案1起。开展冬季洗浴按摩场所治安整治、寄递业治安安全整治等行动，加强公共娱乐场所，旅馆业，印刷、打字复印业和寄递业等管理工作，加强场所行业业主和从业人员教育培训。推进中小学幼儿园及周边秩序集中整治攻坚活动，所有校园安防数据按照省厅要求全部录入大平台，校园保安全部达标；紧急报警装置全部安装并确保使用，且全部接入指挥中心；校园监控联网工作已基本达标，所有校园大门口外均已安装公安自建摄像头；统一制作了护学岗标识，公安护学岗机制得到进一步完善。查处涉娼赌治安案件123起，抓获违法嫌疑人356名；共查处涉娼赌刑事案件15起，采取刑事强制措施57人。打击食品、药品、环境污染等事关公共安全、事关群众切身利益的涉假案件，共查处涉食药环类案件16起，采取刑事强制措施38人。（杨　光）

【交通管理】 2020年，句容市共查处交通违法行为29.45万余起，其中酒驾（醉驾）1045起、非现场违法12.13万余起、非机动车和行人违法5.9万余起、电动自行车骑行者不佩戴安全头盔16414起、“百吨王”36起。全年共发生道路交通事故14991起，同比下降9.94%；死亡65人，同比下降22.62%；发生道路运输事故28起、死亡14人，同比分别下降60.56%、下降56.25%。全年共发生重大交通肇事逃逸案件5起，全部侦破。通过“句容发布”“句容TV”、句容交警微信等新媒体，发布推文177条，曝光高违法车辆510辆、曝光酒驾醉驾26起。加大电动自行车“百日整治”宣传教育力度，提倡群众骑乘电动自行车佩戴安全头盔。全市共有乡镇交管站13个、农村交通安全劝导站120个，全年共劝导各类交通违法行为6.1万余起。排查重点列管运输企业59次，检查车辆553辆，发现隐患13处，并下发隐患整改通知书，已全部整改到位。依托治安卡口、查报站，对公路客运车辆、危险化学品运输车辆、接送学生车辆等重点车辆“逢车必查”，及时发现安全隐患，并当场要求整改。在车管服务工作中，推行机动车“通道式”查验，只排一次队即可完成验车、受理、缴费、制证以及号牌安装。

在市区增加机动车停车泊位430个、非机动车停车泊位220处。 （杨 光）

检 察

【概况】 2020年，市检察院认真执行市十六届人大四次会议决议，紧紧围绕市“融入南京，接力镇江”发展定位，在纵深推进“一福地四名城”建设中守初心、担使命，扎实推动句容检察工作。疫情期间，坚持疫情防控、检察业务“两手抓”“两不误”，搭建“云诉讼、云监督、云接访、云宣告”等线上办案平台，切实保障诉讼当事人合法权益。全年共有70个集体和个人荣获各级表彰，创成镇江市首家基层院省级示范办案中心，被最高人民检察院表彰为全国检察宣传先进单位，被镇江市委政法委表彰为“十佳基层政法单位”，连续9年被表彰为先进基层检察院。 （钟 海）

【刑事犯罪打击】 2020年，市检察院受理审查逮捕、审查起诉案件713件1036人，经审查，依法批准逮捕140件199人，提起公诉529件748人。依法严惩毒品犯罪、故意杀人等严重刑事犯罪，起诉12件13人。助力打好安全生产专项整治攻坚战，督促相关部门及时移送立案侦查，起诉9件9人。依法惩治盗窃、诈骗等普通侵财类犯罪，起诉131件167人；加大对电信网络犯罪惩治力度，起诉5件32人，办理穆某某等22人跨境开设网络赌场案。落实检察机关反腐败的政治责任、法律责任，对监委移送的贪污贿赂犯罪案件，起诉11件15人。 （钟 海）

【民事和行政检察】 2020年，市检察院受理民事生效裁判监督案件6件，审判违法监督案件4件，民事执行监督案件2件，提出各类检察建议5件，均获采纳。组织开展民事执行监督专项行动，与法院共同规范“终结本次执行程序”运用。畅通与司法行政机关、律师事务所等单位沟通渠道，开展虚假诉讼领域深层次违法行为监督专项活动，对办理袁某某诉胡某某拒不支付劳动报酬案中发现的虚假诉讼行为，向法院发出再审检察建议，获支持。深化行政非诉执行监督专项活动和“加强行政检察监督促进行政争议实质性化解”专项活动，发出检察建议4件，均获采纳。提请的1件行政生效裁定抗诉案被评为“江苏检察法律监督十大典型案例”。 （钟 海）

【公益诉讼检察】 2020年，市检察院共发现公益诉讼线索54件，立案52件。坚持把诉前实现维护公益目的作为最佳司法状态，通过检察建议等方式督促行政机关依法履职47件，诉前整改率97.8%。推动最高人民检察院挂牌督办的市城北垃圾填埋场渗滤液污染问题实现销号。与市社会治安综合治理中心会签《关于建立“公益诉讼进网格”工作机制的实施意见》，推动网格化管理和检察监督工作深度融合。 （钟 海）

【法律监督】 2020年，市检察院依法监督立案、撤案13人，纠正漏捕19人，纠正漏诉5人。在办理方某某等31人制售假章假证案中，通过对1000余条电子数据的比对核查，发现未移送违法犯

市检察院开展网上检察开放日直播

罪线索80余条，纠正遗漏犯罪事实127起。维护刑罚执行的严肃性，纠正刑期计算错误5件5人，纠正社区矫正对象漏管情形2件2人，监督收监执行2人。

（钟　海）

【社会综合治理】　2020年，市检察院实现检察长接访常态化，落实群众来信7日内回复刚性要求。成立人民调解工作室，有效钝化社会矛盾。邀请人大代表、政协委员、人民监督员、基层群众代表等参与检察公开听证9场次。完成镇江市“七五”普法终期验收迎检任务，建成句容检察普法中心。落实“三官一律”进网格要求，选派30名干警担任19个行政村30个专属网格政法指导员。（钟　海）

【未成年人司法保护】　2020年，市检察院推进“一号检察建议”落实，推动平安校园建设，履行法治副校长责任，组织线上线下法治公开课19场次，受众4万余人次。联合市监察委员会、教育局、公安局等8家单位召开加强未成年人保护座谈会，推动《关于建立侵害未成年人案件强制报告制度的意见（试行）》落实，对移送的疑似性侵线索立案2件。依法起诉性侵、猥亵等各类侵害未成年人犯罪13件13人。对涉嫌轻微犯罪且有悔罪表现的未成年人依法不批捕、不起诉9人。

（钟　海）

【三大攻坚战】　2020年，市检察院全力防范和化解重大金融风险，严惩破坏金融秩序犯罪。起诉“套路贷”、虚开增值税专用发票等犯罪67人。投入蓝天、碧水、净土保卫战，起诉非法采矿、盗伐林木等环境资源类案件8件12人。对句容首例在长江禁捕期非法捕捞水产品案提起公诉。结合办理的非法猎捕濒危野生动物案，联合公安局、自然资源和规划局等部门开展送法下乡，增强群众生态保护意识。发放国家司法救助金17.6万元。建议行政机关向公安机关移送恶意欠薪案件5件6人。（钟　海）

【扫黑除恶专项斗争】　2020年，市检察院推进“六清”行动，完成检察环节案件清结和线索清仓任务，起诉黑恶案件3件24人。办理徐金明等22人黑社会性质组织案，督促侦查机关查扣涉案资产1000余万元，在审查起诉阶段通过自行调查，依法扣押非法所得70万元，移送涉嫌保护伞线索7条。配合市委组织部把好村“两委”换届入口关，对1300余名候选人进行联审联查。强化扫黑除恶常态化机制建设，与市公安局、法院会签《关于建立重大疑难涉黑涉恶案件提前介入机制的实施意见》等规范性文件，强化侦诉审环节有效衔接。（钟　海）

【民营企业服务】　2020年，市检察院成立保障民营企业健康发展领导小组，统筹推进服务保障民营企业工作。对在经济发展中有贡献的民营企业和关键岗位人员，犯罪情节轻微，能够认罪认罚的，尽量作出宽缓处理，不起诉率为31.3%，并及时组织公开宣告，进行现场释法说理。通过推送法律知识、提供法律咨询等方式提供帮助，举办“服务‘六稳’‘六保’护航民企发展”专题检察开放日。应邀为华阳商会、第三期容商论坛与会民营企业家讲授法治课，与市工商联联合制定《关于建立健全市检察院与市工商联沟通联系机制的实施意见》。

（钟　海）

法　院

【概况】　2020年，市人民法院打造高质量司法，服务保障全市经济社会发展大局。加强诉源治理与开展“百日清案攻坚战”双管齐下，提升审判质效，各项工作取得新成绩。年内，市法院被镇江中院授予集体三等功，1名干警获评全省法院刑事审判工作先进个人，1名干警获评镇江政法系统“十佳干警”。（王子旗）

【刑事审判】　2020年，市法院受理刑事案件585件，审结507件，判处罪犯717人。审结故意杀人、故意伤害、强奸等严重暴力犯罪案件23件41人，审结抢劫、盗窃、诈骗等多发性侵财犯罪案件142件198人，审结危险驾驶、交通肇事等危害公共安全犯罪案件213件227人。严厉打击电信网络诈骗等涉民生领域犯罪，审结杨某等3人通过虚假外汇交易平台骗取受害人300余万元电信诈骗案。审结贪污贿赂、渎职犯罪案件10件15人。审结侵害未成年人犯罪案件7件7人，全部判处监禁刑。审结未成年人犯罪案件7件7人，依法判处非监禁刑5人，对7名未成年被告人全部实行犯罪记录封存。

（王子旗）

【民商事审判】　2020年，市法院贯彻新发展理念，服务保障产业强市等战略部署和打赢“三大攻坚战”。审结合同纠纷4031件，标的额18.53亿元；审结金融借款合同纠纷365件。推动市场主体优胜劣汰，通过破产清算使8家企业有序退出市场，清理破产资产和债权债务1.08亿元，盘活闲置土地4.79万平方米、低效厂房2.93万平方米，妥善安置职工531名。深化破产处置府院联动，推动建立全市企业破产处置协调联动机制，设立破产管理人费用基金，协调各方力量促进市场出清和优化整合。（王子旗）

【案件执行】　2020年，市法院执结案件5201件，执行到位标的3.89亿元。开展服务“六稳”“六保”专项集中执行15次，强制搜查25处，拘传61人次，拘留24人次。推进执行指挥中心“854模式”迭代升级，建立以执行指挥中心为中枢，以案件无纸化与执行事务中心为依托的民事执行实施权“一体两翼”运行新机制。推进“执转破”工作，畅通执行不能案件退出渠道，移送“执转破”案件11件。规范司法拍卖工作，网上拍卖资产216件，成交133件，成交金额1.31亿元，平均溢价率17.38%。（王子旗）

【扫黑除恶】　2020年，市法院深入推进扫黑除恶专项斗争。2020年

市法院进行涉黑案件庭审

审结徐某等人涉黑涉恶案件3件23人、“保护伞”案件1件2人，实现“案件清结”目标。加大“黑财清底”攻坚力度，大力开展“打财断血”专项行动，执行到位金额145.05万元。围绕做好“六建”工作，制定相关文件15个，针对审理中发现的社会治理薄弱环节和行业管理漏洞，发送司法建议5份，走进乡镇社区开展“大宣讲”等活动，推动长效常治。持续整治非法金融活动，推进“套路贷”及虚假诉讼专项治理，有效防范违法犯罪分子通过虚假诉讼实现非法利益。

（王子旗）

【审判监督】　2020，市法院接受各界监督，结对联络走访代表委员72人次，邀请代表委员视察法院、旁听庭审、见证执行15次，办理人大常委会转办信件3件，邀请检察长列席审委会4次。推进政法大数据平台应用，所有刑事案件均通过政法业务协同系统推送出庭通知、判决书等法律文书，逐步实现刑事案件协同办理由线下向线上转变。启动审判风险监督和流程风险防控、裁判文书纠错等系统运用，实现监管全程留痕。（王子旗）

【诉讼服务体系建设】　2020年，市法院推动诉讼服务模式转型升级，新诉讼服务中心和24小时自助立案服务区正式投入使用，全年为群众提供诉讼服务2.35万件次，跨域立案42件。加强智慧诉讼服务建设，不断推进在线调解、在线保全等诉讼服务平台搭建与应用。建成集中送达中心，实现邮寄送达、电子送达、公告送达等“一站式”综合送达，完成对3868件案件10614人次送达诉讼材料，送达成功率92.31%，平均送达时长1.76天。（王子旗）

【多元解纷】　2020年，市法院将“一站式”建设作为高质量司法的“亮点工程”。坚持关口前移，完善诉源治理机制，促进矛盾纠纷源头化解、就地解决。坚持把非诉讼纠纷解决机制挺在前面。提高诉前调解比例，民事条线司法辅助人员全面参与和指导诉前调解，切实提高诉前调解率

和成功率。整合人民调解、律师调解等非诉解纷资源入驻非诉讼服务中心，会同司法行政机关选任人民调解员6人驻院调解，协调7名律师提供驻院法律服务。全年诉前调解案件4376件，同比增长658.41%，诉前调解分流率75.59%，成功率26.57%，新收案件7年来首次出现负增长。

（王子旗）

司　法

【概况】　2020年，句容市司法局制订依法治市工作计划，部署推进五个方面32项重点任务。制定《句容市重大行政决策程序实施细则》，规范重大行政决策程序，做好决策合法化、科学化。参与《宁句城际轨道交通句容段管理暂行办法》的制定，组织12家单位召开听证会，全面征求意见和建议。依法为政府解决丰盛集团债务、中央商场税费返还、五洲国际工博城项目善后等重大历史遗留问题提供决策参考建议。依法对句容市生猪养殖项目、黄梅片区燃气管道改迁项目、天王镇“天医星”药材园项目等重大项目合同进行审查，提出法律意见，做出风险评估，提高项目可行性。全年开展法治惠民实事活动44件，依法为政府审查各类项目合同41件。联合市委办、市人大对全市46家行政执法单位开展行政执法专项检查，对全市危化品安全管理工作进行重点监督检查，下放监督意见书两份。

（朱惠明）

【法制宣传教育】　2020年，市司法局推进基层民主法治建设，打造省级“民主法治示范村”85个、“法治文化特色小镇”1个、“社会普法公益基地”1个。在全市大型电子显示屏开辟普法阵地，每天滚动播放法律法规知识100余条。开展“3·8妇女节”“3·15消费者权益保护日”“4·8司法日”“笑点普法”创意短视频征集等17场活动，以“法润句容”微信公众号、“普法与执法监督”QQ群、微博为手段，线上开展送法进农村、社区、单位等，举办普法活动，普及法律知识，推送文章阅读量达5万人次。落实“七五”普法规划和”谁执法谁普法”普法责任制，组建普法宣讲团队，开展法治讲座10余场次，受教育群众达2000多人。深化“法律六进”活动，开展进社区、进学校、进企业等普法宣传活动10多场次，发放法治宣传资料2万余份。

（朱惠明）

律师调解工作室聘任仪式

【行政复议应诉】　2020年，市司法局共收到行政复议申请23件，受理23件，共审理行政复议案件29件，审结27件，2件正在审理中。办理以市政府为被申请人的行政复议案件2件，已审结1件，结案方式为驳回申请。共召开听证会3次，案审会9次，提交行政复议委员会书面审议案件10件。全年办理以市政府为被告的行政诉讼应诉案件18件，已审结2件，无一起败诉案件。以市政府为被告的行政诉讼案件，市政府领导应出庭6件，实际出庭6件，出庭应诉率100%。

（朱惠明）

【调解网络建设】　2020年，市司法局成立句容市非诉讼服务中心，设立律师调解工作室，引入以律师为中心的第三方调解工作机制。规范个人调解工作室，全市共有18家个人（老兵）调解工作室，其中10家退役军人调解工作室；打造白兔“仲华好人工作室”、宝华“赵显财乡贤调解工作室”、边城“陈白喜乡贤调解工作室”，发挥好人、乡贤在基层的调解优势。全年排查化解各类纠纷1.2万件。开展“一村一法律顾问”工作。（朱惠明）

【社区矫正监管】　2020年，市司法局提高社区矫正工作执法质量和执法水平。全年全市社区249名入矫对象，无脱管漏管现象。同时加强与公、检、法等部门沟通交流，协调相关部门按照规定处理社区服刑人员违规现象。疫情期间，主动对接驻句监所临时安置点，共同临时安置7名湖北籍刑释人员。（朱惠明）

【公共法律服务】　2020年，市司法局与残联、民政对接，建好重点人群法律援助数据库，将低保、五保、重度残疾人等重点人群信息纳入数据库，实行动态管理。对此类人群寻求法律援助的，不设门槛，开通绿色通道。推进公职律师和公司律师发展，全市共有6家律师事务所、1家法律援助中心，14家行政事业单位拥有公职律师。全年受理法律援助案件876件，挽回或避免经济损失1000余万元。1件案件被省司法厅评为“2019年江苏法援十大好案件”，1个案例被司法部收入中国法律服务网司法行政（法律服务）案例库。市公证处针对房地产企业定制《公证法律服务办事指南》（涉房企），“一站式”办理房产继承公证。开通公证在线受理和远程视频公证平台，60%以上公证事项实现“最多跑一趟”。全年办理各类公证1671件（其中民事1493件、涉外165件、涉港澳台13件），接待群众8000余人次，无错证假证。（朱惠明）

信　访

【概况】　2020年，句容市信访工作坚持围绕高质量发展，积极主动化解信访矛盾，化解信访积案，实现经济社会持续发展、信访总量持续下降的工作目标。重视抓好重大活动和重要节点信访工作，并加强与上级信访部门汇报沟通，增进理解支持。2020年，句容市人民来访接待中心获评全省“人民满意窗口”质量提升工程示范单位，受到省政府信访局重点表扬。（王仕健）

【矛盾纠纷排查化解】　2020年，市信访局把矛盾纠纷的排查化解作为维护社会稳定的基础性常态性工作，坚持重心下移、关口前移，做到“不留空白、不留死角、不留盲点”。通过定期排查、专项排查、滚动排查、联合排查，及时调处重大矛盾隐患，使所有矛盾纠纷都处于可控状态。及时妥善处置、疏导和化解小区物业纠纷、土地流转、拆迁补偿等集访、越级上访事件。（王仕健）

【信访化解】　2020年，市信访局把群众来信来访的办理作为群众工作的重要内容，市信访局每周召开一次情况汇报分析会，对信访问题分工到人，建立日常工作局长值班、局长联系点等制度，建立健全“日交办、周通报、月倒查”工作机制，跟踪交办信访事项办理情况，推进信访问题及时解决，确保不发生重复上访。对跨地区、跨部门以及重大群体性信访事项，以信访摘报形式及时向市委、市政府主要领导和分管领导汇报，有效防止“小事拖大大事拖炸”的现象。（王仕健）

【领导干部接访包案】　2020年，市信访局以市、镇两级领导干部和与群众切身利益密切相关的职能部门领导干部为重点，开展领导干部接访活动，做到信访问题排查村（社区）全覆盖、信访积案领导全包案、群众合理诉求全解决。开展“信访积案化解成果巩固深化年”活动，下大力气化解信访积案。2020年上级交办的8件“四大重点”攻坚标识案件全部化解；2件省督办件已化解；镇江市交办的4件重点群体信访事项已全部化解。（王仕健）

句容市人武部

【概况】 2020年，市人武部党委在军分区党委和句容市委的正确领导下，深入贯彻习近平新时代中国特色社会主义思想和习近平强军思想，坚决落实军地党委决策部署，坚定不移抓首位铸军魂、抓备战保打赢、抓基层打基础、抓党建强核心，完成各项工作任务。落实省军区理论学习“六个坚持”指示要求，人人制定学习计划，全面系统提升理论学习质量。坚持把习近平强军思想作为理论武装的主题主课，坚定理想信念，不断强化责任意识和使命意识。（陈月圆）

【民兵军事训练】 2020年，市人武部围绕战斗力提升的核心任务，扎实开展民兵军事训练。在开展日常轮训备勤和常规训练的同时，组织民兵参加四会教练员、任务分队骨干等集训。同时，结合辖区实际，组织民开展森林灭火训练演练。在疫情防控、抗洪抢险等任务中，组织民兵执行应急处突任务。（陈月圆）

人武部市组织民兵整组点验

【民兵调整编建】 2020年，市人武部落实上级关于国防动员建设发展的决策指示，加强研究，创新思维，促进动员力、战斗力提升。5月，结合“两项准备”任务接受点验；6月，接受省军区点验1次，参点率在95%以上。

（陈月圆）

【兵役征集工作】 2020年，市人武部依托微信公众号、广播电视、新媒体等开展征兵宣传，同时以廉洁征兵为底线工程，狠抓“五率”量化考评，稳步推进征兵工作。（陈月圆）

【帮扶工作】 2020年，市人武部开展“双百双建”活动，先后出资12.6万元，帮扶茅山风景区管委会天乐村贫困户。2020年，举办第十届全民国防知识竞赛，并首次进行线上答题活动，全市累计参与达34670人次，扩大国防教育传播力和影响力。

（陈月圆）

人民防空

【概况】　2020年，市人防办新立项人防工程量、新开工人防工程量、已竣工人防工程量，均提前完成省市年度工作目标任务。克服新冠疫情带来的不利影响，以战斗力提升为目标，强化以无人机和机动指挥平台操控为重点的常态化训练演练，提升立体化应急保障能力。完成人防专业队整组，抓好编组落实和训练、管理、培训。推进人防基本指挥所及配套工程建设，加快构建战时防空、平时防灾一体化城市防护体系。（戴一平）

【战备工作】　2020年，市人防办完成《句容市人民防空方案》组织修订工作。组织相关企事业单位组建11支人防专业队。2020年，安装防空警报器2台，组织城区和乡镇进行了“九·一八”防空警报试鸣，编组人防志愿者流动警报车队参加试鸣活动。举办“5·12”防灾减灾日广场宣传暨现场疏散演练活动。（戴一平）

【人防工程】　2020年，市人防办结合全市全国文明城市建设工作，完成4个自建人防工程约7000平方米的标识标注工作。加大竣工人防工程安全生产检查力度，对全市已竣工工程展开拉网式、全覆盖检查。（戴一平）

退役军人管理

【概况】　2020年，句容市退役军人事务局坚持以习近平新时代中国特色社会主义思想和强军思想为指导，紧紧围绕“让军人成为全社会尊崇的职业”总目标，牢固树立以退役军人为中心的工作导向。2020年，召开安置工作专门会议，拟定安置方案，对符合政府安排工作条件的军转干部、退役士兵公平公正开展积分选岗工作。（罗明皓）

【退役军人权益维护】　2020年，市退役军人事务局加强服务保障体系建设，全市建成9个示范型退役军人服务中心（站）。全年累计走访慰问服务对象326户，形成调研报告4篇。开辟再就业“绿色通道”，积极帮助就业。2020年，做好政策宣讲、思想疏导落地见效。（罗明皓）

【优抚优待】　2020年，市退役军人事务局完善优抚系统信息录入工作，在库优抚对象核查比例达到195%，同时督促乡镇做好优抚对象信息比对工作，并将系统中归属地区错误的人员进行区域迁移改动、死亡人员进行减员，做好其他优抚对象信息采集和系统录入维护工作。收集抗日战争、抗美援朝老兵参战口述材料8份。落实优抚对象各项补助经费下拨和发放工作，全年发放各类优抚资金共6150万元。2020年，全市开展重点优抚对象到南京八三医院进行短期疗养；优抚对象城市交通卡申报和发放工作；做好优抚对象免费体检工作；组织开展优抚对象“八一”、春节两节慰问工作；做好优抚对象生活补助标准自然增长调标工作；开展日常性优抚工作和优抚经费检查和督导工作。落实优抚对象大病困难医疗救助工作，对优抚对象及困难退役军人提供大病救助35万元。全年重点优抚对象参加合作医疗保险人数达834人。做好残

宝华中学防空疏散演练

疾军人数据审核工作，补充完善档案材料，为残疾军人换发新证做好准备工作。组织各镇曾参加国防施工人员共 118 人到镇江疾控中心参加职业病鉴定；为残疾军人换发辅助器械。完成全市烈士纪念设施数据采集校核工作。

（罗明皓）

【双拥共建工作】　2020 年，全市召开句容市纪念中国人民解放军建军 93 周年暨“八一”军政座谈会，市退役军人事务局牵头组织句容市相关部门与驻句容部队签订双拥共建协议。市退役军人事务局通过走访、慰问部队，协调解决突出问题，完成 3 项互办实事项目，共投入资金 52 万元。2020 年，组织开展“阅读进军营”“法律进军营”等活动，在全市营造尊崇英雄、尊崇军人的浓厚氛围。全年建成后白镇西城村、天王镇前进村、郭庄镇丹湖小区 3 个双拥示范点。驻句部队积极参与周边县市抗洪抢险，应急救援等任务，积极参加“9·30”烈士纪念日公祭仪式、国防教育宣传活动，组织军营开放日。通过宣传教育，充分调动军地双方和社会各方面的积极性，引导广大军民自觉参与到各项双拥活动中去。

（罗明皓）

句容市第十届全民国防知识竞赛

自然资源

【概况】 2020年，句容市自然资源和规划局深入践行习近平生态文明思想，既保障发展，更保护资源，在土地资源、林业资源保护利用上下功夫，进一步摸清自然资源家底，持续高效开展生态保护修复工作，加强自然资源执法工作力度，取得一系列成绩，为全市“一福地四名城”建设筑牢生态屏障。（笪旦旦）

【自然资源调查和确权】 2020年，句容市完成全市第三次全国国土调查和统一时点更新工作，9月25日全市第三次调查成果通过省级验收；11月15日通过国务院三调办数据库检查；12月9日，完成部级检查意见整改工作；12月7日至12月10日，第三次全国国土调查外业核查组对全市范围内50个三调图斑进行外业核查，国家内业检查组同步开展在线核查工作，句容市顺利完成三次调查国家级外业核查。

推进全市农村不动产权籍调查确权登记发证工作，8月24日，句容市正式出台《句容市农村不动产确权登记实施意见》。9月，全市16.8万宗农村不动产外业测量全部结束，所有数据成果上交至省厅检查合格。11月28日，按照省厅下发的《关于全省房地一体农村不动产登记颁证任务底数核实确认的通知》的核减类型，完成底数核实工作并复检合格，全市共169729宗，核减掉76309宗，剩余93420宗。（笪旦旦）

【地理信息测绘和管理】 2020年，市自然资源和规划局加强测绘地理信息法律法规的宣传，开展测绘法宣传和国家版图意识宣传活动。对现有高程控制网的永久性测量标志进行维护，并对部分标志点进行恢复和修缮。总结近年来基础测绘工作成效和经验，形成测绘成果清单，建成以数字线划图、数字正射影像为主的基础地理数据体系。继续对全市域0.1米分辨率数字正射影像、主城区24平方千米的区域等属性进行数字线划图更新、修正。

（笪旦旦）

【耕地保护】 2020年，句容市根据《省政府关于调整镇江市泰州市有关区（市）土地利用总体规划的批复》的要求，本轮土地利用总体规划共划定永久基本农田面积80.78万亩，超过上级下达的80.55万亩永久基本农田保护任务。序时完成永久基本农田储备区的划定工作，筹备永久基本农田整改补划工作。（笪旦旦）

【林业管理】 2020年，句容市被确定为全省林长制试点县（市）之一。句容市委市政府印发《句容市林长制工作方案》，指导各镇、街道、管委会、各部门全面推进林长制。构建市、镇、村三级林长制管理体系，建立健全林长制工作制度机制，开展三级林长制组织体系的信息化建设，推动“林长制”实现“林长治”。以林长制试点为契机，在全省率先建立林业省级公益林调整和森林植被异地恢复两个储备库，出台《关于建立句容市省级公益林调整、森林植被异地恢复两个储备库和实施市内异地指标交易意见》，明确林地交易指标可跨乡镇调用。

2020年，句容市完成绿化造林13180亩，其中新增造林8724亩，更新造林4456亩；完成升级绿美村庄建设6个，国家森林乡村建设6个。长江句容两岸绿化工程，目标任务为新增造林71亩，绿化提升320亩，完成连片造林81亩，包括临江滩涂区域42亩、大道河沿岸25亩、长江主干堤外侧区域14亩，绿化提升部分完成200亩。2020年，全市森林覆盖率为26.42%，林木覆盖率为29.72%。

加强野生动物疫源、疫病、疫情监测，全年野外巡护13810千米，监测野生动物3330种、数量1245778只。开展松材线虫病清理防治面积1.92万亩；对美国白蛾等12种林业主要病虫害有序测报。

开展森林防灭火基础建设、火源管控、林火监测、火灾扑救、林火阻隔、通信指挥六大体系建设，提升森林防灭火能力。全年开辟防火阻隔带3千米，开设工程隔离带2千米，清理林内可燃物、易燃物面积达8500亩。新建防火道路26.2千米，提档升级改造防火通道4千米，新建、改造护林站3个，新建5座集中焚烧池，新建1个防火物资储备库。

（笪旦旦）

2020年句容市林场一览表

表4

名称	所在镇	法人代表	联系电话	经营项目
句容林场	下蜀镇	翁行良	87768175	林木、茶叶
磨盘山林场	茅山风景区管委会	朱树林	87481448	林木、茶叶
东进林场	茅山风景区管委会	张明	87828209	林木、茶叶

（笪旦旦）

【矿产资源管理】 2020年，句容市共有露天采石矿山2个（台泥、康泰膨润土）；井下矿山3个（宝源、仙人桥、金拓）；探矿项目3个。全市所有砖瓦窑厂全部关闭。按照自然资源部、省、市“矿业权人勘查开采信息公示”要求，全市境内符合要求的5个采矿权、11个探矿权全部完成信息公示工作。

开展地质灾害防治工作，编制《句容市2020年度地质灾害防治方案》，对全市69处隐患点进行排查。对宝华南北通道大型地灾隐患点进行治理，总投入约1.1亿元。对下蜀、宝华山和赤山三个风景区内地质灾害隐患点根据设计方案进行工程治理。

（笪旦旦）

【资源行政执法】 2020年，市自然资源和规划局继续推进违法用地综合整治三年行动，完成第一年度整改要求，整改率达到69%。开展耕地保护督察暨2018年例行督察遗留问题整改工作。落实2020年土地例行督察举证工作。遏制新增农村乱占耕地建房问题，按时完成11436个农村乱占耕地建房问题图斑摸排。开展“挖田造湖”类违法违规用地行为摸排工作。全年共抓获非法盗采5件，抓扣机械5台，并全部处理到位。侦办涉林刑事案件9起，查处林业行政案件21起。

（笪旦旦）

句容市长江经济带废弃露天矿山生态修复现场

【土地市场】 2020年，句容市共出让土地102宗，总面积3998.99亩，合同收取土地出让金89.62804亿元。经营性用地挂牌2期，出让土地55宗，面积2365.93亩，合同收取土地出让金85.3458亿元。工业用地挂牌3期，出让土地47宗，面积1633.06亩，合同收取土地出让金4.28224亿元（其中18宗土地弹性出让，出让年期30年，总面积687亩）。办理划拨土地35宗，面积1465.6亩。探索推进集体建设用地使用制度，年内首次办理后白镇王庄村村民委员会集体土地使用1宗，面积4亩。（笪旦旦）

【生态修复】 2020年，市自然资源和规划局推进句容市长江经济带废弃裸露矿山生态修复工作，62个图斑纳入生态修复实施方案，修复面积约3496亩，其中22个简易措施图斑通过省自然资源厅验收。完成沪宁城际铁路沿线青龙山片区地质环境治理项目，总投资7479万元，治理区总面积473亩，治理后可形成可复垦面积约110亩，已通过江苏省自然资源厅验收。推进宝华乌鸦山片区整治工程计划，总投资9123万元，整治区总面积745亩，治理后可形成可复垦面积约380亩。（笪旦旦）

城乡规划

【概况】 2020年，句容市自然资源和规划局制定《句容市国土空间规划编制工作方案》，并根据方案开展句容市国土空间规划双评估以及前期重大问题的专项研究，整体谋划句容市国土空间开发保护格局，提升国土空间治理能力，实现“多规合一”。

（笪旦旦）

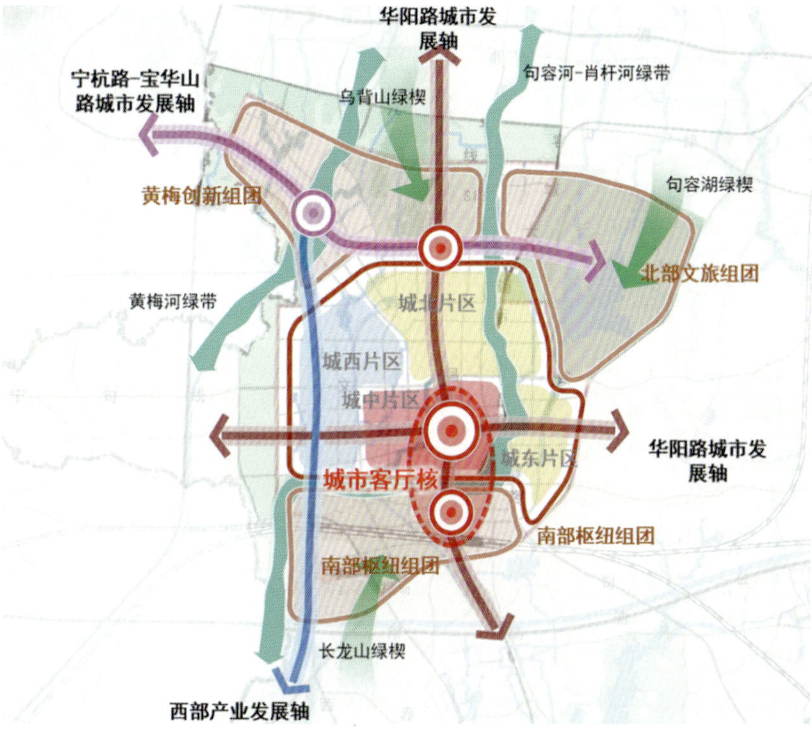

句容市中心城区空间结构规划

【城市总体规划】 2020年，句容市规划形成“一圈两廊、一主两副”的空间格局。“一圈”为南京都市圈新兴功能拓展圈，是句容打造“宁句一体化”的核心载体，重点打造科创先导、智造主导、文旅引导的核心功能承载区。“两廊”为承接句容城市重大战略功能的主要载体，是未来人口增长、空间拓展、功能集聚的核心区域，其中G312宁镇科创走廊协同仙林、宝华、下蜀、高资形成以创新、创业为主题的功能发展带，旨在承接南京创新科教资源外溢。S6市域综合发展走廊在区域上重点对接紫东核心区、汤山风景区、句容中心城区、茅山风景区，在走廊内配置轨道交通、高等级道路、区域绿道，通过复合交通走廊支撑轴线发展。“一主”为中心城区，协同紫东核心区、汤山片区建设句容发展核心区。“两副”为赤山湖新区和茅山生态客厅，其中赤山湖新区为科创副中心，以郭庄和赤山湖为空间载体，发挥赤山湖生态资源优势和郭庄高端制造优势，建设集创新研发、创新转化、高端制造为一体的城市新区。茅山生态客厅为文旅副中心，以长三角地区生态大花园为目标，注重园内生态系统和生物多样性的保育，优化园内公共交通便利程度，强化存量农民住宅的保护利用，形成生态价值凸显的魅力新经济空间。（笪旦旦）

【市政规划】 2020年，市自然

资源和规划局编制完成《句容市电力设施专项规划》。启动《句容市国土空间总体规划综合交通专项规划》《句容市中心城区道路交通专项规划修编》《句容市中心城区地下管线综合规划修编》编制工作。（笪旦旦）

【村镇规划】 2020年，句容市以优化全市镇村布局规划为主抓手，引导城乡空间优化整合，改善农村基本公共服务，增强乡村特色风貌建设，提高乡村产业发展与生态宜居水平。规划通过构建“1中心城区—9田园城镇—5田园社区—N田园乡村”的现代田园城乡体系、划定类型化空间单元、制定分单元的村庄布局引导原则，将全市1426个自然村调整形成149个集聚提升类村庄、45个特色保护类村庄、13个城郊融合类村庄、184个搬迁撤并类村庄、1022个其他一般村庄。年内，句容市上报了进行14个行政村的村庄规划编制的计划，按照“建设量大的和有产业需求的村优先安排编制”和“应编尽编”的原则标准，结合村庄规划编制底数，实际编制16个行政村村庄规划，分别为茅山管委会李塔行政村，边城镇佴池行政村，华阳街道新坊行政村、周家岗行政村，经济开发区（黄梅街道）石狮行政村、河桥行政村和大卓行政村，宝华镇仓头行政村，下蜀镇新村行政村、亭子行政村，天王镇斗门行政村、农林行政村，白兔镇唐庄行政村，后白镇林梅行政村，郭庄镇虬北行政村、赤山行政村。年内16个行政村村庄规划全部完成专家论证，其中完成规划公示的村庄1个，为茅山管委会李塔行政村。（笪旦旦）

环　境

·综述·

【概况】 2020年，镇江市句容生态环境局认真落实省、镇江市关于打好污染防治攻坚战总体部署，加大污染防治力度，生态环境得到明显改善。句容市各镇（街道、管委会）和各部门紧密联动“跑起来”，履职担当抓攻坚，下决心解决环境保护的突出问题，综合施策、精准施策，改进方法、把握节奏，协同推动经济高质量发展和生态环境高水平保护，取得积极进展和明显成效。2020年，句容市坚决打赢打好污染防治攻坚战，全力打好蓝天、碧水、净土三大保卫战，各项重点任务顺利推进，全市环境质量稳中有升，有力地促进“一福地四名城”建设。9月27日，国务院第二次全国污染源普查领导小组办公室授予镇江市句容生态环境局“第二次全国污染源普查表现突出集体”荣誉称号。（成　鹏　徐　波）

句容市打好“蓝天保卫战”，开展大气夜间检查

·环境质量·

【概况】 2020年以来，句容生态环境局以改善环境质量为核心，全力打好蓝天、碧水、净土三大保卫战，句容市生态环境质量继续保持改善势头。

（成　鹏　徐　波）

【水环境质量】 2020年，句容市地表水环境质量达到或好于III类水体比例为100%，同比提高33.3个百分点。主要污染物排放总量为，化学需氧量0.44万吨、氨氮0.06万吨。

（成　鹏　刘玉松）

【空气环境质量】 2020年，句容市生态环境质量创“十三五”以来最好水平。1—12月，空气优良天数比例为78.5%（年度目标75.3%），同比上升7.5个百分点；污染天数79天，同比减少27天；$PM_{2.5}$平均浓度36微克/立方米，同比下降14.8%。主要污染物排放总量为，二氧化硫0.27万吨、氮氧化物0.29万吨、烟粉尘0.17万吨。　（成　鹏　袁忠顺）

【土壤环境质量】　2020年，全市土壤环境质量保持稳定，53个化工遗留地块已完成信息采集和风险筛查工作，确保了土壤安全利用。全年未发生特别重大环境污染事件或者特别重大生态破坏事件。　（成　鹏　任海鹏）

【声环境质量】　2020年，句容市环境噪声均达到功能区噪声标准。　（成　鹏　王　顺）

·环境建设·

【概况】　2020年，句容生态环境局以改善环境质量为核心，打好污染防治攻坚战，城乡生态环境有了明显改善，环境监察和环境监测水平得到明显提升。　（成　鹏　徐　波）

【镇江市句容生态环境综合行政执法局挂牌成立】　2020年8月19日，镇江市句容生态环境综合行政执法局正式举行挂牌仪式。镇江市句容生态环境综合行政执法局成立。镇江市句容生态环境综合行政执法局是在原句容环境监察大队的基础上，通过对环境保护和国土、农业、水利、林业等部门相关污染防治和生态保护执法职责职能和人员进行整合组建而成。　（成　鹏　汤　杰）

【生态保护空间优化】　句容市原有生态红线保护区划6大类，面积315.32平方千米。2020年，在2018年调整的基础上，句容市进一步优化调整生态红线区域，年内上报省政府批准。　（成　鹏　任海鹏）

【生态文明示范镇村创建】　2020年，市生态环境局积极推进生态文明示范镇村创建工作，12月9日，省生态环境厅命名宝华镇，宝华铜山村、天王戴庄村、后白古村为“江苏省生态文明建设示范乡镇（街道）村（社区）”。　（成　鹏　任海鹏）

【绿色学校创建】　2020年12月22日，句容市郭庄中学被省生态环境厅、省教育厅评为“省绿色学校”。　（成　鹏　施　雨）

·环境管理·

【概况】　2020年，句容生态环境局强力推进污染防治攻坚战，坚决打好蓝天、碧水、净土三大保卫战；严格落实建设项目环境管理；抓好农村环境综合整治工作；加强环境监测现代化建设；加大强制性清洁生产审核力度；坚持在全社会开展多层次、立体化、全方位的环境宣传教育活动，提高广大市民的环境意识，城乡环境质量得到持续改善，用生态环境高质量助推经济发展高质量。　（成　鹏　徐　波）

【饮用水源地保护】　水质断面水质情况，句容市国考断面为句容河北文山断面，省考断面为土桥和北山水库断面。2020年1—12月北山水库、土桥、兆文山断面监测结果均值达到Ⅲ类水质标准，达到上级考核要求。水功能区修编情况，2020年6月，市生态环境局印发了《句容市2020年水污染防治工作计划》，全力推进水污染防治各项工作包括水功能区水质达标建设工作，该局与修编方案编制机构做好对接，提供相关资料和建议，配合完成本行政区域内的水功能区修编工作。集中饮用水源地水质状况，句容市持续深入贯彻落实最严格水资源管

安全生产隐患排查

理制度。在做好北山水库、句容水库、二圣水库水源地达标建设与保护基础上，印发了《关于印发句容市饮用水源地突发环境污染事件应急预案的通知》及《二圣水库蓝藻暴发应急预案》。3个日供水万吨以上集中式饮用水水源地水质较好且保持稳定，水质达标率100%。年内，边城水厂和春城水厂完成关闭，实现改供。

（成　鹏　王　顺）

【固体废物污染防治】　2020年，句容市纳入危废重点监管企业57家，对危险废物实行网上报告制度。市生态环境局指导全市产废企业做好危险废物管理计划以及审核备案工作，并做好全市产废单位月度申报审核。2020年共安全处置工业危险废物11753.7吨，句容绿色动力再生能源有限公司年度库存量全部清除，主要危废种类为焚烧飞灰、表面处理废物、废酸。（成　鹏　任海鹏）

【安全隐患排查】　2020年，根据排查整治工作方案的要求，市生态环境局在检查77家企业中，发现一般隐患417项，已整治414项，其中包含已将安评和消防等问题移交给应急管理部门、住建部门的33项。在开发区和下蜀政府召集辖区内重点产废单位推进固危废落实整改工作，整改率达到99.3%。（成　鹏　任海鹏）

【污染减排推进】　2020年，句容市完成本年度生态环境统计工作。共统计企业120家，其中涉及的主要污染物排放总量为化学需氧量0.44万吨、氨氮0.06万吨、二氧化硫0.27万吨、氮氧化物0.29万吨、烟粉尘0.17万吨。减排任务削减比例相比上一年度分别为化学需氧量3.71%、氨氮3.95%、总氮4.06%、总磷4.00%、二氧化硫0.25%、氮氧化物0.5%，年内全部完成。

（成　鹏　许　猛）

【建设项目环境管理】　2020年，市生态环境局及时将违法失信企业信息上传平台，公布失信企业信息，落实政府办、市信用办提出的联合惩戒有关要求，对49个企业的环境违法等失信行为开展信用评价，年内7家企业完成了信用修复。按照《建设项目主要污染物排放总量指标审核及管理暂行办法》，开展建设项目总量平衡方案审核，全年完成64个建设项目的污染物排放总量平衡方案核准工作。按照“首问负责、一口受理、联合办理、限时办结”的原则，负责具体实施“放管服”“最多跑一次”事项受理和办理工作，全年共审批环境影响报告表78件。对照群众和企业到政府办事事项目录和市政府公布的权责清单，制定事项介绍、申报材料清单和办理流程图，并将服务指南摆在了窗口显眼位置，使前来咨询及办事者了解只需一次性将申报材料报送至政务大厅的事项办理方法。同时按照压缩项目报建审批的要求，将符合审批条件的《建设项目环境影响报告表》的审批时间，由法律规定的30日缩短至3日（材料齐全，不含公示期）。

（成　鹏　许　猛　何文君）

【强制性清洁生产审核工作】

2020年，句容市进行清洁生产的企业共9家（一家因火灾退出，一家为2019年延期）。7月，9家企业相关审核材料报送至市生态环境局，并召集相关专家开展材料审核，9家企业全部完成本年度的清洁生产审核工作。

（成　鹏　丁　钢）

【排污许可证核发】　为加速推动句容市排污许可工作，实现2020年固定污染源排污许可全覆盖，市生态环境局通过采取网络协助、现场“一对一”精准帮扶等多种措施，帮助排污单位进行排污登记，实现“线上”+“线下”全方位服务，形成政府与企业“齐发力”“携手进”“一盘棋”的联动机制。2020年，帮扶1511家排污单位做排污登记，为183家排污单位办理排污许可证。

（成　鹏　何文君）

·环境执法·

【概况】　2020年，市生态环境局认真贯彻落实生态环保法律法规，坚持依法行政，文明执法，以中央和省环保督察组交办信访件以及句容市列出的突出环境问题整改为契机，加强生态环境执法监管，组织开展生态环保专项行动、交叉执法等行动，并采取例行检查、突击检查、重点抽查、后督查等方式，加大监督检查力度。同时，建立完善生态环保部门和司法机关环境执法联动机制，充分发挥行政和司法机关的职能作用，实现行政执法与刑事司法的有序衔接，严厉惩治生态环境违法犯罪行为，切实维护人民群众的生态环境权益，解决了一批群众关注的环境信访问题。

（成　鹏　徐　波）

【中央和省环保督察组交办信访件整改】　中央环保督察"回头看"交办信访件32件，省环保督察交办信访件22件，截至2020年初，已全部整改到位。

（成　鹏　徐　波）

【突出生态环境问题整改】　2020年，句容市共27项突出环境问题（个性问题13项，共性问题14项），已经完成销号的21项，达序时的6项（镇江市级、无须销号）。　（成　鹏　徐　波）

【日常监管】　2020年，生态环境局采用检查与抽查相结合、一般检查与重点检查相结合、定期检查与突击检查相结合、白天检查和夜间检查相结合，共出动检查人员2878人次，检查企业1123厂次，严厉打击污染防治设施不运行、在线监测设备不运行、恶意排污、超标排放等各类环境违法行为。全年共立案查处环境违法案件67起，下达行政处罚决定书47件，处罚金额270万元，运用新环保法实施查封扣押2起，移送公安案件1起，强制断电15起。　（成　鹏　汤　杰）

【交叉执法检查行动】　2020年，市生态环境局先后参与生态环境部、省生态环境厅、镇江市生态环境局组织的到句容市企业监督检查11次。按照《关于强化开展全市大气污染防治攻坚月交叉执法检查的通知》要求，抽调人员对常州、丹阳等地进行检查，检查企业55家，发现环境问题87个。先后抽调12人到外省参加督查，其中，罗靖、江静参加现场执法大比武等活动，受到生态环境部、省生态环境厅表扬。

（成　鹏　汤　杰）

开展汽车尾气监测

【核与辐射环境管理】　2020年，市生态环境局编制句容市辐射事故应急预案，适用于句容市行政区域内的辐射事故应对工作。落实镇江市生态环境局《关于加快安全处置江苏远东水泥有限公司废弃放射源的函》及市领导批示要求，于10月27日挖出深埋的废弃放射源并安全收贮于江苏省城市放射性废物库，同时办理该辐射许可证注销手续，彻底消除辐射环境安全隐患。完成辖区内的核技术利用单位的日常监管，做到三类射线装置监督检查率达到60%，二类射线装置和放射源单位监督检查率达到100%，检查结果录入国家库辐射系统。做好辖区内辐射单位的重新申领和延续的预审工作。对到期的辐射安全许可证和人员合格证书，及时通知培训换发。完成辖区内核技术利用单位的年度评估上报工作，并录入国家系统。及时对辖区内辐射类纠纷投诉进行处理，确保受理率100%，处理率100%。

（成　鹏　何文君）

【重污染天气应急减排】　2020年，市生态环境局完善句容市重污染天气应急预案，根据《关于加强重污染天气应对夯实应急减排措施的指导意见》，纳入管控企业184家。基于绩效分级采取差异化管控，对39个重点行业确定A、B、C级绩效等级，B级企业2家，C级企业20家，民生豁免企业3家。完善区域大气污染防治协作机制，加强环境协同监管和重污染天气联合应对。

（成　鹏　袁忠顺）

【环境信访工作】　2020年，市生态环境局做好环境信访工作，生态环境局“12369”举报电话与市政府“12345”服务热线对接24小时畅通，高度重视网上举报和上级及其他部门转来的信访举报。建立和完善积极下访、快速出访、及时回访、定期邀访的“四访”制度。对环保重点信访，特别是重复信访，实行局长大接访、局领导带案下访制度。2020年共受理群众举报957件；“12369”共接到投诉58件，其中省级转办39件、镇江市转办10件、来电4件、来信来访5批7人次；微信平台31件；句容门户网站5件；句容市“12345”市长热线交办信访863件。反映的957件信访中，大气污染类662件、水污染类71件、声污染类186件、其他类38件；其中工业类588件、三产类188件、其他类181件。　（成　鹏　汤　杰）

江苏华电句容发电有限公司储运码头通过环境环保验收

发展规划管理

【概况】 2020年，句容市发改委立足“融入南京，接力镇江”全新定位，聚焦“产业强市”战略，抓实落细“六稳六保”工作，强化履职、提升效能，纵深推进“一福地四名城”建设，取得疫情防控和经济社会发展的“双胜利”，为高水平全面建成小康社会和“十三五”规划收官做出应有贡献。

句容市全年实现地区生产总值675.48亿元，比上年增长3.6%；完成一般公共预算收入54.85亿元，同口径增长2.5%，税收占比88.1%；社会消费品零售总额152.63亿元；城镇居民人均可支配收入和农村人均可支配收入分别达到52802元和25667元；完成上级下达的节能减排任务。2020年全国乡村振兴百佳示范县、全国小康指数百强县、全国投资潜力百强县分别排名第5位、第37位、第42位。

做好“六稳六保”工作。面对突如其来的新冠肺炎疫情，市发改委推进疫情防控工作，落实经济运行保障职能，助推全市各类企业于3月中旬全部复工；实行水电气优惠政策，全年减少企业支出近2000万元；加快企业稳岗返还补贴信用审查工作，协助做好稳岗返还补贴，保障居民就业。全力保障医用口罩、护目镜、医用酒精等防护物资及时有序发放至乡镇和疫情防控一线单位，先后向困难群众和优抚对象发放爱心口罩7152户，通过句容发布平台向2万名句容市民投放6万只免费预约口罩。牵头制定《句容市关于应对新冠肺炎疫情支持企业共渡难关的政策意见》，给予企业大力支持。全年共减免用人单位职工基本医疗保险参保费用5200万元，减免各类企业社会保险费用3.6亿元，协调金融服务支持企业总金额91.5亿元。实行重要民生商品及疫情防控物资价格日测日报制度，确保疫情期间商品品种齐全，货源充足，价格平稳，制定出台《句容市粮食应急预案》，确保特殊时期粮食市场供应，维护市场秩序和社会安定。

发挥规划引领作用。开展

联东U谷项目

“十四五”规划编制工作，《句容市国民经济和社会发展第十四个五年规划和2035年远景目标纲要》全票通过人代会审议，申报试点示范项目纳入省、市“十四五”规划，建立统一规划体系。

加强重大项目建设。90个重点产业项目全年完成投资101.5亿元；3个省重大项目、31个镇江市级重点产业项目、59个句容市级重点产业项目投资均超序时进度。严格按照政府投资项目生成机制和政府投资项目变更验收管理细则相关规定，健全投资决策机制，防范化解政府隐性债务风险。明确198个项目列入政府投资项目实施库，9个项目列入政府投资项目储备库。全年共计受理工程项目变更54个，明确12个项目作为2021年民生实事候选项目。

节能降耗落到实处。全市非电行业煤炭消费量49万吨，比2016年减少4.33万吨。推动分布式光伏发电项目建设，全年备案分布式光伏发电项目21个，备案装机总容量约2.87兆瓦。目前句容市已并网光伏发电项目2061个，装机容量近69兆瓦，其中居民屋顶建设光伏发电项目1964户，总装机容量13兆瓦。

安全生产责任落实。开展行业领域安全生产专项整治行动，出台电力、油气输送管道安全生产专项整治实施方案，完成电力和油气管道行业隐患整改59条，整改率100%。出台《句容市大面积停电事件应急预案》《句容市天然气供应应急预案》等文件，建立健全句容市燃气供应应急管理体系；全力保障粮食安全，出台句容市粮食安全责任制考核联席会议制度，定期研究部署全市粮食安全责任制相关工作，确保完成粮食安全各项目标任务；开展物流园区专项整治，牵头制定《句容市现代物流园安全生产专项整治实施方案》，共关闭、取缔非法物流园区33家，搬离物流专线315条，句容市现代物流园区安全生产形势持续稳定向好。

大力优化营商环境。全面开展全市营商环境“中梗阻”专项治理行动和全市“指定”涉企中介服务机构问题专项整治工作。深入推进“放管服”改革，简化不动产办理流程，促进房地产销售回升。强化清单管理，重新公布《句容市行政事业性收费和涉企行政事业性收费项目目录》，行政事业性收费项目37项，其中涉企行政事业性收费项目18项。完善现有政策，修订“1+X”扶持实体经济发展政策，组织开展资金申报，兑现包含重大项目新建及技术改造设备补助等系列奖补资金共2819.2万元。汇编“一福地四名城”系列政策，推动“一福地四名城”建设。诚信体系持续完善，制定《2020年句容市社会信用体系建设工作意见》，“双公示”归集信息12535条，发布五期诚信“红黑榜”；归集社保等信用信息337.08万条（第一批）。深化信用信息应用，开展企业信用管理工作，举办2020年失信企业信用修复培训班，培训110家企业，帮助企业提升信用意识。营造守信氛围，开展信用知识竞赛，编制并发放《句容市公务员诚信手册》。政务诚信不断加强，全年无政府机构失信案例，政务诚信在全省第三方评估中获第一等次。进一步拓宽融资渠道，共梳理上报地方政府一般债券项目5个。推进企业债券发行，帮助城投公司发行企业债券置换债。做好创业投资管理，推荐3个创业项目参加江苏省第二届创业投资发展峰会，拓宽句容市企业融资渠道。

句容市“十四五”规划编制拉开帷幕

特色小镇创建取得实效。绿色新能源小镇成功通过第三年考核；丁庄葡萄小镇进入第三批省级特色小镇创建名单；茅山湖康养风情小镇已进入镇江市特色小镇培育库。

对口协作不断深入，助力对口帮扶地区打赢脱贫攻坚战。常态化开展专业人才交流学习，新增镇镇结对5个，村村结对9个，村企结对8个，社会组织结对2个，校校结对4个，医院结对2个。实施消费扶贫，开展扶贫水果、当地农特产品（香菇、木耳）销售工作，确定120个消费专柜的摆放地点，促进受援地区果农脱贫致富。实施南北共建，推动句容开发区与连云港海州区共建园区建设。（杜　舒）

市工信局对民营企业开展专题讲座

民营经济

【概况】　2020年，句容市民营工业企业克服疫情影响，保持健康快速发展的良好势头。全年全市新增规模以上工业企业47家，达221家，其中民营企业占比达84%；30强工业企业中，民营企业达16家。从工业应税销售来看，2020年规模以上工业企业累计销售额为391.14亿元，其中民营工业企业销售额占比达49.3%。句容市民营工业企业不断发展壮大，在稳增长、促转型、吸纳就业等方面发挥着越来越重要的作用，为推动全市经济持续健康发展提供强劲动力。（工信局）

【民营企业政策支持】　2020年，句容市加大政策培扶力度。对扶持实体经济发展文件进行修订完善，增加军民融合、服务型制造5类补助项目，提高专精特新小巨人的补助标准，降低技术改造、企业上云、两化融合项目的补助门槛，扩大企业受惠面，助力民营企业做大做强。（工信局）

【民营企业资金支持】　2020年，民营企业累计争取国家、省、市级补助资金2000余万元。其中，天晟药业获得中央财政应急物资保障体系建设资金100万元；协鑫集成获得省级工业和信息化转型升级专项资金620万元；三超金刚石等13家企业获得市级补助资金912.77万元；壹度科技等6家企业的6名专家获“金山英才”制造业人才项目补助资金700万元。（工信局）

【民营企业培育认定】　2020年，建华墙材等6家企业的6项产品申报省级专精特新产品；宁武新材料等3家企业申报镇江市专精特新小巨人企业。建华墙材、兆鋆科技获江苏省专精特新产品认定，宁武新材料获镇江市专精特新产品认定。天工科技、协鑫集成、金门能源等企业的9项新技术新产品新装备被列入镇江市重点推广应用目录。协鑫集成通过省工业互联网标杆工厂认定。江苏拓科集团有限公司获得省级企业技术中心（建筑业）认定。（工信局）

【民营企业服务工作】　2020年，句容市在全市开展下沉服务企业活动。针对包括全市亿元以上重点企业、各级专精特新小巨人企业以及重点工业项目、技改项目所属企业等100家企业进行定向结对服务，市工信局每位机关干部负责8—10家企业，每个月实地走访企业不低于1次，实行贴身式、保姆式服务，掌握企业动态信息，推进靶向帮助指导。对18家专精特新小巨人企业及69家专精特新小巨人储备企业融资情况进行调查，将有融资需求的企业及时对接给镇江辖区内所有银行，搭建起企业与银行之间的桥梁。在上报30余家的企业中，共有23家企业获授信14.83亿元。支持民营企业参加各级组织的展会、培训，并给予部分补贴，鼓励民营企业提高产品和品牌知名度，提升企业管理水平。

（工信局）

【公共服务体系建设】 2020年，句容市推进中小企业公共服务示范平台与小微企业创新创业基地建设。组织推荐九谷生态申报国家级小型微型企业创业创新示范基地；开展2020年度中小企业公共服务示范平台与江苏省、镇江市小型微型企业创业创新示范基地申报及复核工作。引导各基地与平台为小微企业开展服务，全年共举办各类活动31场，参与企业500余家次。（工信局）

国有资产管理

【概况】 2020年，句容市国资总公司以党的建设带动国资改革发展稳定，突出重点，突破难点，着力"优监管、强党建、保安全、促发展"，构建国资管理新格局，推动国资管理上新水平、企业发展上新台阶。克服疫情影响，按照市委、市政府"六稳、六保"具体要求，推进复工复产，减轻企业损失，疫情期间共计减免微小企业61户，减免租金84.4万元。服务好"双铁"项目建设，总公司成立专门工作班子，对城际高铁征地涉及绿园公司、地铁涉及商业食品公司生活区拆迁任务，严格按照拆迁政策挂图作战，及时完成13户居民与绿园腾地任务；盘活存量土地、贡献全市土地指标，推进矿业总公司宝华矿区土地复垦工作；盘活民爆公司炸药库资产，服务抽水蓄能项目。

（国资总公司）

【国有资产改革】 2020年，市国资总公司根据市委巡察问题整改等工作要求，在组织体系和工作方式上，改革创新取得实效。推进方兴集团职工学校事业单位改革，成立容汇资产管理有限公司；按照事业单位管理相关规定，将商业公有资产管理公司改名为商业公有资产管理中心。实施国资系统财务管理创新改革，总公司设立会计结算中心，建立健全结算中心内部管理制度，进一步加强国资总公司所属单位财务管理和会计核算工作，提升国有企业财务管理水平。实行资产运营决策模式创新，确保资产运营的高效和高质。年内，通过公开采购第三方服务，管理东门菜市场，从1个月运行情况来看，收益明显高于往期，管理的规范性得到较大的提升。创新档案管理方式，组建国资系统档案管理体系，建立两个标准化的档案库房，逐步把分散的、不具备存档条件的下属单位的档案集中管理，确保档案的完整性。全年完成化肥实业、纺织协会档案的收集工作，整理好化肥实业和信访、资产相关档案。（国资总公司）

【国有资产监管】 2020年，市国资总公司推进系统资产巡查，各资产责任单位做到定期全领域巡查，总公司资产部不定期全面巡查资产情况，重点发现资产安全性和完整性方面的问题，为面上问题的解决提出方案，年内实现资产巡查全覆盖。对经营性资产和闲置资产进行全面的梳理，对经营性资产到期进行重新评估和公开招租，及时将闲置资产转为经营性资产，最大程度提高国有资产经营收益，确保国有资产保值增值。全年资产招租标的34个，年租金142.83万元，新增招租标的6个，新增租金22.9万元。落实安全生产第一责任人的责任和企业安全生产责任制，加强国有企业内控体系建设，推动企业建立资产风险管理体系，健全常态化风险评估机制，强化对重点企业风险防范，完善国有资产保险机制，开展安全生产专项整治工作，化解防范重大风险。抓好大型商场、集贸市场、仓库、棚户区老职工宿舍、危化品仓储运输等重点单位、关键部位安全生产专项整治，完成临街商住综合楼、东门菜场与矿业宝华上铜矿等8处危房维修加固，维修出新危旧房4000平方米，坚决杜绝在危房旧房中住人囤货。督促资产租赁人做好安全生产和安全大检查工作，严格落实安全生产主体责任、监督责任，定期或不定期开展安全检查，全年组织大型商场消防演练1次，系统内安全检查6次，责任单位互查2次，发现安全隐患4起，年内全部整改到位。对国资企业管理人员与安全重点岗位进行安全消防与安全生产的专业培训；组织消防演练，提升应对突发事件的处理能力；坚持节假日常规安全值班与安全大检查工作制，开展安全隐患排查治理。落实信访工作条例，与有关部门协调沟通，妥善处置好国资系统各类信访事项。

（国资总公司）

·江苏句容投资集团有限公司·

【概况】 2020年，江苏句容投资集团有限公司（以下简称句投集团）围绕“一福地四名城”城市定位，牢牢把握“城市建设综合运营商”角色定位，坚持稳中求进工作总基调，形成一个母公司三个一级实体化运营子公司的格局，集团市场化程度大幅提升。年内，完成福地花园、杨塘岗安置房、上路安置房、甲城安置房顺利交付使用。二水厂完成应急改造使得自来水深度处理率达100%，饮用水水质达标率100%，提升了市民的幸福感和获得感。5月，长江引水暨城区水厂、下蜀水厂建设工程正式开工。

（句投集团）

【融资工作】 2020年，句投集团以拓宽融资渠道为抓手，以强化资金管理为重点，以发掘投资项目为契机，凝心聚力、克难奋进，在常态化疫情防控中确保投融资工作有条不紊的推进，为集团的重点项目及重点工程建设提供有力的资金保障。（句投集团）

【经营发展】 2020年，句投集团以市场化经营推动改革创新，于4月成立句容市尚元资产经营管理有限公司，下辖尚弘物业、弘润殡葬、弘畅公司、尚鸿市场、上南山5个二级子公司。面对疫情带来的经济冲击，尚弘物业完成年初战“疫”时期9个小区的疫情防控工作。弘润殡葬实现清明疫情防控和安全祭扫两不误，祭扫实行间断性放入，控制祭扫人次，避免人员聚集；联系交通、消防等部门并聘请保安公司做好疫情清明祭祀保障工作，安排人员定期巡视墓区，扎实做好祭扫高峰期间的安全保障和服务接待工作。弘畅公司积极参加全市疫情防控工作，24小时有组织、有计划地协助交警坚守在122省道、104国道（句容—南京）卡口，对来往车辆进行排查管控。尚鸿市场作为句容首家镇江市食用农产品示范农贸市场，创造整洁的市场环境和井然有序的交易秩序，创成江苏省智慧农贸市场。上南山公司邀约各地党校、高校等交流合作、成立学习基地，年内签约基地有镇江市红色阵地联盟单位（中共镇江市委党校授牌）、现场教学基地［中共江苏省委党校（江苏行政学院）］、句容市专职村书记培训学院实训基地、句容市青少年教育实践基地等，并开通网络官方账号和农产品直播平台，在扶贫助农的同时利用抖音平台新型直播购买模式，与单位合作提高农产品销售，增加创收。（句投集团）

【重点项目开展】 2020年，句容市新人民医院异地新建工程行政中心、健康管理中心交付使用。妇幼保健院异地新建项目按政府会议精神要求进行有序复工。葛仙湖公园于12月27日开园，成为广大市民休闲的好去处。省句中异地新建项目将于2021年1月5日正式开工。福地路小学、福地路幼儿园加快建设，兆文山烈士陵园一期景观改造项目在国家公祭日前完成并交付使用。长宁化工土壤生态修复工程施工过半，12月初全面完成施工。后白、何庄、天王、茅山、郭庄5个乡镇一大批安置房项目年内开工建设达41.81万立方米。（句投集团）

财　政

【概况】 2020年，句容市一般公共预算收入突破54.85亿元，增幅2.5%。税收收入占一般公共预算收入比重达88.1%，位列全省第1位。全市民生支出66.6亿元，占一般公共预算支出比重达84.3%，达到近年来最高水平。句容市财政局大力提质增效落实积极的财政政策，扎实做好“六稳”工作，全面落实“六保”任务，统筹保障疫情防控和经济社会发展。年内，市财政局连续三年获全省财政重点工作考核先进市县，预算绩效管理、政府采购等20余项工作受到省财政厅表彰，获全国“七五”普法中期先进集体，被财政部确定为“全国财政系统法治财政建设示范点”建设单位，连续10年获“全省法治财政标准化管理先进单位”称号，被省人社厅、财政厅授予“全省财政系统先进集体”称号。（黄　威）

【服务产业强市】 2020年，市财政局统筹财政政策、资金精准发力，做好企业效益的“加法”和市场活力的“乘法”。优先保障疫情防控，做到预算安排到位、资金拨付到位、政策落实到位，及时打通政府采购、医疗补助等领域“绿色通道”，累计拨付新冠肺炎疫情专项资金近8000万元。

2020 年财政部定点扶贫县扶贫干部能力提升培训班在句容召开

落实稳企惠企政策，返还稳岗补贴 1728 万元，减免企业“三项”社保费 3.6 亿元、职工基本医疗保险参保费 5200 万元，综合运用担保费率下调、公积金缓缴降比、租金减免等方式，兑现句容市支持企业共渡难关“20 条”等政策。支持实体经济发展，支持优化扶持实体经济发展“1+X”政策体系，整合 6900 万元支持和服务企业转型升级。设立“科技人才贷”，推进科技创新和人才招引，充分发挥“苏微贷”“苏科贷”等 7 个财政资金池作用，累计为中小微企业提供 7.5 亿元信贷规模，促进实体经济企稳回升。持续优化营商环境，持续巩固和拓展减税降费成效，及时向社会公布 7 项政府性基金收费和 35 项行政事业性收费项目目录清单，梳理营商环境治理重点工作 9 条。

（黄　威）

【保障和改善民生】 2020 年，市财政局争取中央直达资金 5.07 亿元，其中抗疫特别国债资金 3.32 亿元，全部用于民生保障领域。2020 年，全市民生支出 66.6 亿元，占一般公共预算支出比重达 84.3%，达到近年来最高水平。聚焦脱贫攻坚和乡村振兴，统筹扶贫资金 2186 万元强化脱贫攻坚保障。综合用好财政补贴、政银合作等方式，支持农村农产品稳产保供各项优惠政策实施。加大扶持力度，超额完成恢复生猪生产年度目标任务。投入 8425 万元建成高标准农田 4 万亩，支持耕地轮作休耕，强化粮食能源安全保障。聚焦就业创业和社会保障，投入 4000 余万元支持“稳就业”，富民创业贷工作走在全省前列，支持就业创业工作连续两年受到省政府办公厅督查激励通报。全年补充养老保险基金 4 亿元，发放城乡低保、困难弱势群体补助等 1.9 亿元，城乡居民基本养老保险金实现“十连增”，企业退休人员基本养老金实现“十六连增”。推进教育、卫生等社会事业发展，支持石狮小学、华阳实验小学弘景校区建成交付。推动“院府合作”不断深化，基本公共卫生服务、城乡居民基本医疗保险财政补助标准为每年每人 80 元、760 元，一批民生政策保障在较高基数上继续提标。聚焦美丽句容建设，累计投入 15 亿元支持苏南沿江铁路项目、宁句轨道交通工程，为创成全国文明城市提供资金保障，实施综合奖补支持农村人居环境整治，推进农村生活污水治理，支持长江禁捕退捕和渔民安置保障工作，推动生态环境持续向好。（黄　威）

【财政改革】 2020 年，市财政局贯彻落实《预算法实施条例》，坚持“过紧日子”，压减一般性支出、“三公”经费。多渠道筹措化债资金，完成年度化债任务。组织实施 58 个重点项目绩效评价，资金规模达 123 亿元，在全省县级财政部门预算绩效管理工作考核中位列第二。整合预算编制和预算执行“双系统”，完善动态人员库和预算项目库“双库”建设，初步建成财政大数据智能应用系统。上线“句容市政府投资项目监督管理平台”。投资评审项目预算（含概算）核减率 8.3%，工程结算核减率 14.3%。政府采购资金平均节约率 11.9%。实现会计专业技术资格考试和疫情防控“双安全”。行政事业性国有资产报告工作被省财政厅通报表扬。2020 年，乡镇财政部门机构改革全面完成，财政各项工作取得新成效、实现新突破。开发区积极谋划地方财政理财新思路；风景区法治财政标准化管理工作扎实推进；边城实施“以奖代补”土地租金补偿政策，盘活村级集体闲置土地资产；华阳、郭庄、后白债务化解工作积极稳妥；下蜀、宝华预算绩效管理扎实推进；白兔对固定资产实现“一机一码”

管理；茅山强化资金监管，序时完成南沿江城际铁路拆迁补偿重点工作；崇明街道支持老旧小区综合整治，保障文明城市建设。

（黄 威）

税 务

【概况】 国家税务总局句容市税务局成立于2018年7月20日，因税收征管体制改革由原江苏省句容市国家税务局和原镇江市句容地方税务局合并成立。市税务局共设立办公室、法制股、税政股、国家税收管理股、社会保险费和非税收入股、收入核算股、纳税服务股、征收管理股、税收风险管理股、财务管理股、人事教育股、党建工作股、纪检组13个内设机构（含2个另设机构）和信息中心、耕地占用税和契税管理所股室2个事业单位，下设第一税务分局（办税服务厅）、第二税务分局、黄梅税务分局、茅山税务分局、后白税务分局、边城税务分局和下蜀税务分局共7个派出机构。

2020年，句容市税务局坚持依法治税、推进税收改革，落实各项税收政策，提升税收服务水平，各项工作取得显著成效。

（卢腾跃）

【税收征管】 2020年，市税务局聚焦税收职能，发挥服务大局优势。全年共组织各项税费收入102.05亿元，完成地方公共财政预算收入48.31亿元。依法依规组织收入，面对疫情持续影响、经济形势复杂多变等多重压力，市税务局坚持依法依规、质量为先，科学统筹抓好组织收入工作，保障税费收入稳定。精确分析预判收入形势，认真排查税源制定计划，持续夯实税源税基管理，突出发挥风险管理促收入作用。完善风险监管体系，制定集中深度分析、风险提示提醒、递进风险应对实施办法，统筹风险应对任务管理，建立“法律、政策、数据技术”三个专业支持团队，加强应对质量的监控和核查，全年风险应对388户，实现成效2.45亿元。强化土地增值税管理，组建土增税清算审核专业团队，提升自主清算能力，组织做好句容地区245个土地增值税项目核实工作，加强土地增值税的清算，全年土地增值税入库7亿元，同比增长41.61%。继续加强存量房交易税收征管，维护存量房评估系统基础数据，结合疫情对房地产交易市场的影响，对存量房交易价格进一步规范，保障全市存量房交易税收征管工作精准有序推进。

（卢腾跃）

【税收改革】 2020年，市税务局推进税收改革工作，各项税收改革任务均按期高质量完成。全面落实个税新政，推进各项个税改革工作，运用汇缴辅助系统，依靠大数据和网格员两个抓手，分步骤有序推进汇算工作。汇缴共涉及扣缴单位2364户，完成汇算人数39086人，实际补税1373人，补税1032万元，退税人数23934人，退税927万元，完成首次个税汇算工作。完善股权转让税收征管工作机制，着手牵头制定股权转让管理制度，并加强与市场监督部门协调，在受理环节及时发放纳税提示提醒函，提高纳税人税法遵从度，及时下发工作任务，做好跟踪服务，重点加强事中管理，进一步规范税收管理行为，全年完成210户股权转让纳税申报管理。完成四项非税收入划转准备和部分退役士兵社

市税务局组织青年税务干部到企业指导涉税业务操作

保费接续征缴工作，自2021年1月1日起，四项非税收入划转税务征收。市税务局统筹安排，与财政、人防、水利等部门密切沟通，做好划转前的准备工作。配合退役军人事务部门，做好部分退役士兵社保费接续征缴工作的准备，配合退役军人事务局做好征收专户税务登记、社保号迁移关联、银税协议签订等工作，简化工作流程。（卢腾跃）

【减税降费】 2020年，市税务局贯彻落实减税降费、小微企业税收优惠、疫情减免、留抵退税等各项税收优惠政策，每月对申报数据进行效应分析，对发现的问题及时更正。做好减税降费疑点处理工作。通过自行筛选和上级下发疑点数据20000余条，采取抽样分析原因、下发分局核实的形式核查，发现4000条申报错误、多征或少征税款，分别采取更正申报、补缴及退税（费）的形式及时纠正，所涉税款441万元，做到发现问题，及时处理。组织开展“税企同舟 共渡难关 全力帮扶企业复工复产”服务行动，坚持疫情防控和服务经济发展统筹推进，全力稳企业稳经济稳发展。全面落实国家支持疫情防控的“六税两费”12项税收政策、阶段性减免企业社会保险费政策，减免各项税费5亿元。累计受理延期申报1702户次，受理延期缴纳税款110户，缓缴税款3.01亿元。充分运用大数据优势，组织开展减税降费政策效应分析，按月形成减税降费政策效应分析报告，供市局和市委市政府决策参考。（卢腾跃）

【纳税服务】 2020年，市税务局贯彻“涉税事、线上办，非必须、不窗口”的原则，推行“不见面”办税缴费，做好“非接触办税”各项工作。截至2020年年底，实现近九成以上涉税事项实现“网上办、快递送、不见面”，新办套餐办理平均办结时间23分钟，新办企业套餐使用率达100%。制定出台本地化办税指南、办税服务厅管理办法，推进办税服务指引、规范服务管理和服务规范的“三个统一”，并组织开展办税服务厅人员服务礼仪和服务规范等专业培训，进一步规范纳税服务行为，提升建设标准化、规范化水平，为纳税人提供更加便捷高效的纳税服务。开展政策宣传解读和办税操作辅导，帮助纳税人、缴费人懂政策、能申报、会操作。发挥好政策导向，紧贴地方产业，有针对性提供定制化、“滴灌式”的政策支持，提高政策服务精准度。贯彻落实减税降费等各项政策，保证纳税人实实在在享受政策红利，累计落实各项税费优惠17.11亿元。对投诉举报处理程序进行进一步规范，着手建立受理、调查、处理、传递、回访“一条龙”处理机制，分类限时处理纳税人诉求、投诉等事项，建立投诉举报处理制度，加强工单办理转办督办，快速响应、处理纳税人诉求。与住建、国土等部门合力协作，建立部门间联合办事机构，整合业务流程，提高办事效率，精简纳税报送资料，取消不必要的证明、资料内部流转，打通到涉税服务“最后一千米”。在2020年11月初，推动实现不动产交易缴税登记“一窗受理、集成服务”，纳税人只需到一个窗口就可以完成整个不动产权证的办理。深化《句容税务》分析品牌建设，运用税收大数据定期开展疫情影响、经济税收、减税降费等各类分析，为市委市政府科学决策提供参考。

（卢腾跃）

【税收执法】 2020年，市税务局围绕税收中心工作，推进法治税务建设。在上级税务部门权责清单范本的基础上，根据机构改革“三定”方案的规定，以法律法规为依据，全面梳理权责事项，进一步明确本局和派出机构权责清单、责任主体，并对外公布。健全权责清单动态调整和落实机制，确保各级税务机关权责法定、权责清晰、权责统一、公开透明。进一步规范全系统执法行为，优化税务执法方式，提升执法质量，推动全市税务系统税收治理能力和治理体系法治化水平不断提高。建立健全税务执法风险监管体制，加强内控机制建设，完善纠错问责机制，2020年执法过错责任追究4人次。开展税收普法教育，推行以案释法，多形式提升税收法治宣传受众面和普及度。全面推行行政执法“三项制度”，解决执法不规范不准确的问题。规范行政执法公示制度，确保行政执法主体的合法、公开、透明。推行执法全过程记录制度，将重要执法活动执法信息记录情况纳入税务执法风险防控体系。强化重大执法决定法制审核制度，加强对大额罚款、追缴大额税款或社保费、重大行政许可、税收保全、税收强制执行等执法决定法制审

核，确保重大执法决定合法有效。（卢腾跃）

审　计

【概况】　2020年，句容市审计局累计组织实施审计项目29个，完成市委市政府交办任务22项。查出主要问题资金883.65万元，不规范资金2.68亿元，审计促进拨付资金到位7539万元，审计后挽回损失3023.21万元。移送案件线索4起，审计建议55条，推动政策“废改立”26项。市审计局实施的“句容经济开发区2018年度预算执行情况及其他财政财务收支审计”获全省优秀审计项目评选三等奖。（陈来华）

【重大政策措施落实情况跟踪审计】　2020年，审计局找准审计切入点，密切关注上级统一组织实施的长江经济带水污染防治及地方政府债务管理和隐性债务化解、税收和非税收入征管审计（减税降费政策跟踪审计）等方面相关政策措施的落实情况，集中审计局力量，优先保障实施，促进上令下通和政策落地，推动经济高质量发展。（陈来华）

【财政预算执行审计】　2020年，审计局对照由新冠肺炎疫情影响，经济下行压力持续加大、财政收支平衡矛盾突出这一特点，重点关注一般性支出压减、存量资金和闲置资产盘活，以及遵守中央八项规定及其实施细则等情况，推动纠正不合理不合规支出、压减低效无效支出，严格预算约束和财经纪律。重点开展涵盖市本级、茅山管委会2019年度预算执行和其他财政收支审计在内的5个财政审计项目，采用现场与非现场审计相结合的方式，提高审计效率、层次、维度，推进部门预算执行审计全覆盖。7月，受市人民政府委托，向市人大常委会作句容市2019年度市本级财政预算执行和其他财政收支的审计工作报告。（陈来华）

句容市审计局组织召开全市内部审计工作专题培训会

【民生审计】　2020年，审计局推进对惠民政策、民生资金和项目的审计。开展全市农药零差价统一配供专项审计、白兔上荣村矿山废弃地复垦项目审计调查，审计过程中把解决实际问题作为鲜明导向，深入查找影响发展、困扰民生的突出问题，确保为民服务解难题。在开展医疗保险基金、养老保险基金等民生相关审计过程中，采取业务主审和数据主审“双主审”的工作模式，充分利用大数据分析方法，梳理分析思路，挖掘疑点线索，认真做好非现场大数据审计。审计组梳理出企业职工基本养老保险制度保障覆盖及基金管理、基金征缴及支出政策执行、基金安全及可持续发展等方面的49个分析思路。通过审计，基本摸清句容市企业职工基本养老保险基金收支余及管理情况，揭示存在问题，并且探究问题产生原因，进一步规范句容市基金征缴、支出和管理行为，促进各项惠民富民政策落到实处。（陈来华）

【三大攻坚战相关审计】　2020年，审计局围绕三大攻坚战各项目标任务，围绕精准治污、科学治污、依法治污要求，以领导干部自然资源资产离任审计为平台，融合开展长江水污染防治等资源环境审计内容，重点关注环保责任落实和相关政策、资金及项目的绩效情况，推动抓好源头防控。围绕防范化解重大风险，关注财政“保工资、保运转、保基本民生”等重点支出、政府债

务、金融等方面存在的薄弱环节和风险隐患，守住不发生系统性风险底线。（陈来华）

【专项资金审计】 2020年，审计局树立绩效审计理念，把财政专项资金使用绩效作为新时代审计工作发展方向，由重资金管理使用向重绩效转变，重点关注重点项目支出和公共投资项目的政策依据、支出标准、绩效管理和政策目标实现情况，推进财政专项资金整合和统筹使用，减少财政资金沉淀，提高财政资金绩效管理水平。开展新冠肺炎疫情防控资金和捐赠款物专项审计，审计以财政资金流向为主线，以资金的拨付使用、防疫物资的采购分配等情况为重点，特别关注挪用、截留、挤占疫情防控资金和捐赠款物等问题，认真分析疫情防控措施产生的实际效果，针对苗头性、隐患性、时效性问题，及时发出风险警示、提出审计建议，保障疫情防控资金和物资安全高效使用。开展实施公交运营专项资金绩效审计，找准项目“相关资料”和“实际建设和运转情况”两个支撑点，强化审计局上下联动和横向协作。将民生类资金作为专项审计的重点，注重深入剖析屡审屡犯问题、普遍性经常性问题，提出完善财政和预算管理制度机制、深化财税改革的建议。（陈来华）

【经济责任审计】 2020年，市审计局认真执行两办经济责任审计新规定，依法依规确定审计内容，全年安排12名市管干部的经济责任审计。加强与部门预算执行审计、领导干部自然资源资产离任审计、政策跟踪审计和专项审计调查的统筹协调，开发“全市领导干部经济责任审计管理系统”，建立健全审计工作信息和结果共享机制，提高审计监督整体效能。审计过程中坚持实事求是，聚焦权力运行和责任落实，客观反映问题，准确界定责任，审慎作出评价。（陈来华）

【重点资金和重点项目投资跟踪审计】 2020年，市审计局统筹制订投资审计项目计划。安排宁句城际轨道交通项目跟踪审计的拆迁资金审计、长江引水及句容市第一水厂工程跟踪审计等2个在建项目的跟踪审计。把造价审计监督与各责任单位履行管理责任结合起来，维护全市建设市场秩序，促进政府投资领域公权力规范运行。（陈来华）

【内部审计】 2020年，市审计局持续强化对内部审计工作的指导和监督，利用内部审计成果和内部审计力量，形成政府审计和内部审计的监督合力。在全市开展内部审计“以审代训”工作，提高内审人员素质，增强审计业务水平和本领，促进各行各业内部审计质量和内审审计水平的提高。召开全市内部审计工作专题培训会，80家一级预算单位、内审会员单位等200多名内审工作人员参加培训。（陈来华）

统　计

【概况】 2020年，句容市统计局紧紧围绕经济工作中心、服务发展大局，周密部署全国第七次人口普查，强化经济运行分析研判，全面推进高质量发展指标考核监测，各项统计调查工作稳步开展，为市委、市政府科学决策提供客观、准确、及时的统计信息和对策建议，为全市全面建成小康社会和建设“一福地四名城”提供坚强有力的统计保障。2020年中国城市全面建成小康社会监测报告，句容市名列全国第37位，排名比上年提高5位。（张元军）

【第七次全国人口普查】 2020年开展的第七次全国人口普查，是一项重大国情国力调查。市统计局按照全国人口普查条例和通知要求，做了大量深入细致的工作。迅速成立各级普查机构。成立市第七次全国人口普查领导小组办公室。高标准完成“两员”选聘及培训工作。本次人口普查，全市共划分193个普查区，近3000个普查小区，全市共选聘3500名左右普查指导员、普查员。开展普查先期宣传。通过新闻媒体、官方微信、统计公众信息网、致学生家长的一封信等形式，积极宣传人口普查的目的、意义、要求等内容。编印第七次全国人口普查宣传工作简报，及时反映全市人口普查工作进展情况。10月11—31日开展上门摸底工作。11月1日零时，普查员正式上门户登记。截至12月，登记工作已圆满完成，登记居住人口、常住人口、户籍人口、出生人口、死亡人口等各类数据均在合理区间。（张元军）

句容市第七次全国人口普查领导小组会议

【GDP统一核算改革】 2020年，国家统计局全面推行GDP统一核算改革。市统计局根据全省GDP统一核算改革电视电话会议要求，传达贯彻GDP统一核算改革精神，及时向市委、市政府建议建立部门联席会议制度，牵头贯彻落实统一核算方案，深入分析2019年本地区核算结果。为全面推进统一核算改革落地落实，制定下发《关于完善地区生产总值统一核算能力提高数据质量的意见》，深入组织各镇（园区、街道）和相关部门对GDP统一核算改革的具体业务进行培训。全市GDP统一核算逐步走上规范化轨道。 （张元军）

【统计规范化建设】 2020年，市统计局做好各专业年定报工作，进一步加强调查单位的统一管理，年内新增两批“四上”单位入库144家，比2019年新增62家。结合“9·20统计开放日”“12·4宪法日”“12·8统计法颁布日”等时机，宣传统计法律法规知识。市统计局组织各业务科室开展“四上单位”统计数据质量专项核查工作，全年实地核查210余家企业单位，累计核查397家“四上单位”。指导各镇（街道、园区）及各相关部门做好统计规范化建设工作，组织开展工业统计业务技能比赛。通过《句容日报》、市政府网站等渠道正式向社会发布《句容市国民经济和社会发展统计公报》，向社会免费发放《句容统计年鉴》，按季编印《句容统计资料》手册并公开发放。全年向市委、市政府报送统计专报20篇，统计动态66个。 （张元军）

【发展指标检测】 2020年，统计局根据指标解释及省和镇江市相关文件要求，认真梳理省和镇江市61项共性指标及各项指标的子项，确定每项指标的责任部门。同时，按照能分尽分的原则，在征求责任部门意见的基础上，将34项指标分解到各镇（街道、园区）。10月10日，邀请省地方统计调查局副局长刘学军就“高质量发展绩效评价考核指标”的指标体系、计算方法、成果运用等内容，为全市相关部门和乡镇的分管领导和统计人员做详细解读。每月收集汇总省、镇江高质量考核共性指标数据、排名及完成情况，研究提出指标推进意见建议。坚持落实高质量指标监测评价部门协调会机制，对各项指标实行“月通报、季监测、半年评”，有效传导压力、推动落实，推动高质量考核工作进位升级。

（张元军）

市场监督管理

【概况】 2020年，句容市市场监管局全面落实市委、市政府决策部署，全力投入疫情防控、文明城市创建、安全生产等重点工作，持续打造合法高效的营商环境、公平有序的竞争环境和安全放心的消费环境。年内，“西冯草坪”“句容戴庄大米”成功获得国家地理标志证明商标，食品药品安全水平、营商环境便利度等高质量发展考核指标在镇江市排名前列，句容市成功创成省级食品安全示范市。 （孙正瑜）

【疫情防控】 疫情期间，市市场监管局严格落实禁止活禽宰杀与野生动物非法交易行为，排查涉野市场主体2549户次。从大年初二开始，全局干部职工取消春节休假，坚持市场监管和疫情防控“两不误”，凝聚联防联控强大合力。截至10月底，共出动执法人员23961人次，检查各类市场主体42754个次，劝止农村集体聚餐504家次。加强对药品经营单位口罩等防疫物品的价格监管，查处药械价格违法案件6起。

（孙正瑜）

【文明城市创建】 2020年，市市场监管局针对健康证办理周期受疫情影响等突出问题，集体包车免费为1000余名从业者办理健康证。累计检查小餐饮店8600余户次，现场解决各类问题1996个，600余个经营户得到进一步规范。开展“文明餐桌、公筷公勺”实践活动。加大公益宣传力度，重点确保商超公益广告按比例悬挂到位，“一米线”张贴到位。发放社会主义核心价值观等展牌1400块，张贴各类文明标识标牌5万余张。开展人民路等3条路段的“诚信示范街”建设，建立健全保护消费者权益的机制，在各大商超、农贸市场设立投诉举报站（点）。加强窗口服务建设，规范工作人员服务行为，推行文明服务用语。开展过期食品拉网式排查行动，集中时间和力量攻坚。

（孙正瑜）

【“放管服”改革】 2020年，市市场监管局深化行政审批和乡镇集权改革试点工作，开展营商环境“中梗阻”专项治理行动，指导乡镇行政服务中心个体工商户登记工作，为市场主体免费提供优质服务。深入推进“四大战略”（商标、名牌、标准化、知识产权）实施。年内后白镇草坪生产及宝华镇成酒酿造循环经济标准化项目，均通过省级专家组的验收。全年专利申请2324件，专利授权1423件，商标申请953件。

2020年，根据改革要求，个体工商户、个人独资、农民专业合作社登记及食品经营许可等四项审批权限委托各镇行使，分局不再承担该审批事项。8月，外商投资市场主体登记注册管理职责调整到市市场监管局，相关人员进驻市行政审批窗口。（孙正瑜）

【消费投诉处理】 2020年，共受理投诉举报4795件，通过“12345”政府服务热线转办，受理投诉举报2415件，已经办结2415件，办结率100%，满意率99.9%；来信来函、信箱共79件，通过省“12315”受理投诉举报1364件，办结1364件，办结率100%；全国“12315”投诉举报受理937件，办结937件，办结率100%；共接待处理上门咨询和投诉约232件，挽回消费者损失约420万元。强化民生计量检定工作，检定各类计量器具9000余台件，免费检定计量器具1000余台件。

（孙正瑜）

【食品安全】 2020年，市市场监管局对2578家餐饮单位和学校食堂进行动态量化分级评定。持续推进“明厨亮灶”工程建设，实施“明厨亮灶”的餐饮服务经营单位已达1106家，接入远程视频监控单位有148家。完成食品安全监督抽检2466批次，快检10353批次。开展食品小作坊整治提优工程，培育名、特、优食品小作坊11家。年内先后开展“食安利剑攻坚行动”等15个专项整治行动。完成“两会”“中高考”等重大活动期间食品安全保障工作。

（孙正瑜）

【疫苗和药品安全】 2020年，市市场监管局强化企业主体责任，督促全市220家药械经营企业实行质量管理责任制。加大药品监督检查覆盖面，共检查零售药店815家次，责令整改68家次。开展疫苗、美容院和小诊所药械等专项检查，检查市场主体312家

市场监管局开展疫苗检查工作

次，责令整改27家次。（孙正瑜）

【特种设备安全】 2020年，市市场监管局做好国家、省、市安全生产巡查督导工作，重点对全市住宅电梯、锅炉等涉及危化品特种设备等企业生产开展专项检查。共检查企业113家，排查设备318台，发现并消除隐患79条。（孙正瑜）

【产品质量监管】 2020年，市市场监管局加大流通领域质量抽检，开展口罩等防疫用品的质量安全监管工作。开展熔喷布行业专项整治工作，共排查市场主体27家，责令停产18家，取缔无证无照3家。牵头组织开展非标电动三、四轮车专项整治行动，排查市场主体189家。（孙正瑜）

【安全生产督导巡查整改】 2020年，市市场监管局参与全市31个行业领域安全生产专项整治行动，先后联合住建部门对涉化企业、集中气瓶充装单位等开展专项检查。配合市安全生产第八督导组开展安全生产督导巡查工作。完成上级巡视、巡查、督导交办的33条问题隐患，到期整改率达100%。

【事中事后监管】 2020年，市市场监管局推进“双随机、一公开”监管。牵头制定94项抽查计划，公示抽查结果信息3415条。市场监管信息平台累计推送数据20431条。企业年报率达94.3%。列入经营异常名录1540户次，依法清理吊销企业447户。先后开展“长江禁捕”、校外培训机构、宝华物流整治等专项行动，截至10月底，立案查处162件，其中食品类案件44件。查办的“假冒雪糕案”获得省局和省公安厅的联合表扬，查办人员被省公安厅推荐到公安系统内作经验介绍。深入推进“扫黑除恶”专项行动，将投融资类企业纳入重点监管范围。联合公安部门开展打击传销专项行动8次，遣返传销人员41名。（孙正瑜）

2月28日，句容市召开全市安全生产督导部署会

【执法标准规范】 2020年，市市场监管局利用“食品安全宣传周”“质量月”等主题活动，加强市场监管领域“七五”普法宣传。推进行政执法标准化、精细化，权力事项清单和行政处罚结果及时在网上进行公示。全年共审核重大行政处罚案件26件。应对行政复议、诉讼案件10件，移送3件行政处罚案件。（孙正瑜）

安全生产监管

【概况】 2020年，句容市应急管理局深化安全生产专项整治，加强风险管控措施。年内，研究制定《句容市市委常委、市政府领导班子成员2020年安全生产重点工作任务清单》，积极修订安委会全体成员单位安全生产工作职责清单，严格照单履职。分别与全市12个镇（街道、管委会）、39个部门和单位签订安全生产、应急管理年度目标管理责任书，制定印发《企业落实安全生产主体责任重点事项清单》。把安全生产纳入政府、部门和单位高质量考核重要内容。结合句容实际，在油气输送管道、工矿商贸、危险化学品、交通运输、建筑施工等重点领域，设置15个安全生产专业委员会，明确各专业委员会要统筹协调各成员单位的安全生产工作，协调解决安全生产工作中的重大问题。制定印发安全生产警示提示、约谈、重要工作督办、安全生产专业委员会述职报告、安委会成员单位履职报告等五项制度和《安全生产督导（巡查）办法》等。（刘福利）

【违法违规“小化工”百日专项整治】 2020年，句容市印发《句容市集中开展违法违规“小化工”等“低散乱”生产经营单位专项整治行动方案》，明确整治工作各成员单位工作职责，多次召开会议协调推进整治工作。成立违法违规“小化工”专项整治行动联席会议办公室，负责专项整治日常工作。同时，结合实际，将本质安全度低、分布散、现场乱的“小铸造、小酿造、小电镀”等纳入本次专项整治范围，同步排查、同步治理。在工作推进中，市专治办联合市纪委监委组成督查组，不定期开展对“小化工”专项整治工作开展专题督查。全年排查空厂房、空场地174家，非化工企业违法违规从事化工生产的8家，已整治6家；排查小作坊和黑窝点129家；共计组织1292人次，排查1600余家企业。

（刘福利）

【强化企业主体责任落实】 2020年，句容市加强安全生产执法力度。按照年度执法计划和阶段性工作任务，加大对企业安全生产违法违规行为的执法，充分利用江苏省应急管理执法终端辅助执法，实现执法文书100%电子化，全年共立案处罚195家，处罚金额279.46万元。推进企业安全生产双重预防机制建设，督促企业开展风险隐患排查，准确辨识风险部位，科学划分风险等级，实施有效管控措施，年内完成建设290家。持续推进企业标准化创建，着力提高企业标准化运行质量。年内，标准化达标企业367家，其中二级达标企业7家、三级达标企业133家、小微达标企业220家。继续做好企业安全生产责任保险参保工作，强化组织领导，明确工作要求，循序渐进抓好推进，加强对企业的教育宣传和对重点企业的跟踪督促，年内已参保企业41家，保额40.3万元。

（刘福利）

【安全隐患专项整治】 2020年，句容市加强对危化品、非煤矿山、金属冶炼、粉尘涉爆、有限空间、使用危化品企业专项检查工作，其中以危化品专项整治工作为重点，检查企业30家次，排查整治安全隐患182条，检查烟花爆竹批发及零售经营单位176家次，排查隐患298条；以非煤矿山专项整治为重点，检查企业126家次，排查整治安全隐患53条；金属冶炼以提升冶金企业安全生产基础及设施设备本质安全度为重点，检查企业25家次，排查整治安全隐患35条；粉尘涉爆企业以单班作业人数大于10人或工位大于10个的企业为重点，检查企业23家次，排查整治安全隐患122条；有限空间以污水池、腌制间为重点，检查企业46家次，排查整治安全隐患113条；开展工贸行业使用危化品安全生产专项执法，检查企业17家，排查整治隐患65条。2019年11月至2020年7月，国务院、江苏省和镇江市督导组分别对句容市开展集中督导。其中，国务院督导组正式交办80条、省督导组交办24条、镇江市督导组交办35条隐患问题。针对上级交办的隐患问题，句容市逐一挂牌督办，强化跟踪督查，定期通报进度，年内全部整改到位。2020年8月，国务院道路交通、矿山专项组、消防专项组开展督导“回头看”，矿山组反馈13条隐患，以及镇江市督导（巡查）反馈103条隐患问题，由句容市安委会挂牌督办，各隐患全部整改到位。

（刘福利）

综 述

【概况】 2020年，句容市粮食亩产454.4千克，总产27.71万吨，新增高效设施农业面积约388公顷（5819亩）。2020年，全市生猪饲养量14.6万头，出栏8.5万头，生猪产能恢复明显；大牲畜饲养量0.14万头；羊饲养量1.87万只，出栏1.1万只；家禽1281.2万羽，其中出栏939.1万头羽，蛋禽存栏量99.5万羽。2020年，全市水产养殖面积3462公顷（51930亩），其中特种水产养殖面积2770公顷（41550亩），占水产养殖面积的80%；全年实现水产品产量2.53万吨，渔业产值16.6亿元；实现渔业增加值10.63亿元，渔业为全市农民人均增收249元。全市绿色优质农产品比重为80%以上，种植业绿色优质农产品比重达61.88%，生态健康养殖比重达99.5%。截至2020年年底，句容市农民合作社共有1211家，其中列入省级政府优先扶持名录的127家。获得省级财政奖补项目的家庭农场26家。2020年全市新增农民合作社27家、家庭农场159家。（唐 明 杨 杨 巫爱军 刘 勇 王丽娟）

农村工作

·乡村建设·

【概况】 2020年，句容市将农村人居环境整治工作作为实施乡村振兴战略的第一场硬仗，围绕“四清一治一改”和“四个专项行动”，成立党建引领乡村振兴专项行动办公室，强化指导和督查。建立督查销号、例会、专办通报、电视专栏定期曝光制度。通过整治，村庄环境焕然一新，村容村貌大幅度提升，农民群众的幸福感、获得感显著增强。截至2020年6月底，全市有整治任务的138个行政村、1394个自然村全部完成任务，并一次性通过镇江市级验收销号。到2020年底，句容市农村无害化卫生户厕普及率达到95.7%，农村生活垃圾集中收运率达100%，开展全域农村生活垃圾分类试点的乡镇4个，农村生活污水处理设施行政村覆盖率达100%，畜禽粪污综合利用率达98.22%，秸秆综合利用率达96.2%，农膜回收率达88.5%，实现村庄环境整洁有序的行政村比例达100%。按“六有”标准制定出台《句容市农村人居环境长效管理工作方案》。经考核，2020年，句容市全面完成省市下达的农村人居环境整治工作任务，并被省农村人居环境整治联席会议办公室评为第一等次。（沈顺忠）

·扶贫工作·

【概况】 2020年3月，句容市农业农村局按照制定出台脱贫攻坚“回头看”工作方案，重点围绕脱贫人口、达标村、扶贫项目、阳光平台、防止返贫五项工作，深入排查脱贫攻坚问题短板。自“回头看”工作启动以来，共检查79个经济薄弱村、750户建档立卡户、28个2019年达新标项目、62个市领导帮扶项目和43个“富

丁庄村入选2020年中国美丽休闲乡村

民强村”项目，有效推进扶贫工作的顺利开展。将新致贫返贫户、脱贫监测户和边缘户纳入动态管理，落实一对一帮扶机制，全面提升脱贫质量。全市不稳脱贫户125户270人、边缘户7户17人，已全面落实帮扶措施。对不稳脱贫户及时落实帮扶措施，对边缘户建立缓解临界贫困问题的长效机制，制定完善帮扶政策措施，着力解决好脱贫户持续增收问题。句容市坚持以产业扶贫为主，重点围绕优势特色农业产业，四个镇级产业葡萄、草莓、草坪、苗木，一个县域产业茶叶，积极引导有产业基础、资源优势的经济薄弱村，整合产业资源，打造产业特色，助推产业帮扶。开启市级统筹扶贫，结合全市优势特色农业，整合扶贫资金2286万元（含中央100万元资金）投资江苏句容投资集团有限公司，综合筛选全市20个已达标、经济基础较薄弱的村参与，每个经济薄弱村平均年增收6万—8万元，截至12月1日共产生收益33.78万元。开展消费扶贫活动，5月底，在后白镇古村农业科技示范园举行展示展销推介活动；8月初，在南京召开“茅山林品”推介会；8月底，举办优质农产品（南京）展销会，首次设置“精准扶贫展示区”。开展丰富多彩的扶贫日活动。9月，市扶贫办、市农业农村局联合举办2020年句容市“助推富民强村　巩固脱贫成果”培训班。10月，举办“喜看扶贫成果，接力乡村振兴”——句容市脱贫攻坚成果展。（刘书仁）

·农村综合行政执法·

【屠宰环节监管】 2020年，句容市落实生猪屠宰环节“两项制度”，督促屠宰企业按照“批批检、头头检、全覆盖”的原则开展非洲猪瘟检测工作，加强检测人员技术培训，发挥远程视频监控作用，做好巡查记录，严格屠宰检疫工作。根据“五化四有”标准要求全面推进全市生猪定点屠宰场标准化建设。2020年，京江肉制品有限公司获得江苏省标准化生猪定点屠宰场资格。（赵江楠）

【无害化处理监管】 2020年，句容市督促各乡镇持续做好乱抛乱丢死猪等排查工作，发现问题及时规范处置，实现全市病死猪集中无害化处理。（赵江楠）

【饲料兽药、禁用兽药监督】 2020年，句容市深入开展兽药饲料质量安全监管。增强兽药饲料经营企业、使用单位诚信自律意识、质量责任意识和守法经营，规范兽药饲料市场经营秩序和使用行为，遏制非法销售假劣兽药饲料行为。2020年共发放兽药安全使用告知书、饲料安全使用告知书、禁用兽药名录各300余份，签订兽药安全使用承诺书、饲料安全承诺书各300余份，开展监管巡查170余次。（赵江楠）

【动物卫生宣传引导】 2020年，句容市与生猪调运户签订生猪调运告知书，告知不得非法违规调运生猪，承诺规范经营等行为，与生猪养殖户签订禁止饲喂餐厨废弃物承诺书和告知书，与肉片经营户签订守法经营承诺书，公布举报投诉电话。全年共发放宣传材料110多册，开展执法101次，出动执法人员407人次，办理动物卫生监督类案件2件，处理“12345”政府热线平台投诉3起。（赵江楠）

【农资检查】 2020年，句容市农业农村局结合实际，在抽检工作中注重提高针对性，完成好农药、化肥抽检工作。年内，农药产品60个样品、肥料产品40个样品抽检任务已经全部完成并依法送检。开展农资经营门店日常执法检查，出动执法队员400多人次对全市200余家次经营门店展开检查，检查涉及种子、农药等，配合参与农产品质量安全执法。深入乡村启动开展“春雷行动保安全 放心农资进乡村”主题活动。通过发放宣传手册和优质放心农资，接受问询等方式，进一步普及群众农业法律法规知识，提升农户识假辨假水平，倒逼农资经营者加强质量意识，营造放心农资下乡、褒优惩劣的良好氛围。确定当年的放心农资采购品种，3月，市农业农村局向各镇农服中心、葡萄生产主体发出通知，请有意愿的、具有一定规模、能带动周边葡萄种植户生产活动“两增两减”起到保驾护航作用的生产主体于3月底前将放心农资发放申请表提交给乡镇农业服务中心推荐，报市农业行政综合执法大队审核。4月初，通过局审定组人员现场查看、讨论后最终确定10家发放名单，4月底前全部完成发放工作。（赵江楠）

【打击涉农领域违法行为】 2020年，句容市农业中队共办理案件3件，其中农产品质量案件1起、农药案件2起。（赵江楠）

农业经济

【农业新型经营主体建设】 2020年，句容市列入省级政府优先扶持名录的合作社127家。全年新增农民合作社27家、工商注册家庭农场159家。新型经营主体适度规模经营面积25145公顷（约37.72万亩），比重达69.91%，完成乡村振兴指标任务，农户参加农民合作社比例达104%。句容市全年新增省级农民合作社示范社8家、句容市级农民合作社示范社17家；省级示范家庭农场12家、镇江市级示范家庭农场17家、句容市级示范家庭农场46家。年内，丁庄万亩葡萄专业合作联社成为江苏唯一入选第二批全国农民合作社典型案例；如花家庭农场、满园香家庭农场和张峰良品家庭农场入选全省家庭农场典型案例。（王丽娟）

【村级一事一议财政奖补项目监管】 2020年，句容市实施村级公益事业一事一议项目的共有10个镇（街道、管委会）36个村，共安排43个一事一议财政奖补项目，其中村内道路硬化项目14个，道路亮化项目19个，村健身广场项目6个，河塘清淤项目4个。项目总投资1394.55万元，平均项目投资32万元，其中财政奖补资金1165.70万元、一事一议筹资228.85万元。2020年所有计划项目全部完成验收。（王丽娟）

【农业政策性保险】 2020年，句容市政策性农业保险全年共计完成保费收入4446.19万元，同比增长20.16%，其中主要种植业保险保费1482.65万元（小麦承保8814.94公顷（约13.22万亩），保费394.52万元；油菜承保4285.65公顷（约6.43万亩），保费141.43万元；水稻承保18045.89公顷（约27.07万亩），保费853.74万元；玉米承保2817.13公顷（约4.23万亩），保费92.96万元。高效设施农业保险共开办17个险种，保费4395.24万元。由于受冻害、暴风和病害的影响，小麦、水稻和高效设施农业保险受灾较严重，全年共计赔款2086.22万元，农业保险简单赔付率达46.92%。其中，小麦受灾面积约400.45公顷

下蜀镇深入推进农村基础设施建设、村庄风貌整治

(6006.80 亩)，赔款 134.76 万元；水稻受灾面积约 876.09 公顷（13141.30 亩），赔款 458.08 万元；高效设施农业赔款 1484.65 万元。全年共计完成赔案 1273 件，理赔受益农户 1517 户。

（王丽娟）

【农村集体产权制度改革】 2020 年，句容市完成 162 个农村集体经济组织登记赋码发证工作。通过产权制度改革，全市共界定农村集体经济组织成员 166477 户 46.55 万人，折股量化经营性资产 7.61 亿元，发放股权证 16 万余册并全面完成在江苏省农村集体经济组织管理系统中组织信息、成员管理信息录入工作。9 月，句容市农村集体产权制度改革试点工作正式通过江苏省级验收。 （王　晋）

【农村财务会计人员业务提升培训】 2020 年，句容市开展规范村级财务管理会计核算流程，强化对农村基层村级财务工作的指导，确保村级财务核算监督工作规范。组织全市农经系统村账镇管会计到南通科技职业学院进行为期四天的业务提升培训，提高村账镇管会计的村级“三资”监管信息平台管理水平。（王　晋）

【农村集体产权交易平台管理】 2020 年，句容市完成对乡镇农村集体产权交易平台信息监管系统的升级改造建设。实现农村产权线上交易系统的开通工作，并且重新开放农村土地承包经营权他项权证的开设工作，为拓宽农村新型经营主体融资渠道铺平道路。

（王　晋）

【村级集体经济项目】 2020 年，市农业农村局配合组织部门、财政部门，全面落实省委组织部的扶持村级集体经济项目。年内，2019 年的 10 个组织部项目，除一个因村庄规划调整正在变更之外，其他均已经实施完成，等待审计验收。2020 年的 3 个组织部项目也已经实施完成，等待审计验收。

（王　晋）

种 植 业

【概况】 2020 年，句容市农作物总播种面积 57553 公顷（约 86.3295 万亩），以小麦种植田块为主的轮作休耕面积 3960 公顷（约 5.94 万亩）。其中水稻栽种面积约 22066.7 公顷（约 33.1 万亩），比上年增加 720 公顷（1.08 万亩），全市机插秧面积约 18313.3 公顷（约 27.47 万亩），其中应用硬地硬盘育秧栽插面积约 6086.7 公顷（约 9.13 万亩）。水稻亩产约 564.2 千克，总产 18.675 万吨，比上年增加 0.5723 万吨；小麦播种面积 9260 公顷（约 13.89 万亩），小麦单产 326.5 千克，比上年增长 0.2 千克，总产 4.5351 万吨；油菜种植面积 5780 公顷（约 8.67 万亩），比上年减少约 1353.3 公顷（2.03 万亩）。玉米种植面积 2600 公顷（3.9 万亩），大豆种植面积 1520 公顷（2.28 万亩），甘薯种植面积约 933.3 公顷（1.4 万亩），花生种植面积约 453.3 公顷（0.68 万亩），棉花种植面积 540 公顷（8100 万亩），粮食作物的种植面积均比上年有所增加。

（唐　明）

【绿色高质高效创建】 2020 年，句容市共建设水稻绿色高质高效示范片 7 个。示范片内主推南粳 5055、南粳晶谷等优质食味品种，优质品种覆盖率达 100%。示范片全面应用机插壮秧培育技术和精确定量栽培清洁生产技术，实行集中育秧，机插秧技术全覆盖。全面应用绿色防控、测土配方施肥等绿色高质高效栽培技术，提升稻米品质，减少化学农药、化学肥料的使用强度。绿色高质高效创建活动示范带动作用明显，辐射带动大面积水稻生产实现高质量发展。 （束华琴）

【新技术示范推广】 2020 年，句容市开展稻麦新品种、新技术、新产品以及新模式的示范展示，全市共建立县级“三新”技术示范展示基地 6 个，展示稻麦新品种 20 个、新技术 5 项、新产品 3 种、新模式 3 项。 （束华琴）

【轮作休耕】 2020 年，句容市轮作休耕申报面积 4023.629 公顷（60354.44 亩），共涉及行政村 80 多个，其中 1.33 公顷（20 亩）以上的大户近 300 户，小户近 1 万户。通过实施轮作休耕，既从一定程度上改善耕地地力和土壤结构，又能有效缓解季节茬口矛盾，同时还减少当季化肥农药使用量和后茬作物化学氮肥的使用量，减肥减药效果明显，减少农业面源污染，有效缓解生态环境压力。

（束华琴）

边城镇大华村绿农粮食种植土地股份专业合作社抢收割水稻

【耕地质量提升】 2020年，句容市着力开展耕地质量监测，动态掌握土壤养分状况，建立3个省部级、6个镇江市级及9个县级耕地质量固定监测点，5个肥情信息采集监测点，在各镇开展肥料使用情况调查，掌握土壤养分现状及农户施肥习惯，指导农户开展科学施肥、配方施肥。全年市政府集中采购商品有机肥4000吨，全市有机肥施用面积达2400公顷（3.6万亩）；绿肥种植补贴面积266.66公顷（4000亩）。全市共设立16个水肥一体化施肥技术示范点，通过示范点辐射带动技术的推广，在草莓、葡萄、茶叶和蓝莓等经济作物上应用水肥一体化技术面积约800公顷（1.2万亩）；全市的主要农作物化肥使用量为18866吨（折纯）；调查评价的耕地质量等级为4.45，较上一年度提升了0.2个等级以上。

（束华琴）

【绿色防控示范区建设】 2020年，全市在水稻、草莓、葡萄、茶叶上开展了绿色防控技术示范，取得一定的经济、社会效益和生态效益。绿色防控示范区内各种作物的用药次数减少，成本降低。水稻病虫防治减少用药2次，草莓、葡萄病虫防治减少用药3—4次，茶叶病虫防治减少用药1次，危害损失率控制在5%以下，水稻每亩节本增效约80元。核心示范点草莓售价最高可达80元/千克，平均56元/千克，高于非示范点均价45元/千克，最终核心示范点年平均利润可达5.4万元/亩，提质增效44.38%；葡萄果品销售亩增加的效益将达18%，亩增效2040元；茶叶核心示范区内由原来每亩5000元增至8000元以上。项目实施后，通过报纸、电视、网络等媒体宣传和培训的开展，发布病虫防治信息，发放明白纸，田间技术指导等手段，提高防治信息的到户率，减少盲目用药、乱用药的情况，对降低农药使用强度，提高农产品品质具有较好的作用，对周边农户起到很好的带动和引导作用，从而增加生物农药和其他绿色防控物资的推广覆盖面。水稻、草莓、葡萄、茶叶绿色防控示范区内的病虫害防治基本上使用对环境友好的生物农药，除此之外，还有农业生态技术、理化诱控技术等，实现综合防治，大大减少化学农药的使用量。水稻绿色防控示范区内化学农药的使用量下降了30%以上，草莓、葡萄、茶叶绿色防控示范区内化学农药的使用量下降了40%以上。2020年，白兔镇葡萄绿色防控示范区被江苏省植物保护植物检疫站表彰为全省农作物病虫害绿色防控工作先进单位。

（束华琴）

养殖业

【概况】 2020年，句容市畜牧生产稳定发展，全年未发生重大动物疫情。在推广种草养畜（禽）模式，大力发展草食动物（鹅、羊）同时，也着力提高大中型生猪规模养殖比重，2020年达80.11%。（杨　杨）

【重大动物疫病防控】 2020年，句容市按照“集中免疫和常年补免相结合”的方针，实施春、夏、秋3次全市突击防疫行动。2020年动物免疫情况为生猪口蹄疫3.43万头，牛口蹄疫1.56万头，羊口蹄疫2.13万头，家禽禽流感共防疫764.82万羽，生猪高致病性蓝耳病1.62万头，猪瘟3.67万头，小反刍兽疫0.82万头。动物疫病的总体防疫密度均达100%，抗体滴度经日常监测和飞行检测，

总体水平达85%以上。（杨　杨）

【畜禽养殖污染治理】　2020年，句容市加快推进畜禽养殖污染治理，提高畜牧业绿色发展水平。在前期畜禽养殖污染治理的基础上，继续开展畜禽养殖污染治理，2020年全市有规模畜禽养殖场163户（已完成163户），治理率达100%；小规模畜禽养殖场260户（已完成251户），治理率达96.54%。（杨　杨）

【畜禽养殖废弃物资源化利用】　2020年，句容市畜禽粪污资源化利用以“三分离+农牧结合”为主，结合畜禽粪污深度处理。2020年畜禽养殖废弃物资源化利用率达97.64%。（杨　杨）

【畜牧生态健康养殖技术推广】　2020年，句容市有152家养殖场符合生态健康养殖技术要求，其中有效期内生态健康养殖场138户，新推广14户。省级健康养殖场示范场到期复检5户，其中有2户关闭，1户未达养殖规模，2户复检合格。畜牧生态健康养殖技术推广率为99.5%。（杨　杨）

【养殖池塘生态化改造方案发布】　2020年，句容市农业农村局与镇江市句容生态环境局联合编制发布《句容市养殖池塘生态化改造实施方案（2019—2022年）》，该方案明确了全市池塘生态化改造的总体时间表，也对池塘生态化改造的模式进行具体设计。

（巫爱军）

【渔业生态健康养殖】　2020年，句容市推进生态健康养殖模式，主要包括池塘鱼鳖生态混养与稻渔综合种养模式。截至2020年年底，全市池塘鱼鳖生态混养面积为333.33公顷（5000亩），亩均增效在3000元以上；稻渔综合种养面积为200公顷（3000亩），亩均增效为1000-2000元。（巫爱军）

【特色水产品养殖】　句容市特色水产养殖品种主要包括河蟹、青虾、小龙虾、鳜鱼、甲鱼等。截至2020年底，全市青虾主混养养殖面积已超过1333.33公顷（2万亩），亩效益大多在2000元以上，最高的已达到5000元以上。除了青虾、河蟹、小龙虾等已经形成一定规模的特色水产品种，句容市还鼓励养殖户开展鳜鱼、黑鱼、甲鱼等特色水产品养殖，并给予一定的财政资金扶持。（巫爱军）

【休闲渔业】　2020年，全市休闲渔业企业数量达到116家，投资总额达到16150万元。休闲渔业面积达1253公顷（18795亩），年营业额达14050万元。

（巫爱军）

【渔业科技入户示范工程】　2020年，句容市连续第13年实施渔业科技入户示范工程，在郭庄、后白、华阳、边城、宝华、天王6个镇和开发区开展渔业科技入户工作，共培育渔业科技示范户200户，示范面积11926亩。共选聘水产科技人员13名作为技术指导员，负责对全市200户示范户进行技术指导与服务。（巫爱军）

【长江十年禁渔】　2020年是江苏省实施长江禁渔的开局之年，句容市在全面完成长江专业渔民退捕的基础上，完成全部29户专业渔民退捕材料的建档立卡工作，实行“一证一档”。市渔政部门联

2020年句容市农林场圃情况一览表

表5

名称	所在镇	法人代表	联系电话	经营项目
下蜀茶场	下蜀镇	谭圣伟	87761297	茶叶
九华茶场	开发区管委会	赵小平	87388127	茶叶
赵庄林苗场	边城镇	夏爱军	87631103	茶叶
张庙茶场	后白镇	张德敏	87501212	茶叶
茅山茶场	后白镇	戴军舰	87831080	茶叶
浮山果园	天王镇	程学文	87458018	茶叶
方山茶场	天王镇	黄成兵	87427087	茶叶
种猪场	后白镇	卜怀浩	87856999	种猪繁育
良种场	后白镇	张为强	87401288	农作物良种繁育

（市农业农村局）

合市公安、水利、市场监管、城管、交通运输及下蜀镇等部门开展打击长江非法捕捞专项整治行动，清理地笼网、迷魂阵、拦河网等各类违规网具400余张。市渔政部门还与公安部门开展联合执法，查获非法捕捞刑事案件3起3人，行政案件2起2人。年内，句容市成立长江禁捕管理办公室并实现了常态化运行。

（巫爱军）

农业产业化

【概况】 2020年，句容市以建设国家现代农业示范区为统揽，以推进现代农业产业园区为抓手，重点提升园区产业发展层次和综合竞争力，推进现代农业园区建设。2020年，江苏省句容天王现代农业产业园、句容市后白现代农业产业园、句容市东方紫现代农业产业园被认定为镇江市级现代农业产业示范园。

（解科成　陈文霞）

【中央农业产业强镇建设示范项目】 2020年，句容市强化白兔农业产业强镇建设，推进白兔镇应时鲜果一二三产业高度融合发展，促进乡村振兴。截至2020年年底，整合中央农业产业强镇建设示范项目资金1000万元，省级示范园项目财政资金累计达4000万元，有效促进白兔鲜果生产基地建设建设和新型经营主体扶持工程建设。（解科成　陈文霞）

【农业龙头企业培植】 2020年，句容市共有各级农业产业化龙头企业87家，其中国家级1家、省级13家、镇江市级20家、句容市级53家。2020年，句容市唐陵花木交易市场有限公司创成国家级农业产业化龙头企业，标志着句容市在创建国家级农业产业化龙头企业历程中实现零突破。句容市浩源生态农业科技有限公司、土山土水生态农业江苏有限公司、句容市惠康生态农业有限公司、句容市汇景园林绿化工程有限公司4家企业创成镇江市级龙头企业；葛根产业化联合体创成省级产业化联合体。

（解科成　吴昌静）

【休闲观光农业】 2020年，句容市加快推进休闲农业提档升级。年内，句容市伏热花海创成全国休闲农业与乡村旅游（五星级）精品企业，茅山镇丁庄村入选2020年中国美丽休闲乡村，白兔镇唐庄村、茅山镇永兴村入选第十批全国“一村一品”示范村，白兔镇白兔村、后白镇西冯村、天王镇唐陵村、茅山镇丁庄村、茅山镇丁家边村5个村入选全国乡村特色产业亿元村；江苏农博园、清境农业、土山土水智慧农场3家企业创成江苏省主题创意农园，天王金蝉花炖老母鸡汤、下蜀狮子头等两道菜入选江苏省百道乡土地标菜，“句容市春秋古村茶旅一日游、句容市四季花海茶旅葡萄小镇亲子休闲二日游”两条路线入选省级休闲旅游农业精品路线。成功举办2020“苏韵乡情”乡村休闲旅游农业专场推介活动暨中国句容第十一届丁庄葡萄节、2020句容农民丰收节等节庆活动。（解科成　陈　潇）

【农产品展示展销】 2020年，句容市举办第五届句容优质农产品（南京）展销会，组织参加2020年全国新农民新业态创业创新大会、第二十二届江苏农业国际合作洽谈会、第七届黄河金三角投资合作交流大会暨渭南农产品加工产业博览会、第十八届江苏农产品（上海）交易会、第十八届中国农交会等展示展销活动。7月，市农业农村局在江苏名特优农产品推介会活动筹备工作会议作典型交流发言。

（解科成　赵　凯）

【农村创新创业工作】 2020年，句容市围绕促进乡村产业兴旺的目标任务，大力挖掘、培育和吸引一批用于创新、敢于担当的农业带头人，助力句容优势产业高质量发展。组织参加2020年全国新农民新业态创业创新大会；组织7个新型农业项目参加第四届镇江市农村创业创新大赛，其中现代化农业与管理项目荣获成长组一等奖并进入省级决赛，空气凤梨无菌播种工厂化项目等6个项目分别获评初创组优胜奖。

（解科成　赵　凯）

【农业品牌化建设】 2020年，句容市通过“一镇一业、一村一品”的大力实施，在天王、后白、茅山、白兔等农业大镇，重点培育一批“土字号”、“乡字号”的特色乡土品牌。截至2020年年末，全市共拥有农业品牌共计113个，其中农产品区域公用品牌11个，拥有二品一标共计103个。

2020年，丁庄葡萄入选江苏农业品牌目录单品类区域公用品牌；茅宝葛根茶、东方紫桑葚入选产品品牌。（解科成　钱荣志）

【数字化智慧农业建设】　2020年，句容市加大农业物联网技术在现代农业中的应用范围。年内，江苏省句容现代农业产业园区、港华紫荆农庄（句容）有限公司、句容市谷情坊农产品有限公司等3家单位创成江苏省数字农业农村基地。全市农业信息化覆盖率已达到69.6%，位列镇江第一。（解科成　钱荣志）

【乡村产业项目招引】　句容市以吸引工商资本投资农业领域为重点，以农业优质项目、先进技术、人才、先进管理等为招引目标，依托区域优势，积极开展乡村产业招引工作。2020年，全市新招引乡村产业项目25个，总投资达33.43亿元，其中何庄乡村振兴瑞华农文旅、句容年出栏15万头生猪养殖产业、江苏护理职业学院药学产教融合实训基地等总投资在5000万元以上的项目共计12个。（解科成　钱荣志）

农业综合开发

【概况】　2020年度，句容市计划实施高标准农田建设项目666.66公顷（1万亩），位于边城镇。项目投资1750万元，中央财政资金1004万元，省级财政资金186万元，市级财政资金560万元。（王志建）

【高标准农田建设项目】　2020年，全市完成2019年度高标准农田建设项目5个，财政总投资8425万元，建设面积2666.66公顷（4万亩），高效节水灌溉333.33公顷（0.5万亩），分别位于白兔镇、茅山镇、后白镇和郭庄镇4个镇。其中白兔茅庄、上荣片建设高标准农田666.67公顷（1万亩）；白兔太平、西井片建设高标准农田666.67公顷（1万亩）；后白古村片建设高标准农田333.33公顷（0.5万亩）；郭庄方溪片建设高标准农田333.33公顷（0.5万亩）；茅山何庄片建设高标准农田666.67公顷（1万亩），高效节水灌溉333.33公顷（0.5万亩）。（王志建）

【生态型高标准农田建设试点项目】　2020年，句容市建设完成2019年度茅山镇生态型高标准农田建设项目，项目建设规模666.67公顷（1万亩），其中高效节水灌溉（低压管灌）建设面积333.33公顷（0.5万亩），项目总投资3175万元，位于茅山镇何庄村，项目区现有土地总面积1033.33公顷（1.55万亩），耕地面积666.66公顷（1万亩），耕作制度为一年两熟，以种植水稻和小麦为主，项目区集中连片，属于典型的低山丘陵区，土地较平整，属于基本农田保护区范围，符合农田用地规划，是较好的优质粮食种植基地。（王志建）

丁庄万亩葡萄专业合作联社入选第二批全国农民合作社典型案例

2020年句容市省级及以上农民合作社示范社一览表

表6

序号	名称	示范级	序号	名称	示范级
1	句容市天王镇戴庄有机农业专业合作社	国家级	21	句容市广发农机植保专业合作社	省级
2	句容市后白镇西冯花草木专业合作社	国家级	22	句容经济开发区润民食用菌专业合作社	省级
3	句容市华甸农产品专业合作社	国家级	23	句容市粮满仓稻谷专业合作社	省级
4	句容市天王镇华安彩叶苗木专业合作社	国家级	24	句容市丁庄万亩葡萄专业合作联社	省级
5	江苏爱农葡萄专业合作联社	国家级	25	句容市后白镇西冯老方茶叶专业合作社	省级
6	句容市虎耳山无花果专业合作社	国家级	26	句容市后白三水果品专业合作社	省级
7	句容市捧花蜂业专业合作社	国家级	27	句容市华阳街道下甸果蔬专业合作社	省级
8	句容市丁庄老方葡萄专业合作社	国家级	28	句容市白兔镇致富果业专业合作社	省级
9	句容市茅山镇绿盾机械植保专业合作社	国家级	29	句容市容润茶叶专业合作社	省级
10	句容市茅山镇丁家边紫玉桑葚专业合作社	国家级	30	句容市白兔镇新三农粮食种植专业合作社	省级
11	句容市纪兵农业机械服务专业合作社	国家级	31	句容市青江农机植保专业合作社	省级
12	句容市宝华镇仓头村强民稻米专业合作社	国家级	32	句容市康泰中药材专业合作社	省级
13	句容市二丫葡萄专业合作社	国家级	33	句容市后白镇兴农农机专业合作社	省级
14	句容市宏伟农机服务专业合作社	国家级	34	句容市张小虎葡萄专业合作社	省级
15	句容市边城科丰粮食种植专业合作社	国家级	35	句容市白兔镇沁香果品专业合作社	省级
16	句容市白兔镇庆生果品专业合作社	省级	36	句容市茅山镇介文葡萄专业合作社	省级
17	句容市苏苑稻米专业合作社	省级	37	句容市下蜀健蜂园蜂业专业合作社	省级
18	句容市蓝天茶叶专业合作社	省级	38	句容市茅山风景区青峰茶叶专业合作社	省级
19	句容市天王镇农旺畜禽养殖专业合作社	省级	39	句容市边城绿农粮食种植土地股份专业合作社	省级
20	句容市苏合农产品销售专业合作联社	省级			

（市农业农村局）

2020年句容市省级及以上示范家庭农场一览表

表7

序号	名称	示范级	序号	名称	示范级
1	句容市后白镇喜美家庭农场	省级	9	句容市宁道龙琴家庭农场	省级
2	句容市华阳镇道银家庭农场	省级	10	句容市春天家庭农场	省级
3	句容市天王镇袁琳家庭农场	省级	11	句容市茅山洪氏果蔬种植家庭农场	省级
4	句容市后白镇道兵家庭农场	省级	12	句容市下蜀镇横山家庭农场	省级
5	句容市白兔镇小燕子家庭农场	省级	13	句容市茅山风景区如花家庭农场	省级
6	句容市茅山镇满园香家庭农场	省级	14	句容市茅山镇黎常富家庭农场	省级
7	句容市朝花夕拾家庭农场	省级	15	句容市后白镇果韵家庭农场	省级
8	句容市莹惠园家庭农场	省级	16	句容市后白镇绿梅湾家庭农场	省级

续表 7

序号	名　称	示范级	序号	名　称	示范级
17	句容市三叶家庭农场	省级	31	句容春宝家庭农场	省级
18	句容市天王镇康健家庭农场	省级	32	句容市春城曹庄家庭农场	省级
19	句容市华阳镇紫薇小院农场	省级	33	句容市茅山镇满日家庭农场	省级
20	句容市白兔镇双丰家庭农场	省级	34	句容市茅山风景区德兵家庭农场	省级
21	句容市华阳镇山本家庭农场	省级	35	句容市茅山风景区卧龙山庄家庭农场	省级
22	句容市茅山风景区句曲山隐家庭农场	省级	36	句容市后白镇永彬家庭农场	省级
23	句容市郭庄镇丰伟家庭农场	省级	37	句容市厚俊家庭农场	省级
24	句容市白兔镇笪小华家庭农场	省级	38	句容市郭庄镇刘基龙家庭农场	省级
25	句容市白兔镇张峰良品家庭农场	省级	39	句容市赤山湖凤凤家庭农场	省级
26	句容市白兔镇纪荣喜家庭农场	省级	40	句容市易乐家庭农场	省级
27	句容市世杰家庭农场	省级	41	句容市华阳崇祥家庭农场	省级
28	句容市天辉家庭农场	省级	42	句容市华阳镇福星家庭农场	省级
29	句容市天王镇立盛家庭农场	省级	43	句容经济开发区星巍家庭农场	省级
30	句容市茅山镇恒泰家庭农场	省级			

（市农业农村局）

2020 年句容市省级及以上农业产业化龙头企业一览表

表 8

序号	名称	级别	序号	名称	级别
1	句容市唐陵花木交易市场有限公司	国家级	8	江苏岩藤农业发展有限公司	省级
2	江苏绿苑园林建设有限公司	省级	9	江苏天隆神怡生态农业园有限公司	省级
3	江苏南门市场发展有限公司	省级	10	句容市天贵农副产品有限公司	省级
4	江苏新顺福食品有限公司	省级	11	江苏汤氏园林有限公司	省级
5	味特佳食品江苏有限公司	省级	12	江苏茅宝葛业有限公司	省级
6	句容市东方紫酒业有限公司	省级	13	江苏天王园林之窗农业发展有限公司	省级
7	江苏华桑食品科技有限公司	省级	14	江苏茅山人家生态农业有限公司	省级

（市农业农村局）

农产品质量监管

【绿色优质农产品供给】 2020 年，句容市有绿色、有机农产品总数 114 个，其中绿色食品 99 个，有机食品 15 个，建成省级绿色优质农产品基地 6 个 17236.66 公顷（25.855 万亩），地理标志产品 4 个（茅山长青、丁庄葡萄、戴庄大米、西冯草坪）。全市绿色优质农产品比重达 80%以上，种植业绿色优质农产品比重 61.88%，生态健康养殖比重达 99.5%。（刘　勇）

【“三定一考核”监管】 2020 年，句容市更新种植业、水产品重点监管对象 142 家、畜产品监管对象 163 个，农资店 170 家、大户散户 822 户，明确镇级监管员 89 人、村级协管员 188 人。落

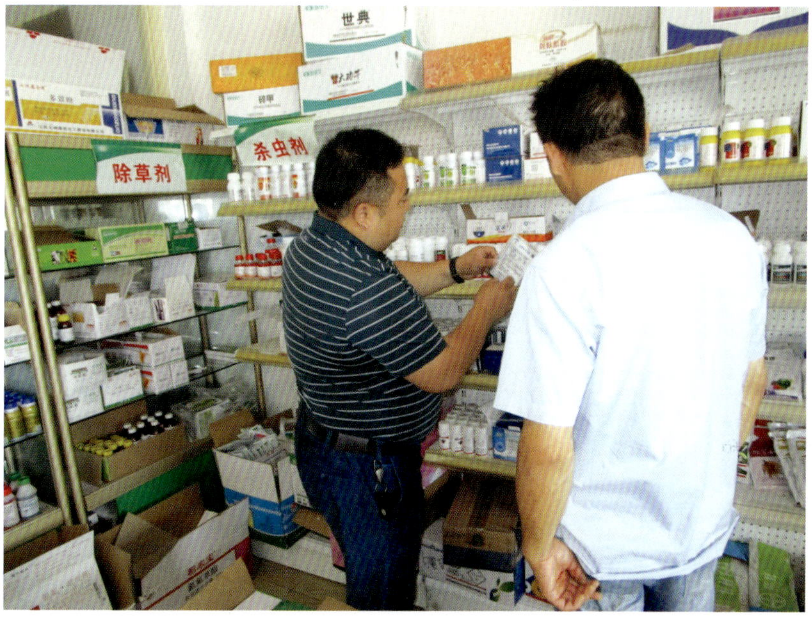

农业行政综合执法大队开展执法行动

实工作任务，并按照分类监管的工作要求，落实网格化管理，开展APP巡查2380次，巡查覆盖率100%。开展镇级农产品质量监管机构星级评定，三星级监管站比例达100%，后白镇等5家镇级农产品质量安全监管机构获镇江市四星级评定。（刘　勇）

【农产品质量安全专项整治】2020年，句容市开展农产品质量安全专项整治“利剑”行动，全年检查生产经营单位1584家次，出动执法人员3490人次，查处各类问题及违法案件3起，开展媒体宣传19次，发放宣传材料1072份，指导培训36场次、1850人次。（刘　勇）

【农产品风险监测与监督抽查】2020年，句容市深入开展种植业产品农药残留、畜产品兽药残留、水产品药物残留风险监测，完成市本级各类农产品风险监测56504批次，总体合格率99.67%，其中市本级完成各类农产品的定量和定性检测1209批次，各镇完成各类农产品检测55155批次，开展市本级草莓、茶叶、桃、肉鸡质量安全监督抽检140个样品，合格率100%。配合上级农业部门完成农产品抽送样任务566批次。（刘　勇）

【农产品质量安全追溯】2020年，句容市推行农产品质量安全追溯码与合格证的证码合一试点，在生产主体保留追溯码的功能基础上，增加合格证承诺内容。2020年，“句容市农产品质量监管追溯”平台注册生产主体202家，新建立追溯产品177个、生产档案480个、追溯1435批次、打印二维码标签115317张，评定追溯示范单位50家。开发合格证出证APP小程序，简化生产过程的追溯，增加农户使用功能，已开具电子合格证8430张。（刘　勇）

农业科技推广

【科技帮扶对接机制】2020年，句容市加大产学研合作力度，组织科技专家驻村驻点，重点涉农主导村都有一名科技专家联系到村、服务到户。2020年，新申报市级合作村12个、产业研究院1家，全市“一村一所”覆盖率达100%；同时在天王镇斗门村等2个镇10个村继续开展县级农业产学研合作试点，进行提档升级工程，打造一批乡村振兴的科技引领示范村。（刘　勇）

【农技人员进村入户指导】2020年，句容市完成年度基层农技推广改革项目，实施园艺、水产2个产业，选聘43名指导员，培育示范户500户，组织121名基层农技推广人员到扬州大学、苏州农业职业技术学院等学院进行知识轮训工程。做优农技耘APP服务平台，打造地方频道（句容），农技耘用户数为4777人，农业主推技术到位率达100%。（刘　勇）

【农业科技示范基地建设】2020年，句容市实施江苏现代农业产业技术体系示范基地5个，建设市级3个“1+1+N”新型农业技术推广科技示范基地、3家生态农业示范基地。戴庄村获批2020年度省级“戴庄经验”生态农业示范村，丁庄、仓头、唐陵、大华获批镇江市级生态农业循环村。新建优质精品葡萄、桃栽培示范等4个农业科技示范基地，开展新品种、新技术、新模式的引进、试验、示范和技术培训工作，引进示范新品种14个，新技术13个，新模式13个。（刘　勇）

【转基因安全管理】　2020年，全市开展水稻7个品种、玉米4个品种转基因检测，共检测20个样品，结果均为阴性，未发现违规问题。配合镇江市局进行水稻转基因检测1次，检测结果均为阴性。开展对农资店巡查254家次，未发现违规经营转基因种子的行为。（刘　勇）

【农民科技教育培训】　2020年，句容市农民培训工作围绕全市特色产业发展，加快培育和塑造一批高素质农民，振兴农村人才，全年开展高素质农民培训3125人。建立农民手机应用技能“第一课”培训制度，围绕“手机助力农产品出村进城”主题，开展产品购销、短视频营销、涉农手机应用服务等为主要内容的手机应用技能培训。举办2020年句容市“福地青年英才”创业大赛农业农村赛区评选活动。创建2家省级农民培训实训基地，14家句容市市级农民培训实训基地，累计培训和接待全国各地农民培训考察学习的学员达2.6万多人次；优秀学员张奎峰获得2020年度全国农民教育培训“百名优秀学员”扶贫先锋；3名优秀学员参加全国农民科技教育发展论坛。农民培训工作获评江苏省农民培训先进集体；高素质农民“三维度”培育模式创新及其推广获第九届江苏省农业技术推广奖二等奖。（刘　云）

农村电子商务

【概况】　2020年，句容市完成农产品电子商务人才培训150人次，全年农村电子商务综合销售收入达14.55亿元，较2019年全年（10.8亿元）增长34.73%，位列镇江第一。

（解科成　钱荣志）

农业机械

【概况】　2020年，句容市在2019年成功建成省级粮食生产全程机械化示范市的基础上，建成全国主要农作物生产全程机械化示范市。句容市主要农作物水稻、小麦耕种收综合机械化水平分别达96.2%、96.1%，高效植保能力、产地烘干能力、秸秆处理机械化水平分别达到100%、100%、86.7%。（马　骏）

【农机购置补贴】　2020年，全市新增补贴机具806台。其中：插秧机177台，保有量达2551台；联合收割机24台，保有量达930台；大中型拖拉机55台，保有量达到1762台；无人机33台，保有量62台；新增挖掘机45台；秸秆还田机29台，保有量达2726台。受益农户546户。全市农机总动力达到57.33万千瓦。全年使用省级以上补贴资金1058.091万元，带动社会投入农机化资金达2825.325万。（马　骏）

【秸秆机械化还田】　2020年，句容市共计组织18154个实际种植户参与秸秆机械化还田项目实施，完成省级秸秆还田项目面积14466.66公顷（21.7万亩），使

句容市举办2020年句容市新型农业经营主体（葡萄种植户）培训班

用省级补贴资金217万元。其中夏季组织5104个实际种植户参与项目实施，完成省级秸秆还田项目面积5233.33公顷（7.85万亩），使用省级补贴资金78.5万元；秋季组织13050个实际种植户参与项目实施，完成省级秸秆还田项目面积9233.33公顷（13.85万亩），使用省级补贴资金138.5万元。（马　骏）

【农机监理及安全生产】　2020年上半年，句容市开展全市农机安全隐患全面排查、安全执法专项行动；通过排查，进一步摸清农机安全监管底数，深入细挖农机安全生产隐患，同时，组织督促落实隐患全整改、全闭环，共开展农机安全监理检查各类农业机械44批次，全市未发生农机责任事故。2020年，全市办理拖拉机、联合收割机检验539台，注册登记72台，农业机械驾驶证申领70余人。按照省市辖区内变型拖拉机注销清零要求，严格执行变拖“上线检测、一年双检、逾检注销”的管理规定，对安全检验不合格或存在严重安全隐患的变拖一律不予通过检验，对达到强制报废年限的变拖一律公告注销牌证，并进一步加快牌证注销公告频次、密度，由原先的定期注销公告调整为不定期注销公告，强化源头管理。截至2020年7月，句容市完成变型拖拉机注销清零工作。春耕备耕时期，市农业农村局联合市交警部门，开展“春雷行动”“三查一禁”等农机交通违法集中整治行动，按照农机安全生产专项整治要求，配合公安交警部门开展交通违法联合检查，协查牌证信息，整治违法违规使用农业机械问题，依法查处违法行为；秋季开展“铁牛卫士”“两打一清”联合行动。全年共检查拖拉机及联合收割机140批次，行政处罚13起，其中警告9起，罚款4起；同时，排查出农机隐患42起。（鲁　荣）

【农机新机具新技术示范推广】2020年，句容市组织召开“2020年智能农机装备与农业技术应用”培训活动，并与江苏农林职业技术学院、江苏好味稻生态科技有限公司进行校地企三方合作，通过基地，开展智能化农机装备展示推介、智慧农机试验示范、对机手进行智能装备应用培训等方面开展相关工作，并签订校、地、企合作协议。在农林学院举办了1期新型职业农民培育（农机）培训班、培训50人次，结合春季农机送检下乡活动，开展安全生产知识培训280人次。下半年，举办2期农机职业技能培训班，总计培训155人次，结合农机送检下乡，开展安全生产知识培训300人次。（鲁　荣）

农田水利

【概况】　2020年，句容市围绕实施乡村振兴战略的目标，加强农田水利建设、深入推进农业水价综合改革，全面实施河长制，保障水生态文明建设，坚持早安排、早布置、早发动，进一步创新体制机制，以河长制为抓手，开展农村河道疏浚和生态河道治理，推行水利设施社会化专业化管理，为改善农业生产条件、优化农村生态环境、提升农民生活质量进一步提供坚实的水利支撑与保障。（马　骏）

【农村水利设施管护】　2020年，句容市投入管护资金741.2万元，对全市范围内泵站、河道、河塘、渠道、小型水工建筑物等进行长效管护。其中农村河道长效管护工作获省级考核第一等次，小型农田水利工程管护成效省级评定为优秀等次。（马　骏）

农机安全监理“送考进校”活动

7 月 12 日，宝华镇便民河王闸头泵站进行渗漏抢险

【农业水价综合改革】 2020 年，句容市农业水价综合改革工作通过省级验收。累计完成 54.48 万亩改革面积“应改尽改”，建立健全农业水价形成、精准补贴和节水奖励、工程管护、用水管理“四项机制”，农田水利基础设施逐步完善。在不增加农民负担的前提下，实现农业节水和农田水利管护良性运行的目标。 （马 骏）

【农村河道疏浚及生态河道建设】 2020 年度，句容市共疏浚乡级河道 24 条，疏浚土方 60 万立方米；建成生态河道 5 条，较好地实现“河深、水清、流畅、岸绿”的治理目标。 （马 骏）

【生态清洁型小流域建设】 2020 年，句容市创建宝华镇鲍亭生态清洁型小流域项目。小流域总面积为 15.2 平方千米，治理水土流失面积 12.2 平方千米。小流域内大力打造宝华镇滨湖公园，形成集生态旅游、休闲度假为一体的综合休闲观光景区，社会效益和生态效益显著，该项目在省水利厅绩效评价中获得最高分。 （马 骏）

【中型灌区管理范围划界】 2020 年，句容市完成北山、赤山湖两座中型灌区管理范围划界工作，对灌区内主要干支渠及建筑物管理范围进行划界，共完成 29 条渠道划界，划界长度达 227 千米。 （马 骏）

【农田水利重点工程】 2020 年，句容市完成 2014 年中央财政小型农田水利重点县工程、重点县奖励资金项目、2016 年中央财政小型农田水利重点县工程、赤山湖灌区节水改造工程、2017 年千亿斤粮食工程等重点项目县级验收及竣工验收。 （马 骏）

镇江市农业科学院

【概况】 2020 年，镇江市农业科学院共成功申报各类项目立项 54 项，其中主持 34 项，合同经费 1061.5 万元；发表各类论文 24 篇，其中学报级 8 篇；镇麦 13 号、荃优 982 和镇 12F28 通过国审；镇糯 29 号等 4 个水稻品种通过省审；10 个甘蓝品种、2 个辣椒品种、5 个甜瓜品种和 1 个油菜品种获得品种登记。制定颁布江苏省地方标准 3 项、镇江市标准 4 项，入选省级主导品种 6 项、市级主推技术 4 项。年内获得江苏农业科技奖创新奖一等奖 1 项、二等奖 2 项；江苏省农业技术推广奖三等奖 1 项；省农科院科技进步奖二等奖 1 项，社会科学奖二等奖 1 项；参与获得江苏省农业技术推广奖一等奖 2 项。依托建成的江苏省现代农业（稻麦）综合示范基地、江苏省农业现代产业（梨、葡萄）体系推广示范基地、江苏省种植业氮磷流失原位监测点等持续开展品种、技术的创新和示范推广。年内，2 人晋升研究员、2 人晋升副研究员；新引进 12 名硕士；1 人获省院“特别贡献奖”。水稻育种团队、红皮强筋小麦育繁推产业协同创新团队入选省院三星创新团队。糜林被追授“江苏时代楷模”、全国脱贫攻坚奖贡献奖等。 （王敬根）

【粮油育种】 2020 年，育成全国首个抗稻瘟病优质高产早熟晚粳糯稻新品种镇糯 6778，多个中抗稻瘟病新品系进入各级生试，2 个糯稻新品种通过审定。镇麦 13 通过国家审定，5 个品种成为江苏省主导品种。小麦育种本地加代、分子开发新标记等技术的突破，为开展小麦遗传理论研究和后续育种

进程提供支撑。镇油8号列入江苏省主导品种名录。（王敬根）

【蔬菜花卉研究】 2020年，引进结球甘蓝种质资源20余份，配制耐寒圆球、扁圆球杂交组合100多份；引进青花菜种质资源20余份，试配青花菜杂交组合100多个，筛选出6个表现优异的杂交组合；筛选出2个羽衣甘蓝新组合和1个综合性状较好、抗病的厚皮甜瓜新组合，进一步优化“镇甜二号”全覆盖栽培技术研究。（王敬根）

【果树研究】 2020年，持续开展草莓、桃、梨等新品种育种和引进筛选工作，加大省力化、高质化、生态化新技术配套研发；猕猴桃、欧洲大樱桃等果树新种类研究进展良好，为果树新特色打造奠定一定基础；草莓早熟化育苗机理、葡萄和梨等果锈形成机制、耐涝猕猴桃品种发育机制等栽培生理机理研究取得一定进展。（王敬根）

【生态农业研究】 2020年，研发的草莓、葡萄、桃生态防控新技术、新模式，有效减少用药量和用工成本，并使病虫害发生率明显降低，提升了果实的产量和品质。以丘陵地区土壤修复和改良为切入点，加强土壤培肥、有机质提升研究，提高果树土壤肥力；开展葡萄架下套种油菜改土培肥技术等取得一定成效。天然抗原载脂蛋白A1制备技术取得突破，纯度95%以上，可以作为免疫原。加强红茶加工技术研发和推广，利用茶叶生化及加工等相关专业优势，深入研究夏秋季红茶品质提高技术工艺，在本地茶场试用推广。（王敬根）

【植保研究】 2020年，重点围绕水稻种子处理、长效控制及抗性机制，小麦赤霉病绿色防控、果树病害抗药性监测及综合治理研究等方面开展相关研究工作，水稻病虫害简约化防控技术进一步深入。持续开展水稻种传病害、种子处理防治水稻苗瘟和叶瘟以及小麦赤霉病防治研究，并在相关药剂研究方面取得新进展。连续监测省域草莓灰霉病菌和葡萄炭疽病的抗药性，首次报道江苏省域葡萄炭疽病菌复合种群的结构和抗药性。（王敬根）

【科技服务】 2020年，稻麦品种转化收益到账550.45万元；1个蔬菜、3个甜瓜和1个草莓品种转让，合同收益34万元；42件专利对外转让，合同收益73万元；实现一般性服务收入和技术性收入合同收益196.81万元。17个稻麦等品种申请品种权保护，21件发明申请专利，5个品种获品种权授权，10件发明专利获授权。全年共争取到科技服务项目15个，资金255万元。全年和地方政府、各类农业经营主体、种植大户签订各类科技服务协议20余项，开展各类科技指导和培训300多场次，现场观摩活动20多场次，累计培训农民8000多人次，帮助新建种植基地2000多亩，无偿赠送价值20多万元的各类农资。在省内多地建立西（甜）瓜示范基地、草莓、葡萄绿色防控示范基地2万多亩，直接带动3000多农户。由镇江市农业科学院指导服务的科技示范户生产的优质草莓、桃产品，在行业评比获得金奖24项、银奖16项、优秀奖12项。（王敬根）

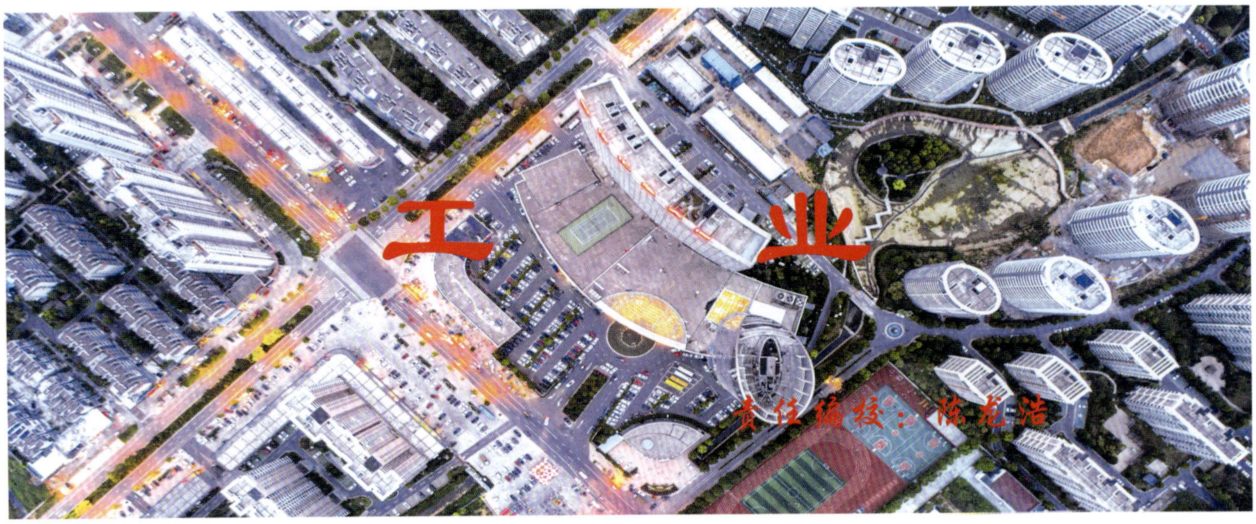

综 述

【概况】 2020年，句容市实现规上工业总产值378.56亿元，同比增长7.0%；实现规模以上工业增加值106.85亿元，同比增长6.8%。工业应税销售608.4亿元、同比增长7%；工业用电量17.33亿千瓦时、同比增长0.82%；工业投资总额59.2亿元、同比下降11.5%。全市固定资产投资完成247.14亿元，同比增长2.4%。新增入库5000万元及以上项目48个，比去年同期多19个，同比增长65.5%。新增工业项目38个，同比多13个，增幅52%。全年实现制造业增加值207.74亿元，增长8.4%。新兴产业快速增长，高质量发展成效更加显著，2020年，全市战略性新兴产业实现产值同比增长15.63%，高于全市规模工业产值增幅8.63个百分点，新兴产业运行持续优于全市工业整体发展水平。工业企业坚持创新发展，研发投入逆势增长，2020年，规模以上工业企业中有研发费用的企业172家，占规上工业总企业数97.72%，研发费用相当于营业收入的比例为2.96%，同比提高0.72%。

2020年，句容市30强工业企业共实现销售收入182.78亿元，占全市销售总收入30.04%；税收12.82亿元。30强企业主要涉及装备制造、光电子、新材料、服装针织、食品医药、建材、电力、新能源等8大行业，其中装备制造行业企业7家，税收7803.5万元，亩均税收11.9万元，主要产品包括变压器、汽车及风力发电配套等产品；光电子行业企业5家，税收2.45亿元，亩均税收21.1万元，主要产品包括笔记本电脑配套、光电显示模组等产品；新材料行业企业5家，税收1.05亿元，亩均税收17.1万元，主要产品包括钛材、聚醚多元醇、碳纤维等产品；服装针织行业企业4家，税收3942.4万元，亩均税收39.6万元，主要产品包括牛仔裤、家纺等产品；食品医药行业4家，税收3884.9万元，亩均税收15.1万元，主要产品包括中药饮片、食品添加剂等产品；建材行业企业3家，税收5.95亿元，亩均税收33.2万元，主要产品包括水泥、管桩及其配套产品；电力行业企业1家，税收1.64亿元，亩均税收21.8万元；新能源行业企业1家，税收1657.7万元，亩均税收16.3万元，主要产品为光伏组件。 （工信局）

【产业结构】 2020年，句容三次产业增加值比重为4.8∶42.7∶52.5，相比于2019年，一、二、三产业占比分别下降2.4个百分点、下降1.6个百分点、上升4个百分点，产业结构进一步优化。

2020年，句容市新型建材产值71.51亿元、同比下降2.36%；纺织服装行业产值4.08亿元、同比下降4.06%；电力行业产值59.06亿元、同比增长13.22%；半导体电子行业产值29.54亿元、同比增长21.52%；化工行业产值27.61亿元、同比增长7.06%；新能源光伏产值15.38亿元、同比下降5.99%。全市四大板块，边城镇全年实现规上工业总产值34.02亿元，同比增长1.89%；郭

2020年句容工业30强企业情况一览表

表9

序号	企业名称	乡镇	序号	企业名称	乡镇
1	句容台泥水泥有限公司	下蜀镇	16	句容市万顺轻工机械有限公司	天王镇
2	建华建材（中国）有限公司	下蜀镇	17	江苏海田技术有限公司	开发区
3	巨宝精密加工（江苏）有限公司	开发区	18	江苏天晟药业股份有限公司	宝华镇
4	华电江苏能源有限公司	下蜀镇	19	江苏苏美达创意家纺实业有限公司	郭庄镇
5	镇江东丰制衣有限公司	开发区	20	天宁香料（江苏）有限公司	开发区
6	东旭巨腾电子材料（句容）有限公司	开发区	21	江苏久禾光电有限公司	开发区
7	江苏骏成电子科技股份有限公司	开发区	22	句容新利源服装有限公司	后白镇
8	句容毅马五金制品有限公司	下蜀镇	23	江苏德厚机电有限公司	开发区
9	句容宁武新材料股份有限公司	边城镇	24	江苏联博精密科技有限公司	下蜀镇
10	柏霆（江苏）光电科技有限公司	开发区	25	江苏华桑食品科技有限公司	开发区
11	镇江海天针织制品有限公司	后白镇	26	江苏天工科技股份有限公司	下蜀镇
12	句容协鑫集成科技有限公司	郭庄镇	27	江苏科创电器有限公司	开发区
13	江苏兆鋆新材料股份有限公司	开发区	28	江苏电科电气设备有限公司	郭庄镇
14	江苏智达高压电气有限公司	开发区	29	江苏新顺福食品有限公司	开发区
15	江苏盛邦家俱制造有限公司	开发区	30	江苏华阳管业股份有限公司	开发区

（工信局）

庄镇全年实现规上工业总产值27.9亿元，同比增长-4.39%；下蜀镇全年实现规上工业总产值178.65亿元，同比增长4.71%；开发区全年实现规上工业总产值89.28亿元，同比增长17.97%，四大板块总产值占全市总产值比重为87.2%。

先进制造快速崛起，制造业与信息技术、服务经济加快融合，产业层次明显提升。一批优质项目，如晶能半导体、壹度光电、中科物栖等先后落地，部分已投产见效。传统制造优势增强，建材行业不断加大技术研发投入，建华建材成功创成国家级技术中心。台泥水泥开展生产线技术改造，同时实现产能的提升和能耗的下降。智达电气、天力变压器等输变电企业加大创新研发投入以及国外市场开拓力度，产业链拉长、新产品贡献加大，市场应对能力不断增强。

落后产能逐步淘汰。开展化工企业安全环保整治提升工作，加快淘汰落后产能，禁止和限制发展传统化工、冶金、建材、造纸与木材加工、矿产等重污染和高耗低效产业。广泛开展资源综合利用，发展循环经济和清洁生产，加大分布式光伏发电、装配式建筑、太阳能薄膜发电和动力电池等新能源的推广力度，建立绿色产品供应链。

集聚效应开始显现，鼓励新引进项目向专业园区集中，形成下蜀循环经济产业园、开发区机电信息产业园两个百亿级产业园。边城镇被核定为国家火炬（新材料）特色产业基地、郭庄镇加大绿色新能小镇创建力度。

（工信局）

【企业结构】 2020年，句容市规上工业企业174家，其中应税销售亿元以上企业85家，实现销售465.9426亿元，同比增长9.4%，占全市工业应税销售比重82.5%，比上年度增长7.3个百分点。销售20亿元以上企业8家，实现销售269.4亿元，占全市销售比重47.7%；销售10亿元以上企业10家，实现销售297.2亿元，占全市销售比重52.6%；销售5

边城镇江苏新光环保工程有限公司

亿元以上企业 15 家，实现销售 334.9 亿元，占全市销售比重 59.3%。（工信局）

【项目引进】 近年来，根据主体功能区规划，句容市初步形成以绿色建材为主导，建华、北新、台泥等为龙头企业的下蜀建材产业集群。以太阳能光伏组件、切片为主要产品，协鑫、协通、华君为龙头企业的郭庄新能源产业集群。以有色金属材料、高分子材料、无机非金属材料为主要产品，宁武、南瓷、苏博特为龙头企业的边城新材料产业集群。以智达电气、天力变压器、五洲电磁线、中容电气和德厚机电等为骨干企业的开发区输变电产业集群。以中科物栖、中科视语、壹度科技、台湾半导体产业园等为重点企业的半导体芯片产业集群。以及正在打造的以国民新能源汽车、负压方舱等项目为重点的高端装备制造产业集群。（工信局）

【项目推进】 2020 年，壹度光电半导体芯片项目核心 40 纳米驱动芯片已量产，填补国内无驱动芯片生产制造能力空白；华祥耀半导体产业园开业投产，产品涉及智能终端、IC 设计、封装测试等多个领域；开发区金刚石线锯生产，郭庄镇协鑫太阳能多晶硅切片与组件生产，下蜀镇装配式建筑生产等项目投产达效。十三五期间，句容 GDP 由“十二五”末的 493.2 亿元上升到 675.5 亿元，年均增长 6.5%，人均 GDP 突破 10 万元大关，一般公共预算收入由“十二五”末的 40 亿元上升到 54.85 亿元，工业应税销售突破 600 亿元大关。国民新能源车，环境监测和负压方舱车、5G 能源产业园、5GW 光伏组件、氢能源产业园等签约落户，为句容市“十四五”经济高质量发展提供强劲动能和根本保障。

国家级众创空间、华东科技新城、启迪科创园、群力社区、联东 U 谷、东软大学生创新创业园、万城青年人才创业园、光明中小企业新材料科创园区等科创载体陆续建成开放，句容科创载体总面积超 80 万平方米。启迪物联网集团、晶能第三代半导体材料、中科视语专用人工智能芯片、中科物栖超微计算机计算服务系统、金合能源复合相变储热材料、倍利新材高分子薄膜、高光 CMM 掩模板等一批科技型中小企业成功落户、投产。（工信局）

特色产业

【电子信息产业】 该产业主要分布在句容市开发区，涵盖微型激光显示器、光学镜头、光学组件、电子元件、精密镀膜产品、监测控制器等产品，拥有巨宝精密、久正光电、久禾光电、骏升显示技术等一批企业。龙头企业巨宝科技实现应税销售 21.3 亿元，成为全球最大的笔记本外壳及配件制造基地和全亚洲最大的模具制造基地。（工信局）

【绿色建材产业】 该产业分布在句容市下蜀镇循环经济产业园，以绿色建材为主导产业，龙头企业包括建华建材、北新建材、台泥水泥等，主要产品包括预应力管桩、新型墙板、环保石膏板等。该区域全力打造装配式建筑现代产业基地，包括由省一建与香港有利集团联合打造的总投 12 亿元建筑产业化生产基地项目、和能人居的装配化部件生产项目、建华集团的方桩项目等。（工信局）

【新能源产业】 该产业主要分布在郭庄镇，龙头企业包括协鑫集成科技、协通光伏、华君光伏，主要产品为太阳能光伏组件。该区域着力打造绿色新能源小镇（省级创建类特色小镇），布局新能源汽车高端零部件基地。另外，开发区推动发展以天力变压器、五洲电磁线、中容电气和德厚机电等为骨干企业的输变电产业群（产品覆盖变压器、电线电缆及各类电气元器件）。智达电气100万伏超高压电器项目填补句容市变压器产业超高压产品方面的空白，产品种类较为齐全。

【新材料产业】 该产业主要分布在边城镇交通新材料产业园和开发区机电信息产业园，拥有国家级博士后科研工作站1个，省级研究生工作站1个，省级工程技术研究中心2个，企业技术中心16家。

基础材料方面，主要涉足有色金属材料、高分子材料、无机非金属材料等行业。拥有宁武科技、天工科技、三超新材料、南瓷绝缘子、苏博特、建华新型墙材等一批龙头企业。重点发展聚醚、金刚石线、悬式绝缘子、高性能混凝土、高强石膏、保温隔热功能一体化墙材等产品，应用于高级公路、轨道交通、新型建筑等多个领域。

关键战略材料方面，主要涉足高性能纤维及制品和复合材料、新能源与节能等行业，拥有兆鋆新材料、圣晖莱新能源等企业。其中兆鋆年产碳纤维复合材料60万米，市场占有率6%，国内排名前五。（工信局）

建华建材

协鑫集成科技

【输变电产业】 该产业主要位于句容市开发区、后白镇，形成集变压器、电线电缆、电气元器件及智能电网软件于一体的产业基础，拥有中容集团、智达电气、华大天益电力科技园、天力变压器等重点企业。企业之间形成了上下游配套生产，产品销路广阔，产业集聚优势明显。

（工信局）

【装备制造产业】 该产业主要集中于句容市郭庄镇、开发区。其中，郭庄镇成功申报省级高端装备制造业特色产业基地，布局一批新能源装备制造项目，围绕光伏产业进一步补链、强链。推动句容蝙蝠飞机制造项目，总投资约20亿元人民币，主要生产阿尔法两座纯电动飞机及大黑豹四座混合动力飞机。（工信局）

重点企业选介

【句容台泥水泥有限公司】 该企业位于下蜀镇，1997年底建成投产，拥有1×6800吨/天及1×5000吨/天水泥熟料生产线并配套建设水泥粉磨、余热发电及码头物流等系统。企业拥有自备矿山，是长三角地区重要水泥生产基地，可直接解决近1000人的就业。公司依托水泥窑协同处置生活垃圾焚烧飞灰、污染土、污染泥项目正在全力建设，项目建成后将实现飞灰处置减量化、无害化、资源化的目的。（工信局）

【建华建材（中国）有限公司】 该企业位于下蜀镇，成立于2002年，是混凝土制品与技术综合服务商。十几年来公司始终在整个预制桩行业处于领先的地位，桩基类产品市场占有率高达近60%。企业拥有国家企业技术中心，国家近海公路建设与养护新材料技术应用交通运输行业研发中心，高性能土木工程材料国家重点实验室——预制桩研究中心，工程技术中心，先进土木工程材料协同创新中心，江苏省博士后创新基地，省级“院士工作站”等多个科研创新平台。拥有有效专利141项，主持及参与修订了国家或行业标准15项。先后获得中国建材百强、中国建材行业最具影响力品牌、中国水泥制品十大著名品牌、江苏省名牌产品、江苏省优秀管理创新企业、镇江市建筑业龙头企业等荣誉称号。

（工信局）

【巨宝精密加工（江苏）有限公司】 该企业位于开发区，为大型外商投资企业，隶属巨腾国际控股有限公司（2005年10月在香港上市）。主要为国际知名资讯企业（如：DELL、APPLE、SONY、华硕等）提供计算机配件组装、精密塑料射出成型、产品设计制造、内构件材料及镁合金相关制品的生产服务，尤专精于IMR塑胶射出、高光泽喷涂等具高附加值技术，现生产基地遍及中国华东、华南及台湾地区，目前产品主要销往昆山出口加工区及苏州物流园区。（工信局）

【华电江苏能源有限公司】 该企业位于下蜀镇，是华电集团重点建设的八个港电、煤电集群和具有辐射功能的三个煤炭储运中心项目之一。荣膺“2014—2015年度国家优质工程奖金奖”。二期扩建项目为2×1000兆瓦超超临界燃煤机组，机组选用最先进的二次中间再热技术，三大主机选用哈尔滨锅炉+上海汽轮机+上海发电机的“哈上上”组合，两台机组分别于2018年12月16日和2019年8月22日正式投产。储运中心项目建设2个5万吨级煤炭卸船泊位、1个1万吨级装船泊位，以及具有混配煤功能的陆域堆场系统，已顺利通过对外开放省级验收。企业突出“环保优先”理念，是经济与环保“双赢”的建设项目，先后获得全国文明单位、全国电力行业“标准化良好行为AAAA企业”、全国“安康杯”竞赛优胜单位、电力安全生产标准化一级企业等荣誉称号。

（工信局）

巨宝精密加工（江苏）有限公司

综　述

【概况】　2020年，全市完成进出口总额42.17亿元，同比下降9.8%。年内，句容市加大常态扶持力度，疫情期间，帮助久正光电、盛邦家具等6家企业疏通渠道发出集装箱36个，价值1000余万元，及时履行国际合约；帮助三超、骏成电子等企业申报外籍人员签证函，解决进口设备运转难题；利用句容市出台的“惠企20条”，降低企业经营成本，补助因疫情无法赴境外参展而实际损失的外贸企业；从出口信保、外贸稳增长、品牌、展会、进口贴息等方面，扶持企业35家，累计近300万元。提升外贸质量，创成协鑫“GCL”和华神“蛟龙”2个省级国际知名品牌，引导圣海兰针织转型升级，取得美国运动品牌ETHIKA的中国独家代理权；组织80余家企业参加广交会、境外展等线上重点展会，博越服饰通过广交会、拉斯展等境内外展会平台获取订单，实现自营从10万美元增至140万美元；制定鼓励句容市跨境电商扶持政策，部分针织企业与阿里巴巴洽谈，推出线上销售模式，并取得订单。争取金融支持，梳理引导满足小微统保平台条件和出口300万美元以上企业，运用出口信保政策，对出口额30万—300万美元的86家企业基本应保尽保；茂华女装、志新精密五金等8家企业自费投保（保费享受部分补贴）。同时，与信保公司沟通索赔，与中国银行推进“苏贸贷”政策，解决部分融资问题；联系市金融管理局、金融机构，建立外贸企业融资群，定期收集上报融资需求。

（商务局）

【出口实绩企业】　2020年，全市有出口实绩的企业200家，其中“三资”企业48家，“三资”企业的出口额占全市出口总额的34.34%。主要出口产品为光伏、新材料、光电子、自行车、五金机械、纺织服装和其他等七大类，产品出口到美国、欧盟、东盟、日本、韩国、印度、土耳其、澳大利亚、俄罗斯、加拿大、巴西、阿联酋、波兰、阿根廷、以色列、乌克兰、墨西哥、南非等20多个国家和中国香港、中国台湾地区。

（商务局）

【出口产品结构】　句容市的进出口产品结构大致如下，以壹度光电、华祥耀等为代表的半导体产业进出口额占全市进出口总额的13%；以久正光电、骏成电子、巨宝科技等为代表的光电子类企业出口额占全市出口总额的20%；以都茂自行车为代表的自行车类企业出口额占全市出口总额的8%；以宁武为代表的新材料类企业出口额占全市出口总额的12%；以盛邦家具、美亚建筑等为代表的五金机械类企业出口额占全市出口总额的12%；以一马先制衣、辛西娅制衣等为代表的纺织服装类企业出口额占全市出口总额的20%；以协鑫光伏为代表的广发产业的进出口额占全市进出口总额的5%；其他产品占10%。

（商务局）

2001 年—2020 年句容市进出口情况一览表

表 10

单位：万美元

年度	进出口	出口	进口	年度	进出口	出口	进口
2001 年	6099	4270	1829	2011 年	52879	38498	14381
2002 年	6487	4911	1576	2012 年	61000	44488	16511
2003 年	9691	5929	3766	2013 年	61460	47540	13921
2004 年	14330	8439	5891	2014 年	57916	45183	12733
2005 年	22152	14477	7675	2015 年	52800	45400	7426
2006 年	36175	27855	8320	2016 年	59300	47200	12200
2007 年	42325	32068	10257	2017 年	53962	45332	8631
2008 年	36476	27812	8664	2018 年	68781	60030	8751
2009 年	32107	19559	12548	2019 年	67946	59681	8265
2010 年	44158	30579	13579	2020 年	42.17（亿人民币）	33.11（亿人民币）	9.05（亿人民币）

（商务局）

2020 年句容市出口前八位企业一览表

表 11

单位：万美元

序号	企业名称	2020 年累计	同比±%	序号	企业名称	2020 年累计	同比±%
1	句容宁武新材料股份有限公司	6354.5	1.1	5	江苏骏成电子科技股份有限公司	2593.7	7.7
2	江苏久正光电有限公司	3388.8	-25.8	6	江苏盛邦家具制造有限公司	1800.5	-6.1
3	镇江一马先制衣有限公司	3238.6	14.8	7	江苏泰茂车业有限公司	1763.7	40.6
4	镇江圣海兰进出口有限公司	3044.7	102.3	8	美亚建筑用品（江苏）有限公司	1674.9	-20.2

（商务局）

2020 年句容市十大进口企业一览表

表 12

单位：万美元

序号	企业名称	2020 年累计	同比±%	序号	企业名称	2020 年累计	同比±%
1	巨宝精密加工（江苏）有限公司	2155.2	130.7	6	江苏壹度科技股份有限公司	944.4	31.1
2	江苏久正光电有限公司	1723.8	-30.5	7	句容市利源纸品有限公司	940	100
3	容泰半导体（江苏）有限公司	1450.5	100.00	8	镇江东丰制衣有限公司	682.3	-13.7
4	瑞容光电科技（江苏）有限公司	1400	2212.9	9	江苏龙锦国际贸易有限公司	599.1	-18.6
5	句容宁武新材料股份有限公司	1173.7	130.3	10	纳容科技（江苏）有限公司	598	100

（商务局）

利用外资及港澳台资

【概况】 2020年，句容市新设外商投资企业9家，实际利用外资1.47亿美元，同比增长21.17%。其中先进制造业到账10644万美元，同比增长48.81%；注册利用外资4.57亿美元，同比下降26.59%。 （商务局）

【项目规模】 2020年，句容市新设外商投资企业共9家，平均投资总额789.01万美元，平均注册资本483.2万美元。新设企业按注册资本划分，1000万—3000万美元项目1个，1000万美元以下项目8个。增资项目共16个项目。 （商务局）

【产业结构】 2020年，句容市第二产业利用外资额继续回升，第三产业利用外资额同步回落。第二产业利用外资10644万美元，占72.62%，回升16.09%；第三产业利用外资4013万美元，占27.38%，下降16.09%。（商务局）

【港台资情况】 2020年，句容市新设9家外商投资企业中，港资企业4家，累计注册外资1290.44万美元，占新批注册外资的29.68%；台资企业2家，累计注册外资2641.91万美元，占60.76%。2020年到账1.47亿美元中，港资5587万美元，占全部到账的38.11%，台资到账8913.46万美元，占60.81%。

（商务局）

2002—2020年句容市利用外资情况一览表

表13

序　号	年份	批准外企数（家）	注册外资数（万美元）	实际外资数（万美元）
1	2002	75	50260.17	11849.96
2	2003	99	47881.8	21093.74
3	2004	123	58204.86	26117.94
4	2005	124	72003	22650
5	2006	41	27409.49	9816.08
6	2007	54	40234.36	18908.45
7	2008	28	34693.02	25360
8	2009	29	47179	25446
9	2010	26	25428	35053
10	2011	13	47812.16	44415
11	2012	16	43038	42638
12	2013	16	51603.85	58102.09
13	2014	17	30914.69	37443.64
14	2015	14	28036.31	48991.05
15	2016	18	22081.58	52282.95
16	2017	24	33312	53312
17	2018	16	22003	10965
18	2019	35	62186	12655
19	2020	9	45651	14658
合　计		777	789932	748571

（商务局）

对外及港澳台经济技术合作

【概况】 2020年，句容市新批境外投资企业1家，实现中方协议投资总额100万美元。截至2020年年底，句容市历史累计7家境外投资企业，涉及美国、越南、印尼等国家及中国香港地区。全市有境外工程承包企业、对外劳务合作企业各一家。

受新冠肺炎疫情的影响，全市对外投资业务出现回落现象。为鼓励句容市企业“走出去”，市商务局加强与企业的走访联系，及时掌握外经企业动态，建立长效平台联络机制，密切关注境外企业发展与人员健康动态，及时掌握外经工作中的新情况、新问题，并对此迅速做出反应。市商务局积极组织市内优秀外经企业参加镇江市对外投资和经济合作联合会，其中出任理事单位一家，会员单位3家，进一步促进企业对外发展。继续完善政府对企业境外投资的鼓励政策，通过平台、座谈会的方式进行反复宣传，让企业了解政策，发挥政策的引导效应。市商务局会同财政部门做好年度各项“走出去”扶持政策兑现工作，力争继续保持鼓励企业境外投资的各项扶持政策，继续完善和加大鼓励政策的支持力度。通过现有外经工作平台、市商务局的官方网站，将相关“走出去”的工作政策、办事程序、境外投资环境等信息及时的发送到企业，为企业提供便捷、快速的服务平台。联合外经联合会和优投网两个平台，定期组织企业参加业务培训、学习成功企业的境外投资经验。进一步加强与外管、财政、工商联等有关部门的联系与协作，初步形成企业为投资主体、政府宏观指导、各部门合力推动、社会团体和民间组织广泛发挥作用境外投资促进、管理、服务协调机制。　（商务局）

一马先制衣有限公司

综　述

【概况】　2020年，全市实现社会消费品零售额152.63亿元，同比增长-1.9%。其中，限额以上实现社会消费品零售额5.35亿元，限额以下实现社会消费品零售额147.28亿元。2020年，全市电商产业得到特色性的长足发展，形成以鲜果、茶叶、稻米等农产品为特色，以梳子、纸巾、手工零食、酒类饮品等工业品为支撑，以民宿、红色旅游、文化创意等旅游餐饮为亮点的电商格局；涌现了以“企业+网店”“农户+合作社（公司）+平台”“农业生产基地+网店”“直播+产品/田头”等模式发展电商的代表性企业。2020年，打造华东森林产品城、福源电商圈等年销售过10亿元的电商经营主体；开发“惠农销”、“惠农递”等“极速鲜”物流方式；创成2个省农村电子商务示范镇、5个省级示范村、2个省级示范基地、2个省级示范企业、1个省级电商特色产业园、2个省级电商众创空间。2020年全市交易额达到37.12亿元，同比增长20.43%。（商务局）

供销合作

【概况】　2020年，市供销总社坚持稳中求进的工作总基调，以深化综合改革为动力，以助推乡村振兴战略为抓手，上下动员，凝心聚力，全市供销合作事业呈现全面进步的良好态势。年内，再生资源回收利用基地投入使用。市供销总社入选全国供销合作社百强县级社和全省供销合作社系统“二十强县级供销合作社”。公司负责人黄金利被评为全国供销社系统抗击新冠疫情先进个人。

（句供办）

春耕备耕农资供应

【为农服务】　2020 年，市供销社与江苏农林职业技术学院携手开展“校社合作”，为 6 期 1000 多人次返乡大学生和农民经纪人提供技术培训。全年完成改造升级农村综合服务社 3 家，提档升级农资惠网点 11 个，新建农业生产服务中心 2 家，新建庄稼医院 2 个，新增开放办社企业 1 家。继续采取和推广大田托管、代耕代种等多种形式，全年全系统农业社会化服务总面积 31.6 万亩次。连续两年在全市范围内开展“为农服务月”活动，为入社群众提供优惠便捷的服务。（句供办）

【农药配供试点工作】　2020 年，市农业农村局、市财政局和市供销社联合下发《关于开展农药统一配供试点工作的通知》。市供销总社根据实际情况在下蜀、宝华 2 个镇开展试点工作。加强与相关部门沟通，细化各自职责及任务，协调推进试点工作，年内完成农药统一配供试点各项工作。

（句供办）

【疫情防控保供工作】　2020 年，疫情期间，供销社参股企业便民超市坚持“不停业、不断供、不涨价”原则，积极拓展口罩、消毒液等防疫物资的团购业务，满足全市疫情防控的物资需求。对承租社有经营性资产的中小企业和个体工商户进行差异化减免租金，疫情期间共计减免房屋租金总额达 70 余万元。供销社参股企业茅山人家和句容电视台合作，通过网点配送等方式帮助农户销售农产品。春耕备耕期间，供销社改制参股企业农资连锁配送有限公司在保证质量的前提下，尽可能降低农资的进货价，及时供应到农民手中，对于一些资金困难的种粮大户，配送公司采取先送货，后结算的方式，确保农民春耕备耕工作顺利进行。

（句供办）

6 月 8 日句容市郭庄粮食储备库夏粮入库工作

粮　食

【概况】　2020 年，全市粮食部门围绕保障区域粮食安全，促进农民增收等总体目标，创新工作方法、完善服务措施、促进粮食流通、维护社会稳定。全年国有粮食购销企业累计入库粮食 4.5 万多吨，服务种粮群众 6000 多户。

（粮储中心）

【粮食购销】　2020 年，全市粮食部门落实国家粮食收购政策，保障售粮群众利益。两级收购期间，各国有粮食购销企业员工提前做好工作准备，确保售粮群众“随到随收、应收尽收”，做到领导督查到位、政策宣传到位、资金落实到位、服务措施到位、安全管理到位，确保粮食收购收购工作有序推进，全年入库小麦 2.5 万多吨、水稻 2 万多吨。

（粮储中心）

【粮油供应】　2020 年，市粮储中心在疫情期间实行 24 小时值班制度，针对部队疫情期间人员不得外出的规定，及时安排车辆送货上门，解决部队的后顾之忧。各国有粮食购销企业承担起句容市成品粮油应急储备任务，并紧急调运 1000 吨小麦，全力保障疫情期间粮油价格平稳。

（粮储中心）

【粮油检测】　2020 年，全市粮食部门在全省率先试点开展“中国好粮油”品牌建设项目的推进，提升句容市国家级粮食质量监测站建设水平。在两季收购期间，监测站成员深入田间地头对粮食质量情况进行调查，调查农田2万余亩，涉及农户200多家，采样372份，检验项目2600余项，制作技术资料7期，较好地指导了收购工作。定期检测在库粮食，检测样品200余份，并及时通报检测结果，确保全市储备粮油安全。（粮储中心）

【粮油健康消费知识宣传】 2020年，全市粮食部门依托“稻香万家”志愿服务项目，将粮食主体工作与新时代文明实践活动深度融合，在“3·15”消费者权益日、“世界粮食日”等重要时节，开展“粮食政策大讲堂”“粮食科技周进社区”“小豆丁读书会走进粮储中心”等粮食知识志愿宣讲活动，宣传国家粮食政策，普及家用粮食保管小知识，倡导“厉行节约，反对浪费”饮食新风尚。全年举办各类粮食宣讲活动10余场次，发放宣传单1万余张，发送倡议短信2万余条。（粮储中心）

烟 草

【概况】 2020年，市烟草局坚持创新引领发展，获得1项国家实用新型专利。全年共实现卷烟销量2.69万箱，同比增长1.18%；含税销售额11.83亿元，同比增长8.48%；单箱销售额4.39万元，同比增长7.22%；贡献税利3.68亿元，同比增长9.31%。2020年，全年共查获涉烟违法案件461起，同比上升111.47%；查获各类违法卷烟595.94万支，同比上升41.54%；总案值644.67万元，同比上升37.55%；罚没款39.04万元，拘留5人，判刑3人。

镇江市烟草局对吾悦广场电子烟销售实体店进行视察

2020年，市烟草局坚持创新引领发展，获得1项国家实用新型专利、参与镇江系统QC评奖分获一、二、三等奖，其中一项获江苏省优秀质量管理小组活动二级技术成果。“利剑5号”专项行动表彰中，1人获得省局优秀查办标兵荣誉。（烟草局）

食 盐

【概况】 2020年，句容市盐业有限公司累计销售盐产品4254吨，其中小包装销售2235吨（含KA商超90吨）；大包装食盐销售1499吨，工业盐销售520吨。年内，公司积极推进营销下沉直接服务终端，直配直送基本实现全市全覆盖，很好提升了服务质量和保供效率。全年开展“淮盐品牌宣传”，结合“3·15”“5·15”以及食品安全周食盐专场宣传等公益活动，与市场监管、卫生疾控、教育、融媒体等部门协作，进“社区、学校、企事业单位和餐饮、农贸”组织开展食盐安全、科学补碘、全民减盐等宣传活动83场，发放和张贴各类宣传品近5000份。（张永盛）

石 油

【概况】 中国石化销售股份有限公司江苏镇江句容石油分公司，简称中石化江苏句容石油分公司，隶属中国石化。2020年，公司下辖33座加油（加气）站（其中在营25座），分布在华阳、宝华、茅山、后白、郭庄、黄梅等乡镇的国道、省道线上，担负着全市近65%

的工农业用油。2020年，成品油销售总量为10.31万吨，其中，加油站零售8.53万吨。非油品销售额为2667万元。（唐红娣）

【加油站开设“司机之家”】2020年，中石化江苏句容石油分公司开始在各有条件的加油站点推出“司机之家”服务。陆续建设的各“司机之家”，分别按A、B、C三个档次建设，为司机提供就餐、休息、停车等服务项目，解决长途司机在路上“吃饭难、洗澡难、洗衣难、休息难、安全停车难”的五大难点。2020年，宝华、茅山、句茅、白兔等加油站陆续提供相关服务功能。

（唐红娣）

2020年句容市石油系统在营加油站一览表

表14

序号	名称	地址	占地面积（平方米）
1	中石化江苏镇江句容城区加油站	华阳镇华阳东路	956
2	中石化江苏镇江句容城东加油站	华阳镇五里墩转盘	2664
3	中石化江苏镇江句容城南加油站	104国道华阳镇南岗村	2326
4	中石化江苏镇江句容城西加油站	华阳镇人民路西段	2200
5	中石化江苏镇江句容城北加油站	101省道开发区三里井村	4872
6	中石化江苏镇江句容三岔加油站	104国道1175千米处	7928
7	中石化江苏镇江句容后白加油站	104国道1188千米处	6365
8	中石化江苏镇江句容茅山加油站	常溧公路144千米+200米	3554
9	中石化江苏镇江句容石狮加油站	104国道1162千米+900米	3223
10	中石化江苏镇江句容三里井加油站	101省道30千米+800米	2001
11	中石化江苏镇江句容黄二加油站	101省道24千米+700米	4787
12	中石化江苏镇江句容宝华加油站	312国道286千米+700米	3399
13	中石化江苏镇江句容下蜀加油站	312国道271千米处	1400
14	中石化江苏镇江句容河山加油站	312国道227千米+500米	4078
15	中石化江苏镇江句容郭庄加油站	句容市郭庄集镇	3000
16	中石化江苏镇江句容句茅路加油站	句茅路与弘景路交叉路口	2850
17	中石化江苏镇江句容白兔加油站	白兔站兔西村	4600
18	中石化江苏镇江句容西环加气站	华阳洪武路东侧下路村	5000
19	中石化江苏镇江句容文昌路加油站	文昌东路北侧肖杆路西侧	4800
20	中石化江苏镇江句容袁巷加油站	袁巷乡牧羊场	1915
21	中石化江苏镇江句容福地加油站	句容福地路与致远路交叉处	3000
22	中石化江苏镇江句容致远加油站	句容致远路与通宁路交叉口	2250
23	中石化江苏镇江句容后白二站	后白镇南300米104国道西侧	3102
24	中石化江苏镇江句容天王二站	句容市天王集镇菜场北侧	1900
25	中石化江苏镇江句容天王三站	天王镇104国道1195千米处	2000

（唐红娣）

综　述

【概况】　2020 年，句容市以国家全域旅游示范区创建为抓手，积极应对新冠疫情，扎实做好全市旅游产业疫情防控和复工、复产。2020 年，全市接待国内外游客 1246.53 万人次；旅游总收入 121.24 亿元。截至 2020 年底，国家 AAA 级以上景区 8 家，全国乡村旅游重点村 1 个，江苏省乡村旅游重点村 1 个，江苏省星级乡村旅游区 33 家、“江苏省自驾游基地” 1 家。2020 年入围全国县域旅游综合实力百强县第 20 名；茅山镇丁庄村被列入全国第二批乡村旅游重点村名录；天王镇戴庄村被列入省乡村旅游重点村名录；千华古村创成首批省级夜间文旅消费集聚区。　（徐　森）

2020 年句容市接待游客人数及收入统计一览表

表 15

指　标	合　计	一季度	二季度	三季度	四季度
来句游客（万人次）	1246.53	75.6	283.02	389.6	498.31
旅游总收入（万元）	1212396.16	66200	298200	360800	487196.16

（徐　森）

2020 年茅山风景区、宝华山森林公园收入统计一览表

表 16　　单位：万元

单位	合计	一季度	二季度	三季度	四季度
茅山风景区	43301.43	18132.59	4750.23	8185.3	12233.31
宝华山森林公园	4234.00	550	425	980	2279
合计	47535.43	18682.59	5175.23	9165.30	14512.31

（徐　森）

2020 年茅山风景区、宝华山森林公园接待人数统计一览表

表 17

单位：万人次

单位	合计	一季度	二季度	三季度	四季度
茅山景区	447.51	57.11	71.39	142.58	176.43
宝华山森林公园	95.27	9.29	4.85	21.78	59.35
合计	542.78	66.4	76.24	164.36	235.78

（徐 森）

2020 年句容市其他游览点接待、收入统计一览表

表 18

单 位	接待（万人次）	收入（万元）
江苏茶博园	24.66	402.67
怡景湾度假村	0.6	387.12
茅山红木艺术馆	1.71	196.6
伏热花海	23	1123.72
茅山半岛	5	35
合 计	54.97	2145.11

（徐 森）

2020 年句容市星级旅行社一览表

表 19

名 称	星 级	地 址	电 话（0511）
句容市假日旅行社	三星	句容市华阳西路文体综合楼 8 号	87264880
句容市阳光旅行社	三星	句容市华阳东路都市晴园门面房 108 号	80781001
句容市茅山旅行社	三星	香江丽景民生银行向南 100 米处 句卓路 1-6 号	87231055
句容市旅行社	三星	句容市华阳北路青少年宫 2-3 号	87267570
句容市金色假期旅行社	二星	句容市双利路马扎里市区东	87276879
句容市环宇旅行社	二星	句容市华阳镇崇明路南侧宁杭路西侧崇华苑 02 幢 1-2 层	87300661
句容市蓝天旅行社	一星	句容市华阳南路芳邻雅居正大门旁	87309588

（徐 森）

旅游规划建设

【概况】 2020 年，句容市实行重大旅游项目跟踪服务机制，认真做好全市重点旅游项目的入库、更新、跟踪、统计、考核等工作，围绕项目建设，加强跟踪与服务，及时掌握重点旅游项目的建设动态。打造“美丽句容”“长三角最令人向往的山水田园福地”，建设“具有最优营商环境的创新创业名城”“具有最佳人居环境的宜居宜游名城”“具有最美生态环境的养生养老名城”以及“最有味道的历史文化名城”。截至 2020 年底，恒大童世界完成全年计划投资 113%，康缘养生谷完成 129%，温泉谷完成 235%。

（徐 森）

【旅游交通换档升级】 2020 年，

全市开工建设宁句城际、南沿江铁路等重大交通基础设施，“轨道上的句容”“轨道上的景区”呼之欲出，把“流量”变“留量”，句容旅游新发展的空间未来可期。开工建设365千米的“句容福道”初露芳容，串联了景区、村庄，呈现了“山水田园”，“快进慢游”的全域旅游交通环境格局凸显。

（徐　森）

【景区运营提质增效】 2020年，市旅游部门结合现代旅游的新趋势、新需求，通过市场化途径、采取新技术手段，拓展了研学旅游、红色旅游、养生旅游、夜间旅游等众多消费方式，丰富了旅游品质、提升了旅游效益。茅山景区开发了系列红色旅游产品，全年吸引游客近60万人次。2020年，全市乡村旅游景点如：芝樱小镇、伏热花海、天下玫景等如火如荼，深入彰显句容“真山真水真生态、福地福运福文化”旅游魅力。

（徐　森）

【文旅招商赋能产业】 2020年，全市完成3个文旅项目评估和4个5000万元以上文旅项目签约。年内，恒大童世界29个单体主体封顶、景观湖及中心园林对外开放；茅山温泉酒店建成运营；康缘中医药文化产业园、茅山豆腐村乡村田园酒店加快建设。

（徐　森）

旅游宣传推介

伏热花海

句容全域旅游推介会在上海举行

【概况】 2020年，全市加大宣传推介力度，组织全市旅游景区、旅行社负责人到上海、南京、扬州、江阴等地推介，推介会以“山水田园福地　宜居宜游名城”为主题，多方位呈现了福地句容文化旅游的品牌形象，共开展5场专场推介会，7场旅游博览会。

（徐　森）

【全域旅游推介会在扬州举行】 2020年1月11日，由句容市文体广电和旅游局、句容市旅游协会主办的“2020我在句容等你”句容市全域旅游推介会城市路演在扬州举行。活动现场，主办方通过视频展播、景区主题推介、地方特色文艺表演、现场互动等形式对句容市重点景区、文创产品、特色美食、旅游线路等进行全面推介。

（徐　森）

【句容全域旅游城区推介会】 2020年5月16日，由句容市文体广电和旅游局、句容市旅游协会、句容市融媒体中心共同举办以“山水田园、福地句容”为主题的第20个“中国旅游日”句容城区旅游推介活动在句容市中央商场广场举行。现场推介茅山风景区、宝华山森林公园、赤山湖景区等景点和旅游特色产品，以宣传片展播、推介人讲解和文艺节目表演等形式展示句容的自然景观、历史文化和民俗风情。

（徐　森）

【句容全域旅游推介会在上海举行】　2020年11月16日，由句容市文体广电和旅游局、上海市杨浦区文化和旅游局共同主办，句容市旅游协会、上海市杨浦区旅游协会协办，上海市（区）旅游协会联盟支持的“福地句容·相约杨浦”——“2020江苏句容全域旅游走进上海杨浦”旅游推介会在上海市杨浦区五角场广场举行。现场通过演唱、歌舞等形式推介句容近年来景区建设，研学游、红色文化游、生态农业观光游、山水田园休闲养生游、温泉度假游等多种特色旅游项目。推介会上江苏句容和上海杨浦两地旅游协会进行战略合作签约，进一步加强联络和合作，为两地旅游发展提供更大的平台。

（徐　森）

旅游活动

【概况】　2020年，全市相关镇、管委会合作举办草莓音乐节、茶香文化节、葡萄节等20余场节庆活动，吸引本地及周边城市线上、线下游客，促进本地旅游产业发展。

（徐　森）

【天王稻香节】　2020年8月15日，由句容市人民政府主办，市农业农村局、市文体广电和旅游局、天王镇人民政府承办的2020句容农民丰收节系列活动之天王稻香节在天王镇戴庄白沙村举办。通过举办传“稻”授业——赠新稻米仪式、“割稻、掼稻农耕文化体验”、“颗粒归仓话丰年”等一系列活动，充分展示句容南乡群众勤劳俭朴、踏实苦干的精神，共迎小康生活。

（徐　森）

句容第十一届丁庄葡萄节

【丁庄葡萄节】　2020年8月16日，由江苏省农业农村厅、省文化和旅游厅、镇江市人民政府主办的2020“苏韵乡情”乡村休闲旅游农业（镇江）专场推介活动暨中国句容第十一届丁庄葡萄节开幕式在句容丁庄葡萄小镇开幕。活动以“一粒葡萄一个世界”为主题，重点展示丁庄葡萄小镇文化及其系列产品，讲好葡萄产业变迁发展的故事。

（徐　森）

【中国（句容）草莓文化旅游节】　2020年12月22日，第19届中国（句容）草莓文化旅游节在句容大剧院开幕。来自国内外的草莓专家、经销商、种植大户等齐聚句容，共同探讨草莓的先进种植技术、文化、学术及商贸。大会为时代楷模、全国道德模范、最美奋斗者赵亚夫对草莓种植的贡献颁发“终身荣誉奖”。开幕式上还公布了全国草莓精品擂台赛比赛结果，句容市白兔镇纪荣喜家庭农场纪荣喜等10人获特等奖，青海凯丰农业科技发展有限公司杨雪峰等10人获金奖。

（徐　森）

旅游行业管理

【概况】　2020年，句容市旅游主管部门贯彻《中华人民共和国旅游法》，加强对星级旅游饭店、旅行社的监督管理，不断提升服务质量，提升句容旅游整体形象及游客满意度。建立健全旅游投诉处理制度，通过投诉电话、12301 旅游监管服务平台、12345 政府热线等渠道，安排专人负责，确保旅游投诉处理及时高效，全年投诉办结率及满意度均达 100%。

（徐　森）

句容市第二届金牌旅游讲解员大赛

金 融

责任编校：陈龙洁

综 述

【概况】 2020年，全市共有产险公司14家，寿险公司19家。截至12月底，产险各家公司总保费3.48亿元，赔付2.03亿元；寿险各家公司总保费11.30亿元，给付1.43亿元。

2020年，全市正式营业证券公司共3家，申万宏源证券、南京证券、华泰证券，累计实现交易金额780.50亿元，比年初增加383.56亿元，增加96.63%；总开户数35503户，较年初增加4355户，增长13.98%。

2020年，全市共有融资性担保机构3家，中小企业融资担保中心、华夏万泉融资担保和省农担句容分公司，总注册资本2亿元，截至年末在保余额6.90亿元，比年初增加0.38亿元，增长5.83%。

2020年末，全市共有5家在营业的农村小额贷款公司和1家科技小额贷款公司，注册资本总额6.52亿元，贷款余额5.89亿元，实现净利润4063.96万元，纳税968.25万元。

2020年末，全市共有8家典当行，总注册资本3.26亿元，总交易余额1.98亿元。其中，动产交易余额736.41万元；房地产交易余额13678.35万元；财产权利交易余额5394万元。 （雍 慧）

市金融监管局组织开展“携手政银企、普惠进万家”活动

金融管理

【实体经济支持】 2020年，市地方金融监督管理局在疫情期间，印发《关于进一步做好金融机构新型冠状病毒感染的肺炎疫情防控工作的通知》，成立督导小组进行抽查、暗访。梳理各金融机构疫情期间惠企政策清单，制定金融领域支持企业共渡难关政策，保障融资需求、降低融资成本、完善担保体系。开展全市银行业金融机构服务发展考核，引导金融机构向重点行业领域投放信贷资源。组织开展“普惠金融建设

美丽句容”“综合金融服务平台银企对接会”“携手政银企　普惠进万家”等4场活动，深入企业、乡镇送资源、送服务、送政策，精准支持企业。（雍　慧）

【市场对接】　2020年，市地方金融监督管理局完善上市扶持政策，修订政策实施细则，分类、分层、分阶段对企业实施上市奖补。配合各镇街道展开上市挂牌后备企业筛选工作，更新后备培育库，邀请券商、交易所专家为上市意向企业上门服务。组织开展新三板线上培训、上交所线上培训、新《中华人民共和国证券法》宣传培训等3场活动。7月，组织召开句容市“深交所—镇江市创新创业企业股权融资路演走进句容”活动，11月，举办关于企业股权融资的业务培训会。截至12月底，全市共有主板上市企业1家，“新三板”挂牌企业5家，四板挂牌企业57家。

（雍　慧）

【金融风险防范化解】　2020年，市地方金融监督管理局打好防范化解金融风险攻坚战，狠抓非法集资排查处置，协调化解企业债务风险，帮助企业缓解债务难题。严格把控政府债务风险，出台《国有企业融资成本管控意见》，减少非标融资、降低融资成本，成立句容市购债联盟，为国有平台寻找对接购买方。建立“金融不良资产”月报告制度，每月更新动态，及时掌握企业融资风险信息。截至12月底，句容市不良贷款余额6.45亿元，不良率0.51%，不良贷款余额和不良率均为镇江最低。年内，句容市获“江苏省金融生态优秀县”称号。

（雍　慧）

【乡村振兴助力】　2020年，市地方金融监督管理局促进金融支持乡村振兴，引导金融机构与农村企业、家庭农场、种养大户及地方政府合作对接做好精准扶贫和服务工作。截至12月底，江苏农担句容分公司在保余额30222万元，在保户数253户。推进农村信用体系建设，加快农户建档立卡工作，开展信用村、信用户、信用示范户评定工作，年内完成对天王、后白试点乡镇的信用评定工作。依托涉农金融机构，召开“整村授信”现场推进会和“金融机构普惠金融调度会”督促银行投放普惠贷款。开展银企对接活动，搭建银企沟通桥梁。

（雍　慧）

【线上融资渠道推广】　2020年，市地方金融监督管理局推广省综合金融服务平台，构建“线上”+“线下”的快速融资通道，节省融资中间成本。推进金融机构接入省综合金融服务平台，与市农业农村局及镇街道共同推进句容市农业龙头企业、专业合作社注册使用平台。截至12月底，句容市平台注册企业3885家，累计解决企业融资需求1612笔，融资金额100.57亿元。在疫情防控期间，通过受疫情影响小微企业融资绿色通道，半年内累计支持全市256家企业，解决需求277笔，解决需求金额8.3532亿元，放款7.6871亿元。（雍　慧）

【金融要素优化】　2020年，市地方金融监督管理局积极与上级金融机构交流对接，大力引进金融机构。年内，常熟农商行和南京银行相继开业，截至年底，全市有银行业金融机构20家、保险公司33家、证券公司3家、小贷公司5家、典当行6家、担保公司3家、转贷服务公司1家。截至12月底，句容市中小企业转贷服务有限公司转贷总金额1.2亿元，有效缓解部分企业转贷难题。截至12月底，全市20家商业银行本外币各项存款余额1050.21亿元，比年初增加107.24亿元，增长11.37%；各项贷款余额1274.63亿元，比年初增加150.98亿元，增长13.44%，银行业金融机构实现存贷比121.37%。

（雍　慧）

银　行

【概况】　截至2020年年末，句容市各项存款余额1050.21亿元，比年初增加107.24亿元，增幅11.37%；各项贷款余额1274.62亿元，比年初增加150.98亿元，增幅13.44%，其中，制造业贷款余额67.91亿元，比年初增加8.30亿元，增幅13.92%，中长期贷款15.15亿元，比年初增加11.16亿元，增幅279.7%。直接债务融资工具实现零突破，发行中期票据2.9亿元。9月，句容市被省金融稳定工作协调小组授予2017—2019年度金融生态优秀县称号。（人行办）

【货币政策执行】 2020年，人民银行句容市支行保持贷款投放平稳增长，为“六稳”工作创造良好金融环境。坚持执行灵活适度、精准导向的稳健货币政策，立足服务实体经济本质，推动存贷款规模稳步增长。推动两项货币政策工具直达实体经济，督促指导金融机构对符合条件的企业做到“快审快贷”“应延尽延”，累计为2491户企业办理延期还本付息3009笔、金额28.39亿元，延期率62.76%；发放普惠小微信用贷款12.95亿元。加强窗口指导降低综合融资成本，综合加权平均利率5.17%，比年初下降44个基点，累计为企业节约利息支出4118万元左右。（人行办）

【银企对接工作】 2020年，人民银行句容市支行统筹金融支持疫情防控和复工复产，提升金融活水直达实体效率。开展“句容市金融支持企业复工复产促进经济发展百日行动”活动，推动全市金融机构支持企业复产复工429户、金额91.50亿元；支持受疫情影响的普惠小微企业贷款607户、金额20.07亿元；降息减费惠及企业和个人1645户、金额37.94亿元；2家法人机构累计运用支农支小再贷款专项额度4.5亿元，支农再贷款3.2亿元，分别为223户小微企业和1094户农户提供信贷支持，加权利率4.40%和5.33%左右；运用普惠性再贷款再贴现额度3.02亿元，加权平均利率为5.04%，惠及小微企业、个体工商户394户。（人行办）

【金融稳定监管】 2020年，人民银行句容市支行修订完善金融机构执行人民银行政策综合评价办法，落实重大事项报告制度，加强投保机构日常监测和保费申报缴纳工作，按季开展央行评级，推进存款保险标识启用工作。加强对法人机构流动性风险、担保机构偿付风险的监测，落实金融机构信贷风险化解主体责任，提升信贷资产质量，截至2020年年末，全市银行机构不良贷款余额6.45亿元，比年初增长1.17亿元，不良贷款率0.51%，上升0.04个百分点；关注类贷款余额12.02亿元，比年初下降1.1亿元。关注房地产市场运行动态，对房地产领域金融风险及时向上级行和地方政府汇报。（人行办）

12月29日，句容市召开农村信用体系建设现场推进会

【货币发行管理】 2020年，人民银行句容市支行做好现金服务示范区创建工作，发行新版5元纸币，开展非法使用人民币图样祭祀用品专项检查和对外支付“反宣币”等违规行为立案查处工作，做好人民币反假和拒收现金宣传整治工作等。（人行办）

【支付结算管理】 2020年，人民银行句容市支行加强移动支付便民工程建设，扩大移动支付在教育、医疗、商圈等便民领域的应用规模。开展存量账户涉赌涉诈风险检查、防范电信网络诈骗宣传。推进农村普惠金融服务点提质增效，建成全市首家农村普惠金融服务示范点，截至2020年年末，建成普惠金融服务点50家，其中综合服务点7家，支付服务点43家。（人行办）

【国库管理】 2020年，人民银行句容市支行以“国库会计核算

质量百日竞赛”活动为契机，强化国库核算基础，实现“无案件、无事故、无重大差错、无投诉”的“四无”目标。加强国债发行巡查，做好储蓄国债到期提醒兑付等，保护国债投资者权益。

（人行办）

【征信管理】 2020年，人民银行句容市支行优化征信服务，确保疫情期间征信个人自助查询和企业征信查询安全进行。推进农村信用体系建设，结合实际制定整村授信工作方案，在天王、后白两个试点乡镇评出信用村24个，信用示范户48户，以“整村授信”形式，为信用户授信24.16亿元，用信5.64亿元。（人行办）

【外汇管理】 2020年，人民银行句容市支行建立重点企业常态化沟通联系机制，增进汇企互动，为73户有融资需求的企业发放贷款21.60亿元。落实稳外资外贸等外汇便利化政策，举办“句容市外汇政策宣讲会”等活动，向市场主体传导外汇管理改革新举措。加强跨境资金流动监测管理和外汇业务现场核查检查，对5家企业发放风险提示函、4家企业实施降级管理，对违规办理个人超额外币现钞提取业务的机构实施行政处罚。（人行办）

【中国工商银行句容支行】 2020年，中国工商银行句容支行有营业部1个，辖营业网点10个、自助银行3家，有员工151人。截至2020年年底，支行人民币存款合计105.71亿元，比年初增加5.58亿元。人民币日均存款99亿元，比年初增加2.17亿元；人民币贷款余额150.45亿元，比年初增加19.18亿元。不良贷款余额1640万元，不良率0.16%。

2020年，支行以支持地方经济发展为己任，不断提升服务实体经济的效率和能力，持续完善金融服务水平。10月，镇江工行与句容市政府签订战略合作框架协议，将在未来三年内为句容重大项目建设、基础设施建设、产业经济发展、民营和小微企业、个人按揭和消费等领域提供不低于100亿元的意向性综合融资。加大对小微企业的支持力度，提高审批效率、优先保障信贷额度、提供优惠贷款利率，提高普惠金融服务水平。先后推出法人经营快贷、E抵快贷等一系列个性化创新产品，实现线上自动审批、自主提款，提高企业申贷率以及放款效率。以资产业务为服务工作切入点，坚持零售商业银行的战略定位，以小额贷款、零售服务为抓手，突出做好乡村振兴领域的涌现出的新型经营主体、中小企业、建档立卡贫困户等小微普惠领域的金融服务，同时积极创新金融产品和服务方式，提升基础金融服务的覆盖面，进一步打造综合化特色化乡村振兴金融服务体系。（工商银行）

【中国农业银行句容支行】 2020年，句容农业银行有营业部1个，辖营业网点15个、自助银行8家，有员工236人。截至2020年年末，支行本外币各项存款余额136.27亿元，比年初增加9.54亿元。各项存款日均余额136.29亿元，同比增加4.41亿元。本外币各项贷款余额154.01亿元，比年初增加28.14亿元。

2020年，支行梳排营销全市重点项目，持续做好项目营销储备。依托核心企业强化产业链供应链金融服务，优选上下游关系密切稳定且有合作意愿的总、分行核心客户，推广“链捷贷”“e账通”产品。对项目内客户开展授信调查，原则上在预审后1个月内，要完成项目方案审批及首批白名单客户批量授信审批。对用信率低的项目和客户，采取针对性营销措施。加快线上线下普惠信贷业务协同发展，发挥线上业务和智慧场景获客、活客功能，对暂不符合线上产品办理条件的优质普惠客户，引流到线下办理业务。推动“百行进万企”“万人进千村”等专项服务活动，利用营销清单开展精准营销。加快存量优质无贷户、有经营实体的高净值客户向有贷户转化。强化“三农”信贷投放，加大对农村人居环境、农田水利、农业龙头企业等信贷支持力度，做细做实农户金融服务。进一步抓实“万人进千村”活动，做好农户信息建档工作。（农业银行）

【中国银行句容支行】 2020年，中国银行句容支行实现营业净收入3.23亿元，实现拨备前利润2.87亿元。实现净利润1.76亿元，中间业务净收入5656万元。

本外币存款余额 42.58 亿元，其中个人存款 15.56 亿元，对公存款 27.03 亿元。本外币贷款余额 123.62 亿元，其中公司贷款 49.31 亿元，零售贷款 74.31 亿元。全行不良贷款 6695 万元，不良率 0.54%。

2020 年，支行通过加强项目营销和产品创新，扩大收入来源。利用平台优势拓宽获客渠道，协助句容市房屋维修基金管理中心成功上线维修资金管理系统。实现国际结算大户在支行结算破零，成功营销当地国际结算前 30 强企业久正光电和巨宝精密在支行进行结算。服务实体经济，在授信策略上同等对待民营企业和国有企业，主动上门服务民营企业，加强沟通，了解业务需求和金融服务需求。年内累计支持实体经济授信 78 户，累计投放 14.65 亿元，余额 9.61 亿元。（中国银行）

【中国建设银行句容支行】 2020 年，建行句容支行有营业室 1 个，辖营业网点 7 个，自助银行 36 个，有员工 115 人。截至 2020 年年末，支行本外币存款日均余额 99.42 亿元，较年初新增 25.49 亿元，其中对公存款余额 70.61 亿元，储蓄存款余额 20.80 亿元；支行本外币各项贷款余额 164.03 亿元，其中公司类贷款余额 40.51 亿元。2020 年，支行被评为“第六届建设银行江苏省分行文明单位”“江苏省分行第一届企业文化建设示范单位” “2018—2019 年中国建设银行思想政治工作先进单位”。

2020 年，支行主动对接当地政府，了解当地发展规划，着力对接 2020 年以来落地句容市范围内的大型企业以及政府重点建设项目。加强与相关部门联系与沟通，将当地发展需求与支行信贷政策结合，把握营销契机，拓宽和创新融资渠道，满足客户融资需求。全年新增项目储备金额合计 17.46 亿元，累计实现投放 12.96 亿元，其中福地生态隐债置换贷款 8.4 亿元、句容市茅山湖隐债置换贷款 4.56 亿元；同时加强外部联动营销，协助广州越秀租赁对句容市茅山创业旅游有限公司 7500 万元的投放。加强住房贷款项目储备，年内个人住房贷款余额 119.23 亿元。支持成长型中小企业发展，普惠金融较年初新增 3.52 亿元。（建设银行）

【中国邮政储蓄银行句容支行】 2020 年，中国邮政储蓄银行句容市支行下辖 29 个营业网点，二级支行 7 个、代理网点 22 个，员工 225 人（内含邮政金融从业人员 130 人）。2020 年，句容邮政金融系统储蓄存款余额达 60.89 亿元，其中活期余额为 9.103 亿元。支行各项贷款余额达 83.68 亿元。实现标准保费 31788 万元；理财保有量 5.56 亿元；销售国债 1863.77 万元；发行绿卡 35040 张，信用卡累计发卡 26428 张。

2020 年，支行加大涉农金融创新力度，探索“三农”风险共担机制，打造“富农贷”“农保贷”“农担贷”等一系列银政合作产品。加大信贷产品创新力度，从小额贷款到农民专业合作社贷款、家庭农场（专业大户）贷款等系列信贷产品，形成强抵押、弱担保、纯信用等全序列产品。做大助农贷规模，通过召开推介会等形式，联合各村镇村委会、农服中心共同推进。利用“邮请”获客平台，结合产品结构调整，进行针对性营销，全年支行极速贷累计发放 578 笔，金额 12546 万元。缓解中小微企业融资难问题，提升小微企业融资体验，发展线上产品“小微易贷”业务，全年累计为 21 户小微企业发放贷款资金 2436 万元。年内新增投放华电江苏能源有限公司流动资金贷款 1 亿元，新增投放江苏句容抽水蓄能有限公司固定资产贷款 0.4 亿元；上线全省首笔系统对接的水厂开放式缴费平台业务。

（邮政储蓄）

【江苏句容农村商业银行】 2020 年，江苏句容农村商业银行有 36 个网点（26 个支行、1 个营业部和 9 个分理处）。截至 2020 年年底，各项存款余额 256.18 亿元，各项贷款余额 195.41 亿元，贷款户数 29885 户。

2020 年，句容农商行开展“整村授信”，与农业农村局共同推动，与各镇、街道共同召开推进会 12 场，截至 2020 年末，建档 2.2 万户，用信 6146 户、10.23 亿元。“整村授信”工作被人民银行纳入信用体系建设工程，被银保监部门列入乡村振兴试点示范重点工作，成为句容市政府“三农”重点工作予以推进。推广智慧医疗，推广银医通，与全市19家医院合作，实现挂号、就诊、缴费全流程服务。推广智慧校园，与全市49家学校建立合作关系，推广线上校园卡充值和代缴学费业务。推广智慧社保，上线电子社保卡，实现线上社保自主缴费。推广智慧收单，开展融e付业务，全年新增收单商户7909户，结算金额达36亿元。推广智慧商务，利用“e路有我”电子商务平台，帮助农户扩大产品销路。

（中国银行）

【江苏银行句容支行】 2020年，江苏银行句容支行有营业部1个，辖营业网点1个、自助银行2个，有员工35人。截至2020年年末，各类存款余额54.27亿元，比年初新增2.15亿元，增幅2.17%，各项贷款余额75.88亿元，较年初新增8.86亿元，增幅13.22%，零售金融资产24.7亿元，比年初新增2.3亿元，增幅达10%。

2020年，支行围绕苏科贷、惠捷贷、税e融等特色产品，积极对接市科技局、农委、省农担，走进乡镇、工业园区，着力解决小微企业贷款难的问题。截至2020年12月末，小微企业资本口径贷款较年初新增6407万元，普惠口径户数较年初新增27户，普惠口径贷款较年初新增9633万元，普惠涉农贷款较年初新增10093万元。

（江苏银行）

【光大银行句容支行】 2020年，光大银行句容支行有营业部1个，自助银行1个，有员工12人。截至2020年年底，总资产44.22亿元，较年初增加18.14亿元，贷款（不含贴现）余额为42.61亿元。支行单户授信1000万以下对公小微企业贷款余额11500万元，制造业贷款余额5000万元。个人贷款余额0.39亿元，其中个人住房贷款余额为2935.14万；普惠个人贷款余额为957万。

2020年，支行加大对民营企业、制造业和普惠客户的支持，其中民营企业新增获批授信8000万元。配合地方政府盘活存量国有资产，创新政府债务化解资金来源模式，新增获批授信60000万元。为省市重点项目提供信贷资金6000万元；与下蜀镇达成业务合作。与江苏省农业融资担保有限责任公司开展业务接洽，并落实2笔农业贷款。全年为2个农业产业项目建设提供信贷资金支持。

（光大银行）

【兴业银行句容支行】 2020年，兴业银行句容支行有营业部1个，自助银行1个，有员工25人。至2020年年末，各类存款余额27.67亿元，贷款余额21.09亿元。

2020年，支行推进联东U谷产业园项目下的“工业厂房按揭贷款”业务，解决中小企业固定资产资金投入大、还款压力大的问题，为园区企业高质量发展提供信贷支持。运用总行金融创新产品，结合企业的不同特点，为客户制定合适的融资方案，形成小微企业金融服务标准体系，有效解决企业各种融资需求。与省农担合作，开展支农工作，2020年发放涉农贷款7笔，金额2090万元。与句容市不动产登记中心合作，在兴业银行句容支行营业厅堂设立“句容市不动产登记便民服务点”。

（兴业银行）

【华夏银行句容支行】 2020年，华夏银行句容支行有营业网点1家，自助银行1家，员工12人。截至2020年年末，一般性存款余额15.64亿元，各项贷款总额19.81亿元，表外非信贷融资9.260亿元，非保本理财余额16161.28万元。

2020年，支行支持句容地区制造业贷款3000万元，主要投向制造塑料制品业、设备制造业等。支持新农村建设、城乡供水及城乡公交一体化等项目，为句容市水务集团有限公司投放贷款4000万元，支持自来水公司加强管网铺设、水站建设。主动对接服务旅游开发企业，支持农村旅游景区开发建设，先后为句容市福泽生态旅游发展有限公司、江苏句容赤山湖生态环境建设发展有限公司、句容市茅山创业旅游有限公司发放各类贷款5.49亿元。针对地下管网建设等方面，支持农村环保事业建设，发放1.792亿元项目贷款支持句容市城北片区污水收集管网工程及综合管廊建设项目。

（华夏银行）

【南京银行句容支行】 南京银行句容支行于2020年11月27日正式开业，截至2020年年底，有营业网点1个，自助银行1家，员工23人。截至2020年年末，全行各项存款余额74794.53万元，其中对公存款余额64972.94万元，储蓄存款余额9821.59万元；各项贷款余额59551.1万元，理财余额5051万元。

2020年，支行大力发展零售业务，支持地方经济，助力小微企业，试点涉足三农领域。助力当地平台融资工作，积极配合当地平台化解债务，支持当地经济建设。对受疫情影响的小微企业积极开展对接工作，给予信贷支持，围绕江苏省综合金融服务平台开通小微企业融资绿色通道。通过与担保机构合作的方式拓展农产业客户，年内获批天王镇苗木贷产业集群项目，用以支持天王镇的特色苗木产业。

（南京银行）

【苏州农商行句容支行】 2020年，苏州农商银行句容支行有营业网点1个，有员工13人。截至2020年年末，各类存款余额117578.45万元；贷款余额为180437.53万元。

2020年，支行加大对小微企业考核力度，通过绩效考核引导现有信贷产品，对符合信贷要求的小微企业给予有效信贷资金供给。做好“税E贷”的营销宣传，用好“省农担”风险分担政策。根据企业实际申请情况及上级行的资金配置情况，对小微企业的融资需求优先考虑，优先投放。截至2020年年末，支行普惠金融贷款余额19786.3万元，较上年末增加630万元，共计107户；其中单户用信总额1000万元以下（含）的普惠型小微企业纯贷款余额16240.8万元。在风险整体可控的前提下，加大推广信用贷款营销力度。年内支行信用贷款共计35户，余额551万元；首贷户共计18户，余额300万元。

（苏州农商行）

【紫金农商行句容支行】 2020年，紫金农商银行句容支行有营业网点1个，在行式自助银行1家（2台ATM机），员工13人。截至2020年年底，支行存款余额为12.76亿元，比年初增加5.13亿元，贷款余额为19.48亿元，比年初增加7.92亿元。2020年底理财产品余额为82.6万元。

2020年，支行加大对本地涉农、中小微企业、民营企业等重点领域信贷投放力度，为民营小微企业提供优质的金融服务。重点优化创新面向小微企业和个体工商户的小额信贷产品，推出“房易融”“税信贷”“税微贷”“循环贷”“微e贷”等多项特色产品，推进“紫金快贷”业务落地，为其提供多层次的金融服务。加强网格化服务，主动与各乡镇、开发区、管委会、部委办局进行对接，畅通银企对接渠道，对网格内优质民营小微企业和个体工商户，实行名单制走访，制定差异化服务方案。对句容特色农业和乡村旅游业进行普惠型信贷支持。先后对接天王苗木、后白草坪、白兔草莓、丁庄葡萄和句容茶叶等协会商会，发挥“农”商优势，拓展“三农”业务，持续加大涉农信贷投放，扶持有潜力的新型农业经营主体发展。

（紫金农商行）

【常熟农商行句容支行】 2020年，常熟农商银行句容支行有营业部1个，自助银行1家，有员工29人。截至2020年年底，对公日均11920万元，储蓄日均3111万元，个人理财1216万元，普惠金融贷款11372万元，按揭贷款5278万元，大额分期101万元。

2020年，支行支持实体经济，服务好新能源、新材料、绿色建材、智能制造等优势产业。服务基建产业链为相关配套产业做好金融服务，年内投放信用贷款130户，余额3200万元。发挥小微金融服务优势，助力小微企业孵化培育，对民营和小微企业开展走访，了解经营现状和资金需求，加大向其信贷投放倾斜力度，确保有效信贷需求得到满足，专门为民营和小微企业提供“量身定做”“无缝对接”的信贷服务，利用灵活的贷款方式满足企业融资需求。围绕扩大优质农产品供给、培育多元化农业经营主体、实现乡村旅游提升，主动对接句容市丁庄万亩葡萄合作联社，达成意向合作协议，为合作社成员提供金融支持。（常熟农商行）

【句容苏南村镇银行】 2020年，句容苏南村镇银行有营业网点1个、自助银行1家，有员工33人。截至2020年年末，全行各项存款余额34966.65万元，其中对公存款余额17545.95万元，储蓄存款余额17420.69万；各项贷款73158.25万元。

2020年，支行深化支农支小，拓展小微贷款、农户贷款，开展普惠贷款投放专项竞赛，走访乡镇、农村，改变以往客户主要在城区的业务结构。新设立小微业务团队，壮大普惠金融服务能力。重新梳理标微业务产品，确定小微团队重点营销的“商盈贷”、“安逸贷”、“惠农贷”等“苏南快贷”系列产品。签约“富民创业贷款”合作协议，成为句容第二家准入的金融机构。落实科技赋能，引入发起行“江小鱼”线上信用贷款，信贷产品不断丰富。

（苏南村镇银行）

小贷公司

【概况】　2020年，句容市共有5家在营业的农村小额贷款公司和1家科技小额贷款公司，注册资本总额6.52亿元，贷款余额5.89亿元，实现净利润4063.96万元，纳税968.25万元。　（雍　慧）

【小贷行业发展】　2020年，市地方金融监督管理局继续严格执行“扶优限劣”政策，立足小贷公司发展实际，实施分类监管、区别对待、正向激励、扶优限劣。每月开展督查工作，对华阳科贷、崇明农贷、中金农贷进行现场检查，针对其相关问题提出整改意见。同时，对不规范经营或经营不善的小贷公司，多次约谈高管、督促及时整改，对整改不力的小贷公司，提请上级部门终止其经营资格。针对运作规范的小贷公司，鼓励其解放思想，创新经营模式，积极开展新业务。

（雍　慧）

句容市召开“储蓄国债提醒催兑工作推进会”

交通·邮政·物流

责任编校：刘明亮

交　通

·综述·

【概况】　2020年，句容市完成城区“白改黑”二期工程和人民路应急出新以及高骊山路80%工程建设任务。农村公路提档升级新改建道路15千米。完成句茅公路、茅山景区道路和白云线建设。基本构建形成“一环八射”公路网，总里程2563千米，路网密度1.86千米/平方千米。365千米“句容福道”成功上榜江苏省第二批农村公路“一县一品牌、一区一特色”创建成果名单。句容市被江苏省政府办公厅授予“四好农村路”省级示范县荣誉称号。

2020年，句容市深入推进交通行政审批制度改革，实行“一个窗口办理，一站式服务”。严格依据质量监督工作程序及标准、工程质量鉴定工作程序及标准等法律法规，做好重点工程项目和民生实事项目的质量监督申请与受理、质量监督检查工作。全年行政许可普通货运157件，运输证配发383件，运输证年审1241件，涉路施工许可10件。全年实施行政许可事项167件，行政处罚65件，全年按时、按期办理人大代表建议、政协委员提案42件，办理“12345”“12328”工单240件，办结率100%，满意率100%。

2020年，句容市围绕安全生产专项整治“一年小灶”开展安全生产各项工作。结合交通运输系统实际，先后印发4份《专项整治方案》，为全年专项整治工作提供依据。专项整治工作共接受国务院、省、镇江市、省厅、句容市、镇江市局各级督导（巡查）及“回头看”13次，交办各类问题和隐患130个，其中各级督导正式反馈的问题有27个，各类下发文件中指出的道路降坡、安装红绿灯、封闭中分带等道路隐患103个。开展安全隐患排查自查工作，全年共自查88次，排查安全隐患115个，所有问题和隐患均及时整改到位。

2020年，句容市交通运输局紧抓发展机遇，全面贯彻“六稳六保”要求，逐渐走出一条具有

南沿江城际铁路工程

句容交通特色的发展之路，为经济持续发展、解决百姓就业、促进脱贫致富和社会稳定、全面建成小康社会做出贡献。年内，句容市交通运输局先后获2020年度市级机关部门服高质量发展十佳单位、2019—2020年度法制建设先进集体、2019—2020年度社会治安综合治理先进集体、2019—2020年度信访先进集体、2020年度消防安全工作先进部门。

（朱　莉）

【“四好农村路”建设】 2020年，句容市围绕“四好农村路”建设工作，形成“交通强则句容强、农路畅则农民富”的全民共识。句容市农村公路总里程达2324.15千米，153个行政村双车道四级路覆盖率100%，362个规划发展村庄等级公路通达率100%，农村公路三类及以上桥梁占比98%。句容市注重农村公路基础管理队伍的培养，加强沿线人民群众爱路护路意识的宣传，形成管理队伍懂法、依法，沿线群众知法、守法，“人民公路人民管、管好公路为人民”的良好氛围。

（朱　莉）

【“句容福道”建设】 2020年，“句容福道”规划365千米，线路覆盖句容全域。以“福道”为引串联“山水田园”，构建各片区全域旅游交通微循环，通过联动发展沿线山区、湖区、景区、园区、村庄等，合理构建“一环—多联—五片—福星点点”的福道总体空间布局体系，打通“断头路”、拓宽“瓶颈路”、建设“景观路”，将句容茅山、宝华山、赤山湖、丁庄葡萄、西冯草坪、新四军纪念馆、赵亚夫事迹馆等特色文化和特色产业元素融入农村公路建设中，形成独具句容魅力的农路文化。年内，“句容福道南片区”已经初具规模，在彩色标线的延伸下，茅山风景区、李塔水库、九龙山、樱花园等诸多景点串联成片。

（朱　莉）

句容福道

·交通建设·

【概况】 2020年，句容市完成城区“白改黑”二期工程和人民路应急出新以及高骊山路80%工程建设任务。农村公路提档升级新改建道路15千米。完成句茅公路、茅山景区道路和白云线建设。基本构建形成“一环八射”公路网，总里程2563千米，路网密度1.86千米/平方千米。推进宁句城际轨道和南沿江城际铁路在句容境内建设。南沿江铁路完成投资7.13亿元（工程投资6.89亿元，征地拆迁等投资0.24亿元），路基完成句容段总量的48%、桥梁下部结构完成句容段总量的82%，架设箱梁完成句容段总量的42%。至2020年10月，宁句城际轨道完成投资17.56亿元（工程投资13.66亿元，征地拆迁等投资3.9亿元），句容段的路基、桥梁下部结构和架设U形梁等句容段基本架设完成。开始铺轨和接触网架设等工作。实现句容市城南扬镇宁马城际铁路与苏南沿江铁路句容站合场并站建设，站场设计规模由原来的两台四线增加到四台十线，站房规模从8000平方米增加到1.5万平方米，句容站被江苏省交通运输厅列入“打造城市群地区多网融合、立体换乘的枢纽衔接特色样板”四大样板工程之一。

（朱　莉）

【句茅公路沥青路面改造工程】 2020年，句茅公路是通往茅山景区的主干道，该项目改造路段属于266省道句容至茅山段，全长约21.89千米。句容市交通运输局在维持原道路二级公路标准设计上，对全线老路沥青路面进行沥青出新改造，路基宽17米，路面宽14米。自2月25日项目复工后，交通运输局在严格落实复工防疫各项措施的同时，结合公路现状，进行半幅施工。完成该工程句茅路沿线26个公交站台的混凝土基础浇筑，完成243省道、340省道方向左幅路面沥青铣刨3000平方米，水稳修补2000平方米。（朱　莉）

【山湖路、高龙线建设工程通过验收】　2020年，句容市山湖路（后白至赤山湖段）新建工程、高龙线下蜀段及下蜀港口专用线建设工程顺利通过交工验收。句容市山湖路新建工程位于后白镇境内，是104国道与243省道的重要连接线。高龙线下蜀段及下蜀港口专用线建设工程位于下蜀镇境内，是句容北部的一条重要县道。（朱　莉）

【宁句城际轨道线首个盾构区间贯通】　2020年，东句盾构区间位于江苏省句容市汽车客运站—好家园小区，毗邻宁句城际轨道线终点站—句容站，是连接南京至句容、打造宁镇扬一体化建设的重要枢纽。区间长度为882.54米，设计环数736环，盾构隧道主要穿越地层为中风化粉砂质泥岩层。6月20日，宁句城际轨道交通工程全线首个盾构区间（东句盾构井—句容站左线盾构区间）顺利贯通，标志着宁句城际轨道交通工程建设进入新阶段。（朱　莉）

【句容制梁场首榀箱梁提架】　2020年5月13日，句容制梁场首榀箱梁提架，开始进行南沿江城际铁路句容3号特大桥C段268-269号墩首榀箱梁架设任务，拉开南沿江城际铁路Ⅱ标箱梁架设施工序幕。中铁二十四局句容制梁场设置制梁台座10个，存梁台座72个，设计日产量2.5榀，最大存梁135榀。年内完成55榀箱梁的预制。（朱　莉）

·交通运输·

【概况】　2020年，句容市推进宁镇扬一体化建设。新辟1条毗邻公交线路下蜀客运站至龙潭上坝公交站，配合南京市交通局、镇江市交通综合执法支队等单位开展开通下蜀桥头至仙林经天路、下蜀客运站至龙潭营防站2条公交线路工作。不断提高公交服务水平。124辆城市公交车驾驶区域全部安装安全防护设施，客运总站新购2台安检平台行包安检仪。在华阳东西南北路主干道、学校附近等公交站台安装IC卡充值机。进一步提升校车服务，新购城市公交纯电动车25辆，城乡公交纯电动车15辆，新增专用校车90辆，新建城乡候车亭30座，全市共有专用校车132辆，覆盖全市11个乡镇（街道）的学校，为4000余名学生提供安全可靠的通勤服务。推进出租车更新更型工作，全年共更新出租车197辆。对10辆车以上的货运企业驾驶人员，车辆以及安全管理等信息进行统计，并加强监督检查。抓好营运车辆技术管理，对全市11家驾校223辆在训教学车辆进行安全检查，抓好教练车安全源头管理。开展2019年度信用等级评定工作，对25家维修企业开展2019年度信用等级评定，评定AAA点货运源头企业的巡查以及“一超四罚”工作。至2020年年底，共巡查源头企业100次，约谈运输企业5次，并对18家运输企业进行行政处罚。对“两客一危”企业进行日常、节假日安全生产检查及安全督查。累计开展“两客

宁句城际轨道工程

一危”等各类安全检查71次，整改隐患28起。疫情期间，党员先锋车队免费为需要血透的贫困血透患者提供保障服务，共安全行驶5万多千米，为血透患者提供志愿服务1000余次，成为24名血透患者的生命“守护者”。
（朱　莉）

【宁镇扬一体化建设推进】　2020年，句容市新辟1条毗邻公交线路下蜀客运站至龙潭上坝公交站，配合南京市交通局、镇江市交通综合执法支队等单位开展开通下蜀桥头至仙林经天路、下蜀客运站至龙潭营防站2条公交线路工作。（朱　莉）

【公交IC卡自助充值机上线运营】　2020年，句容城市公交与南京市民卡公司联合推出句容公交IC卡自助充值机。投放的30台自助充值机，主要分布于华阳东西南北路主干道公交站台及学校附近公交站台，方便句容市民在候车时即可通过自助充值机完成公交卡充值及余额查看。充值金额最低10元，最高不超过200元。
（朱　莉）

·交通管理·

【概况】　2020年，句容市积极争取干线公路改造资金约4000万元，涉及该市3条国道省道干线，改造折算里程16.75千米。完成10座国道省道公路桥梁安全防护设施提升改造。办理行政许可案件19件，处理案件64件，处置安保设施缺损情况261处，清理边坡种植3000平方米，违章建筑

第九个“全国交通安全日”宣传活动

6处，移动非标86块，清除小广告1000余处，路面障碍物9处，清理马路沿线摊点39处，及时消除安全隐患180余处。坚持治超站点与道路流动稽查相配合，制定治理车辆超限超载路警联合执法常态化制度化工作实施方案，联合公安交警开展联合治超工作，夯实安全责任体系。疫情防控期间，出动人员1892人次，车辆996台次，24小时四班三运转值守11个交通卫生检疫点，对来往车辆进行登记、人员逐个检测体温，严格做好登记造册工作。共核查人员30余万人，核查车辆约18万辆，为句容“零病例”做出积极贡献。

句容市航道管理处加大对界河、通江通船航道的巡查，巡航巡查3420千米112人次。积极参与全市“三无”船舶专项整治和长江流域禁捕禁渔专项整治工作。主动服务全市“双铁”重点工程。维护疏浚大道河航道，切实维护全市内河（长江除外）通航水域通航安全和水域环境。（朱　莉）

【整治路域环境】　2020年，句容市公路处在该市166千米国道省道干线、650千米农村公路中加大巡查整治力度，全力打造畅、安、绿、美的路域环境。全年查处擅自挖掘公路1起，制止擅自占用公路用地埋设管道3起，制止擅自在公路建筑控制区修建构筑物6起，清理清除各类非标、摊点80余起。（朱　莉）

【超限治理工作】　2020年，句容市坚持治超站点与道路流动稽查相配合，制定治理车辆超限超载路警联合执法常态化制度化工作实施方案，联合公安交警开展联合治超工作，实现交警、路政24小时驻站。至11月30日，共出动执法人员1721余人次，检查车辆2356台，共查处车辆577台，卸驳载16014.21吨，罚款634300

句茅公路沥青路面改造工程

元，交警扣分2979分。其中“百吨王”31台，并在公众号和市级媒体进行公示和曝光。（朱　莉）

【安全生产工作】　2020年，句容市强化安全生产工作责任体系，按照“三管三必须”的要求，细化安全生产监督检查计划，层层签订2020年安全生产目标责任状，将安全生产责任落实到每个岗位；与全处职工签订“三不伤害”公约；与全处机动车驾驶人员签订行车安全责任书，认真落实定人定车制度。重视安全生产隐患整改和督导整改工作。上报安全自查749次，发现隐患139个，整改139个。针对各级安全督导组反馈的127处安全隐患问题，共完成安全隐患整改113处，经现场勘查不需要整改14处。

（朱　莉）

【“三无”船舶专项整治】　2020年5月至10月，句容市航道管理处按照政府关于“三无”船舶专项整治工作动员部署，与全市13个镇、街道、管委会及公安、水利、农村农业局配合，共同对全市24个水库、湖泊和76.63千米内河航道水域船舶情况进行上门宣贯、张贴公告、排查整治，对“三无”船舶由地方政府动员上岸拆解，对通江河道河口处安装拦缆浮，严防水路运输疫情输入。

（朱　莉）

【大道河疏浚工程】　2020年11月19日，句容大道河航道疏浚工程开工建设，该次航道疏浚维护工程量5985.73立方米，工程投资15万元。句容市航道管理处充分利用长江枯水季和天气晴好时机，组织专业施工队伍和机械设备进驻大道河现场施工，确保疏浚工程完工和航道安全。

（朱　莉）

邮　政

【概况】　2020年，句容邮政公司统筹推进疫情防控和经营发展，为全市7162户困难群众和优抚对象免费寄递爱心口罩2万只，为全市市民免费寄递防疫口罩近8万只。帮助解决“农民卖菜难，市民买菜难”问题，以同城配送满足百姓生活必需品供应，疫情期间为百姓配送蔬菜、水果300余单。疫情发生后，在社会快递停摆期间，不拒收、不限量，日均快包投递达1.2万件，超过2019年“双11”峰值投递量20%。建制村直接通邮率和县以上党报当日见报率保持100%，营业服务达标率100%，投递频次和深度达标率100%，普服邮件全程时限全面达标。

2020年，句容邮政公司业务收入达13037万元。代理金融业务利差收入比上年增长3.56%，至12月31日，时点余额规模达44.89亿元。全年寄递收入比上年增长2.87%，全力发展高效型寄递业务。加快农村电商模式创新，进一步提升邮政农村电商扶贫水平，对优质合作社和家庭农场进行逐户实地走访，打造“茅山林品”品牌，将当地优质有机大米、火龙果、葡萄及有机蜜桃等农特产品打入南京市场。积转型升级传统邮务，关注热点，贴近民生，在疫情防控期间，发行《众志成城　抗击疫情》邮票；在文明城市创建期间，助力文明城市创建工作；在地方政府“全民阅读”活动中，推广开展线上读书会。推进协同发展，定期召开专业协同、邮银协同例会，明确专业、邮银协同项目，跟踪项目推进进度；与句容农业农村局、句容邮储银行签订三方合作协议，推进惠农项目；与中国人寿、句容退役军人事务局签订战略合作协议，扩大协同发展范围。全年收寄国内平常信件5.73万件，国内挂号信件7.23万件，国内本埠给据信件4.06万件，国内邮资机函件4.28万件，邮资封片卡销售6.98万件；国际及港澳台函件221件；销售通信邮票5.82万枚；全年收寄国内包裹796.16万件，其中普通包裹0.27万件，快递包裹795.61万件；全年收寄机要邮件1002件；全年投递各类报刊11.27万份，杂志29.29万份。至2020年年末，邮政投递道段总长度4482.6千米，其中城市1478千米，农村3004.6千米，道段全年运行里程2079520千米。

2020年，句容市邮政公司持续增强能力建设，占地5040平方米的邮件处理中心建成投入使用，配备一套半自动分拣机，进一步优化作业流程，日均处理能力提升至3万件，日出口量可达1万件。持续改善安全管理，完善制度管控，明确安全管理责任，全年与部门、网点、营投部等重点岗位签订安全责任书34份。每月召开驾驶员安全培训，每季度召开安委会会议，利用“安全生产月”契机开展全员安全知识培训，提升员工安全意识。针对邮件处理中心等重点场所，开展安全管理专项检查活动10次。（陈　颖）

【邮政惠农】 2020年5月，句容市邮政公司举办惠农项目启动仪式，开展“邮政惠农在行动　茅山林品进金陵”系列活动，成立邮政惠农突击队，帮助采摘滞销农产品。牵头南京物业公司签订合作协议，成功帮助句容当地果农销售桃子约3500千克，葡萄约6000千克，新米约47吨。

（陈　颖）

【邮政快递】 2020年，句容市邮政公司量质并举发展寄递业务，邮件处理中心建成投入使用，全力整合资源，创新转型，全心服务，提升经营效益。在业务方面，发展特快业务、快包业务，开发国际业务和物流业务。在质量管理方面，加强服务质量管控，对照各项指标，逐一落实，确保完成闭环工作。在基础管理上，加强财务、车辆管理、员工技能和企业品质提升。2020年，累计完成寄递收入2706万元，比上年增长2.87%。其中，特快业务累计完成收入549万元，比上年增长2.68%；快包业务累计完成收入1899万元，比上年增长2.87%；国际业务累计完成收入55万元；物流业务累计完成171万元，比上年增长16.18%。全力发展高效型特快业务，句容寄递先后开展特快天天件、散户揽收和新客户开发等一系列劳动竞赛活动，2020年，为散户累计收寄2.93万件，新增新客户84户。开发恒大物业、碧桂园物业等句容房地产市场；开展惠农合作项目，切入社群生鲜市场，聚焦专业合作社、农户等客群，大力发展生鲜项目；加快快包业务发展，引进入仓客户，重点开发新客户，挖掘在线客户。主动承接南京电商外溢效应，成功将南京贝凡客户引入句容仓储，形成全年收入188万元以上。开发新增客户句容开创人力、南京贝凡、南京佐氏网络、南京航振贸易、南京小行家等，挖掘在线大客户张涛电商。（陈　颖）

市邮政公司举办茅山林品南京推介会

物　流

【概况】 2020年，句容市现重点物流企业有建华物流有限公司、物流园区有句容市唐凌富民有限公司、志宏物流园。

建华物流有限公司是大宗商品和建材物流领域综合服务商，主要开展钢材、化工、粮食、矿产品等大宗商品以及钢结构、PC构件、基建预制件、工程机械、大件等建材领域综合物流服务。建华物流拥有大件运输资质、电力运输资质、无车、无船承运资质，在水、陆、空、铁等多式联运方面具备成熟的方案设计及运营能力。公司员工超3500人，年货运量超1亿吨，拥有重型牵引车、自卸车、罐车等近4000辆，仓储能力80万平方米，可控外协车辆20000多辆、外协吊机8000余台，并自有千吨级码头7座，在长江、珠江、近海及东南亚国家航运资源均拥有成熟的航运资源，年吞吐量达3000余万吨，管控船只2000余艘。2020年，实现营业收入53.86亿元，缴纳税费1.31亿元。

句容市唐陵富民物流有限公司主要经营范围包括搬运装卸、货运代理（代办）、货运配载、普通货物仓储服务等，尤其擅长大件物流和超重物流运输，主要从事苗木运输。唐陵村有合作社、家庭农场300家，建立了苗木商会，组建苗木经纪人队伍530多人，主攻高档苗木品种达30种，向全国20多个省份、城市供苗。公司占地150余亩，办公场所600平方米，专用停车场面积30000平方米，挂靠运输车辆30辆、自有车辆3辆、装卸设备12台。唐陵花木交易市场内发展花木的农户有5万余人多户，花木经纪人1200多名，面积50000余亩。在苗木产业的带动下，2020年，企业运输量在312万吨左右，实现营业收入5054万元，缴纳税金62.3万元，实现净利润164.5万元。

镇江市志宏物流园有限公司涵盖物流仓储、信息发布与交易、商业服务、商务办公一体，形成完善的全配套物流产业园占地面积83.97亩，建筑面积为14280平方米，其中有多家知名物流企业，线路覆盖全国。园区每天进出车辆1600次以上，日运输吞吐量达数万吨。2020年，园区全年营收41617.6万元，纳税771万元。

（发改委）

句容市打通交通“微脉络”，构筑富民“快车道”

综　述

【概况】　2020年，句容市信息基础设施建设力度不断加大，互联网使用率进一步提高，信息化应用更加广泛，企业信息化建设步伐明显加快。

推进信息基础设施建设。2020年，句容市认真贯彻落实省、市关于信息化建设的部署要求，加大通信基础设施建设力度，不断提升建设水平，稳步提升信息基础设施综合承载能力。全市固定电话用户数85842户，移动电话用户数632822户；固定宽带用户数267310户，其中光纤用户数262844户；全市有线数字电视用户数173770户，互联网电视用户数184890户；全市4G通信基站2547个，建设5G基站992个，农村地区固定宽带接入速率达到153Mbps。

推动工业和信息化融合发展。2020年，句容市围绕工业企业实施“企业上云”，推动制造业数字化转型。全年共新增28家省级星级上云企业，其中四星级企业上云新增3家。积极推动企业开展两化融合贯标工作。1家企业通过国家两化融合贯标体系评定，1家企业通过省两化融合管理体系贯标试点认定。加快推进“5G+工业互联网”创新发展，全年完成992个基站建设高质量考核任务，推动建设5G行业应用示范项目3个。推进企业进行工业互联网化改造，1家企业通过省工业互联网标杆工厂认定，实现该市“零”的突破，帮助企业争取省财政资金620万元。开展企业信息安全资产摸底工作，组织协鑫集成、建华建材等企业开展信息安全资产摸底，了解企业互联网使用情况。开展工业信息安全防护星级企业培育工作，组织赛达电子、华君电力等7家企业开展江苏省2020年度工业信息安全防护星级企业培育工作，提高企业对防护能力的认识水平，协鑫集成被认定为1级防护企业。积极向上争取，将赛达电子、协鑫集成纳入

高考无线电监测保障

到省工业信息安全防护星级企业现场诊断评估中，免费对企业信息系统安全和业务流程进行安全测试和风险评估，指导企业建立安全可靠的防护体系，为企业工控安全防护提供建议。

提高企业信息化服务水平。2020年，句容市召开5场政策解读活动，为企业解读项目政策内容和申报条件，帮助企业了解政策、用好政策。开展企业两化融合评估诊断活动，重点围绕句容市28家制造业企业的研发设计、生产管控、购销经营、制造服务等环节，开展政策宣讲、贯标咨询、企业上云等诊断咨询活动。加大政策扶持，积极将互联网标杆工厂、两化融合贯标体系评定项目纳入到市级1+X资金奖励文件中，全力支持工业企业转型发展。

配合做好无线电管理工作。2020年，句容市全力协调做好小高考、高考等考试期间的无线电监测保障工作，切实维护该市考点周边无线电波秩序。加强无线电政策和知识宣传，增强公众依法使用无线电频谱资源的意识，开展以“科学使用频率资源服务经济社会发展”为主题的无线电宣传活动。（工信局）

通　信

·中国电信股份有限公司句容分公司·

【概况】　2020年，中国电信股份有限公司句容分公司（以下简称句容电信）位于江苏省句容市华阳北路10-2号，是句容地区综合信息服务提供商，主营业务有天翼移动电话、宽带互联网接入、ITV网络电视以及4G网络建设、ICT系统集成、行业信息化等业务。至2020年年底，全市固定电话用户7万余户，移动电话用户15万余户，互联网电视用户10万余户，互联网宽带用户11万余户，家庭宽带平均带宽159兆，全面满足全市人民网络通信需求。句容电信共有员工156人，本科及以上学历员工达55%，公司坚持“以人为本”，紧扣“发展、变革、创新、合作、效率”这条主线，从战略转型的高度，以互联网化的思维，加快文化创新的步伐，企业文化卓越发展，2020年，公司开展多项志愿活动、举办惠民工程，彰显企业责任感。

（句容电信）

【网络建设】　2020年，句容电信持续推进光进铜退、宽带普及提速工程。加快实施城市光纤到小区、光纤到楼、光纤到户和农村光纤到镇村光缆网络的建设，全面提升带宽和网速，光纤宽带覆盖率达100%。加快5G规模建设，同步网络优化，与4G协调并进。至2020年年底，累计开通5G通信基站192个，覆盖城区及宝华、郭庄等发达乡镇的室外。聚焦用户集中的居民区和商务楼宇，提升4G网络覆盖的广度和深度。公共场所WLAN接入AP数765个。对酒店、商场、医院、会所等公共场所，市政、交通、车站、码头、旅游景点、体育馆、图书馆等公益性场所，进行热点区域广覆盖，提供免费上网，完善Wi-Fi热点覆盖广度和深度。

（句容电信）

【信息化建设】　2020年，句容电信致力服务地方发展，完成中高考期间重要客户的保障等工作；完成启迪科技5G智慧园区建设；完成该地众多居家老人信息化养老服务；召开全市智慧燃气参观会，推广句容智慧燃气项目经验。

（句容电信）

·中国移动通信集团江苏有限公司句容分公司·

【概况】　2020年，中国移动通信集团江苏有限公司句容分公司（以下简称句容移动）推进5G网络、数据中心等新型基础设施建设，实现句容城区及重点乡镇区域的5G网络连续覆盖。推进“城市光网”建设，宽带网络具备全光纤网络接入能力，并推出“千兆”网络服务，宽带网速较大提升。句容移动推进业务产品的线上化、数智化、云化，推动信息技术与社会各领域的融合。移动客户可通过“任我选会员”业务享受30多项会员权益，实现主流App会员月月随意切换；可享受个性化家庭Wi-Fi网络设计优化方案定制服务，结合智能门锁、“移动看家”、可视门铃等移动特色物联网产品，实现全屋联网，体验“智慧生活”。句容移动在农业、交通、教育、司法、党政等多个行业、领域完成“5G+”行业应用布局，建成茅山中心小学、农林职业技术学院、袁巷中心小学等多个智慧校园应用特色项目，助推句容台泥完成5G智慧矿山建设，推动句容市的“智慧城市”建设，提升社会治理智能化水平。

（句容移动）

【依托移动5G实现台泥矿山无人驾驶】 2020年，句容移动通过搭建5G专网，实现台泥矿山的无人驾驶、全景VR、数据监测等行业应用。尤其利用5G专网低延时、大带宽特点实现矿卡车辆的无人驾驶；同时通过lidar+毫米波+摄像头和北斗导航等信息化手段，实现矿卡车辆自适应巡航，逐步实现运输过程的本质安全，打造本质安全型矿山安全生产环境，提高设备利用率5%以上，联网且可管理，生产效率提高6%以上，运营成本降低2%以上。促进露天矿山开采技术提升，推动矿山智能化发展。（句容移动）

·中国联通句容市分公司·

【概况】 2020年，中国联通句容市分公司（以下简称句容联通）是中国联通在句容市设立的分支机构，可向用户提供固定电话、互联网、移动手机以及基于移动通信和Internet技术的信息化应用。作为综合业务运营商，中国联通句容市分公司为客户提供一体化业务解决方案，综合利用既有资源，提升效益。

2020年，句容联通实施“1+3+3”战略布局，坚持“数字化、5G化、融合化、价值化、协同化”发展，聚焦“服务营销一体化、公众产品创新运营、全渠道数字化转型、手机与泛终端运营”转型赋能，深耕“5G、存量客户、智慧家庭、细分市场”等重点市场。

2020年，句容联通提质增效明显，5G业务开局良好，通信行业景气度提升明显，公司借势深入推进全面数字化转型，加强差异化和互联网化运营，基础业务提质增效成果初显，创新业务转型持续突破。主动调整移动业务发展策略，严控用户发展成本，提升用户发展质量，通过内容、权益和金融工具提升产品价值，大力提升泛融合渗透率，并利用大数据分析赋能，实现精准营销，在全渠道提升营销效能，通过5G创新应用引领用户消费升级，公司移动用户ARPU和移动主营业务收入双双环比止跌回升，盈利能力持续提升。在5G方面，句容联通与句容电信实现5G网络共建共享，实现5G网络能力翻倍，至2020年年底，开通5G基站累计达到83个，句容联通结合5G网络建设进程和手机供应的情况，适时的开展5G套餐服务，打造“终端+内容+应用”一体化的5G泛智能终端生态。在5G应用最广泛的政企市场，公司聚焦工业互联网、智慧城市、医疗健康等领域，成功实现5G应用商业化落地，积极推进行业生态建设和繁荣，助力未来创新增长。

（中国联通句容市分公司）

广电网络

【概况】 句容市广电网络有限公司（下称广电网络公司）是经市政府批准，由江苏省广电有线信息网络股份有限公司和句容市广播电视台共同出资组建的国有文化传媒企业。2020年，广电网络公司充分发挥“党媒政网民屏”效能作用，聚焦主业、聚力创新，在行业下行趋势明显、疫情影响反复的情况下，主动适应新形势、新任务、新要求，全面落实市委市政府和上级主管部门的决策部署，围绕“融合创新年”目标任务，实现社会效益和经济效益的两效统一。10月，国家广电总局副局长孟冬带领总局媒体融合发展司、规划财务司等部门负责人到句容专题调研智慧广电建设工作。（广电网络公司）

【媒体宣传】 2020年，广电网络公司应用有线电视、应急广播宣传覆盖优势，在疫情防控、文明城市建设、公共文化服务等多条线，开展密集型、覆盖式宣传。全年应急广播宣传次数10423次，累计3341小时。特别是在疫情防控期间，句容市率先启动应急广播加强疫情防控工作，在中央电视台《新闻联播》重点报道。同时，启动雪亮工程，市、镇、村三级和多部门联动指挥，保障56处各类卡口道口实施24小时管控。推广“非接触性执法”智能管控措施，对857户居家隔离户安装智能摄像头；期间96296共受理咨询和业务办理10516起，个体故障处置326起；对宾馆酒店及贫困学生家庭实行电视收视费减免政策。充分发挥新时代文明实践融媒云平台、应急广播、电视开机画面在全国文明城市创建中的宣传引导作用，有效整合平台资源开展文明城市建设信息化管理和应用工作，多角度、全方位保障全市文明城市建设和迎检指挥调度工作。

（广电网络公司）

【网络建设】 2020年，广电网络公司共完成全市26个新建小区、292个自然村光纤覆盖工作，覆盖用户新增3.5万余户。优化和完善三级播控后传输网络设备配置，新增5个分机房互动IPQAM下移；完成网络MPLS VPN化配置、EOC管理网VPN通道测试，完成企业标准机顶盒浏览器移植和三方页面兼容适配开发，完成1.2万个视频专网设备的IP地址变更。2020年，有线电视新发展数字电视用户6940户，高清电视终端增加到8.18万台，4K超高清用户达到2.76万户，广电宽带用户达到3.67万户。

（广电网络公司）

【信息化建设】 2020年，广电网络公司坚持推进智慧广电建设，持续打造以文明实践、智慧党建、视频监控为主的句容公司智慧广电“三张名片”品牌项目。新时代文明实践融媒云平台获选江苏有线年度“优秀项目”，平台管理人员登录次数突破11万人次。智慧党建村书记专职化管理系统上线运行。完成“平安城市、文明句容”智慧安防云平台开发建设，视频监控业务综合平台体系不断完善，形成规模化业务集群。年内，新时代文明实践融媒体云平台代表江苏有线参展2020年长三角高新视听博览会、第四届上海文博会。

（广电网络公司）

【数字乡村建设】 2020年，广电网络公司凭借自身网络基础、用户规模、平台技术、优质服务优势，积极推动数字乡村建设工作。以省局推进智慧广电乡村工程建设为契机，加大智慧广电乡村工程的建设力度。重点是以广电网络公司前期建成的智慧党建、文明实践、应急广播、平安乡村等主要平台为基础，加快推进农村信息基础升级改造，推进乡村治理能力和宣传文化阵地建设，加强乡村惠民信息供给，助力乡村产业振兴。

（广电网络公司）

国家广电总局副局长孟冬到句容市调研智慧广电

综　述

【概况】　2020年，句容市推动高质量发展，确保高水平全面建成小康社会和“十三五”规划圆满收官。年内实施6项市政重点工程建设，均完成年度目标。全年申报镇江市优质结构67项、金山杯25项。对63个项目整改欠薪隐患139条，受理欠薪投诉、纠纷140起，涉及农民工1154人，涉及金额达2308万元。（戴一平）

【城区征收拆迁工作】　2020年，市住建局基本完成一马先制衣、宁句城际轨道东门站片区房屋征收工作。截至2020年年底，已拆除私人住宅189户，公房私住13户，营业用房24户。同时，加大葛仙湖公园改造项目、长龙山路一期等历史遗留问题的扫尾力度，并做好回迁安置准备工作。

（戴一平）

【招投标工作】　2020年，句容市完成223个标段工程的发包工作，中标价98.06亿元。其中公开招标106个标段，中标价14.13亿元。（戴一平）

【房屋白蚁防治】　2020年，市住建局签订新建房屋白蚁预防公共服务单56份，面积425万平方米，施工工程38项，施药面积约3.3万平方米，施工面积336余万平方米，签订后天灭治合同32项。

（戴一平）

【抗震节能】　2020年，句容市完成559个建筑工程项目审查，建筑面积达363万平方米。完成12个市政项目审查，31个小区配套设施（道路12个，雨污19个）。完成54项绿建方案审查。完成33个项目114幢约126万平方米抗震主体验收。完成52个项目250幢约103万平方米绿色建筑专项验收。（戴一平）

【消防审查】　2020年，市住建局累计受理消防设计审查验收备案事项216件，办件总建筑面积845万平方米。其中消防设计审查事项49件，建筑面积2436375平方米；消防验收事项41件，建筑面积967231平方米；竣工验收备案抽中事项26件，抽中项目建筑面积313183平方米。

（戴一平）

村镇建设

【概况】　2020年，句容市创建省级特色田园乡村5个（茅山镇丁庄村丁庄、天王镇唐陵村东三棚、天王镇蔡巷村西庄、茅山管委会李塔村、后白镇西冯村西冯），镇江市特色田园乡村3个（茅山镇何庄姚凹村、天王镇蔡巷西庄村、后白镇古村），省级传统古村落8个（茅山镇丁庄村丁庄、边城镇青山青山、后白镇西冯村西冯、天王镇唐陵村东三棚、后白镇西城村后村、黄梅街道石狮村狮沟、茅山管委会茅山村南镇街、茅山风景区管委会李塔村陈庄）。全年摸排危房100余户，结合自愿，完成危房改造49户。

（戴一平）

2020年4月，人居环境整治后，茅山风景区李塔村陈庄焕然一新

句茅路及沿线路灯工程完工

【美丽乡村建设】 2020年，句容市完成美丽宜居达标村庄73个，总数达到168个，建成率达到81.16%，在镇江市辖区中排名第二。（戴一平）

市政建设·公用事业

【概况】 2020年，市住建局对城区市政管养窨井盖、雨水篦凹凸不平、检查井覆盖、防坠网缺失、爬梯脱落等问题进行安全排查，共计完成544座检查井的查缺补漏加固维修工作。负责城区内所有的路灯设施的安全、设备完好及灯容灯貌。（戴一平）

【市政基础设施维护】 2020年，市住建局摊铺城市快慢车道约3.1万平方米，维修养护城区人行道约9.8万平方米，更换井下安全防坠网1800余套。完成雨水篦子提升（更换）约800余套，清掏雨水篦子约3200余座。疏通城市地下雨污水管网约5500余米，清理各类垃圾80余车。道路两侧坑洼积水点、十字路口、片区低洼处增设雨水收集口12处。

（戴一平）

【路灯养护】 2020年，市住建局共计更换电缆9859米，各类光源3359套，镇流器5987只，灯泡6699只，触发器3977只，熔芯4974只。校正灯杆168根，补装灯具467套。（戴一平）

建筑业·房地产业

【概况】 2020年，句容市有在册房地产开发企161家，三级以上资质企业113家。拥有在建项目的企业89家，其余均为拟建或尾盘销售的企业。全年共销售商品房1.7万套，销售面积199.8万平方米，同比下降15%；销售额195.3亿元，同比下降23%；销售均价9775元/平方米，同比下降9%。其中，城区（含开发区）板块共销售商品房125.2万平方米，同比下降17%，宝华板块共销售商品房54.8万平方米，同比下降27%。截至2020年年底，全市商品房库存约307万平方米，其中商品住房库存228万平方米。年内，句容市在13个项目总计约160万平方米建筑施工中推行“智慧工地”建设，推动建筑施工安全管理标准化、信息化、智能

2020 年住建局市政重点工程建设情况一览表

表 20

序号	项目名称	2020 年度建设内容及目标	责任单位	实施单位	完成情况
1	句容市长江引水暨城区水厂、下蜀水厂建设工程	城区水厂累计完成土建施工的 70%；下蜀水厂累计完成土建施工的 2%，完成北相至边城 5.5 千米清水管线敷设，已并网投运，累计完成外管线工程量的 6%	住建局句投集团	句投集团	已完成年度目标
2	公交站台工程	新建 10 坐公交站台，方便民众出行	句容市住建局	句容市市政公用事业服务中心	已完成年度目标
3	完成 98 个规划发展村生活污水治理	35 个村庄开工建设，35 个村庄完工并进行竣工验收	句容市住建局	城镇建设科	已完成年度目标
4	海绵城市建设	组织开工并进场施工	句容市住建局	句容市市政公用事业服务中心	已完成年度目标
5	句茅路路灯亮化工程	对句茅路沿线路灯进行改造升级，融入句容特色元素，提升城市品位	句容市住建局	句容市市政公用事业服务中心	已完成年度目标
6	天然气管道镇镇通工程	实现全市天然气管道镇镇通	句容市住建局	句容市燃气发展中心	已全部竣工

（戴一平）

化，促进施工现场安全智慧管理。

（戴一平）

【商品房预售管理】 2020 年，句容市累计批准商品房预售 103 件，面积 155.5 万平方米，同比下降 37.6%。（戴一平）

【物业管理】 2020 年，全市有物业服务企业 108 家，共管理全市 223 个小区，面积约 1900 多万平方米（不含拆迁安置、经济适用房）。年内申报市优 3 家，2 家获得市优小区称号。其中嘉烨御花园小区创建成句容市第一家党建引领物业服务省级示范点。

（戴一平）

【住宅专项维修资金】 2020 年，句容市归集住宅专项维修资金 16.45 亿元，新增维修资金 2.46 亿元，使用维修资金 89.7 万元。

（戴一平）

【建筑企业监督管理】 2020 年，市住建局累计监管在建工程项目 182 个，建筑面积 1286 万平方米，工程造价 301 亿元。相继开展春节复工专项检查、脚手架、起重机械设备、施工用电、消防安全、高温及汛期安全、深基坑、高支模、冬季施工安全等各类和各季度专项检查活动，出动检查人员 5860 余人次，共检查、巡查在建工程项目达 1370 多批次，下达安全隐患整改通知 1300 余份，发现并整治各类安全事故隐患达 8860 多条，移交执法立案 19 起。全年共监督安装塔吊、施工升降机、附着式脚手架、吊篮、门式起重机、桩机等 1403 台次、监督拆除 619 台次，共受理并检测建筑起重机械设备及附属设备 3825 台次。年内对建筑工地实施防控大检查，累计出动 9440 余人次，检查工地 4050 余批次，累计摸排核查项目在岗人员 297900 余人次，落实防控隔离措施人数 805 人。

（戴一平）

【建筑企业信用管理】 2020 年，市住建局办理资质重组分立 19 家，首次申请资质 3 家，资质增项 10 家。对施工现场人证不符行为督促整改，办理关键岗位人员变更项目 21 个，工程项目信息变更 10 个，交竣工业务项目 89 个。

全年采取不见面审批形式办理项目登记 123 项。安全生产许可证新办申请 27 家，延期申请 54 家。电子信用手册办理审核 108 家。安管人员延期 1235 人，调动 908 人，注销 115 人。（戴一平）

住房保障

【概况】 2020 年，句容市城市棚户区改造新开工 1200 套，基本建成 941 套。全年发放廉租住房租赁补贴 36 户共计 21.93 万元。审批上市房改房 81 套、经济适用房 4 套、经济适用房货币化补贴 2 户。2020 年审核通过新申请 12 户低收入、中等偏下收入住房困难家庭，并同时纳入住房保障。出台《句容市人民政府关于调整住房保障有关标准的通知》，低收入住房困难家庭收入保障标准由原家庭人均月可支配收入 2300 元（含）以下，调整为 2550 元（含）以下；中等偏下收入住房困难家庭收入保障标准由原家庭人均月可支配收入 2900 元（含）以下，调整为 3188 元（含）以下。

（戴一平）

电力供应

【概况】 2020 年，句容全社会用电量 32.5 亿千瓦时，同比增长 1.18%；完成供、售电量 30.79 亿和 29.76 亿千瓦时，同比分别增长 1.66% 和 2.13%。截至年底，全市区域内拥有 35 千伏及以上运行变电站 33 座，变压器总数 60 台，总容量 300 万千伏安。其中 500 千伏开关站 1 座；220 千伏变电站 6 座，总容量 126 万千伏安；110 千伏变电站 17 座，总容量 158 万千伏安；35 千伏变电站 9 座，总容量 16 万千伏安。管辖 110 千伏线路 33 条，总长 457 千米；35 千伏线路 22 条，总长 216 千米；10（20）千伏线路 352 条，总长 4799 千米；低压线路总长 1.5 万千米；配电变压器共 7680 台，总容量 340 万千伏安。（王　勇）

【安全生产】 2020 年，句容市供电公司应用全员《安全责任清单》，落实各级安全责任。组建安全管控中心，深化安全风险管控平台应用，实现作业现场远程监督。开展安全管理机制创新，建立作业现场安全专项许可机制。推进安全生产专项整治三年行动，排查安全隐患 56 条。创新研发和应用机器人自动涂覆技术，根治架空输电线路钓鱼触电顽疾，成功申报国家发明专利。开展消防安全专项整治，排查整改隐患 34 处。推进用户侧问题隐患治理，以扩大能源托管服务市场为抓手，促进用户侧安全管理水平提升。全年开展句容市大面积停电事件等应急演练 26 场次。（王　勇）

【电网建设】 2020 年，《句容市电力设施专项规划》通过专家评审，编制完成《句容市北部热点区域专项规划》。220 千伏新坊输变电和南沿江铁路电源线路工程顺利通过评审，完成 110 千伏白兔输变电工程现场查勘。完成 500 千伏抽水蓄能送出项目林业手续报批。推进 110 千伏肖杆输变电和滨河开关站工程。投运 110 千伏后白变整体改造项目。竣工 110 千伏郭庄变 1 号主变增容工程。完成年度配农网投资 2.8 亿元，新增改造配变 265 台，维修改造中低压线路 480 千米。投运 110 千伏茅峰变、后白变 10 千伏配套项目。建成 10 千伏茅山、容西开

2020 年 10 月 29 日，市供电公司在下蜀 10 千伏线路开展不停电作业

关站工程。配网工程电气、土建预制品应用率分别达到100%和47%。投运71条FA全自动功能线路，配网故障修复时间同比下降25%。（王　勇）

【供电服务】　2020年，句容市出台《句容市进一步优化电力营商环境的实施意见》，完成业扩配套投资4000万元、项目108个。建成白兔草莓现代农业产业园“电光储”示范项目，签约句容市行政服务中心能源托管项目，新增客户侧设备代维用户34户。落实疫情期间减免工商业电费5%政策，惠及5.8万户，全年减少用户电费支出4764万元，助力企业复工复产。投运茅山景区新能源汽车充电站。提前落实第五届国际道教论坛保电措施及配套电力建设项目，服务南沿江铁路、宁句城际轨道交通及扬马城际铁路工程。完成中国道教协会第十次全国代表会议、第19届中国草莓文化旅游节等重要活动保电任务。（王　勇）

自来水供应

【概况】　2020年，句容市累计完成供水量6315万吨，新增、改造供水管网19公里，改造二次供水泵房10座，改造老旧小区管网2处；累计办理新增用户共计20460户，办理水费卡过户业务3939户；处理数字化城管反映问题178件，受理12345政府热线567件，上门服务4320次。年内出厂水，管网末梢水、水质综合合格率达100%。2020年，水务集团把加强管网建设作为改善民生的重要抓手并纳入高质量发展考核指标。年内先后完成洪武路、华阳南路等路段的供水主管网新建工程；改造完成通宁路、福地路、文昌西路的供水管网建设任务。先后铺设梅花小区、老干部公寓、教师公寓、陈家里小区、新世纪公寓等供水管网，保障老旧小区居民生活用水。

（句投集团）

【污水处理】　2020年，句容市污水处理厂累计处理污水4587.369万吨，出水水质均执行GB18918—2002一级A排放标准；边城厂、茅山厂、白兔厂，出水水质均执行DB32/1072标准。2020年，全市污水处理厂安全处置污泥41431.9吨，全部实现无害化处置，安全处置率100%。句投集团旗下弘源环境有限公司负责对句容市城镇污水处理厂进行日常监管，建立巡查制度、月报表制度，对污水厂的处理水量、药剂使用量、污泥产生量进行核查。同时，利用新型石墨烯复合制剂技术对玉清河、老句容河进行水体整治，收到良好的效果。

（句投集团）

天然气供应

【概况】　2020年，句容市（除宝华镇）天然气用户达11万户，工商用户554户，年销气量超过6900万立方米。高压管道总长25.56千米，中压管道总长236.87千米，低压管道总长为605.90千米。高中压调压站4座，中中压调压站2座。句容市宝华天然气有限公司通气管网共计235千米，中压42千米，低压193千米。截至2020年年底，宝华镇天然气居民用户57893万户，总用气量约780万立方米。（戴一平）

【燃气安全】　2020年，句容市对液化石油气储备站和便民服务点进行联合安全大检查。发现并取缔5家“黑气点”，暂扣15千克液化气钢瓶107只，50千克液化气钢瓶8只，5千克液化气钢瓶4只。对自用自供燃气工业企业进行专项检查，违规建设燃气设施的工业企业29家。年内全市有20家企业完成整改工作，8家企业正在整改中。（戴一平）

城市管理

【概况】　2020年，市城管局全面贯彻落实市委十二届八、九次全会精神，聚焦“一福地四名城”城市定位和“1355”战略部署，结合全国文明城市创建等工作，围绕“精美城市需要精细管理”主题，全面提升城市精细化管理水平。（黄　潇）

【市容环境治理】　2020年，市城管局以创建文明城市为契机，重点开展城区外立面提升整治工作，督导店铺新上公益围挡画面47块、清除墙体附着物50余处、制作悬挂店面公益广告24处。完成东大街、西大街道路整治，清除膨胀螺栓100余处，拆除外置水池、疏通排水管道5处，完成城区120个早餐亭的清洗、更新。完成城区主次干道、背街小巷、校园周边等场所周边乱设摊点、溢店经营、乱设广告牌等整治行动20余次，新增五小修理便民服务点36个。对城区27条道路及35条背街小巷的停车泊位进行漆划出新，新增机动车停车泊位1987个，非机动车泊位4420处，电瓶车充电点泊位2256处。招募非机动车停车秩序协管员270人，制作发放《非机动车违停提示单》6000余份。（黄　潇）

【环境卫生管理】　2020年，市城管局实行定人、定时、定路段清扫保洁，保证城区范围内的生活垃圾日产日清。助力全国文明城市创建工作，对城区道路开展逐路整治，做到“目光所及不见垃圾杂物、路见本色”。推进保洁精细化管理，全面消除卫生管理盲点，提升辖区卫生质量。排查清理卫生难点死角，对公交站点、人行道、树穴、绿化带等薄弱区域进行全覆盖、无缝隙的清理整治。在城区各十字路口设置立柱式灭烟柱，定时定点清掏；对垃圾桶、果皮箱等设施安排专人定期巡查，对损坏的及时维修更换，确保各项环卫基础设施完好达标。（黄　潇）

【垃圾处理】　2020年，市城管局新增25个垃圾分类试点小区名单，完善已开展垃圾分类的68个试点小区设施布设及宣传工作，全年共开展小区定时定点宣传活动4025次。改造三座垃圾分类驿站，喷绘小区内机械分类桶250个，增设垃圾分类光荣榜120处、垃圾分类引导牌和垃圾分类地插50处。建设餐厨废弃物应急处理设施并购置配套车辆，日处理量约18吨。同时，加强农村垃圾收运体系建设，生活垃圾无害化处置率达100%，生活垃圾集中收运覆盖138个行政村。完成垃圾箱房及垃圾清运车辆密闭化改造，改造垃圾箱房320座、垃圾清运车辆102辆。（黄　潇）

集镇垃圾分类工作

【环卫设施建设管理】　2020年，市城管局推进建筑垃圾资源化利用处理厂及餐厨污泥协同处置厂的选址工作，开展可行性研究报告编制及土地征收等工作。推进生活垃圾应急（飞灰）填埋场建设，完成该选址的场地调研、地质勘探等工作并着手设计招标。强化生活垃圾焚烧发电厂监管，委托第三方公司做好对焚烧发电厂的“一进四出”（一进：生活垃圾，四出：垃圾渗滤液、烟气、飞灰、炉渣）全过程生产指标及环保耗材足量投加等数据的有效监管。配合做好城北垃圾填埋场、天王垃圾填埋场的封场治理。截至2020年年底，完成城北垃圾填埋场封场工作，并通过镇江市级销号验收。（黄　潇）

【城市管理综合行政执法】　2020年，市城管局推行行政执法“三项制度”，行政执法行为过程信息全程记录、行政执法全过程可回溯管理、重大执法决定法制审核全覆盖。实现行政执法信息公开透明、执法全过程留痕、执法决定合法有效。12319城管服务热线、“文明句容智慧城管”微信公众号24小时受理市民举报的问题，保障市民上报的案件“件件有着落、事事有回音”。截至2020年11月1日共上报案件25708件，应处置24595件，处置22837件，按期处置17289件，处置率为92.85%，按期处置率为70.29%。（黄　潇）

【乡镇管理】 2020年，市城管局推进基层整合审批服务执法力量改革，落实改革任务。全年累计开展街面保序专项行动56次，整改各类占道、跨门经营6600起，整顿流动摊贩、马路市场及店外设摊4476起。开展户外广告专项行动，排查城乡道路两侧设施锈蚀严重、存在安全隐患等突出问题，共拆除户外广告207块、整改389块。在农村环境卫生长效管理上，按照“组保洁、村收集、镇转运、市处理”的模式，进一步加强农村垃圾收运体系建设。在推进农村公厕建设上，将50座农村公厕新建、改建任务纳入市政府项目实施库，截至2020年年底已完成42座。（黄　潇）

【临时集中疏导点建设】 2020年，市城管局完成义台街地摊市场和教师公寓瓜果蔬菜疏导点建设，设置摊位91个。明确摊点经营管理规定，建立规范经营书面承诺制，从卫生保洁、交通停车、安全生产等方面进一步改进监管服务方式，实行“一户一卡”有效验证管理和“一月一审”考核模式，强化同其他职能部门的联动。（黄　潇）

城市绿化与园林建设

【概况】 2020年，句容市城市建成区绿地率达33.38%、绿化覆盖率达35.43%、人均公共绿地面积10.62平方米。市城管局直接负责管养的绿地面积为273.46万平方米（其中城区为211.84万平方米、开发区为28.62万平方米、华阳镇为33万平方米）。（黄　潇）

【园林绿化工程建设】 2020年，市城管局重点实施句茅路沿线环境提升改造工程、洪武路景观绿化工程及西部干线南延段绿化工程。完成玉清路两边绿岛景观升级改造及文昌中路绿化改造，共移植各类绿植200余株、小苗1250平方米；成玉清路及文昌中路“白改黑”苗木移植工程。改造升级宁杭北路，将宁杭北路（锦绣句容段）打造成一条有特色的香樟大道。对句容河一期风光带及老句容河风光带、肖杆河风光带河道的各种漂浮物垃圾进行打捞和清运，及时清理各种有害水生植物。（黄　潇）

【绿地养护】 2020年，市城管局结合文明城市创建要求进一步优化绿地养护。每日安排工作人员清理清运路段的树枝、树叶、杂草、石块，确保卫生无死角。全年补植苗木（绿岛约2500平方米、行道树约2000平方米）共计4500平方米，治理黄土裸露（兴东桥北侧约3300平方米、文昌东路与东昌路交叉路口约2000平方米）共计5300平方米。对城区管辖范围内绿地进行病虫害防治、白蚁防治约7000株；对管辖范围内的30多条路段的树木、绿篱及草坪进行循环修剪4—5次。为缓解高温，安排水车每天早晚对树木进行浇灌。（黄　潇）

【公园广场管理】 2020年，市城管局在所管辖的玉清广场、崇明公园、贾纪山公园、句容河风光带新增50余处公益广告，更新更换近140处老旧破损创建宣传内容，更换文明创建垃圾箱123个。安装文明犬物粪便箱，发放文明遛狗倡议书，劝导规范市民文明养犬。新建口袋公园，公园位于崇明路与宁杭路交叉口，占地面积1100平方米。对福地广场进行升级改造，铺设草坪3900平方米，栽植草花550平方米，栽植麦冬700平方米，更换座椅40张，新增

工作人员对道路绿化带进行修剪

不锈钢水槽等。（黄　潇）

【国际道教论坛重点项目建设】 2020年，市城管局结合第五届国际道教论坛相关建设要求，实施“句容茅山高速、高铁、机场、干道沿线（节点）整治提升工程”。该项目位于句茅路、茅山道口（S340与茅山大道交叉口）—金坛段、东进路、涵田酒店—环湖路—万寿路—景区通道段四条线路上。将对四条线路的沿线及重要路口节点进行景观整治提升，改造面积合计约22.97万平方米，造价约1232万元。建设内容包括清杂、土方平整及造型、绿化种植季节性草花籽播等工作，年内约完成总工程量的50%。（黄　潇）

水利设施建设和管理

【概况】 句容素有“五山一水四分田”之称，2020年，全市水资源总量7.9187亿立方米，年用水量3.6亿立方米。境内河流分属秦淮河水系、太湖水系和沿江水系，特定的地形条件，使得句容成为水旱灾害频发的地区，也决定了水利在全市经济社会发展中始终占有特殊的地位。全市建成在册中小型水库57座，湖泊2座，省名录骨干河道13条，镇级河道62条，管护名录范围内灌排泵站382座，干支斗农渠道469.8千米，各类水工建筑物15986座。这些水利设施的建成，使全市基本形成了比较配套完善的蓄、引、提、调、排、灌水利工程体系，在历次防洪抗旱过程中，发挥了巨大的社会和经济效益。（马　骏）

【水利规划】 2020年，句容市组织编制《句容市十四五水利发展规划》、《句容市水利基础设施空间布局规划》及《句容市水系专项规划》，为全市水利发展提供依据与支持。（舒作香）

【水库移民后期扶持项目】 2020年，句容市编制完成《句容市大中型水库移民后期扶持“十四五”规划》，全年共下达各类后期扶持资金3973.92万元，其中直补资金及后扶项目1100.46万元，自主外迁移民补助14.46万元，大中型水库移民后期扶持项目资金2859万元。直补资金发放全部完成，后扶项目及大中型水库移民后期扶持项目推进有序。年内重点助推后白镇二圣村农业示范园等10个项目。（舒作香）

【水利工程建设】 2020年，句容市重点水利建设主要是句容市仑山水库除险加固工程。2017年12月由镇江市水利局、句容市水利局组织有关专家对仑山进行安全鉴定，鉴定结果水库为三类坝，建议尽快进行水库除险加固。2019年12月底，完成仑山水库除险加固的初步设计方案。2020年12月，省发改委和水利厅对仑山水库除险加固工程初步设计进行批复，批复概算总投资5558万元。工程主要建设内容包括加固主坝、东副坝坝体，拆建溢洪闸，封堵主坝涵，护砌东涵进水口，西涵出口，完善必要的管理和观测设施等，工程批复总工期19个月。年内完成原溢洪闸及交通桥拆除、闸室底板及闸墩浇筑工作，高压旋喷桩试桩工作，迎水坡高程57.00米以上至坝顶间现状砌石护坡完成拆除。（卞伟嘉）

【汛前培训及防汛演练】 5月8日，市水利局举办汛前培训，讲授近几年水旱灾害情况、防汛防旱应急管理、防汛值班制度、市防汛仓库物资调用流程等方面内容。5月22日，句容市防指举办句容市2020年度防汛演练，演练内容包括渗漏抢险，浅层滑坡抢险、人员撤离等。（朱　力）

【水库、河道堤防白蚁防治】 12

何庄小流域

月3日，句容市后白中河堤防及北山、茅山两座水库的白蚁防治情况通过镇江市蚁害达控和复查验收。句容河4.34千米、南河1千米堤防和肖庄、五四、东庄、东塘、邹培塘、何家坝、南庄、茅陈、小马埂、红旗、白云观、方山、青年、林华、金山（袁）等15座水库大坝通过句容市蚁害复查验收。（张佳丽）

【水政水资源管理】 2020年，市水利部门突出管理创新，坚持依法行政，强化规范管理，加强监督指导，依托科技保障，完成水利管理各项工作任务。年内，完成全市取水工程（核查）登记及用水统计工作，在镇江市内率先开展水资源管理平台建设，实现取用水户的业务在线申报审批、统计分析、动态评价，推进水资源行政许可、行业监管、行政执法、应急管理等业务的协同管理。开展节水工作，市水利局创成水利行业节水型机关，白兔中心小学创成省级节水型学校，市水利部门联合教育局在全市中小学开展“节水大使”评选工作，开展“世界水日”“中国水周”活动。

（袁　晨）

2020年句容市水库一览表

表21

序号	水库名称	水库规模	所在乡镇	序号	水库名称	水库规模	所在乡镇
1	北山水库	中型	华阳街道	30	东庄水库	小（2）型	边城镇
2	句容水库	中型	华阳街道	31	茅陈水库	小（2）型	茅山风景区
3	仓山水库	中型	边城镇	32	东塘水库	小（2）型	后白镇
4	二圣水库	中型	后白镇	33	白云观水库	小（2）型	茅山风景区
5	茅山水库	中型	后白镇	34	南庄水库	小（2）型	茅山风景区
6	墓东水库	中型	茅山风景区	35	东进水库	小（2）型	茅山风景区
7	潘冲水库	小（1）型	茅山风景区	36	民兵水库	小（2）型	茅山风景区
8	李塔水库	小（1）型	茅山风景区	37	蟒蛇洞水库	小（2）型	茅山风景区
9	石山头水库	小（1）型	华阳街道	38	五四水库	小（2）型	黄梅街道
10	固江口水库	小（1）型	黄梅街道	39	黄坑水库	小（2）型	宝华镇
11	虬山水库	小（1）型	郭庄镇	40	五里冲水库	小（2）型	宝华镇
12	王庄水库	小（1）型	白兔镇	41	白沙水库	小（2）型	天王镇
13	中心水库	小（1）型	白兔镇	42	杨家坝水库	小（2）型	天王镇
14	龙山水库	小（1）型	天王镇	43	跃进水库	小（2）型	天王镇
15	马埂水库	小（1）型	茅山风景区	44	龙海水库	小（2）型	天王镇
16	方山水库	小（1）型	天王镇	45	金山（袁）水库	小（2）型	天王镇
17	幸福水库	小（1）型	白兔镇	46	石龙洞水库	小（2）型	华阳街道
18	红旗水库	小（1）型	茅山风景区	47	戴木坝水库	小（2）型	茅山镇
19	老虎洞水库	小（1）型	茅山风景区	48	南塘水库	小（2）型	茅山镇
20	肖庄水库	小（1）型	华阳街道	49	青年水库	小（2）型	天王镇
21	青菜地水库	小（1）型	天王镇	50	金山（天）水库	小（2）型	天王镇
22	小马埂水库	小（1）型	茅山风景区	51	迎春水库	小（2）型	天王镇
23	上杆水库	小（1）型	茅山风景区	52	溧西水库	小（2）型	天王镇
24	仑环水库	小（1）型	边城镇	53	四清水库	小（2）型	天王镇
25	何家坝水库	小（2）型	白兔镇	54	草塘水库	小（2）型	天王镇
26	邹培塘水库	小（2）型	白兔镇	55	林华水库	小（2）型	天王镇
27	尹巷水库	小（2）型	白兔镇	56	深坑水库	小（2）型	下蜀镇
28	小沿坝水库	小（2）型	边城镇	57	冷水孔水库	小（2）型	下蜀镇
29	团结水库	小（2）型	边城镇				

（马　骏）

科学技术

责任编校：刘明亮

综　述

【概况】　2020年，句容市科技工作紧紧围绕“一福地四名城”城市定位和“1355”战略部署，深入实施创新驱动发展战略，深挖长三角科技资源潜力，加快科技经济紧密结合，激发创新主体活力，提升产业技术创新实力，以创新驱动引领高质量发展，科技各项工作取得明显成效。

高质量发展指标调度工作扎实。2020年，句容市围绕“科技创新引领产业发展”的战略部署，市科技局聚焦科技指标，在推动该市高质量发展中展现科技担当和作为。全年召开局指标调度会17次，协同乡镇板块召开指标推进会10次，牵头组织全市指标推进会1次，开展重点板块科技指标专项辅导培训11场。邀请市政府分管领导走访重点板块、重点企业，争取乡镇板块支持，指导乡镇板块组建工作专班，协调推进科技指标。

科技创新主体培育成效显著。2020年，句容市立足现有产业基础，突出特色和优势，选准重点领域和方向，科技创新主体培育不断强化。全年申报高新技术企业96家，认定通过48家，新增高企34家，全市有效高企达到119家，比上年增长29.3%。全年申报省高企入库培育企业66家，成功入库56家，入库率达到84.8%。全年科技型中小企业注册入库参评企业109家，其中通过评价入库企业107家，全市累计注册入库企业231家。

科技创新载体建设优化升级。2020年，句容市积极做好现有孵化载体绩效管理，获省孵育计划奖补资金99万元。对各级载体平台认定配套奖励、补贴资金1321.2万元。新增2家国家级科技孵化器、3家省级众创空间、1家省级工程技术研究中心，另有1家企业通过省级工程技术研究中心验收。截至2020年年底，全市有省级以上载体、平台86家，其中国家级科技孵化器5家，国家级众创空间2家，省级科技孵化器3家，省级众创空间7家，省级众创社区1家，省级科技产业园4家，孵化园区总面

9月17日，句容市召开高质量考核科技指标推进会

积达到61万平方米，在孵企业数320余家；省重点研发机构3家，省级院士工作站1家，省级研究生工作站36家，省级工程技术研究中心22家；省级科技公共服务平台2家。

科技金融创新效果明显。2020年，句容市依托科技金融服务中心、高新创业投资公司、科技小贷公司等多个金融平台，充分运用和创新金融产品和服务，重点支持科技型中小企业发展，全年共为26家企业办理“苏科贷”近1.3亿元，比上年增长5.7%；华阳科贷贷款余量达1.4亿元，全年可撬动银行以及社会资本3.5亿元左右。疫情期间，科技部门、人才办和句容市3家银行共同开发“科才贷”融资产品，设立3000万元风险补偿资金池，破解科技企业和人才融资难困局，助力企业抗击疫情共渡难关，发放5000万元。

现代高效农业彰显特色。2020年，句容市政府与郑州果树研究所共建的江苏丘陵地区果树研究中心、镇江国家农业科技示范园管委会与华南农业大学共建的江苏省火龙果产业研究院开工建设。句容特色农产品星创天地获省科技厅备案、江苏省彩叶苗木产业技术创新战略联盟获批省级农业产业技术创新战略联盟。截至2020年年底，全市拥有国家级星创天地3家、省级星创天地7家、省级农业产业技术创新战略联盟3家、省级农业科技型企业14家、省级科技型农民专业合作社4家、各级农业科技示范园75个，以“园区+孵化+高校院所+科技企业+科技平台”发展模式，推动农业科技创新、示范推广快速发展，实现传统农业向现代农业转变。（科技局）

8月13日，上海大学·句容校地对接交流会

科技管理

【概况】 2020年，句容市根据全市深化改革任务部署要求，实施科技计划项目管理体系改革，实行科技计划项目分阶段分部门管理，通过开发科技计划项目申报系统，将原来科技计划项目线下申报和评审，改为线上申报和评审，不断推动科技创新由管理向服务转变、由重立项向重实施转变。2020年，系统建成运行以来，圆满完成2020年市本级科技计划项目线上申报和评审工作。

（李 权）

【科技项目管理】 2020年，句容市加强科技计划项目过程管理，完善科技项目实施和经费使用监管，研究并出台《句容市科技计划项目和资金管理办法》《句容市科技计划项目信用管理办法》。继续完善句容市科技计划项目申报管理系统，实现科技计划项目管理全过程留痕，全面提升科技计划项目管理质量和水平。

（张 颖）

【科技创新主体保障服务】 2020年，句容市积极发挥市科技局科技政策宣导队伍作用，局领导带头深入企业一线，精准落实政策宣传，助力政策落地生根。组织开展“两送一问”活动12次，服务企业20多家，发放科技创新服务手册800余份。举办各类科技政策座谈、现场业务培训、对接活动等13场次，培训人数达700人。（李 权）

科技活动

【概况】 2020年，句容市紧抓

长三角一体化和宁镇扬一体化战略机遇，以加快科技成果转化，提高企业创新能力为目标，进一步完善产学研合作机制，发挥科技企业、高校院所和科技管理部门的作用，依托该市主导产业搭建合作平台，推动校企产学研深度合作。积极带领科技企业到高校院所对接，多次开展产学研专场对接与科技招商活动，全年共向全国相关高校院所发布技术需求 80 余项，签订各类产学研合作协议 40 项。（李　权）

【产学研合作】　2020 年，句容市科技局产学研合作和科技招商工作力度不减、效果不打折，多次到上海大学、上海理工大学、中科院植物所、郑州果树研究所、西安科技大学等高校院所开展产学研专场对接与科技招商活动。全年共向全国相关高校院所发布技术需求 80 余项，签订各类产学研合作协议 40 项，达成共建科研机构合作意向 3 项。成功举办“上海大学—句容校地对接”活动和“2020 走进国家农业科技园区暨创建省级农高区启动仪式”活动，邀请 10 家荷兰企业和荷兰农业参赞到句对接，多家该地企业与高校院所及知名企业深入洽谈对接。（李　权）

科技计划

【概况】　2020 年，句容市坚持科技创新引领发展，强化科技项目带动，激发企业创新活力，壮大创新市场主体，促进产业转型升级，推动实体经济高质量发展。全年共申报国家级科技项目 4 项、立项 1 项，省级科技项目 21 项、立项 4 项，镇江市级 20 项、立项 12 项，争取科技经费 396 万元。积极做好句容市本级科技计划申报立项工作，立项 94 项，下达经费 2343.2 万元，其中新冠病毒性肺炎疫情专项立项 4 项，下达经费 20 万元。（李　权）

【科技项目申报与立项】　2020 年，句容市共申报各级各类科技计划项目 45 项，其中国家级 4 项、省级 21 项、镇江市级 20 项，共获立项 17 项，其中国家级 1 项、省级 4 项、镇江市级 12 项，争取上级经费支持 396 万元，其中江苏大华激光科技开发有限公司承担的“大幅面、高精度、高功率激光切割设备技术的研发”项目是国家科技助力 2020 重大专项项目，镇江博安特生物科技有限公司承担的“合作研发满足医疗需求的新型即时检测（POCT）”项目是省级政策引导类项目，分别获得经费 50 万元和 100 万元。（李　权）

科技成果

【概况】　2020 年，句容市科技平台载体聚焦品质求发展，着眼层次寻突破，企业创新能力和水平明显提升，科技创新工作精准发力、硕果累累、亮点频出。全年新增 2 家国家级科技企业孵化器，总数达到 5 家，新增 3 家省级众创空间，新增 1 家省级工程技术中心，1 家企业顺利通过省级工程技术研究中心验收。在省级孵化器绩效评价工作中，1 家企业获得 A 类优秀评级，4 家企业获得 B 类良好评级，共获奖补资金 99 万元。（李　权）

【科技平台载体发展】　2020 年，句容高新技术创业园获得省级孵化器绩效评价 A 类优秀评级，江苏东恒空港高新技术创业园、富达创业园、光明中小企业科技创园和江苏万城青年人才创业园获得省级孵化器绩效评价 B 类良好评级，共获省级孵化器绩效评价奖补资金 99 万元。积极开展市级平台载体培育认定及省级以上载体平台奖励，全年对各级载体平台认定配套奖励、补贴资金 1321.2 万元。光明中小企业科技创园和江苏万城青年人才创业园获评国家级科技企业孵化器，启迪之星（句容）众创空间、启迪绿谷众创园、Crosslink 医创空间均获批省级众创空间，江苏赛达电子有限公司获评省级工程技术中心，句容协鑫集成科技有限公司承担的省级工程技术研究中心顺利通过验收。（张文涛）

气　象

【概况】　2020 年，句容市气象工作基础业务和预报质量保持稳定。市气象局地面气象探测业务综合质量继续保持稳定，国家站传输及时率 100%，区域站 99.98%。顺利完成智能台站主备站双链路切换工作，进一步提升

2020年句容市科技计划项目（镇江市级以上）情况一览表

表22

序号	项目名称	承担单位	项目类别	项目层次
1	大幅面、高精度、高功率激光切割设备技术的研发	江苏大华激光科技开发有限公司	国家科技助力2020重大专项	国家级
2	合作研发满足医疗需求的新型即时检测（POCT）	镇江博安特生物科技有限公司	省级政策引导类项目（国际科技合作）	省级
3	句容市现代农业产业星创天地	江苏禾木农博园有限公司	重点研发计划（农业后补助）	省级
4	句容市现代农业电子商务产业星创天地	江苏九谷生态农业有限公司	重点研发计划（农业后补助）	省级
5	句容经济林果产业分店及便利店	镇江万山红遍农业园	重点研发计划（农业后补助）	省级
6	自供电芯片感知型智能绝缘子关键技术研发及产业化	江苏南瓷绝缘子股份有限公司	重点研发项目	镇江市级
7	海洋工程关键结构用低成本高强耐蚀钛合金研发与产业化	江苏天工科技股份有限公司	重大科技专项培育项目	镇江市级
8	工业固废大掺量制备装配式预制构件关键技术研究及应用	建华建材（中国）有限公司	重大科技专项培育项目	镇江市级
9	农林废弃物微好氧堆肥制备腐殖土技术研究	镇江贝思特有机活性肥料有限公司	重点研发计划（现代农业）	镇江市级
10	红阳猕猴桃设施栽培关键技术集成创新与示范	江苏桃花鸡农业科技有限公司	重点研发计划（现代农业）	镇江市级
11	酶促技术解决草莓连作障碍的技术创新与应用	句容河山家庭农场有限公司	重点研发计划（现代农业）	镇江市级
12	设施草莓病虫害绿色防控关键技术研发	江苏伊斯贝拉生态农业科技有限公司	重点研发计划（现代农业）	镇江市级
13	放射诱导lncRNA SNHG16通过调控ATG4B及其下游自噬通路改变食管鳞癌放射敏感性的作用机制研究	句容市人民医院	社会发展指导性科技计划项目	镇江市级
14	伴颅周肌筋膜触痛点的头面痛规范诊疗关键技术研究	句容市人民医院	社会发展指导性科技计划项目	镇江市级
15	老年慢病患者药物治疗管理对治疗疗效的影响研究	句容市人民医院	社会发展指导性科技计划项目	镇江市级
16	钆塞酸二钠增强MRI无创性评估肝脏纤维化患者肝脏储备功能的研究	句容市人民医院	社会发展指导性科技计划项目	镇江市级
17	低剂量初始液体复苏联合去甲肾上腺素对脓毒症休克患者临床疗效的研究	句容市人民医院	社会发展指导性科技计划项目	镇江市级

（李　权）

台站智能化进程。参加江苏省应急管理厅主办的“2020-SR地震应急救助演练”和2020年句容市大面积停电事件应急演练。

（胡丹丹）

【气象服务工作】 2020年，市气象局修订和完善2020年汛期气象服务工作制度和工作流程，针对重大灾害性天气制定“突发灾害性天气应急流程”。建立完善交接班制度，对所有预警预报业务进行留痕管理。修订《句容市气象灾害应急预案》。2020年梅雨期较常年明显偏长，而且区域性强降水过程较多，平均降水量为580.8毫米，是常年平均（220毫米）的2.6倍。市气象局领导和业务人员加强值守、准确预报、及时预警，减少财产损失，全市无一人伤亡。全年共发布重要天气报告24期，疫情防控、春运、两会、大气污染防治等专题、专项服务材料100余期，制作发布各类气象灾害预警信号63次；向市防汛领导等发送预警信息、重要天气预测、雨情实况等各类气象短信近500条。重大节日和重大活动及工程气象服务保障及时。做好寒潮、雾霾、强降水等灾害性天气监测预警服务，完成春运、“两会”、高考、关键农事季节等重大时间节点气象保障工作。与水利、防办等部门密切保持联系并建立常态化的信息共享交换机制。完成微信公众号转成微信服务号，新增每日早中晚自动发布天气预报提醒，以及天气实况、疫情查询、气象科普等服务功能。

（胡丹丹）

【气象科普宣传】 2020年，市气象局利用“3·23”世界气象日、“5·12”防灾减灾日、科普宣传周、安全生产日等时间节点积极开展气象科普宣传工作。因疫情影响，年内世界气象日期间未开展线下活动，但是利用微信平台开展“世界气象日”知识竞答活动，参与人数达到千余人。参加“安全生产广场宣传咨询活动”“法治宣传周广场咨询活动”等活动，向社会群众普及气象防灾减灾和法治信息。 （胡丹丹）

华阳街道东软双创园项目建设加快推进

教　育

责任编校：刘明亮

综　述

【概况】　2020 年，句容市有 3 所普通高中，1 所中专学校，11 所初中，28 所小学，2 所九年一贯制学校（含 1 所民办句容碧桂园学校），1 所特殊教育学校。普通高中学生 6969 人，初中学生 12317 人，区域内小学毕业生入学率为 100%，年巩固率为 100%；初中毕业生升学率 97.53%，小学生 28827 人，入学率 100%，巩固率 100%，特殊教育学生 130 人，特殊学校为省特殊教育现代化示范学校。面对新冠肺炎疫情的冲击，做到疫情防控和教育教学“两手抓、两不误”，圆满地完成年初确定的十大重点工作三个“五年行动计划”中的年度任务，出台《句容市中小学阅读行动计划》，《句容市学校教育质量考核办法（修订稿）》。围绕“制度建设年”，抓制度学习、抓制度完善、抓制度执行，推动管理规范化、制度化，管理水平迈上新台阶。召开全市教育大会，表彰先进、谋划未来，尊师重教的氛围空前浓厚。接受市人大对教育的专项评议，取得较好成绩。教育发展继续呈现创新克难、争先创优的强劲上升势头。

（周长鹰　谈海利）

疫情期间，教育部门组织实施线上教学

【疫情防控】　2020 年，句容市所有学校防控组高效运行，全面加强对全市 100 所学校疫情防控、复学复课工作的指导与检查。精心组织实施线上教学，加强对疫情期间学生心理的干预与辅导，确保“停课不停教”“停课不停学”。为全市 60 所规模较大的学校安装“红外测温摄像机”，统筹协调、配备各类防控物资。主动做好疫情期间校外培训机构的监管，积极探索长效管理机制。

（谈海利）

【人事制度改革】 2020年，句容市委、市政府印发《关于深化“县管校聘”管理体制改革的意见》，严格执行课时量和工作量标准、加强教师聘后管理、深入实施“适岗竞聘”、完善教职工绩效考核制度、设立班主任津贴专项，“多劳多得、优绩优酬”的分配激励机制有效建立。全年晋升3名正高级教师，38名高级教师，评选150名教学能手，240名镇江市级骨干教师，1000名左右句容市级骨干教师。全年共补充102名教师，师资补充质量继续提升。

（谈海利）

【平安校园建设】 2020年，句容市市政府统筹协调成立校车服务公司，投入3000万元，新购置90辆标准化校车，学生接送车辆全部更新为标准化校车。全面实施校园智慧安防建设，86所学校完成安全云平台建设，12所学校完成访客系统安装。投入3000多万元对全市所有学校的消防问题进行整改。句容市被省教育厅等三部门授予“江苏省平安校园建设示范市”。 （谈海利）

【文明校园创建】 2020年，句容市教育局在全系统广泛开展文明校园创建活动，不断提高师生文明素养。各学校严格执行“六好”标准，确保在测评时做到“静态得满分，动态不失分”。强化乡村少年宫的建设与管理，加强市未成年人指导中心的建设。教育局被市委、市政府表彰为“全国文明城市创建突出贡献单位”。 （谈海利）

【教育资源配置优化】 2020年，句容市新建的石狮小学、华阳实验小学弘景校区投入使用；省句中异地新建项目开工，福地路小学和幼儿园、宝华新城小学和幼儿园加快建设，恒大童世界、碧桂园地块初中和幼儿园工程加快推进。儿童青少年近视防控工程有序进行，建成21个融合教育资源中心，14所学校创成智慧校园。全面启动江苏省义务教育优质均衡发展市创建。 （谈海利）

教师队伍

【概况】 2020年，句容市有在编在岗教职工4894人，其中专任教师4271人。2020年新增正高级教师3人。全市共有省人民教育家培养对象3名，特级教师13人，正高级教师10人，省“333高层次人才培养工程”培养对象9人，镇江市有突出贡献中青年专家5名，镇江“169工程”学术技术带头人5人、镇江“169工程”科技骨干29人，句容市“313工程”学术技术带头人4名、句容市“313工程”科技骨干34人，镇江市名校长4人、句容市名校长11人，镇江市学科带头人32人、镇江市骨干教师246人、句容市学科带头人440人、句容市骨干教师共有907人，镇江市教坛新秀35人、句容市教坛新秀99人。全市有省级乡村骨干教师培育站3个，镇江市名师工作室5个，句容市级乡村骨干教师培育站10个，句容市教师工作室25个。 （毕道玉）

【教师培训工作】 2020年，句容市启动省中小学教师信息技术应用能力提升工程2.0培训，计划分三年对全市教师实施全员培训。全年25名教师硕士学历（学位）进修毕业。下蜀中学于晶晶入选省乡村优秀青年教师培养计划，凤凰城小学王璐入选省乡村义务教育领军教师培养百人计划，市实验小学汤爱军入选国培计划。积极创建各级教师发展示范基地校，其中，华阳实验小学创建成江苏省级教师发展示范基地校。截至2020年年底，句容市教师发展示范基地校有省级2所，市级4所，县级8所。 （毕道玉）

【师德师风建设】 2020年，句容市加强“四有”好教师团队建设，拥有省级“四有”好教师团队1支，镇江市级7支，其中崇明小学“向着明亮那方——生命自觉理念下的‘致和’教师团队”被认定为省重点培育“四有”好教师团队。召开全市教育大会暨教师节庆祝大会，表彰镇江市十佳教师7人、“感动镇江教育人物——2020最美班主任”7人，第三届句容市最美乡村教师3人、最美乡村教师提名奖6人，句容市优秀教育工作者50人、句容市先进教育工作者60人、句容市师德先进个人60人、句容市优秀班主任100人、句容市“2020最美班主任”55人。

（毕道玉）

华阳中心小学“县管校聘”领导干部岗位竞聘大会

【对外交流工作】 2020年，句容市选派第二批援疆教师8人（高中7人、初中1人），组织到受援地送教培训4人，确定与受援地结对学校4所。组织6名教师援陕（小学2人、幼儿园4人），句容与陕西蒲城4所学校（幼儿园）结对共建。接受10名蒲城教师到句容跟岗学习，接受5名蒲城中职学生在句容就读。接受273名云南学生到省句容中专学校学习或实习。（毕道玉）

【“县管校聘”改革】 2020年，句容市委深改组将“县管校聘”改革列为重点项目，加强编制管理，严格执行工作量标准，加强教师的聘后管理，建立教师退出机制，完善各项配套制度，推动改革向纵深发展。2020年暑期，教师流动共275人，暑期适岗竞聘超编学校共有115位教师主动申请跨校流动。（毕道玉）

【集团化办学】 2020年，句容市印发《关于进一步推进义务教育集团化办学实施方案》，以城区优质学校为核心校，由1所集团核心校和“N”所成员校组建“紧密型”和“协作型”两种办学集团，核心校重点托管1—2所成员校和若干所普通成员校，普通成员校为独立法人。成立句容市实验小学教育集团、句容市崇明小学教育集团、华阳实验小学教育集团、华阳中学教育集团等4个教育集团，并开展运作。

（毕道玉）

【教师补充渠道优化】 2020年，句容市组织名校长、名教师，成立专家考察团，到陕西师范大学、吉林师范大学、南京师范大学举行校园招聘，引进高素质的国家级免费师范生和名校毕业生，定向培养。对首届毕业的35名省乡村定向师范生、7名免费男幼师进行从教岗位测试，以综合成绩排名开展选岗。实行公开招考，成功招聘到39名教师。实行跨市流动，其他地区流动到句容市教师10名，缩短教师培养周期。

（毕道玉）

教育督导

【概况】 2020年，句容市贯彻落实《教育督导条例》和《2020年句容市教育督导工作计划》，围绕句容教育高质量发展总目标，开展督政、督学和评估监测工作。

（张晓蓉）

【责任督学专业素养提升】 2020年，句容市丰富培训学习方式。聘任新一届责任督学30人，培训达18次。先后组织责任督学参加苏州高级研修班，到淮安和南京学习先进地区督导工作经验。加强督导工作研究。组织案例研讨，聘请老督学为全体责任督学开设案例撰写微讲座。每月例会组织督导案研制，增强督导的有效性。开展建议案撰写的研究，推进教育重点难点问题的解决。开展督导案例和建议案征集评选活动，其中《好风凭借力沟通暖人心》被列入省优秀督导案例汇编。强化学校、幼儿园督导问题整改的随访和跟踪，并纳入教育局对学校的年度考核。（张晓蓉）

【督导活动】 2020年，句容市开展常规督导783次，规范开展专项督导。开展校园疫情防控、规范办学、近视防控、片区合作、校园安全风险防控、师德师风、心理健康和幼儿园办园行为等专项督导。根据全市教育发展阶段性重点和需要，开展需求督导。开展 2 次幼小衔接督导，开展 1 次小幼衔接督导。全年各类督导下发反馈单 766 份，听课 894 节，电话访谈家长 3989 人次，座谈走访教师 3258 人次、学生 2962 人次、家长 1758 人次，问卷调查教师 2293 人次、学生 5863 人次。（张晓蓉）

【督政工作】 2020 年，句容市围绕 2019 年度镇江督政考评中反馈的主要问题积极整改薄弱项目，按时按序按质积极整改。修订具有句容市特点的对乡镇督政考核方案，由市政府行文下发到各个乡镇管委会，对乡镇管委会年度教育工作情况进行有效的引导、管理与考核，进一步营造尊师重教的良好风尚。（张晓蓉）

【教育发展情况监测】 2020 年，句容市采集义务教育优质均衡“资源配置”7 项指标相关数据，协调、落实“政府保障度”“教育质量”和“社会认可度”等 25 项指标的数据填报和自评工作。严格按照学前教育普及普惠 26 项指标口径要求采集数据，加强对数据的审查、复核，形成江苏省县域学前教育普及普惠监测报告。完成 2019 年度的现代化建设监测工作，监测结果为 90.28 分，形成分析报告。开展省教育现代化建设监测教育满意度问卷调查工作，共对 4538 名教师、54711 名学生和 9400 名家长进行了网上问卷调查，结果显示七项问卷有五项是满分。（张晓蓉）

教育基础建设

【概况】 2020 年建成石狮小学、华阳实验小学弘景校区、下蜀镇桥头小学；新城樾府幼儿园、水畔新居幼儿园实施装修；福地路小学、宝华新城实验小学开工建设，省句中异地新建，福地路幼儿园、宝华新城实验幼儿园新建工程正在推进。开展全市中小学幼儿园消防验收整改、青少年近视防控、市属学校田径场改造和电力增容等重点工程。完成小区配套幼儿园治理工作和义务教育“改薄”工程。推动住宅小区配套幼儿园规划建设，达到国家和省市的治理工作要求。按《句容市住宅区配套幼儿园中小学规划建设管理办法》，截至 2020 年 12 月共征收配建费 6.1 亿元，为后续幼儿园资源建设提供资金保障。（教育局）

教育装备

【概况】 2020 年，句容市教育装备工作推行“标准+特色”教育装备发展模式，精细管理，科学使用，紧抓省、市智慧校园创建的契机，不断提升教育信息技术与装备管理水平。（教育局）

【教育装备管理】 2020 年，句容市出台《句容市教育系统装备采购管理办法（试行）》，制定《句容市综合防控儿童青少年近视教室灯光和课桌凳改造实施方案》，初步构建基教、教研、督导和装备四位一体的装备管理联动机制。组织参加实验教学技能大赛、说课比赛、教具评比、案例评比等活动，全市教师有 6 人获省一、二等奖，10 余人获镇江市一等奖，8 所学校获镇江市教具评比先进单位，市装备中心连续四

华阳实验小学弘景校区投入使用

年获镇江市自制教具评比优秀组织奖。（教育局）

【教育信息技术建设】 2020年，句容市有11所中小学顺利通过江苏省智慧校园合格校、镇江市智慧校园验收，2所幼儿园被认定为镇江市智慧幼儿园示范园。积极实施信息系统等级保护工作，认真开展教育网络系统安全专项整治工作。（教育局）

学校安全

【概况】 2020年，句容市全面推行校园智慧安防建设，全市86所公办学校安装《校园安全云平台》，12所局属学校安装访客管理系统，通过新技术、新手段在校园安防建设领域的深度运用，提升该市学校安全管理的信息化水平。2020年7月，句容市被省教育厅、省委政法委、省公安厅授予“江苏省平安校园建设示范县（市、区）”称号。有9所学校创成“镇江市五星平安校园”。全市有25所学校创成省级平安校园，44所学校创成镇江市平安校园，26所学校为句容市平安校园。全市共聘请60名法治副校长。全市有省餐饮质量安全示范学校食堂28家，40家学校食堂推行“5S”食堂先进管理模式，有学校优秀食堂90家，优秀食堂占比达89%。（教育局）

【安全专项整治】 2020年，句容市成立教育系统校园和校车安全专项整治行动工作领导小组，成立18个专项整治组和2个督查组，印发《句容市教育系统校园和校车安全专项整治行动工作方案》《句容市学校安全风险责任清单》，全面压实校园安全风险管控。全市43所中小学完成危废化学品处置；市财政投入近2000万元购买90辆标准化校车；全市投入3000多万元解决校舍未通过消防验收、消防栓无水或压力不足、消防通道不畅等问题；教育局安全生产问题处置监管平台共上传隐患114条，办结率100%。全年共出动检查组85个，出动检查人员410人次，共检查出安全隐患974条，整改962条，整改率99.76%。（教育局）

句容市成立校车服务公司，新购置90辆标准化校车

校外培训

【概况】 2020年，句容市有各类培训机构400余家，首次复工复课验收达360多家，其中白名单机构66家。年内，除做好疫情防控常态化工作外，培训机构监管已经由专项治理过渡到长效管理。（教育局）

【互动年检】 2020年，句容市首次组织“互查互评互学互促”暨“年检”活动，让培训机构负责人全程参与，创造一个相互学习相互参观相互交流的机会。（教育局）

【信息公示】 2020年，句容市通过告家长书等形式，在重要的时间节点发布白名单机构年检结果，引导家长理性为孩子选择校外培训。推行统一的《句容市校外培训机构监管信息公示栏》，内含安全管理制度、收退费制度、

课程表、证照展示、办学承诺、师资等栏目，并进一步规范公示内容。（教育局）

【培训机构监管】 2020年，句容市每个社区教育中心中均有一名负责属地校外培训机构监管执法人员，为有效开展“双随机一公开”监管奠定人员基础。年内，结合发生涉及2家培训机构的真实案例予以通报警示。（教育局）

学前教育

【概况】 2020年，句容市有幼儿园55所，其中公办园43所，民办园12所，公办园占比78%；有省优质幼儿园37所、镇江市优质幼儿园6所。2020年，有在园幼儿17314名，其中托班136名（9个班），混合班144名（7个班），特教班8名（1个班）；在公办幼儿园和普惠性民办幼儿园就读幼儿15823人，占比为91.39%；在优质园就读幼儿15583人，占比为90%。全市幼儿园共有流动人口子女4203人，其中在公办幼儿园或普惠性民办幼儿园就读3086人，占比73%。

（颜玲 孔慧）

【幼儿园建设】 2020年，句容市推进学前教育五年行动计划，完成句容市宝华镇星光幼儿园、宝华镇育禾幼儿园和郭庄镇小金星幼儿园标准化建设，并投入使用；完成2所江苏省优质幼儿园创建，1所江苏省优质幼儿园复审，2所镇江市优质幼儿园创建。

（颜玲 孔慧）

【幼儿园保教管理】 2020年，句容市对新启用幼儿园进行登记注册评估验收，开展第二届保育员知识技能大赛。结合局督导科“幼小衔接”专项督导，牵头各片区开展幼小衔接工作经验总结线上直播分享活动，通过多种途径科学树立入学理念。开展关于“特殊的时光，不一样的陪伴”学前教育主题宣传月活动。

（颜玲 孔慧）

【学前教育内涵建设】 2020年，句容市成功申报江苏省区域推进课程游戏化项目，下蜀、天王幼儿园也成功申报前瞻性教学改革实验项目。先后迎接江苏省委督导组在下蜀中心园、宝华恒大雅苑幼儿园的课程游戏化专项视导调研，为省内外12个地区1510多人次提供课程游戏化现场观摩。其中下蜀中心园、宝华中心园、天王中心园的课程游戏化成果被江苏教育频道现场报道。

（颜玲 孔慧）

小学教育

【概况】 2020年，句容市有28所小学，1所九年一贯制学校，1所十二年一贯制民办句容碧桂园学校，共有小学生28827人，入学率100%，巩固率100%。

（唐莉）

【新校区投入使用】 2020年9月，华阳实验小学弘景校区全面投入使用，共有28个教学班，1186名学生，开启该市集团化办学的新篇章。（唐莉）

【教育内涵建设】 2020年，句容市边城中心小学“向美而行：浆塑盆景特色课程文化建设”项目成功申报省中小学课程基地与学校文化建设项目；开发区中心小学“小学‘童味书法’特色课程建设”项目在镇江市基础教育内涵建设项目申报中获得立项。

（唐莉）

初中教育

【概况】 2020年，句容市有11所普通初中学校，2所九年一贯制学校（含1所民办句容碧桂园学校）。共有初中学生12317人，学额巩固率为100%。年内，文昌中学与泰州学院在文昌中学举行实践教学基地签约仪式，“泰州学院实践教学基地”揭牌，两校签署合作协议书。（陈远明）

【中学生文艺会演】 2020年9月29日，以“阳光下成长”为主题的句容市中学生文艺会演举行。共有16所学校的649名中学生参加，表演节目44个。节目以歌颂祖国、战疫故事和校园故事为主，表演形式有器乐合奏、舞蹈、合唱、表演唱、戏剧、朗诵、相声等，表达了学生对祖国繁荣富强、家乡发展变化、个人幸福生活真切感受，庆祝中华人民共和国成立71周年。（曹桂红）

普通高中教育

【概况】　2020 年，句容市有 3 所普通高中，1 所九年一贯制民办学校（句容碧桂园学校）设有高中附设班，有普通高中学生 6969 人。（周长鹰）

【高考成绩】　2020 年，句容市高中教育质量有明显提升。在生源减少的情况下，本一达线 739 人，达线率 43%，比上一年提高 11.7 个百分点；高分段人数创历史新高，全市 400 分以上 34 人，清华北大录取 3 人，C9 达线 27 人，985 达线 83 人，211 达线 170 人。（周长鹰）

【建立长效激励机制】　2020 年，教育局发挥“玉兰教育基金”和“高中教育质量提升管理基金”两项助学兴教基金的激励引导作用，新成立“文昌教育基金”。同时制定各项基金的使用方案，向一线教师，向多干优干教师群体倾斜，让广大教师实实在在地感受到多劳多得，优劳优酬。（周长鹰）

7 月 7 日，2020 年高考正式拉开大幕

职业技术教育

【概况】　2020 年，江苏省句容中等专业学校新招学生 1149 人，东西协作招收云南普洱籍学生 52 人，在校生总数 3548 人。毕业生就业率达 99.05%，中级工技能通过率 98.48%。创建江苏省数控技术应用专业现代化专业群和江苏省汽车运用与维修专业现代化实训基地。新建汽车运用与维修、智能财税 2 个国家现代学徒制“1+X”证书试点项目，6 个市级企业新型学徒制试点项目。承办镇江市职业学校教学大赛优秀作品巡讲、镇江市农村职业学校公共基础课程课堂教学评比活动。举行以“人人出彩，技能强国”为主题的职业教育活动周与全民终身学习活动周。发布江苏省句容中等专业学校 2020 年教育质量年度报告。江苏省句容中专校师生在省技能大赛中获 1 个二等奖、25 个三等奖；省创新创业大赛荣获 1 个二等奖、2 个三等奖；省教学大赛荣获 2 个三等奖，荣获省职业院校教学大赛最佳组织奖。（滕庆林）

【对口高考】　2020 年，在对口高考中，江苏省句容中等专业学校共有 178 名学生参加技能和文化理论考试，本专科录取率 100%，其中本科录取 34 人，录取率达 19.1%。“3+4”转段升学 57 人，全部转段升入南京晓庄学院和三江学院本科院校。2020 年省学业水平考试文化课合格率达到 93.9%，专业技能成绩合格率达 98.4%。（滕庆林）

社区教育

【概况】　2020 年，面对疫情，句容市各社区教育中心积极转变培训形式，开展创业就业、岗位技能、实用技术等从业人员培训，完成全年的培训任务，为地方经济发展提供智力支撑。在第二届江苏省社会教育（教学）成果奖评选中，市社区培训学院和茅山镇社区教育中心各有一项教科研成果获二等奖。天王镇“戴庄亚夫式农业培训”被评为江苏省社区教育特色品牌。郭庄镇“农业机械服务粮食种植加工高水平基地”被省教育厅确认为“江苏省教育服务三农高水平示范基地”。组织参加江苏省社区朗诵大赛、书画大赛、长三角地区社区教育

优秀微课评选等活动，均取得优异成绩。市教育局获全省“社会教育宣传报道先进集体”。

（滕庆林）

【全民终身学习】 2020年11月12日，句容市全民终身学习活动周启动仪式在句容大剧院举行，以“全民智学，助力‘双战双赢’”为活动主题，展示句容市社区教育取得的成果。句容市委宣传部、市教育局、市总工会等7个部门联合开展“三项学习型组织”评选和表彰活动，共评选出10家学习型单位、10家学习型企业和100户学习型家庭。

（滕庆林）

特殊教育

【概况】 句容市特殊教育学校是一所含学前、小学、初中的十二年一贯制学校，有在校学生138人，教职工28人。2020年，全市31个融合教育资源中心通过教育、民政、卫健委、残联四部门的联合认定。年内市特殊教育指导中心对全市特殊学生组织开展筛查评估鉴定工作。 （唐 莉）

老年教育

【概况】 2020年，全市老年教育工作创新工作举措，全面推进老年教育科学发展。句容市老年大学设置25门学科，30个教学班，招收学员530余人，每周施教1200余人次；学校有工作人员6人，外聘专业教师24人。因为新冠肺炎疫情影响，学校全面停课一年。2020年，句容市老年大学停课不停学，工作人员全日制正常上班，学校一切工作正常有序。同时，组织工作人员，集中在网上学习老年教育的理论知识及先进的教育教学经验，加强工作人员专业素质的提升。

（徐长林）

【线上教学】 2020年，在新冠肺炎疫情的特殊时期，句容老年大学做好两手准备，通知全体学员“线下学习不能正常开学”，及时购买中国老年大学网上课程教材，发布“线上学习安排”，引导学员在家自主学习。其中，老师朱锦涛的线上教学专题“防疫健身与体育养生”，共开讲10个专场，每场学习人数在200人左右。各位班主任老师通过班级微信群，及时转发学校政治学习、时政讲座的内容。 （徐长林）

【师资队伍建设】 2020年，句容市老年大学通过与句容市文体局、句容市委党校、句容市教育局、句容市文化馆等单位联系，储备老年教育专业教师60余人，建立句容老年大学外聘教师“人才信息库”，实施外聘教师动态管理，切实做到选聘最优秀的专业人员从事老年教学工作。

（徐长林）

高等教育

【江苏农林职业技术学院】 江苏农林职业技术学院创建于1923年，有在校生12000多人。学院设有农学园艺学院、风景园林学院、畜牧兽医学院、茶与食品科技学院、机电工程学院、经济与人文学院、信息工程学院等7个二级学院。2020年，有专业45个，其中，2个国家高水平专业群，2个省级高水平专业群，7个国家重点专业，18个省重点专业，覆盖农林牧渔等12个专业大类。学院获省农业技术推广奖7项，“挑战杯”“互联网+”国赛铜奖3项，立项国家自然科学基金项目2项。打造结构化教学创新团队，新增省有突出贡献中青年专家等省级人才8人。获批镇江市技能大师工作室1个，立项校级大师工作室20个。2名教师获聘人社部技能大赛教练。学院教师获全国教学能力比赛三等奖1项，省教学大赛一等奖2项、二等奖3项、三等奖5项。

2020年，学院召开发展专题研讨会，成立“十四五”事业发展规划编制工作领导小组，启动规划编制工作，将“双高”建设、职教本科、百年校庆作为“十四五”期间的重要工作进行谋划，构建“1+7+7”框架体系，即1个总体规划、7个专项规划和7个二级学院规划。5月18日，学院召开“双高”建设推进会，推进“双高”建设。全年实施“双高”建设任务点987个，完成946个，占比95.85%，38类省级及以上标志性成果全部达成。

2020年，学院加强种业创新和成果推广支持力度，启动10个动植物种质资源库建设专项，收集各类资源1578份。获得授权国审品种6个，省审品种2个，推广面积1800万亩，获省人民政府农业技术推广奖一等奖1项。

2020年，学院探索本科层次职业教育，与江苏大学等4所高校联合开办“4+0”“3+2”专业4个；与金山中等专业学校等联合开办“3+3”专业7个；与江苏大学合作开办“专转本”专业6个。取得核心期刊《农业装备技术》的主办权。

2020年，学院实施一把手工程，成立以党委书记和院长为组长的就业工作领导小组。规范就业管理，贯彻落实毕业生签约“四不准”要求。提供优质就业服务，开展在线“云就业”指导、发放求职补贴、拓宽就业渠道、组织线上线下招聘会、及时有效发布就业信息，促进学生就业。对就业困难学生实施“一对一”精准就业帮扶。学院初次就业率达84.32%，年底就业率达97.48%。　　（农林学院）

【南京财经大学红山学院】　南京财经大学红山学院成立于1999年，是一所以经济管理类专业为主、培养普通全日制本科人才的独立学院。2020年，学院设置国际经贸系、金融税收系、会计系、工商管理系和文法系等5个系，开设国际经济与贸易、贸易经济、法学、英语、会计学、财务管理、审计学、人力资源管理、金融学、保险学、税收学、工商管理、市场营销、电子商务、物流管理等15个本科专业。其中，税收学、市场营销2个专业是江苏省一流本科专业。学院拥有桥头和福建路两个校区，桥头校区位于句容市桥头，占地70公顷（1050亩），建筑面积15万平方米，2020年，学院2020届本科毕业生2232人，毕业率为99.37%，学位授予率为99.15%。

2020年，学院高度重视师资队伍建设，组建创新创业教师队伍，拥有创新创业专职教师23名。学院组织青年教师参与“教师发展直播讲堂”、省高校教师资格证培训、校内岗前培训、就创业指导等相关培训达200余人次，青年教师讲课竞赛参与人数38人。学院鼓励教师编写具有该院特色又符合教学需要的专业选修课优秀教材、讲义等，学院教授程瑶编写的教材《中国税制》获得省重点教材立项。

11月1日，江苏农林职业技术学院举行《农业装备技术》期刊合作办刊签字仪式

2020年，学院教师教学研究成果丰富，获江苏省教育厅高校哲学社会科学研究项目立项14项。同时积极开展院级及省级以上教育教学改革课题立项工作，18项教育教学改革课题获院级立项，并完成上一年度31项院级课题的验收结项。2019—2020学年，学院获省级本科教学改革课题项目立项2项；教师在省级以上期刊发表近百篇研究论文。学院9门江苏省高校在线课程建设完成并上线运行；多位老师在江苏省微课比赛、“互联网+”大赛、外语翻译、智慧校园研究、数学建模指导等项目中获奖。学院继续建设教育部在线教育研究中心“智慧教学试点项目”“‘雨课堂’支持下的智慧课堂构建与应用研究”教改项目。

2020年，根据江苏省教育厅发布的《2019年江苏省普通高校本专科优秀毕业设计（论文）评选结果公示》，学院获省团队优秀奖1项，个人三等奖3项。学院深入实施大学生创新创业训练计划项目，构建国家级、省级、院级三层次大学生创新创业项目训练计划体系，提高学生创新创业训练计划项目的资助经费和比例，强化创新能力训练。2019—2020学年，学院获评省级大学生创新创业训练计划项目19项。

（金　鑫）

文化·体育

责任编校：陈龙浩

文　化

·综述·

【概况】　2020年，句容市深入推进国家公共文化服务体系示范区创建，公共服务水平显著提升。充分发挥文化馆、图书馆等市级文化设施的总揽作用，通过分馆、文化站、村级基层文化服务中心等基层服务点建设，融合文体广场建设，实现文化资源的有机整合。句容市文化工作以品牌提升为重点，完善群众文化活动平台搭建；以传承创新为目标，激活优秀传统民俗文化保护新动能；以精品创作为导向，突出把握重大主题和挖掘句容特色文化内涵；以企业培扶为抓手，持续激发文化产业发展活力。

（徐　淼　尹季璇）

·公共文化服务·

【概况】　2020年，句容市着力打造“最有味道的历史文化名城”，发挥公共文化机构的基本职能作用，规范各类公共文化机构服务项目和服务流程，加强公共图书馆、文化馆、博物馆设施免费开放工作，着力提升农村公共文化服务水平和服务效能，全市文化惠民各项工作扎实开展。句容市文化旅游局依托文化服务平台，开展各项新时代文明实践活动。平台囊括机关、图书馆、文化馆、博物馆、乡镇文化站等功能场所，串联起网格社区服务中心、城市书房、书吧、农家书屋等特色实践点，整合现有阵地资源和独特的句容文化内涵，构建服务群众的大平台。各场馆以社会主义核心价值观为要求，发挥特色，开展各项文明实践活动。

（徐　淼）

【图书馆事业】　句容市图书馆是句容市公共图书馆，于2015年实行全面免费开放服务政策，新馆建筑面积达1.5万平方米，功能区设置主要有电子阅览室、数字图书馆、学术报告厅、亲子乐园、少儿借阅、成人借阅、期刊报纸、残障人借阅、24小时自助图书馆、密集书库等。同时，句容市图书馆成立204个流通点，每个场馆约有图书2000册，按照中国图书馆分类法进行分类，各类图书一一编码，在每个流通点安装了图书借阅系统，可以办理读者证，

10月26日，句容市“百姓大舞台”文艺汇演

在全市范围内图书通借通还。2020年，句容市图书馆创新思维、励精图治，继续遵循“读者至上，服务第一”的服务宗旨、“平等、免费、无障碍”的工作理念、“市民大书房”的办馆目标，以认真负责的态度努力开展各项服务工作，努力钻研业务知识，并多次派干部职工外出参加图书馆学会组织的“阅读推广人”和“江苏省公共数字文化业务”等培训，向优秀的公共图书馆学习，博采众长，积极推进业务创新。2020年全年办证3627张，流动人次150多万人次，图书62万册，电子图书29.9万册，全年书刊文献外借21万册次。深化推广全民阅读，整合文化资源，举办了包括国学经典讲坛、经典诵读活动、主题图文展、书香句容朗读者活动、茶艺插花礼仪等丰富多彩的文化活动，吸引8000多人次。继续推进总分馆建设，服务点达到63个，定期指导业务工作，提升管理员业务技能和素质，确保公共服务质量。　　（徐　淼）

【文博事业】　句容市文博单位主要包括句容市博物馆和句容市先吴文化博物馆。句容市博物馆位于葛仙湖公园内，占地0.58公顷（8.8亩），建筑面积1800平方米，拥有展室4个。全市拥有各级文物保护单位13处，馆藏文物两千余件和古钱币10万枚。现有句容通史陈列、碑刻陈列、民俗文物陈列长期对外开放。2006年8月被授予“镇江市爱国主义教育基地”，2012年1月1日，改造一新的历史展厅正式免费对外开放。句容市先吴文化博物馆位于镇江句容市茅山风景区内，占地面积1.67公顷（25亩），建筑面积达6230平方米，原名江南土墩墓博物馆，2013年12月8日，正式建成对外开放，2018年3月，更名为句容市先吴文化博物馆。

2020年，句容市修缮后白芦江古桥；完成宁句城际轨道交通、南沿江高铁考古工作；投入30万元，完成句容市级文保单位巫恒通旧居维修。举办首届民俗艺术摄影展，实施非遗文化“六进”活动，非遗展演进宝华山景区活动被央视《朝闻天下》报道。

（徐　淼）

【文化惠民】　2020年，在严密做好疫情防控工作的同时，举办多种惠民活动、非遗展演和免费开放，推进全民艺术普及和传统文化的传播活动，进一步促进全市文化事业的发展。　　（徐　淼）

【文化市场管理】　2020年，推动文化旅游综合执法改革落地落实。根据镇江市委编办批复，将市文化旅游综合执法大队更名为市文化市场综合执法大队，并明确为副科级建制。抗击新冠肺炎，制定应急预案和文化市场疫情防控督查安排，科学设计疫情突发情况处置流程，强化应急预案演练与员工培训，提升应急处置能力，加强防范意识，提高员工、顾客的自我防护意识，以万全之策确保万无一失。共出动执法人员5200余人次，检查各文化市场经营场所1900余家次，实现全市文化市场疫情防控督查全覆盖。

以治理整顿网吧接纳未成年人进入互联网上网服务营业场所为重点，开展网吧场所规范建设专项整治行动，出动执法人员320余人次，检查网吧150余家次。开展清理整治和规范娱乐市场经营活动，重点摸排从事以营利为

句容市图书馆开展文化活动

目的陪侍的线索和无证照经营行为，严厉打击利用电子游戏进行赌博的违法犯罪活动。5月，对辖区内四家无歌舞娱乐场所经营许可证的娱乐场所下达停业通知，对已停业的无证照娱乐场所列入重点监管名单，定时或不定时的回访巡查；9月，联合公安、工商等相关部门开展娱乐场所专项治理，对辖区内重点监管的娱乐场所回访巡查，全面杜绝无证照娱乐场所在句容市的经营行为。

年内，在全市范围内开展“净化文化环境，护航青少年成长”的暑期网吧、娱乐场所专项整治工作。重点检查网吧、娱乐场所是否违规接纳未成年人、是否亮证经营、是否按规定悬挂各种标牌、场所内是否做好禁烟工作、消防通道是否畅通等。严厉打击文化市场违法违规经营行为，提升行业形象，净化社会文化环境，确保网吧、娱乐场所规范、有序、健康、协调发展。

全年共出动执法人员5800余人次，检查印刷厂和书店、网吧、歌舞厅等文化经营场所2200余家次，与各经营业主签订《句容市文化市场复工复产承诺书》50余份。截至2020年年底，共立案查处违规经营单位37家次，其中一般程序10起，已结案10起，简易程序27起，下达责令整改及停业通知书共8份，处罚数额累计达31232元。

【“扫黄打非”工作】 2020年，句容市牢牢把握出版物及印刷市场监控重点。为进一步加强疫情期间校园周边专项检查，4月和9月，组织开展春秋两季针对校园周边文化市场的专项整治行动，重点对辖区内中小学周边书店、出版物经营单位进行拉网式检查，维护校园周边的文化市场秩序，为未成年人健康成长提供良好的文化环境。8月，以出版物经营单位、印刷企业为重点检查对象开展印刷市场专项执法检查，重点检查在印出版物的批文、备案情况、内容是否进行严格审查；印刷企业是否落实“五项制度”。9月底，宣传部、消防救援大队联合市文化旅游综合执法大队组成检查组，对句容市部分出版物市场、印刷企业及影院进行专项检查。同时要求各影院严格落实防疫工作要求做好环境消毒工作，做到中秋、国庆假期期间影厅上座率不超过75%，观影人员佩戴口罩、出示健康码、做好观众信息登记及体温测量。全年共出动执法人员250余人次，检查新闻出版、印刷市场以及影院130余家次。（徐　森）

·文化遗产·

【物质文化遗产】 2020年，句容市推进考古前置工作，对本市单幅拍卖土地5万平方米以上的项目，均向省文旅厅申请考古调查勘探。隆昌寺地藏殿整改方案，历时两年，5月份通过国家文物局、省文物局许可。隆昌寺戒坛附属建筑、屏教所、大寮、新大寮修缮工程，通过省文物局许可。争取国家专项资金350万元，完成隆昌寺消防改造升级工程招标工作。投入30万元完成句容市级文物保护单位巫恒通旧居维修工程，通过专家验收。完成大支里党支部的复原、巫恒通旧居展示工程，完成丁庄地下交通站的修缮及展示工程，并对外开放。完成高骊山路、宝华牡丹村考古工作，5月底通过省局组织的验收，保障了重点工程顺利施工。完成宁句城际轨道交通、南沿江高铁考古任务，将考古工地移交建设方正常施工。“云游先吴文化博物馆”VR宣传片5月18日在文化云平台上线。（徐　森）

【非物质文化遗产】 句容市高度重视非物质文化遗产保护和传承

句容市非遗项目展演

工作，不断加强非遗名录体系建设，截至2020年年底，句容市对非物质文化遗产保护和传承成效显著，已有国家级非物质文化遗产名录项目2个、省级非物质文化遗产名录项目3个、镇江市级非物质文化遗产名录项目7个。同时，句容市还精准有序地实施非遗文化“六进”活动。成功举办首届句容市民俗文化摄影展，展出包括传统手工技艺、传统戏剧、传统庙会等题材在内的摄影作品近百幅，多角度、全方位地展现了厚重的句容民俗文化。

（徐　淼）

·文艺活动·

【概况】 2020年，句容市坚持以文化服务平台阵地建设为基础，以服务群众为导向，以活动培育为抓手，健全志愿服务工作机制，聚焦文化实践活动，发挥文化旅游资源优势，打造新时代文化艺术新高地。将市级群众文化艺术节整合升级“福地句容文化艺术节”，年内以“文化小康为幸福加码”为主题，举办包含“小康句容——福地四名城”书画展、网络嘉年华、“百姓大舞台”在内的10项文化活动。围绕新时代文明实践活动，举办“送戏下乡”“淘文化网”演出、义务写春联、广场舞大赛多种惠民活动和免费开放，推进全民艺术普及和传统文化的传播活动，进一步促进全市文化事业的发展。（徐　淼）

【乡村文艺播种计划】 2020年，句容市开展“乡村文艺播种计划”，结合新时代文明实践中心及江苏文化云文艺志愿团队建设平台，组织音乐、舞蹈、摄影、戏曲、民间文艺等市级师资，在全市173个村（社区）开展播种计划，共派出志愿者120余名，完成每个村至少文艺培训8节课的目标，形成全市“一镇一民俗”的文艺格局。着力打造公共文化服务创新品牌“乡村文艺团”，共举办1072场次乡村文艺播种演出，优化引导公共文化资源向基层倾斜，加大优质文化产品和服务供给，助力乡村文化振兴。积极组织并参加2020年“全民艺术普及　城乡播种行动”展演展览活动，小品《喜事新办》获得动态类展演活动“金种子”奖；舞蹈《马灯阵舞》获得动态类“表演奖”；“对联诗句”获得静态类展演活动“金种子”奖；“陶渊明诗文”和“诗文”获得静态类优秀作品奖。（徐　淼）

【公共文化服务】 2020年，句容市邀请省文化馆专家举办“江苏公共文化云”专题培训班；本土的“容城讲堂”开展线上活动47场，微信订阅人数超4000。举行送戏下乡200余场，送电影下乡1500余场次，成功举办“百姓大舞台”文艺汇演、“福地句容杯”诗词大赛、少儿故事创作演讲大赛、广场舞大赛等文艺活动。年内人均接受文化场馆服务次数4次以上。（徐　淼）

【五星工程奖评选】 2020年，句容市组织两项节目参加江苏省第十四届五星工程奖，其中小品《一张罚款单》获“江苏省政府文艺奖”。8月17日至19日，第十四届江苏省“五星工程奖”入围终评作品研修活动在句容市大剧院开展，全省文艺骨干、群文工作者、文艺专家出席活动。

（徐　淼）

【推动戏剧文化传承】 2020年，句容市“戏曲进校园”试点工作推广至文昌中学、华阳中学、黄

句容市“一镇一民俗”汇报展演

梅中心小学及宝华中心小学，通过戏曲讲座、专场辅导及汇报演出等形式加强戏曲传承教育。暑期，市戏曲家协会联合教育局在崇明小学文昌校区举办“戏曲夏令营”，吸引三十余名小学生参与，有效推动戏曲传承常态化、普及化。 （尹季璇）

·文艺创作·

【概况】 2020年，句容市重点打造园丁合唱团及建设“秦淮灯彩”大师工作室。园丁合唱团作为句容市精品文艺团队参加第三届镇江市“金山合唱节”并获二等奖；打造超千亩“秦淮灯彩”大师工作室及展示厅，加强“大师引领”，提高句容文化发展层次及活力。修订《句容市优秀文艺作品奖励办法》，细化奖励范围和标准，对精品文艺创作人才及作品加大奖励和扶持，引导舞台类精品文艺作品创作与展示。年内，围绕“全面建成小康社会”、“实现第一个百年奋斗目标”等重大主题，紧扣时代精神，依托句容市历史文化、红色文化等丰富资源，以赵亚夫先进事迹为题材，出版长篇小说《稻花香里说丰年》；以现实主义为题材，出品长篇小说《钱鉴》。 （尹季璇）

·文化产业·

【概况】 2020年，句容市以政策完善提升文化产业发展质效。修订《句容市文化产业引导资金管理办法》，针对重点文产项目、新增规上文化企业、文化创意产业以及文化企业营业收入较上年增长较大的企业（文化服务业超过上年1000万元以上、文化制造业超过上年5000万元）给予奖励，使文产引导资金真正围绕高质量考核发挥作用。全年市级认定新增规上文化企业13家。 （尹季璇）

【文化产业项目推进】 2020年，句容市共有10个镇江重点文产建设项目，其中总投1亿元以上的项目6家，分别是恒大文化旅游城、茅山温泉谷、江苏可一、义台街、伏热花海、启迪数字科技城，总建设进度远超序时。年内，签约江苏大美天第文化产业有限公司的“博物馆、展览馆专业展柜、展台研发生产项目”，总投资1.5亿元，已通过产评会，正在办理土地手续；签约总投8000万元的天王牡丹园项目，正在办理土地手续。 （尹季璇）

【文化创意产出】 2020年，句容市组织“秦淮灯彩”代表镇江到澳门参加2020澳门国际文化艺术品交易博览会；组织器吾文化及“谭木匠”参加镇江市文创展和南京文交会，取得良好效果。2020江苏省紫金文创设计大赛及镇江市文创设计大赛中，句容共报送设计作品110余个。 （尹季璇）

体　育

·综述·

【概况】 2020年，句容市运动员培养、输送取得新突破，句容市乒乓球运动员夏小茜、张博海分别入选国家青年队和少年队。句容市人均体育场地面积达3.69平方米，居镇江市辖市区第一；后白花海绿道获“美丽江苏最美体育”2020全省最美跑步线路年度榜。全民健身系列赛事活动受疫情影响，上半年重点开展线上宣传推广“运动抗疫、居家健身”，宣传简便易行、科学有效的居家健身方法，普及科学健身知识，倡导疫情防控时期的健康生活方式；下半年科学有序恢复体育赛事和活动，举办乒乓球、羽毛球、象棋、围棋、篮球、游泳等全民健身赛事60余场。体教融合工作取得新进展，21所中小学成功创建全国校园足球特色学校，天王中心小学太极特色项目成功申报江苏省小学特色文化课程基地、江苏省体育特色（太极武术）学校。体彩全年实现销量1.06亿元。 （徐　淼）

·群众体育·

【概况】 2020年，句容市重点在线上宣传推广“运动抗疫、居家健身”，宣传简便易行、科学有效的居家健身方法，普及科学健身知识，倡导疫情防控时期的健康生活方式。下半年科学有序恢复体育赛事和活动，举办乒乓球、羽毛球、象棋、围棋、篮球、游泳等全民健身赛事60余场。 （徐　淼）

【体育设施建设】 2020年，句容市安装更新健身路径45套、篮球场地26个、室内外乒乓球场地34个，笼式足球场1个，3个

句容市“全民健身 毅行赤山湖”活动

句容市“赤山湖杯”游泳比赛

镇江市级多功能运动场，羽毛球场地、室内健身室等其他体育场地若干。根据全国普查情况，截至2020年年底，句容市人均体育场地面积达3.69平方米，居镇江市辖市区第一。全市12个镇街、12个城市社区、153个行政村均建有文体活动中心（广场），实现市、镇、村（社区）三级体育健身场所全覆盖。（徐 淼）

【全民体育活动】 2020年，以“月月有赛事、周周有活动、天天都健身”为发展目标，计划赛事乒乓球、羽毛球、毅行赤山湖、象棋、围棋、篮球、自行车绿色骑行、游泳、国家体育锻炼标准，超过一万人次句容居民参加各项赛事活动，虽然受疫情影响，但下半年科学有序恢复体育赛事和活动后，各项赛事活动群众参与热情倍加增长，规模和运动员的技术水平都有很大提高。

8月8日全民健身日，举办“新农控股杯”宁镇扬乒乓球俱乐部邀请赛，共有南京、镇江、扬州地区的19支队伍参加比赛。10月举办苏、皖、沪两省一市友好城市中国象棋邀请赛。11月，江苏省健身气功教学技术研修培训班在茅山风景区举办。2020年镇江市城市业余联赛，句容市组队参加篮球、乒乓球、游泳、羽毛球、太极拳、广场舞、门球等项目。三人制篮球比赛上，句容市一举获得镇江城市业余联赛门球总决赛的冠军，实现历史性突破；乒乓球代表队也蝉联镇江市团体冠军，男子青年组、女子青年组单打第一名；句容市门球队取得宁句门球联谊赛三连冠。

同时，市文体广旅局还和老年人体育协会、乒乓球、足球、篮球、棋类、武术、钓鱼、冬泳、掼蛋等等各体育类社团联合举办群众体育赛事活动40余场，包括迎新春乒乓球赛、象棋赛、“走遍句容”户外健走系列活动、老年人健身项目展示、老年体育节开幕活动、太极拳公益授拳、足球联赛、篮球联赛、“舞动江苏”广场舞大赛句容海选赛、门球赛、少儿围棋比赛、掼蛋海选赛等各级各类的赛事活动，有序地推动了各级各阶层人群开展体育健身活动的积极性，带动全民健身蓬勃开展。（徐 淼）

【体教融合工作】 2020年，句容市根据《句容市教体融合专项资金管理使用细则》以及《句容市参加江苏省、镇江市年度中、小学生计划内体育竞赛奖励暂行细则》等相关政策法规，给全市各相关学校、体育俱乐部、优秀运动员发放150万元教体融合资金，强化业余训练保障，促进业余训练工作更加规范、更有成效。为加快体教融合发展，构建青少年培训和竞赛体系。句容市推动足球、篮球、排球等集体项目，推进田径、游泳、幼儿园体适能等基础项目以及围棋、武术、跆拳道、击剑等特色项目，提升乒乓球等优势项目，积极开展智力运动项目，举办中小学生篮球、足球、乒乓球等比赛。句容市天王中心小学重点打造太极特色，成功申报江苏省小学特色文化课程基地、江苏省体育特色（太极武术）学校；华阳中心小学以中国象棋为特色；华阳实验小学与东方红俱乐部合作以足球为特色；另外还有郭庄中、小学足球；崇明小学的篮球；春城实验学校的科技航模；天王中学篮球；后白幼儿园体操；北阳门幼儿园篮球；崇明幼儿园足球等等。全市各学校分别打造了不同的体育文化特色。句容市有21所中小学成功创建全国校园足球特色学校；1所幼儿园成功创建全国校园足球特色幼儿园；11所幼儿园成功创建镇江市校园足球特色幼儿园。

【全民健身人才队伍建设】 2020年，句容市选拔了句容市百余人次优秀一线社会体育指导员参加江苏省、镇江市社会体育指导员晋级与再培训工作，将规范、先进的健身项目、方法学习并推广到全市各健身点，带动全市人民健康锻炼。11月举办江苏省健身气功一线社会体育指导员技能再培训（镇江句容站），对50余名健身气功爱好者进行茅山六字诀、八段锦的技能培训。2020年还举办句容市太极拳、广场舞、门球项目社会体育指导员技能再培训，共培训来自全市各镇街的300余名社会体育指导员。截至2020年年底，句容市社会体育指导员共计2780人，平均每万人4.4人。

（徐　淼）

·竞技体育·

【概况】 2020年，句容市立足实际，充分挖掘自身潜力和比较优势，办好品牌名赛，不断提升句容体育赛事影响力，成功实现办赛服务能力和城市品牌影响双提升，社会效益和经济效益双跨越。

2020年中国乒协国青、国少集训队江苏省选拔赛上，夏小茜、张博海分别获得男、女单打第二名，有望入选国家队；乒乓球运动队在2020江苏省第二十二届中小学生乒乓球冬令营比赛中获得女子儿童乙组单打第一名、女子乙组团体第二名、男子丙组和女子甲组团体第三名；在镇江市少儿乒乓球比赛中获得儿童女子单打第一、二名。句容市华阳中心校在镇江市少儿棋类比赛上获得象棋儿童甲组团体第二名。句容市碧桂园学校击剑队在镇江市少儿击剑比赛中获得男子重剑甲组、乙组团体第一名，个人8项冠军、4项亚军。在2020年江苏省青少年田径锦标赛暨县级田径比赛中，句容市获得团体总分第三名。在镇江市校园足球比赛中句容市实验高级中学获得高中女子组第四名；句容市郭庄中学获得初中女子组第三名、句容市文昌中学第四名；句容市华阳实验小学获得小学男子甲组第三名。其他各学校、体育俱乐部也分别取得镇江市各项比赛的好成绩。（徐　淼）

·体育产业·

【概况】 2020年，句容市根据全市体育产业发展现状，在对接优质资源、引入先进业态、做好营销宣传等方面，大力扶持培育体育产业主体，培育体育产业龙头企业。全年体彩销售额突破1.06亿元。（徐　淼）

新闻宣传

【概况】 2020年，句容市融媒体中心加强党对融媒工作的领导，主流舆论引导能力、精品内容生产和传播能力、信息和服务聚合能力、先进技术引领能力、创新创造活力大幅提升。2020年，完成“音频工作站升级改造（1期）”项目、“新闻演播室高清改造”项目；“高标清同播”项目验收完毕；“融媒体及高清制作”及“与省荔枝云对接”项目顺利通过验收。年内获“2020年度全省县市新闻中心系统先进单位”等荣誉称号。（曹小旭）

【疫情防控宣传】 2020年，面对新冠肺炎疫情防控阻击战，句容市融媒体中心第一时间启动应急响应机制，全媒体平台全方位、立体式宣传报道，通过文字、图片、短视频等多种方式做好疫情报道。疫情期间，电视采编“抗疫”新闻270多条，拍摄总时长2000多分钟，播出时长近500分钟，《句容新闻》连续5个周日不停播。在全市应急广播转播时段及时播发各类通知、通告、温馨提示等，每日累计播出时间达60分钟。《句容日报》共采写文字稿252篇、照片265幅，出版报纸13期，编发文字稿191篇、照片126幅，其中整版报道6个、海报5个。新媒体推出相关报道623篇，其中“看句容”APP 442篇、“句容日报”微信公众号191篇；抖音平台推出短视频28条，累计播放量81.9万次；紧扣“战疫”主题，制作原创短视频38个。引导群众科学防疫，推出“融媒小剧场——疫情防控篇”，动画小视频《新冠病毒死开》单条播放量30.2万人次，《英雄回家了!》播放量43.9万人次。（曹小旭）

【电视新闻宣传】 2020年，句容市融媒体中心紧扣全市重点工作，强化宣传报道。围绕推动复工复产、壮大实体经济发展，连续推出惠企政策解读；采制播发《后白镇电商产业园：开发新产品　拓宽销售渠道　32家电商企业全部复工》等后疫情时代政府、企业如何化危为机，转型发展的深度新闻，并配发评论。围绕文明城市创建，以四大提升工程为切入点，通过点面结合、快评、访谈+解读方式，不间断推出《全力以赴打响全国文明城市创建攻坚战》《文明花开新时代》《文明在线》《文明新气象》等专栏，为文明城市创建提供舆论支持。脱贫攻坚决胜之年，启动《走村入户看小康》新闻行动，以村、户为点，通过独特视角反映典型薄弱村和农户脱贫后翻天覆地的变化。《啄木鸟在行动》栏目关注民生热点，服务百姓生活，全年共播出稿件332条（篇），平均每天1.7条，有效推动问题解决，媒体舆论监督实现常态化。（曹小旭）

【报纸媒体宣传】 2020年，《句容日报》聚焦重大部署，助推高质量发展，相继推出《文明实践》《创建改变生活》等新闻专栏，采写《高质量项目为句容“跑起来”提速加码》《坚持“两手抓、两手硬”　推动全市“三农”工作高质量发展》《公益广告“遍地开花” 文明气息沁入心田》《全城大扫除：扮靓“面子” 做实“里子”》《修复道路“疤痕”为城市美容》等一批高质量稿件。关注民生动态，开设“融媒观察”栏目，推出《句容以生态山水带节奏，加快融入长三角》《我市以工匠精神打磨文化护栏》等一系列记者调查稿件，引起社会普遍关注。弘扬社会正能量，《3岁女童走失 警民“爱心接力”助其回家》《一面馆三年捐赠2000余碗》等故事凸显句容人的大爱。强化对新闻的策划调度，如“走向我们的小康生活”栏目，推出《20棵草莓苗开启白兔人的致富路》《戴庄村：高效农业护了生态富了口袋》等一系列农村奔小康故事。（曹小旭）

【新媒体宣传】 2020年，句容市新媒体找准“制度、内容、队伍、运营”四个突破口，发展成效显著。全年“看句容”APP共发稿3460篇，访问量97.3万次。《句容日报》微信公众号共发布推文1200篇，公众号用户数增至10万多。《句容日报》视频号、抖音号作品的阅读量也趋于上升势态。突出重点民生，两会期间策划推出了《两会vlog》《V观两会》《一图读懂两会》等特色报道；围绕经济发展、宁镇扬一体化等重点工作，编发了《会议精简，力度不减，句容这四项工作同安排、同部署、同推进》《@62万句容人，这18项重点行动，件件与你有关!》等报道。开展文明城市创建宣传，《这场“硬仗”，句容斗志昂扬!》《今天，满城尽是“红马甲”!》等，用丰富的图片展现全民广泛参与的浓厚氛围；《气愤！刚刷的白墙被“污染”，小广告何时会休?》等对一些不文明行为进行曝光，充分发挥新媒体舆论监督作用。主流宣传“接地气”“通天线”，《危急！加油站旁100米汽车着火！然后……》《感谢你“15977分之一”！新一轮爱心接力，请继续!》等好人好事做到及时推发，传递社会正能量。策划推出的《驰援安徽！驻句兵哥哥们好样的!》《刚刚，预警升级！句容严阵以待》等推文，打好防汛宣传的主动仗。成功承接《齐心战“疫”吃货助农 新鲜直达》《“惠农便民，配送到家”茅山人家“e购到家”》《句容最美巾帼奋斗者评选》《“世界环境日——赤山湖鸟叔带你自然观察”云播出》等活动，提升新媒体平台的知名度和影响力。（曹小旭）

7月，句容市融媒体中心承办《中国好声音句容赛区选拔赛》

【对外宣传】 2020年，句容市融媒体中心通过加强新闻策划，真情记录句容“一福地四名城”全新画卷，讲好句容故事、展示句容形象、传播句容精彩。全年央视用稿57条，其中《新闻联播》14条；学习强国用稿208篇；省台用稿596条，其中《江苏新时空》95条；央视新媒体用稿15条，央视两场直播（天王芝樱、后白郁金香），人民网及微博用稿10条，5篇稿件登上微博热搜榜，单篇稿件最高阅读量达3300万。《新华日报》用稿15篇，《镇江日报》用稿105篇。332条稿件被《新华日报》《交汇点》、现代快报《ZAKER》《扬子晚报》《紫牛新闻》《荔枝新闻》《我苏网》等省内各大主流新媒体采用播发。

（曹小旭）

【媒体融合发展】 2020年，句容市融媒体中心在重构县级媒体建设与运行机制基础上，推进媒体深度融合，深化媒体内部体制机制改革，拓宽传播平台载体，强化人才支撑和技术保障，推动传统媒体和新兴媒体加速相“融”，传统媒体与新兴媒体优势互补、此长彼长的态势日益凸显。6月，作为全省首批32家试点县市之一，融媒体中心建设通过省级验收，并获得省网信办颁发的“互联网信息服务许可证”和省广电局“信息网络传播视听节目许可证”备案。（曹小旭）

【传媒产业发展】 2020年，市融媒体中心不断深化“广电+”产业模式，提高产业核心竞争力。成功承办“中国好声音句容赛区选拔赛”“美丽中国乡村行走进句容天王部分项目”“句容市首届美食嘉年华”“第19届中国句容草莓文化旅游节部分项目”等活动。广电蓝团队筹办“‘健康句容 医路有你’句容市庆祝第三个中国医师节表彰大会”“第二届最美退役军人与首届最美军嫂”“‘句容市十佳青年’发布仪式”等活动13场，服务观众3万多人次，产业经营范围不断拓宽，品牌效应得到强化。此外，《记忆句容》品牌价值转化、短视频定制服务、微信（网站）托管、直播服务、H5制作等纷纷发力，成为营收“生力军”。（曹小旭）

出版管理

【概况】 2020年，句容市完成了全市64家印刷企业（其中出版物印刷企业6家）、53家出版物发行单位和7家音像制品销售单位的年度报告公示、统计年报工作。与2019年相比，印刷企业增加1家、音像制品销售单位减少8家，音像制品销售单位减少的主要原因是由于经济社会的发展，网络尤其是移动互联网的迅速普及，网络资源获取的便利程度大为提升，导致音像制品经营实体企业逐步淡出历史舞台。（尹季璇）

【出版行业监管】 2020年，句容市落实行业监管责任，稳步推进“扫黄打非”“五大专项”行动，每季度开展“双随机、一公开”检查，在信息共享、执法联动方面下大功夫，全力打击涉“黄”涉“非”等违法出版物，对发现的问题依法及时处理。对句容市所有出版发行企业开展“扫黄打非”和安全生产知识宣传，主题宣传海报张贴率100%，知晓率100%，不断压紧企业主体责任。在春节、寒暑假、国庆节等重要时间节点联合市委政法委、市公安局、市场监管局、文化行政综合执法大队等部门，对出版物印刷企业、校园周边书店、打字复印店等重点点位开展集中整治，全年累计出动执法人员390余人次，检查出版发行单位和印刷企业等各类场所200余个次，收缴非法出版物20余册，下发整改通知书5份，立案处罚4件。（尹季璇）

【版权登记】 2020年，句容市摸排相关企业和文创从业人员，开展关于著作权作品版权登记的宣传普及教育。不断创新服务形式，对全市符合条件的企业开展作品著作权免费登记上门服务。加强宣传引导，提高系统内外摄影、书法、绘画、剧目、非遗等创作人员的版权保护意识，鼓励其主动对作品进行版权登记。全年全市累计完成作品著作权登记403件。（尹季璇）

网络媒体

【概况】 2020年，句容市网信工作贯彻落实上级网信会议精神，紧扣主题主线，全力推进网络综合治理体系和治理能力现代化。年内，打造最优网络舆论环境，开展特色网络活动，发挥网络媒体独特作用，筑牢网络安全大堤，为推动高质量发展走在前列提供强力网络支撑。（许鹏峰）

【网络宣传】 2020年，句容市

句容市“扫黄打非”工作会议

加强网络宣传，打造广覆盖、高层次传播体系。开展“聚力强富美高决胜全面小康”“产业强市跑起来”等重大主题网宣活动，全网推出“记忆句容第四季”，融媒体中心采编的5篇稿件登上微博热搜榜。融媒体中心改革通过省级验收，并取得全省首批县融互联网新闻信息服务许可。依托句容发布、“句容日报”微信、“看句容”APP等“两微一端”开展网络宣传，“句容发布”用户数近25万；“看句容”APP成功改版，注册数突破12万；“句容日报”微信订阅数突破10万。建成市级网络舆情监测和应急处置中心并实体化运作。

年内，举办“网眼看镇江，见‘镇’跑起来走进句容”活动，邀请30多家主流网络媒体聚焦实体经济、双铁项目推进情况。春节期间开展“点亮新时代句容精神集卡”活动，总访问量超28万次，发放12.4万余张卡片。举办“网‘句’文明新风　e道全面小康”第三届网络嘉年华活动，表彰疫情防控“句容好人”、“文明家庭”、优秀网络发言人、“新时代市民文明十六条儿童画优秀作品”。疫情期间，借助抖音小视频、线上直播带货方式，为白兔草莓、戴庄大米等特色农产品做好营销推介。（许鹏峰）

【网络管理】　2020年，句容市制定《网信委2020年工作要点》，建立横向到边、纵向到底的责任体系，夯实网络意识形态主体责任。落实《网络信息内容生态治理规定》，坚持日常巡查治理与专项整治相结合，深入开展“清朗”“净网”“剑网”专项行动。开展违规网站平台（账号）专项整治，上报各类违规网站平台（账号）45个。通过约谈、发函等方式加大对属地网站、论坛、自媒体管理力度。建立句容网络先锋“大V”联盟微信群，重点关注有影响的网络“大V”“大号”，不断加强辖区网站论坛自媒体管理。实施互联网“先锋+大V”培育工程，联盛网络梦幻空间获评江苏省互联网行业党建示范工作室，成为全省首批网络素养教育基地。（许鹏峰）

【网络安全】　2020年，句容市制定《2020网络安全工作要点》，开展“网安2020专项行动，对人社、医保、广电网络等25家重点民生部门开展网络安全检查，共发现系统漏洞80个，网络安全隐患120个，发放整改通报函14份，全部整改到位。完成镇江市网络安全检查问题整改，共完成整改任务16条。开展2020网络安全宣传周活动，联合教育局、司法局举办网络安全普法进校园活动。联合网安、网信、公安、属地网站及各类自媒体，对不实信息和网络谣言予以严厉打击。全年共上报各类有害信息2300多条，关停违法违规账号297个，网站（平台）2家，妥善处置网络举报10条。（许鹏峰）

综　述

【概况】　2020年，句容市拥有各级各类卫生机构240个，比上年增加17个，二级医院10个，卫生院10个，病床总数2200张，比上年增加246张。在岗职工4208人，比上年增加80人，卫生技术人员3389人，比上年增加103人，在岗注册乡村医生235名。2020年，完成诊疗总人次370.2万人次，其中出院病人3.94万人次。卫生事业费34738.43万元，比上年增加49.27%。全系统固定资产95468.45万元，平均每一门诊人次医疗费用166.9元，每一出院病人医疗费用8254元。全市无甲类传染病报告。年内，句容市人民医院异地新建项目完成总投资14.1亿元，健康管理中心建成投入使用，医院整体搬迁方案已基本完成；市妇幼保健院异地新建项目已完成总投资的75%；白兔中心卫生院综合楼项目、天王中心卫生院住院楼项目投入使用。

（华　超）

新人民医院健康管理中心整体项目完成搬迁

疾病预防控制

【服务能力建设】　2020年，句容市专技人员结构进一步优化，副高级以上职称人数增加至15人，占27.27%。科研教学水平进一步提高，在核心期刊发表《江苏省句容市农村地区60岁以上老年人骨质疏松流行情况及影响因素研究》《2016—2018年句容市食源性监测结果分析》专业学术论文2篇。检验检测能力进一步提升，建成运行核酸检测实验室，率先通过国家卫健委临检中心室间质评，为科学迅速处置新冠肺炎疫情等突发公共卫生事件、识别健康危害因素提供支撑。

（曹　俊　杨玉亭）

【新冠疫情防控】　2020年，句容市培训流行病学、消杀、检验等各项人员1057人次，出动6175人次1452车次，处置59件协查函件，追踪调查可疑病例249人，摸排管理密切接触者76人。完成新冠病毒检测样本采运4488份、实验室检测15132份。指导消毒30多万平方米；印发科普宣传资料12种13.8万册。筹集应急物资30多万件，为医护人员提供安全防护保障。（曹　俊　杨玉亭）

【急性传染病控制与免疫规划工作】　2020年，全市传染病报告总发病率169.31/100000，比2019年下降29.56%。高效处置传染病散发个案110例、疑似疫情苗头事件46起、突发公共卫生事件3起。完成各类传染病标本监测1211份，收集住院肺炎病例信息552例。完成一类疫苗接种10.86万针次，新建证儿童4395名，单苗接种率均达95%以上，乙肝疫苗首针及时率90.22%；指导11个狂犬病疫苗门诊全面推进“狂犬病暴露预防接种信息系统”，2家新生儿接种室启用“医院产科预防接种信息系统”。

（曹　俊　杨玉亭）

【慢性非传染病防治】　2020年，全市累计报告死亡个案4438例，报告粗死亡率711.6/100000；医疗机构登记报告慢性病个案9605例。持续推进慢性病高风险人群健康管理工作，完成招募干预对象的第二轮随访334人，同时按照镇江市要求推进高风险人群干预相关工作。推进江苏省糖尿病及糖尿病前期人群健康干预项目，对筛查出的糖尿病患者及前期人群实施健康干预与终末评估工作；开展江苏省糖尿病自我管理项目，10个小组共开展自我管理活动100次，完成入组150名糖尿病患者的终末阶段效果评估。

（曹　俊　杨玉亭）

【艾滋病防治】　2020年，全市各类人群HIV抗体检测132217人次。完成国家暗娼哨点人群监测和问卷调查401份、省级吸毒哨点人群监测和问卷调查13份。累计完成娱乐场所暗娼干预4974人次、MSM人群干预1478人次、吸毒人群干预490人次。新增治疗艾滋病病人22例（本地新纳入21例，外地转入治疗1例），在管181例患者纳入治疗179例，纳入治疗病人全部落实病毒载量检测；完成CD4细胞检测检测181人次。

（曹　俊　杨玉亭）

【结核病防治】　2020年，发现治管活动性肺结核182例，病原学阳性率51.1%（93/182），成功治疗率91.8%；初诊患者查痰率、高危人群耐多药筛查率、病原学阳性新患者分子生物学耐药筛查率、病人系统管理率、病原学阳性病人家属筛查率均保持100%。组织完成老年人、建党糖尿病患者等重点人群肺结核筛查91376人次，对出现可疑症状的4111人，全部实施免费胸片筛查诊断。快速规范处置学校结核病报告疫情12起，对1871例密切接触者开展PPD筛查和胸片检查，有效防止疫情扩散和蔓延。

（曹　俊　杨玉亭）

【血寄地防工作】　2020年，句容市组织开展螺情调查1626万平方米，解剖钉螺11651只未发现阳性；实施药物巩固灭螺182.21万平方米。完成血吸虫病DDIA筛查12020人、粪检1067人，连续17年未发现感染性钉螺，连续14年未发现本地新感染病例。强化疟疾监测，血检发热病人933人

疾控中心、边城卫生院联合开展抗洪官兵血吸虫病筛查

次，未发现阳性。落实肝吸虫病省级监测，调查1006人，人粪便中未发现肝吸虫虫卵，发现钩虫卵5例，钩虫感染率5.0‰，猫狗粪便中未发现肝吸虫虫卵，淡水鱼中发现杂囊蚴29例及棘口吸虫1例。按季度监测零售商店盐样120份，碘含量均符合要求；完成200名8—10岁学生和100名孕妇碘营养调查，碘营养处于适宜水平。11个集中式供水站点枯水期水碘3.52微克/升—11.15微克/升，中位数7.59微克/升。

（曹　俊　杨玉亭）

市卫生监督所对常态化疫情防控措施落实情况进行督查

【健康教育宣传】　2020年，句容市按月编印发放《健康快车》12期96万册；发放《健康之窗》220套，《今日保健》杂志350份。累计建成健康主题公园2座、健康广场12个，健康步道14条、健康小屋20个。组织开展市级宣传科普11次，累计受众2万余人。开辟《今日句容》“卫生与健康”专栏，刊登健康知识40期；运用“句容疾控微健康”微信公众号，推送健康科普信息111篇。开展健康素养知识讲座12场次；组织完成健康素养现场监测330人份。继续推广“居民健康素养”网上学习测评45898人次，知识知晓率达86.3%，行为形成率达96.25%。（曹　俊　杨玉亭）

卫生监督执法

【概况】　2020年，句容市开展卫生监督长效、控烟、生活饮用水、医疗废物、消毒产品、放射诊疗、职业卫生、学校卫监、医疗美容等专项整治专项检查18类次，共出动监督人员5432人次，车辆552车次，检查单位2703户次。推行“智慧卫监”执法工作，开展“163”平台建设与应用管理，进一步优化日常监督、行政执法等体制机制。按时完成8项国家双随机237家抽查任务。配合省市完成食品安全国家标准跟踪评价。加强非法行医监测监控体系建设与规范管理，发挥哨点管理和卫生监督协管作用，建成打击非法行医长效管理机制。公共场所经营单位量化分级管理率达100%；全年办理行政处罚案件28宗，罚没款金额共计13.43万元。（王　健　张　玲）

爱国卫生

【概况】　2020年，句容市卫健委配合城管等部门完成全市20%的行政村农村环境长效管理季度督查和考核工作。以创建全国文明城市为突破口，组织协调做好卫生城市长效管理工作。根据《句容市2020年夏季农作物秸秆禁烧及禁止利用公路打谷晒场工作方案》要求，完成对白兔镇秸秆禁烧巡查、督查工作。根据镇江市爱卫办改厕工作通知要求，省、市农村改厕工作部署，共完成6528户改厕，全市改厕率100%。（葛斌翔　吕振东）

【卫生城（镇、村）创建】　2020年，句容市宝华镇顺利创成省级卫生镇；白兔镇、郭庄镇创成省级健康镇；华阳街道周家岗村、南亭村、吉里村、新生村、赵塘村、北相村、云塘村，下蜀镇祝里村、沙地村、新村村、桥头村、裕课村，白兔镇西井村、高庙村，边城镇赵村村，茅山镇蔡门村，后白镇淮源村、东湾村、槐道村，郭庄镇端王村、庄里村、方溪村、胜利村，天王镇赵巷村、蔡巷村，宝华镇凤坛村、仓头村、栏江村、和平村、华山村，开发区九华村、新塘村、大卓村，茅山风景区管委会茅山村、夏林村、玉晨村、后河村、天乐村、墓东村、潘冲村、李塔村、上杆村、马埂村创成省级卫生村。市爱卫办就创建标准及申报、暗访、检查时间节点等事项多次现场指导镇创卫办相关人员对照标准查找问题、整改落实。镇江市爱卫办专家组进行模拟暗访和现场指导。

（葛斌翔　吕振东）

【病媒生物防治】　2020年，句容市结合国家卫生城市复审迎检工作，进一步完善除“四害”工作网络，有专（兼）职除四害人员220余名。对农贸市场、城郊结合部等重点区域，规范、科学实施蚊、蝇、鼠、蟑螂密度监测。新增毒饵站5000多处。坚持环境综合整治与药物灭杀相结合，日常防治与突击灭杀相结合，从而使城区“四害”密度始终控制在国家卫生城市标准以内。

（葛斌翔　吕振东）

【健康教育】　2020年，句容市以“健康镇江”项目任务为突破口，新创成“江苏省健康镇”2家。定期对已建成的健康场景进行12轮次现场维护和管理；“健康素养巡讲团”在媒体开展健康科普宣传和咨询服务，组织开展现场健康科普宣传及咨询等活动12次，深入机关、学校、社区、企业开展健康素养巡讲活动19场次，开展科普宣传24次。

（葛斌翔　吕振东）

【控烟工作】　2020年，句容市按照省市相关要求，并结合国家卫生城市巩固工作，控烟履约工作全面开展，对控烟工作开展8轮次专项监督检查。根据第33个世界无烟日宣传活动要求，开展形式多样宣教活动，印制并张贴禁烟标识5万多张，在市区和各镇举办控烟知识讲座12场次，发放宣传手册等资料3万余份。

（葛斌翔　吕振东）

基层卫生

【概况】　2020年，句容市推进基层医疗卫生机构综合改革，落实投入保障机制，创新引进培养机制，改革绩效分配机制。开展“优质服务基层行”活动，15家基层医疗机构中有6家达“推荐标准”，8家达“基本标准”，复核通过率100%。郭庄中心卫生院建成二级医院；天王中心卫生院、下蜀中心卫生院创成首批江苏省农村区域性医疗卫生中心基本建成单位。至2020年年底，建成国家级“群众满意的乡镇卫生院”5家，国家级“优质服务示范社区卫生服务中心”1家，“全国百佳乡镇卫生院”1家，江苏省社区医院2家；3家卫生院通过二级医院评审，7家基层医疗机构建有江苏省基层医疗机构特色科室，建成省级示范村卫生室35家。优化家庭医生签约服务包设计，制定3大类、11个服务包，覆盖健康人群、慢性病的高危人群、慢性病等十一类人群，在15个基层医疗卫生机构全面推进家庭医生签约服务。全市家庭医生签约23.5万余人，其中个性化签约25215名，常住人群家庭医生签约服务率达37.5%，重点人群签约率达84.2%。

（凌　凯　陈　刚）

妇幼健康

【概况】　2020年，句容市完成

郭庄卫生院党员志愿者为敬老院老人提供义诊服务

妇幼重大卫生项目，待孕、早孕妇女服用叶酸 2606 人，“两癌”检查 25848 人，发现乳腺癌 10 例、宫颈癌 3 例、癌前病变 71 例，均给予及时治疗、随访及进一步转诊。全市产妇 3344 人，活产数 3383 人，早孕建卡 3157 人，早孕建卡率 93.32%。接受婚前检查 4816 人，婚检率 90.32%，检出患有疾病 728 人。新生儿 3383 人，新生儿访视 3338 人，访视率 98.67%。新生儿疾病筛查 3382 人，筛查率 99.97%。新生儿听力筛查 3382 人，筛查率 99.97%。7 岁以下儿童健康管理人数 29523 人，保健管理率 99.02%；3 岁以下儿童系统管理 12212 人，系统管理率 95.01%。　（凌　凯　陈　刚）

老龄健康

【概况】　2020 年，句容市开展老龄化国情教育和宣传，普及老年健康知识，增强老年人健康意识，提高老年人健康素养和健康水平。围绕“提升健康素养，乐享银龄生活”主题，开展老年健康宣传周活动，以“弘扬养老孝老敬老传统，共建共享老年友好社会”为主题，组织敬老月系列活动。基层医疗卫生机构结合实施基本公共卫生服务项目要求，建立老年人健康管理服务制度，为老年人免费建立电子健康档案，加强老年人健康指标监测和信息管理。累计为 91119 名老年人建立居民健康档案，为 72856 名 65 岁及以上老年人进行包含 B 超检查和血脂四项在内的健康体检，着重做好体检信息反馈和咨询，为老年人提供个体化健康教育，健康管理率为 79.35%。以家庭医生签约服务方式为行动不便的居家老年人提供上门的健康管理和康复护理等服务，年内共签约 73796 名 65 岁及以上老年人，通过健康团队活动为老年人提供一对一的健康咨询和健康指导服务。

（王　琛）

卫生基础建设

【概况】　2020 年，句容市人民医院异地新建项目完成总投资 14.1 亿元，因新冠肺炎疫情防控需要，对负压病房、PCR 实验室和发热门诊进行改造，处于收尾阶段，其中健康管理中心建成投入使用。市卫健委和市人民医院领导班子及部分科室负责人，10 月，到江宁区人民医院和溧阳市人民医院学习医院整体搬迁经验，医院整体搬迁方案已基本完成；市妇幼保健院异地新建项目已完成总投资的 75%，年内进行内装饰、涉医专业工程施工；后白卫生院综合楼项目进行内装饰工程施工；白兔中心卫生院综合楼项目、天王中心卫生院住院楼项目已投入使用。（刘四清　孙　行）

医政管理

【概况】　2020 年，句容推进紧密型县域医共体建设。制定下发《句容市开展紧密型市域医疗卫生共同体建设试点实施方案》，成立由市委、市政府领导任双组长，相关单位负责人为成员的句容市医共体管理委员会，切实加强医共体建设工作的组织领导。深化院府合作成果。江苏省人民医院共计派出 37 位专家打造句容分院 17 个临床科室，通过管理、技术、品牌、学术、教学输出，实现与本部的同质化管理，全面提升分院的内涵管理质量和医疗健康服务水平。7 月 14 日，句容分院顺利通过国家防治卒中中心的现场验收。落实新冠疫情常态化诊治工作。紧急启用石狮卫生院作为全市战备医院，隔离收治疑似新冠肺炎患者。对照规范化发热门诊要求，新建、改建市人民医院、下蜀、郭庄中心卫生院 3 家单位的发热门诊，规范处置发热患者。做好国内中高风险地区及入境人员集中医学隔离观察，避免疫情传播扩散风险。实施疾病应急救助。规范基金管理与使用，做好身份不明、无力支付急危重患者的救治工作。规范院前急救服务。有效求救电话 9286 次，急救派车 9284 车次，院前急救病人总数 7888 人次，其中长途转运 1396 人次，较好地保障群众的生命和财产安全。鼓励社会资本办医。全年共审核批准句容圣洁中西医结合诊所、句容美伢口腔门诊部等 6 家新增机构的执业注册审批。进一步完善多元化办医格局，扩大服务供给。实施电子化注册管理。全年共完成医师注册 345 人次，首次注册 139 人、变更注册 141 人、注销注册 5 人、军队变更到地方 1 人、多机构备案 59 人；全年共完成护士电子化注册 130 人次，其中首次注册30人、变更注册50人、延续注册37人、重新注册12人、注销注册1人。

（鞠大全　孔圆圆）

中医中药

【概况】　2020年，句容市创成全国基层中医药先进市，基本建立以市中医院为龙头、基层医疗机构为主体的全市中医药服务网络。实施中医药文化惠民工程，开展中医药文化科普巡讲活动，全年共组织开展中医“三进”义诊及宣传6场，中医药健康知识讲座20场，岐黄校园行4场，受惠群众达6000人。市中医院脾胃病科、肛肠科、中医骨伤科为镇江市级中医重点专科，针灸科被列为镇江市中医重点建设专科，建立省名老中医朱秉宜工作室工作站和全国名老中医王平生中医工作室，并开展市中医院中医药适宜技术推广基地建设，加强基层常见病、多发病中医药适宜技术推广。完成10家中医诊所备案工作，完成88家村卫生室“中医阁”建设任务。镇江市中医院在该市茅山卫生院成立“镇江市中医院茅山中医诊疗中心”。加强全市基层卫生院中医药综合服务区建设，在装修上体现中医药文化特色。基层形成边城中医妇科、小针刀，天王中医骨科，二圣中医外科，黄梅中医伤骨科和石狮小儿疳积科、肛肠等一批特色专科（专病）。　（施道刚）

省中医药管理局专家组对句容市进行中医医疗机构依法执业专项监督检查

民政事务

【概况】 2020年，句容市聚焦脱贫攻坚、“六稳”（稳就业、稳金融、稳外贸、稳外资、稳投资、稳预期工作）、“六保”（保居民就业、保基本民生、保市场主体、保粮食能源安全、保产业链供应链稳定、保基层运转）等重点难点问题，兜牢民生底线，各项工作取得显著成效。

2020年，在疫情防控期间，句容市对全市养老等社会服务机构实行封闭式管理，成立5个专项督查小组，采取“四不两直”方式，每天对全市养老等社会服务机构疫情防控进行督查。市民政局对省厅关于上调物价补贴发放标准的要求执行到位，累计共为五类困难群众发放物价补贴695.65万元。市、镇两级全市共救助4887人，合计322万元。联合市慈善总会紧急划拨18万元专用款用于困难群体急难型救助，共救助74户。为2221户低保家庭、1898个分散特困人员累计发放口罩16796个，总价值约8.79万元。为全市困境儿童发放价值约8.68万元的防疫物品，向乡镇发放流浪乞讨专项资金51万元。

（陈静静）

【民生保障】 2020年，句容市完善主动发现和动态监测预警机制，高度关注受疫情、汛情、长江禁捕退捕影响的困难群众，密切关注100名“一户一策”脱贫不稳户。推进社会救助“温情救助”改革，探索构建统筹衔接、分层分类的社会救助制度体系，探索建立解决相对贫困的长效机制。2020年2月起，特困供养同低保、临时救助一样，全面实现线上审核审批。深化社会救助综合改革，全面推行“只需跑一次，无需开证明”救助申请服务新模式。2020年，共新增城乡特困供养138户，共发放特困经费3076.02万元；全市城乡低保共有1953户3029人，其中新增60户102人，共计发放低保金2231.98万元。全市享受残疾人生活补贴人员7089人，享受残疾人护理补贴人员6220人，累计发放两补6276.3936万元。

（陈静静）

【基层社会治理】 2020年，句容市巩固“政社互动”全覆盖成果。持续推进社区减负，全市176个村（居）委会签订2020年工作事项目录，“政社互动”推行率达100%。继续推进“一规五制”村级事务规范化建设，对7家社区综合服务中心开展提档升级，完成华阳街道城上社区中心社区建设。申报的后白镇二圣村村规民约成功入选江苏省优秀村规民约。完成村（居）委会换届选举工作，持续推进村（居）民自治领域扫黑除恶专项斗争。强化社会组织培育监管，新登记社会组织18家，注销登记8家，换届98家，变更81家。新增华阳街道、崇明街道、郭庄镇3家社会组织服务中心，城乡社区平均拥有社会组织分别不少于10个和5个，市、镇（街道）两级社会组织孵化培育和活动场所覆盖率达25%以上。完成6家行业协会商会与行政机关脱钩改革任务。支持民办社工服务机构开展社区治理、脱贫攻

坚、疫情防控等项目。组织开展社会工作者职业水平考试考前辅导培训，1名社工成为镇江市社工督导。（陈静静）

【民政公共服务】 2020年，句容市制定养老和殡葬事业发展“十四五”布局规划并纳入全市国土空间规划。市殡仪馆改扩建工程已签订回购协议。做好清明节等重点时节群众祭扫服务保障工作，引导群众移风易俗。举办乡镇督导员、村（居）儿童主任培训班，并进行“政策宣讲进村（居）”活动，村（居）儿童主任培训率达100%。边城镇东昌社区精神障碍社区康复服务点投入运营。开展婚姻登记机关行风建设专项行动，提升婚姻登记管理信息化水平。联合市委宣传部、市卫健委等部门举办“白衣执甲、福地大爱”第三届集体婚礼。做好市政府为民办实事之一的市救助管理站、未成年人保护中心和社会救助中心建设。做好国家地名数据库录入工作，做好宁镇线界线联合检查工作，持续开展地名宣讲活动，完成第六批地名保护碑设置，做好句容市《标准地名录》编印准备工作。实施流浪乞讨救助服务质量大提升专项行动，4名长期滞留人员年底前全部落户安置到位。（陈静静）

人口和家庭

【概况】 2020年，句容市出生人口2634人，出生率4.41‰，出生政策符合率99%以上，出生人口性别比正常。稳妥实施全面两孩政策，多措并举做好全面两孩政策衔接工作。落实计生奖励扶助政策，对全市2014名奖扶对象和105名特扶新增对象进行资格确认审核公示。全年全市共发放奖励扶助金3757.37万元，享受奖励扶助政策30545人；全市839名退休的企业职工享受一次性奖励金251.7万元，45名城镇非从业人员享受一次性奖励金13.5万元。开展“三个全覆盖”专项行动，加大常态化帮扶计划生育特殊家庭力度。（王　琛）

婚姻登记

【概况】 2020年，句容市共办理婚姻登记6663对，其中结婚登记3523对，补发结婚证1156对，办理离婚登记1827对，补发离婚证157对。部门间信息核对200余件。开展婚姻咨询和婚姻调解工作，进行婚姻辅导、法律咨询100余人次，婚姻家庭纠纷适度调解15对。2020年年初，在新冠肺炎疫情防控工作形势异常严峻、全国各地婚姻登记处机关均暂缓办理婚姻登记业务的情况下，婚姻登记处坚持正常上班，采取多举措实现“防控”“登记”两不误，合理调配人员，通过网上、电话预约登记，疏通登记渠道，减少扎堆拥堵登记现象。10月，根据省民政厅要求完成江苏省婚姻登记信息管理系统上线运行相关准备工作。（陈静静）

【离婚调适辅导】 2020年，句容市民政局针对离婚率比较高的情况，邀请心理咨询师加入，稳妥、有效开展婚姻咨询、离婚调适辅导，5月，开展一次疫情期间“幸福婚姻的心理减压培训沙龙”，及“从实例中探索婚姻家庭中孩子的成长教育”讲座等活动，帮助前来办理离婚登记的当事人理性面对婚姻家庭中的矛盾，特别是为“冲动离婚”“赌气离婚”等草率离婚的人群提供婚姻家庭危机干预、心理疏导、矛盾化解、法律咨询、法律援助等服务。通过劝说，调解未办理的有10对。（陈静静）

“白衣执甲、福地大爱”第三届集体婚礼

【婚俗改革】 2020年，句容市成功申报江苏省婚俗改革实验县（市、区）。联合市委宣传部、市卫健委等部门举办“白衣执甲、福地大爱”第三届集体婚礼。通过发放《婚俗改革文明手册》《婚姻登记条例》《婚姻登记工作服务指南》《婚姻登记工作规范》等宣传册，解答当事人咨询的婚姻登记相关问题，推动江苏省婚俗改革实验县（市、区）创建。该市申报的“以集体婚礼引领婚恋新风尚”成功入选江苏省移风易俗典型案例。（陈静静）

开展生活困难老人适老化改造试点

老龄工作

【概况】 2020年，句容市强化为老服务组织居家上门服务能力建设，在镇江市率先将老年人居家养老上门服务对象扩面至77周岁，全市居家养老上门服务率为23.09%。委托2家运营方建立特困老年人定期探访制度。全市共完成630户困难老年人家庭居家适老化改造并委托第三方进行验收。新建一家镇级居家养老综合服务中心，建成22个城市社区和83个农村标准型居家养老服务中心。完成60—79周岁老年人意外伤害保险工作。完成养老机构消防审验专项整治。截至2020年年底，全市有养老机构21家，其中18家养老机构内设医务室，有护理型床位2936张，占养老机构总床位数比例65.8%。（陈静静）

【适老化项目改造试点】 2020年，句容市民政局依照3500元每户的改造标准，全面启动生活困难老人适老化改造试点项目，并由句容市幸福里养老服务有限公司承接实施改造工作，年内完成试点的630户改造目标。根据老年人的实际需求，解决他们在居家养老过程中面临的种种问题，切实改善生活困难老年人养老困境，提高生活品质。（陈静静）

【老年人意外伤害保险】 2020年，句容市继续开展“安康关爱行动”，句容市老年人意外伤害保险通过“高低搭配”政府统保和自费投保相结合方式，逐步完善老年人意外伤害保险制度。至2020年年底，全市参保率达到100%，其中，市政府统保困难对象为该市户籍60周岁以上低保、特困、计划生育特殊困难家庭、重点优抚对象等老年群体，保费标准为每人每年100元，80岁以上老年人市政府统保标准为每人每年50元。2020年5月，在镇江市率先将全市政府统保一般对象扩大到该市户籍60周岁至79周岁的所有老年人，购买老年人意外伤害保险，标准为每人每年5元，以上参保老年人因自身原因导致的意外伤害事故（非第三方事故），对照参保标准在农村合作医疗报销结束后可至中国人寿句容支公司进行二次报销。

（民政局）

关心下一代工作

【概况】 2020年，句容市关心下一代工作委员会围绕中心、服务大局、务实创新、主动作为，充分发挥广大“五老”优势，完成全年的各项任务。年内，被中国关工委表彰为“全国关心下一代工作先进集体”，“让铁军精神在抗疫中绽放光芒”活动视频获省关工委特等奖。全市共调整镇

2020年句容市百岁老人情况一览表

表23

序号	所属地区	姓名	性别	出生年月
1	华阳街道—周家岗村	张德英	女	1921—12—29
2	华阳街道—北相村	陈法根	男	1921—08—03
3	华阳街道—赵塘村	王良英	女	1921—06—07
4	华阳街道—赵塘村	许明兰	女	1920—10—22
5	下蜀镇—亭子村	陈凤英	女	1920—10—27
6	下蜀镇—亭子村	叶志英	女	1921—12—04
7	下蜀镇—新村村	刘正财	男	1918—12—02
8	下蜀镇—桥头村	郭学英	女	1921—12—17
9	下蜀镇—桥头村	朱发林	男	1919—11—10
10	宝华镇—仓头村	王换英	女	1916—07—06
11	宝华镇—仓头村	樊德猛	男	1919—04—02
12	边城镇—光明村	张伶娣	女	1916—11—22
13	边城镇—青山村	许阳春	男	1920—10—01
14	边城镇—陈武村	于传娣	女	1917—03—07
15	白兔镇—白兔村	巫小青	女	1920—05—19
16	白兔镇—唐庄村	王友运	男	1920—03—08
17	白兔镇—龙山湖村	冯素青	女	1920—11—20
18	白兔镇—太平村	汪兴隆	女	1921—12—08
19	郭庄镇—甲山村	李敬德	男	1920—12—14
20	郭庄镇—庄里村	杜志华	女	1917—09—09
21	郭庄镇—葛村村	葛秀兰	女	1921—07—08
22	郭庄镇—刘巷村	吴为珍	女	1918—09—11
23	郭庄镇—刘巷村	张友珍	女	1919—01—11
24	后白镇—西城村	徐　英	女	1921—11—06
25	后白镇—西城村	王树英	女	1920—05—24
26	后白镇—槐道村	杨德芳	女	1920—06—17
27	后白镇—槐道村	杜文琴	女	1918—09—15
28	后白镇—芦江村	张映凤	女	1921—09—01
29	天王镇—朱巷村	苏善凤	女	1921—09—16
30	茅山镇—丁庄村委会	黄光英	女	1918—03—06
31	茅山镇—丁庄村委会	姜秀英	女	1919—02—26
32	茅山镇—丁家边村委会	孙玉美	女	1921—08—05
33	茅山镇—永兴村委会	李维全	男	1921—03—12
34	茅山镇—永兴村委会	张秀英	女	1920—10—06

续表 23

序号	所属地区	姓名	性别	出生年月
35	茅山镇—永兴村委会	施云兰	女	1921—04—23
36	开发区管委会—西庙社区	陈有兰	女	1920—10—23
37	开发区管委会—莲塘村	罗大元	男	1920—04—21
38	开发区管委会—后塘村	陈继娣	女	1921—08—01
39	开发区管委会—杜家山村	张长凤	女	1921—12—20
40	茅山管委会—天乐村	俞云英	女	1920—09—15
41	茅山管委会—李塔村	胡秀粉	女	1921—12—14
42	茅山管委会—上杆村	周长凤	女	1920—09—22
43	茅山管委会—马埂村	王昌英	女	1921—12—29
44	崇明街道办事处—东风社区	高娟萍	女	1921—12—07
45	崇明街道办事处—红星社区	戴淑梅	女	1919—04—17
46	崇明街道办事处—红旗社区	闻广德	男	1919—10—01
47	崇明街道办事处—红旗社区	徐崇俭	女	1921—09—20
48	崇明街道办事处—红旗社区	陶　冶	女	1921—04—17
49	崇明街道办事处—甲城社区	刘邦武	男	1919—02—16
50	崇明街道办事处—甲城社区	杜远秀	女	1919—11—14
51	崇明街道办事处—中凌社区	王祖凤	女	1920—01—10
52	崇明街道办事处—梅花社区	马　健	男	1921—04—10
53	崇明街道办事处—梅花社区	吴素英	女	1921—12—06
54	崇明街道办事处—梅花社区	张　淳	女	1921—12—04
55	崇明街道办事处—梅花社区	夏道新	男	1921—08—04
56	崇明街道办事处—马扎里社区	吴志英	女	1913—12—02

（孙　飞）

级关工委常务副主任 3 人，村级关工委主任 36 名，政法部门全部成立关工委组织。（贾贝成）

【主题教育活动】　2020 年 3 月，句容市关工委与市文明办联合下发《关于在全市青少年中开展“爱党爱国立德立行”主题教育活动的意见》，编写 1 万多字的主题教育活动宣讲材料，利用网络作线上宣讲，各中小学组织学生收看，参加互动的学生、家长达 5 万余人。年内，开展“梦圆小康”老少同台演讲活动、“颂时代楷模，赞中国精神”老少同台讲好中国故事朗诵比赛等活动。（贾贝成）

【辅导站建设】　2020 年，句容市财政设立专项经费，用于奖励优秀辅导站和优秀辅导教师。各乡镇发挥辅导总站的“龙头”作用，把辅导站建设纳入村（社区）党群服务中心、新时代文明实践站建设之中。推进“校站结合”，全市有一校一站的“结对型”，一校多站的“组合型”，多校一站的“分层型”，集中师资的“巡回辅导型”等多种形式。（贾贝成）

【“三扶两创”活动】　2020 年，句容市帮助创业青年争取政策、项目和资金扶持。优化专业帮扶队伍，市镇两级“科技指导组”人员有 77 人。完善帮扶机制，在帮扶方法上实地调研，科学指导，帮助解决问题。召开“三扶两创”工作结对帮扶专题会议，落实“三个一”帮扶措施。组织参观创业典型现场，交流帮扶创业经验。组织创业青年参加各类比赛活动，推荐一批创业之星参加评选。

（贾贝成）

社会救助

【概况】 2020年，句容市优化社会救助体系建设、织密疫情期间困难群众基础保障网、兜牢困难群众生命底线，推进社会救助工作高质量发展。推进社会救助“温情救助”改革，探索构建统筹衔接、分层分类的弱有所扶社会救助制度体系，探索建立解决相对贫困的长效机制。深化社会救助综合改革，推行“只需跑一次，无需开证明”救助申请服务新模式。从2020年7月1日起，全市城乡低保保障标准由每人每月750元提高到790元；农村特困供养标准由每人每月975元提高到1030元。2020年，全市城乡低保共有1953户3029人，其中新增60户102人，共计发放低保金2231.98万元。2020年，共新增城乡特困供养138户，共发放特困经费3076.02万元。（陈静静）

【低保年度审查】 2020年，句容市深化专项治理，依托社会救助云平台的高效核对功能，提高城乡低保对象核定精准度，对全市2215户低保家庭开展年度审查工作。疑点数据反馈至各镇（街道、园区），要求负责低保业务的工作人员及时核清事实，认真审核存疑家庭的救助资格，做到应保尽保、应退尽退。（陈静静）

【社会救助工作流程优化简化】 2020年上半年，句容市受疫情影响，部分困难群众生产生活受到不同程度的影响。市民政局指导各镇（街道、园区）在疫情防控期间，对申请低保、特困等社会救助的家庭，适当优化简化审核程序，充分运用大数据核对进行申请救助家庭经济状况核对，全面实现低保、特困、临时救助审批“云”办理。对在册低保家庭，因疫情影响就业等原因延长动态管理核查时限。（陈静静）

【疫情期间临时救助】 2020年，句容市充分发挥临时救助“兜底中的兜底”作用，并针对疫情特殊情况，全面将临时救助审批权下放至基层人民政府，督促各镇（街道、园区）及时将因疫情导致基本生活陷入困境的家庭和个人纳入临时救助，切实兜住基本生活保障底线。对低保家庭中因疫情就业、就学、就医等原因导致的短暂性生活困境的；对特困老人中因病生活支出较困难的；对困境儿童家庭中因其他成员就业延缓造成临时生活困难的，全市民政系统及时开通“绿色救助通道”，简化申报流程，委托村居委会干部做简要调查流程，积极开展“先行救助”，待疫情稳定后再行补齐相应信息。疫情期间，市、镇两级共救助4887人322万元。

（陈静静）

【特困供养线上审批】 2020年2月起，句容市特困供养同低保、临时救助全面实现线上审核审批，通过数字化办公，从“让群众跑腿”变成“让数据跑腿”。一方面简化原来特困人员的申报程序，另一方面又可以直接筛选出一部分数据不符合的对象，依托大数

市民政局到郭庄镇查阅低保专项治理材料

据，将碎片化信息进行整理，大大提升业务办理效率。（陈静静）

【特困供养人员照料服务】 2020年，句容市监督各镇（街道、园区）全面落实委托照料服务，对集中供养机构实行“每天巡查、定期访问、长效监督”。市民政局对养老机构的安全防护措施和特困老人的生活照料、防护做全面寻访记录，定期上报，对机构存在的欠缺及时监督整改，确保集中供养的特困老人在院放心生活、工作人员安心工作。对分散供养的特困老人要求各基层民政部门全面落实委托照料服务，采取村居干部和照护协议人就近看护、购买第三方力量进行定期电话走访相结合的监督方式，全面确保分散供养老人“平日有人照应、疫情期间有人看护”。（陈静静）

【社会救助“放管服”改革】 2020年，句容市社会救助审批权限下放改革试点进展顺利，通过对审批流程、权责关系、监管体系的全流程再造，实现审批效率和群众满意度“双提升”。市民政局申报的“深化社会救助让‘放管服’落地生根”项目入选2020年度全省社会救助领域创新实践优秀案例。（陈静静）

慈善事业

【概况】 2020年，句容市慈善工作聚焦助力脱贫攻坚，积极创新工作机制，不断拓展慈善募集平台，努力打造救助项目品牌，加大慈善文化宣传力度，各项工作取得新业绩。2020年，募集善款3838.39万元，救助2534.45万元，占上年收入的70.26%。帮扶困难群众39531人次。其中，慈善总会本级收入1813.07万元，救助1047.57万元，受助13199人次；慈善分会（工作站）收入2025.32万元，救助1486.88万元，受助26332人次。推进慈善文化进校园工作，采取以点带面，点面结合的方法，在各个校园开展慈善文化建设。年内市慈善总会被镇江市民政局评为AAAA级社会组织。（陈静静）

【慈善扶贫】 2020年，句容市开展“百万善款送温暖”活动，组织会员单位和市镇村三级慈善工作人员到500户贫困户家中送温暖，每户2000元，一次性发放善款100万元。联合市残联开展“贫困残疾人光伏扶贫”。为229户贫困残疾人家庭安装光伏发电设备，全年资助22.9万元。开展句容—蒲城慈善对口扶贫工作，资助蒲城县慈善协会资金24万元。（陈静静）

【慈善助学】 2020年，句容市对低保家庭、特困职工家庭和特殊教育学校智障儿童、孤儿，以及其他特困家庭的在校学生，按类别给予1000元到8000元的资助，全年发放助学金77.25万元，受助学生514人。（陈静静）

【慈善助医】 2020年，句容市对低保户、建档户家庭中尿毒症患者在透析治疗阶段，每人每年给予5000元救助，发放救助金68.3万元，219人受益；对白血病、红斑狼疮患者进行救助，发放救助金60.38万元，331人受益。与市医保局联合设立医疗救助平台，对低保户等特困人群的住院医疗费用实行一站式慈善医疗救助，全年救助54.98万元，受助562人次。对因重大疾病或灾害造成生活困难的群众及时救助，全年救助196人次，救助资金37.91万元。（陈静静）

【慈善助困】 2020年，句容市联合市妇联开展“单亲特困母亲创业扶持”和“萱草花”志愿者关爱困境儿童活动。资助单亲特困母亲创业15万元，受助150人。资助困境儿童30万元，受助394人。联合市民政局对城市低保户家庭开展慈善救助活动，在慈善超市提供20万元生活必需品，120户城市低保家庭可根据家庭需要挑选。（陈静静）

【抗疫募捐】 2020年2月1日，市慈善总会在微信公众号、微信群、山水句容网等网络平台发布新型冠状肺炎疫情防控专项募捐倡议书，号召全市企事业单位、各类社会组织和社会各界爱心人士奉献爱心，为抗击新冠肺炎疫情做出贡献。与此同时，及时开启线上募捐通道，与市农商行合作开发捐赠专用二维码，提供网上专用捐赠平台。该次专项募捐共收到社会各界捐款324.98万元，收到1.2万只口罩、30床被子、6桶84消毒液、24瓶洗手液。其中市慈善总会捐赠90万元。（陈静静）

应急管理

【概况】 2020年，句容市应急管理工作坚持以人民为中心的发展思想，推动安全生产、应急管理和防灾减灾救灾责任落实，深化安全生产专项整治、加强风险管控措施。（刘福利）

【应急救援力量建设】 2020年，句容市加强应急救援力量。推进建立应急救援总指挥部和四个专项指挥部及森林防灭火工作指挥部，增强应急协调指挥能力和基层应急响应能力。在原4个专职消防中队（站）的基础上，投入2000多万元，新组建白兔、郭庄、宝华、天王4个区域性消防站。推进应急预警信息系统建设，逐步开展指挥信息网建设。在全市9个镇（街道、管委会）完成标准化建设达标基础上，2020年，完成基层应急能力标准化建设。（刘福利）

【应急管理执法监督】 2020年，句容市在全市17个重点部门深入开展危化品综合治理，组织粉尘涉爆、工贸企业使用危化品以及深井铸造行业深度检查，全市危化综合监管领域风险管控体系基本形成，工贸企业安全水平大幅提升。交通运输领域，在全省率先开展“源头治超”试点。火灾防控领域，推进“智慧消防”建设，研发推广“生命通道”监控系统。生态环境和应急管理建立联动机制，对环保设备、危废处置开展专项联合检查。探索利用“大数据”推动群租房隐患排查治理；推进“城中村、非标三四轮电动车、九小场所、民宿、物流”五个安全薄弱方面整治工作。通过深入分析研判，把白兔镇针纺行业、宝华物流园、开发区皮业城、宝源矿业安全生产突出风险，作为句容市安全生产整治重点加以施治。建立省市县三级联动督导机制，该市级层面成立10个督导巡查组，对12个镇（街道、管委会）和20个部门开展安全生产集中督导巡查。建立“1+24+1”+“5”专项整治方案体系。全年各专项整治组共检查企业3620家次，查出隐患问题6257条，已整改6135条、整改率98.1%。年内加强对危化品、非煤矿山、金属冶炼、粉尘涉爆、有限空间、使用危化品企业专项检查工作。（刘福利）

【救灾保障】 2020年，句容市强认真落实《生产安全事故应急条例》，强化应急管理组织领导，成立安全生产应急管理领导小组，实行安全生产应急管理工作的“一岗双责”。强化应急预案监督管理，督促各镇各重点部门及时修订综合预案和专项预案，在重点行业领域开展应急预案专项检查，发现问题100余条，提出建议意见300余条。建立24小时应急值班制度，实施应急管理局内部两级带班值班制度，确保人员24小时在岗、信息24小时畅通、响应24小时及时、处置24小时有效。（刘福利）

【应急管理宣传教育】 2020年，句容市积极营造“安全生产月”活动氛围，组织开展安全生产宣传“五进”（进企业、进学校、进社区、进农村、进家庭）活动。落实企业主体责任“春风行动”和“百团进百万企业”安全生产学习宣讲活动。在城市主要路口电子屏滚动播放安全公益广告和城乡户外宣传标语，宣传安全生产知识。组织开展“广场咨询日”等一系列活动，发放安全生产宣传材料5万余份。（刘福利）

【应急救援演练】 2020年，句容市及时修订完善市级层面各类应急预案33个，配合第四届茅山国际道教论坛安保工作，牵头编制活动总体预案。开展经常性应急演练，全年共组织政府部门、企业应急演练活动37场次，参演人数2600余人次。（刘福利）

【消防工作】 2020年，句容市消防大队树立“抓安全就是谋发展”的安防思路，以“人、车、酒”为重点，开展安全大检查和文明城市创建活动。针对国务院督导发现的3个区域性火灾隐患中存在的9条消防安全问题反馈，分别成立由政府牵头，多部门共同参与的专门工作组，开展隐患大整治工作。全市多次召开打通“生命通道”推进会议，制定实施方案，细化责任分工。联合住建局物管办和乡镇、街道、管委会对全市312个住宅小区和120家重点单位开展检查、划线工作。按照“先急后缓”原则，制定实施“一区一策”消防车通道治理方案，部门联动依法查处占用、堵塞、封闭消防车通道等违法行为218处。在嘉烨御花园小区率先推广“生命通道”检测系统，提高小区突发情况的应急处置能力。消防、公安、城管等部门对存在消防安全隐患严重问题的小区进行处罚，通过处罚、约谈等方式督促物业管理单位做好小区消防安全管理工作。在全市召开“九小场所”专项整治工作部署动员会，发放《句容市九小场所消防安全综合治理方案》，制定专项整治指导手册，明确九类场所自查检查要点，加强基层网格员、社区民警、行业主管部门等重点人员消防业务培训，提高参与排查治理工作人员的消防业务能力，提升城乡消防安全管理水平。全年共检查“九小场所”801家，发现火灾隐患538处。先后到辖区旅游景点、重点单位、商场市场、高校、医院等人员密集场所开展宣传培训20余次，出动宣传车20余次，发放宣传资料2000余份。（杜媛媛）

【防震减灾】 2020年，句容市进一步贯彻落实防震减灾法律法规和规章，加强防震减灾法治建设。完善句容市防震减灾工作联席会议制度，统一领导、协调全市防震减灾工作，健全防震减灾工作体系。强化地震监测基础设施建设和日常观测工作，提升地震监测预报能力和水平。开展防震减灾宣传教育，充实完善地震应急预案，组织开展模拟地震演习，提高地震应急能力。平时日常观测工作有专人值班，每天按时接收检查前兆数据信息，进行数据初步分析。坚持每周向省局地震监测中心上报地震观测数据跟踪分析资料，每星期到监测站进行仪器设备的检查、维护和卫生保洁，每月按时向省局地震监测中心上报月报表、每季度按省局要求做好仪器设备的检测和标定等日常工作。在年初全省观测资料评比中，市地震监测站水温资料获全省三等奖，水位资料获全省三等奖。结合全国5月12日“防灾减灾日”和科普宣传周，开展防震减灾“五进”科普宣传活动。联合抗震办在葛仙社区开展社区宣传活动，在句容市西平机电设备有限公司进行防灾减灾知识宣传活动。9月，协助市人防办在宝华中学举办防空防灾疏散演练。（郑一凡）

地震应急救助演练

人力资源和社会保障

责任编校：陈东方

人力资源服务

【概况】　2020年，句容市发挥企业的主体作用，吸引高层次创新创业人才，为全市产业升级提供有力支撑。全年引进本科以上人才数1546人，其中硕士以上181人，新增高技能人才677人。就业创业工作连续两年获江苏省政府办公厅督查激励表彰。创业大赛共征集参赛项目2000余个，落户300多个，带动1000多人就业；组织各类赴外招聘活动20余场次；认定句容市青年就业见习基地120家，提供就业锻炼见习岗位1428个；首次发放人才工作服务站奖补19.8万元，首次发放博士后科研启动经费津贴，首次举办十佳HR经理人评选活动，发放高层次人才津贴125万元。顺利通过国家级社会保险服务标准化试点，成功创成江苏省首批唯一一家县级社会保险标准化建设“先行城市”。

（陈彩云）

【人才服务环境】　2020年，句容市持续推进人才兴市战略，连续六年举办创业大赛，共征集参赛项目2000余个，落户300多个，带动就业千余人。坚持赴外招聘稳就业、就业见习促就业两手抓，全年组织各类赴外活动20余场次，组织企事业单位近200家次。出台就业见习管理办法，认定120家单位为句容市青年就业见习基地，为就业见习人员提供1428个见习岗位进行就业锻炼。落实人才服务政策红利，首次发放人才工作服务站奖补19.8万元，首次发放博士后科研启动经费津贴，首次举办十佳HR经理人评选活动，发放高层次人才津贴125万元。

（陈彩云）

【人才技能培训】　2020年，句容市开展百日免费线上技能培训班7期；举办企业新型学徒制培训7期；开展各类专业技术资格评审工作14场，共有954人获得职称证书；开展技能人才练兵比武，成功举办保育员、育婴师、养老护理员等职业技能大赛，培养、树立一批技能典型、技术能手；推进职业技能鉴定及职称评审，创成“江苏省技能大师工作室”1家，入选江苏省有突出贡献中青年专家1人，入选镇江市

句容市“福地青年英才”创业大赛

有突出贡献中青年专家6人，江苏农林职业技术学院在江苏省状元技能大赛中获3个项目的一等奖，句容中等专业学校在江苏省状元技能大赛中获2个三等奖；加大乡土培养和培育，创成“江苏省乡土人才技能大师示范工作室”1家、“镇江市乡土技能大师工作室”1家，戴庄生态农业示范基地入选“江苏省乡土人才传承示范基地”，5人入选江苏省“三带”乡土人才、38人入选镇江市优秀乡土人才。（陈彩云）

【人才素质提升】 2020年，句容市实行“全面公开、全程透明、全社会监督”职称评审，每月进行一次初定公布。组织开展事业单位相关招聘10场，招聘岗位总数超过400个，其中超过70%为普通高校应届毕业生。办理岗位变动聘用业务11批次，备案事业单位公开招聘转正定级人员200余人，岗位晋升或降级人员600余人。继续实施“公务员能力建设培训”工程，网上培训公务员和事业单位管理人员3100人。（陈彩云）

就业创业

【概况】 2020年，句容市城镇新增就业18027人，其中促进城镇失业人员再就业4622人，扶持城乡就业困难人员再就业667人，城镇登记失业率2.34%；失业保险参保人数7.1万人；城乡劳动者就业技能培训2466人，其中城乡新成长劳动者就业技能培训250人；新生代农民工技能提升培训1129人。（陈彩云）

【援企稳岗政策落实】 2020年，句容市应对疫情挑战，出台落实企业稳岗扩岗专项支持计划、实施以工代训补贴等政策文件，并分到各镇（街道、管委会）开展“六稳”“六保”政策解读会12场次，向企业面对面解读社保减免、稳岗返还、失业金申领等扶持政策，为句容市1715家企业发放稳岗补贴1395.57万元，为253家四类应急稳岗返还企业发放补贴395万元；减免社保费用3.6亿元，发放企业新型学徒制培训补贴59.6万元，高技能人才获证补贴79.65万元，就业技能培训、以工代训、岗前培训等补贴约392万元。包车32趟到河南、黑龙江等地，“点对点”接返企业员工710名，招引疫情低风险地区劳动力4960人。继续做好各类招聘活动，开展线上线下招聘37场次，为946家企业发布了招聘信息，提供就业岗位41623个，帮助32077人求职、4457人达成就业意向，保障企业用工，让企业在疫情防控的特殊时期能够有序运转。（陈彩云）

【重点群体就业支持】 2020年，句容市开展“就业援助”行动，全年共计开发公益性岗位100个，其中防疫性公益性岗位47个，全年共发放补贴453万元。举行退役士兵专场招聘会2场，提供岗位35个，为退役士兵就业和择业提供选择空间。在环茅山老区建设一批村级就业扶贫示范点，通过技能培训、产业带动、就业指导实现贫困人员稳定就业。出台“灵活就业社保补贴”新政策，放宽灵活就业人员享受社保补贴范围，发放补贴1274人、460.6万元。扩大失业保险保障范围，发放失业保险10546人次、1374万元。（陈彩云）

开展农民工工资支付保障条例宣传

【就业扶持】 2020年，句容市推行“创业培训+贷款扶持+载体孵化”一体化服务机制。加大创业扶持，落实创业贷款、创业补贴、创业奖励等利好政策，发放创业担保贷款3.68亿元，惠及3741名创业者。发挥载体孵化作用，鼓励创业者入驻创业载体，享受载体商业代办、政策咨询等服务，以及申报创业场租补贴等优惠政策，截至2020年末，建成省级创业示范载体6家，镇江市级创业示范基地11家。开展电商培训，提高创业培训的针对性与实效性。集成创业服务，按一村一员配备176名素质高、政策熟、业务精的创业指导员，全年完成创业培训1190人，帮扶1540人成功创业，其中扶持农村劳动力自主创业588人，引领大学生创业306人，创业带动就业5342人，发放创业担保贷款3.68亿元，惠及3741名创业者。（陈彩云）

劳动监察与仲裁

【概况】 2020年，句容市以企业与职工互利共赢为原则，不断创新劳动关系协调机制，主动监察用人单位403家，书面审查用人单位数1230家，联动平台举报投诉录入率和运行率100%，仲裁案件结案率100%，规模以上企业劳动合同签订率达98%，已建工会企业集体合同签订率达95%。

（陈彩云）

【劳动调处机制】 2020年，开展企业薪酬调查，指导省抽查的66家企业按时完成调查工作；评估最低工资政策实施效果，引导企业合理确定职工工资水平，建立健全企业职工工资正常增长机制。做好镇江市2020“和谐同行”千户企业培育及劳动关系和谐企业评定工作，在全市发动和谐劳动关系培育创建工作，加强示范引导；严把特殊工时审批程序，共审批特殊工时企业19家。做好因疫情防控下中美贸易摩擦、化工企业关停、环境整治等多重因素影响下产生的一系列劳资纠纷、就业安置和社会保障等问题，切实维护职工权益，维护社会稳定。

（陈彩云）

【劳动人事仲裁】 2020年，句容市发挥下蜀镇和后白镇仲裁分院延伸基层作用，开展劳动人事争议案件巡回仲裁庭工作。加强“百企百会”网络业务平台运行，通过网络与企业劳动争议调解委员会实现了零距离的业务对接，提高劳动案件处理效率。开辟集体案件调处“绿色通道”，加大企业调委会在化解劳动争议中的基础性作用，做好重大集体案件的预防和调解工作，使劳资矛盾尽可能化解在源头和基层。2020年度，处理劳动争议案件1018件，涉及劳动者1476人，涉及经济标的近4170万元。其中10人以上集体争议案件14件。此外，强化队伍建设，组队参加镇江市劳动人事争议调解员队伍岗位业务技能竞赛，并获团体第一名。

（陈彩云）

【劳动保障监察】 2020年，句容市加强对全市各类企业进行劳动保障监察两网化管理，以乡镇驻地为中心，划分为12个网格，建立以劳动保障专职监察员、劳动保障兼职监察员、劳动保障协理员组成的三级劳动保障监察体系。2020年，主动监察用人单位403户，书面审查用人单位数

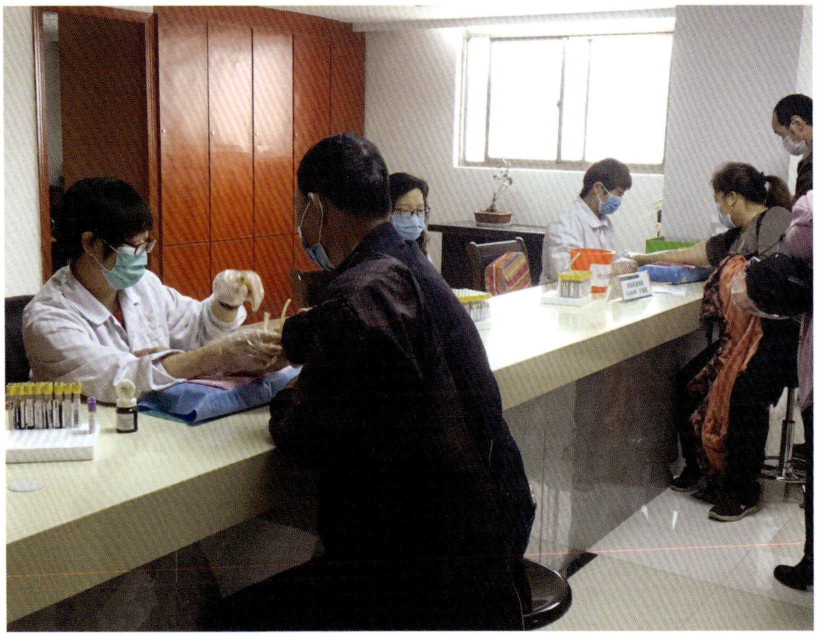

为退休人员提供免费健康体检服务

1230户，受理投诉举报564件，立案查处21起。开展农民工工资专项检查活动，以建筑行业为重点，共受理各类欠薪案件535件，涉及农民工317人，追发工资190.29余万元，其中以拒不支付劳动报酬罪移送公安机关4件。保，受保险覆盖和保护的一线建筑工人42000多人，一线农民工合法权益得到维护。（陈彩云）

社会保障

【概况】 2020年，句容市继续推进城乡一体的社会保障体系建设，实现社会保障制度全覆盖，保障水平稳步提高。全市养老、工伤、失业参保人数分别为13.2万人、6.9万人、6.1万人；城乡基本社会保险覆盖率98.12%；城乡居保参保人数6.78万人，享受城乡居保养老金人数10.18万人，城乡居保基础养老金发放率达100%。社会保障卡持卡人数达61.5万人，签发电子社保卡13.58万张。（陈彩云）

【社会保障制度完善】 2020年，句容市稳中求进推动社保扩面征缴，社会保险参保覆盖率达98.12%。贯彻落实省市机关事业单位养老保险改革要求，完成2019年“中人”待遇申领工作，职业年金投资运营财政贴息5215.2万元全部归集到省中心。稳步推进被征地农民“即征即保”工作，对2020年新增的3个征地项目按照标准进行筹资。继续推进工程建设项目参加工伤保险，重点备案工程和新建工程参保率98%，全市140个新建工程项目参保，受保险覆盖和保护的一线建筑工人42000多人，一线农民工合法权益得到维护。（陈彩云）

【保障待遇水平提高】 2020年，句容市健全待遇增长机制，企业职工养老保障待遇自2005年以来实现“十六连涨”，机关事业单位退休人员养老金第五次同步调整，近50000名企业退休人员和8000名机关事业人员受益，其中企业退休人员人均增长120元/月，达1886元/月，增幅达6.74%。连续十年上调城乡居民养老保险待遇，提高到170元/月。投入财政资金约200万元，开展退休人员免费健康体检工作，全市16000余人受益，企业退休人员社区管理服务率达100%。组织开展社保情晚会、句容市第三届“人社杯”退休人员门球赛等活动，丰富退休人员业余文化生活。（陈彩云）

【社保经办服务优化】 2020年，句容市继续推进人社综合服务一体化建设，完成“综合柜员制”改造，减少40%的经办材料和70%的盖章环节，实现服务对象全覆盖，镇、村分别承接上级业务126项和51项。成功创成江苏省2020年首批唯一一家县级社会保险标准化“先行城市”。落实疫情防控要求，增强网上服务大厅、“句容人社”APP、自助服务一体机自助办理能力，实现80余项“不见面审批”自助服务，“互联网+人社”服务能力显著提升。截至2020年末，人社自助终端累计经办业务达4万余笔，网上申报业务超19万笔，“句容人社”APP登录查询业务超232万笔。（陈彩云）

【社保基金管理监督】 2020年，句容市开展社保基金风险防控专项检查工作，认真制定风险防控实施方案，增强全体人员风险意识、法纪意识和责任意识。完善养老保险一次性补缴等社保政策制度，严格执行财务和会计管理制度，规范业务经办要求和流程，做到业务程序有风险识别点、有防控、有受理、有审核。健全内部控制和制约监督，建立完善预警机制，防范各类违法违纪问题。推进“互联网+人社”监管模式，充分利用大数据的处理应用、挖掘分析，推动社保基金的精准监管，建设以大数据为基础的智能监管平台。全面取消传统集中资格认证方式，利用信息化手段，深挖数据关联分析，及时比对和停发重复领取人员的待遇，杜绝基金使用隐患。（陈彩云）

医疗保障

【概况】 2020年，句容医疗保险参保人数为534672人，其中职工基本医疗保险参保人数118355人，比去年同期增加23128人；城乡居民医疗保险参保人数416317人，比2019年减少6673人。推进定点医药机构准入常态化管理，新增定点零售药店27家，全市定点零售药店达到47家。推进异地就医直接刷卡结算，免除群众市外就医跑腿报销的烦恼，2020年办理异地就医3.4万人次，其中36%通过手机 APP 自助办理，异地就医门诊费用直接结算率超过 90%。开展医疗保障公共服务专项整治，推行“综合柜员制”一站式受理服务模式，更便捷地将服务送到基层群众手上。落实药品和耗材集中带量采购，慢病特病用药、常用耗材价格大幅下降，群众就医成本进一步降低。开展“打击欺诈骗保 维护基金安全”集中宣传月活动，深化医疗保障基金监管源头治理，收到各定点医疗机构退回医保基金 182 万元。（李　俊）

【职工基本医疗保险】 2020 年，句容市职工基本医疗保险参保人数达 118355 人，比 2019 年同期增加 23128 人，增长 24.29%；基本医疗保险基金全年收入 50574 万元（含生育保险收入），比 2019 年同期增加 7568 万元，增长 17.60%；全年支出 28029 万元（含生育保险支出），比 2019 年同期减少 1655 万元，降低 5.58%；当年结余 22545 万元，历年累计滚存结余 110373 万元。（李　俊）

【城乡居民医疗保险】 2020 年，句容市城乡居民医疗保险参保人数 416317 人，比 2019 年减少 6673 人，降低 1.58%；全年筹资标准为 1060 元/人（个人缴费 300 元，财政补助 760 元），全年基金收入 44129 万元，其中个人筹资 12489 万元，各级财政补助 31640 万元；全年基金支出 36722 万元，其中基本医疗保险支出 31546 万元，大病保险支出 5176 万元，全年略有结余，基金运行平稳可控。（李　俊）

7 月 2 日，江苏省医保局副局长俞善浚到句容市调研医保公共服务

【医疗保障公共服务】 2020 年，市医保局开展综合柜员制改革，梳理业务存量，优化、合并 15 个业务事项，形成 58 项事项清单，统一标准和规范管理，推动医疗保障公共服务优化升级。医保中心设立统一受理科，选优培强干部队伍，提升医保服务能力和水平。推进基层服务平台建设，在全市乡镇卫生院建立医疗保障服务中心，在村卫生室建立医疗保障服务站，在有条件的定点药店建立医疗保障服务点，把医保服务送到群众身边；推进定点医药机构准入常态化管理，新增 27 家定点零售药店，全市定点零售药店达到 47 家，区域布局更加合理。利用手机 APP 推行“不见面”自助备案服务，方便群众转外就医，2020 年办理异地就医 3.4 万人次，其中 36%通过手机 APP 自助办理，异地就医门诊费用直接结算率超过 90%，位居镇江市前列。（李　俊）

【医疗救助】 2020 年，市医保局为困难人员提供医疗救助待遇 2236 万元，其中安排 420 万元专项资金，帮助全市 1.4 万名城乡低保、“五保”等 10 类困难人员参保。深化困难人员基本医疗、大病医疗、医疗救助、慈善补助、商业补充、财政兜底等“一站式”结算制度，与定点医疗机构签订服务协议，强化服务保障。2020 年全市困难群体患者就诊 29.06 万人次（1.31 万人），其中在本市定点医疗机构住院就诊 1762 人，发生医药总费用 3423 万元，政策范围内住院费用 3018 万元，各类报销、救助、补助金额共计 2958 万元，政策内个人自付比例仅为 1.99%；与商业保险合作，为困难人员参加商业补充保险，2020 年困难人员享受商业补充保险 6611 人次，补偿 191 万元。（李　俊）

【药品耗材采购】 2020年，市医保局组织药品集中带量采购，涉及32个品规，药品价格平均降幅达53%，部分慢性病、特殊病用药降幅达到70%以上。落实高值医用耗材带量采购，心脏支架从1.3万元降至700元，降幅近95%，解决大部分群众反映强烈的天价药、天价耗材问题。联合纪检、卫健部门开展高值医用耗材专项整治回头看，规范耗材采购、使用和管理，督促开展高值医用耗材阳光采购，全年网上采购药品、耗材4.48亿元。

（李 俊）

【医保基金监管】 2020年，市医保局深化医保和定点医药机构合作，与全市50家定点医药机构及医师药师签订994份《防范欺诈骗保承诺书》。积极引导社会参与，聘请24名社会监督员参与医保基金监管，织牢织密医保基金安全防护网。全年暂停结算1家次，违规信息公开8家次，暂停医保医师处方权6人次，进一步压实医保基金使用和监管的主体责任。全年处理定点医药机构23家次，挽回医保基金457.31万元。

（李 俊）

【医保商业合作】 2020年，市医保局强化商业保险作为医疗保障制度第三支柱的补充作用。强化保大病功能，为全市城乡居民医保参保群众设立大病保险，由城乡居民医保基金按一定标准划拨至商业保险公司，对年度内个人自付医保制度内住院医疗费用在1.5万—10万元的，报销60%；10万元以上的报销70%。2020年，累计为10.2万人次报销大病费用5176万元。强化困难帮扶，根据《句容市加强低收入群体健康扶贫意见》，为10类困难人员建立补充保险机制，参加商业补充保险。2020年，共有600人次享受商业保险理赔，共减轻191万元医疗费用负担。发挥商业保险监管作用，委托商业保险公司开展非因公致伤情况调查，2019年7月至2020年6月，累计完成案件调查151件，发现不应由基本医疗保险支付的案件36件，避免医保基金流失192.68万元。

（李 俊）

句容市聘请医疗保障基金社会监督员，做好基金监管防护

综　述

【概况】　江苏省句容经济开发区创建于1992年，1993年被省政府批准为省级经济开发区，行政区划面积144平方千米，下辖19个村（社区），户籍人口7.55万人。2013年，成立句容市黄梅街道办事处，句容经济开发区按照“统分结合”的原则，开发区与黄梅街道实行“以区带街、统分结合”管理模式，在开发区党工委、管委会领导下，黄梅街道实体化运作，内部机构、人财物管理等方面相对独立。开发区主要负责产业优化、招商引资、投融资服务和区域城市建设管理等职能；黄梅街道承担社会管理事务，主要负责党的建设、农业农村、社会事业、社会治理和征地拆迁等职能。市委、市政府以及条块工作，按职责分工确定责任主体，负责抓好任务落实。经过20多年的发展，江苏省句容经济开发区已经成为全市首要的招商引资和项目建设载体。40平方千米核心区内供水、供电、供天然气等“九通一平”基础设施全部建设到位，集金融、商贸、文化教育、娱乐服务等为一体的现代城市功能配套日趋完善。2020年，面对突如其来的疫情和复杂严峻的宏观形势，江苏省句容经济开发区统筹“两手抓”、加速“跑起来”，项目招引逆势攀高，主要指标V形反转，经济社会事业均实现历史跨越、取得历史突破。地区生产总值为139亿元；一般公共预算收入15.8亿元，同比增长21.4%；工业应税销售123.21亿元，同比增长10.9%；规上工业企业64家，同比增长36.17%；实际到账外资7600万美元。在2019年度全省省级经济开发区综合排名17位。　（开发区）

【开发区大事记】　7月17日，华祥耀（江苏）电子科技有限公司开业投产。

8月11日，联动U谷一期全部封顶。

9月1日，石狮小学投入使用。

9月17日，启迪之星（句容）创成省级众创空间。

10月19日，江苏省句容经济开发区获全省民族团结进步模范集体称号。

11月18日，致远路全线恢复交通。

12月11日，句容高新技术产业园被评为优秀（A类）国家级科技企业孵化器。　（开发区）

基础设施建设

【概况】　2020年，句容经济开发区致远路全线恢复通车。黄金河支流经过景观改造提升，实现“水清、点绿、景美”目标。推进雨污分流二期工程，开展城市秩序、安全生产、防违控、“散乱污”和“小化工”企业专项整治行动，园区生态环境更加宜居，城市品质持续优化。今典花园、西关综合楼等老旧小区改造出新，小区环境得以迅速提升。文明城市创建期间，通过黑臭水体治理、楼道出新、增设车位、路面硬化、

环境卫生整治、创建氛围营造等措施，完成城市形象提升工作任务。（开发区）

项目建设

【概况】 2020年，句容经济开发区突出“科技园+产业园”两大形态、双轮驱动，聚焦智能制造、新能源汽车、新材料等重点产业，招引一大批优质项目。产业结构逐步优化，产业基本面不断壮大。28个市级以上重点项目有序推进，华祥耀半导体等一批项目建成投产，半导体产业动能持续释放。全年全区新增规模以上工业企业24家，占全市新增企业数的38%，净增高新技术企业8家，占全市净增数量的30%，高新技术企业数累计达44家，占全市高新技术企业数量的35%，新增亿元销售企业9家。海田、晶度、金合三家企业完成股改，骏成电子主板上市辅导期即将结束。（开发区）

黄金河支流景观改造提升

盛邦科技产业园

【招商引资】 2020年，句容经济开发区树立“产业强区、项目为王、亩产论英雄”工作理念，瞄准智能制造主攻方向，多渠道开展“强链、补链、延链”式招商，项目招引量质齐升。年内，新能源国民汽车、国家智慧冷链运营中心暨装备制造基地等多个总投近250亿元的优质项目落户园区，其中，50亿元以上项目2个，20亿元以上项目4个，产业结构、能源结构逐步优化。在8月6日的“项目突破年”集中签约活动上，新能源国民汽车、负压方舱及高光半导体等10多个总投超百亿元的项目落户开发区，涵盖智能制造、新一代信息技术、新能源等多个领域。做实闲置资源盘活文章，引导传统企业携手高端平台，以“存量”带“增量”，三京机电、伟诚电子、久润光通信等项目通过租用闲置、低效厂房，带动新增年产值3亿元以上。（开发区）

【科技创新】 2020年，句容经济开发区17家企业通过高新技术企业入库申报，13家企业通过高新技术企业认定，成功申报科技型中小企业33家。句容高新技术产业园获评优秀国家级科技企业孵化器，启迪之星（句容）众创空间和启迪绿谷众创园成功获得省级众创空间认定。江苏赛达电子科技有限公司获得省级工程技术研究中心，江苏兆鋆新材料股份有限公司入选2020年度省专精特新小巨人认定企业名单。帮助企业引进高层次人才30多名，其中2名国家级人才成功落户。组织30余家企业和项目申报省市人才项目，其中壹度科技何於获得镇江“金山英才”计划重点资助。成功举办2020年“福地青年英才”创业大赛开发区分赛，最终2个项目分获市总赛初创组和成长组一等奖。（开发区）

开发区管理

【概况】 2020年，句容经济开发区发扬“店小二”全天候服务精神，弘扬“361”品牌服务意识，以优化营商环境为抓手，紧盯重点项目，确保重点项目早落地、早开工、早投产。开展以“三走进、三服务”为主题的作风效能提升主题活动，探索“网格化+铁脚板”的企业服务模式，定组定责、一网一表、一企一清，企业帮办代办助力项目审批加速推进，不断提升企业服务精细化、精准化。疫情防控攻坚期间，各基层支部相继成立党员先锋队，24小时坚守岗位，在主要路口和小区出入口设置防控屏障，并及时帮助企业复工复产。（开发区）

【社会文化事业】 2020年，句容经济开发区一手抓疫情防控工作，一手抓社会民生事业，交出“两手硬、两战赢”的高分答卷。疫情防控期间，“关键少数”靠前指挥，“战斗堡垒”团结群众，“绝大多数”勇挑重担，全区上下凝心聚力、攻坚克难，为人民群众筑牢疫情的“防火墙”。民生工程方面，全年办理黄梅新村、黄金花园、通宁公寓等安置房不动产证8609本，占比85.9%；开展征地拆迁“拔钉子”工程；实施信访积案百日攻坚专项行动。人居环境方面，黄梅街道上报的79个自然村一次性通过镇江市的验收销号，清理农村生活垃圾16220吨，清淤塘坝沟渠505处，处理畜禽养殖粪污等农业生产废弃物535吨，清除无保护价值的残垣断壁140处。脱贫攻坚方面，以定村干部、第一书记、村干部为帮扶责任人，定期上门走访慰问、采集收入信息、提供公益岗位，为12户建档立卡户改造危房，帮助解决实际困难，切实将“两不愁、三保障”落到实处，凝聚打赢脱贫攻坚战的强大合力。年内，502户建档立卡户均已脱贫。

（开发区）

石狮小学交付使用

镇（街道）·管委会

责任编校：陈龙浩

华阳街道

【概况】　华阳街道位于句容城区东部，面积为120平方千米，下辖14个村和3个社区居民委员会，户籍人口为6.3万人。2020年，华阳街道坚持稳中求进工作总基调，践行新发展理念，做好“六稳”工作，落实“六保”任务，统筹推进疫情防控和经济社会发展，较好地完成了各项任务目标。全年完成地区生产总值93.8亿元，一般公共预算收入7.9亿元，固定资产投资47.5亿元，制造业投资2.82亿元，工业应税销售收入12.2亿元。

（陈雨心）

【疫情防控】　2020年，华阳街道建立“一办十二组”疫情常态化防控工作体系，构筑起联防联控、群防群控的坚强堡垒。组织下派近200名机关干部和发动物业公司员工、志愿者等社会群众2000多人到一线284个卡口防疫值守，确保“零确诊”、“零疑似”，切实做到“外防输入、内防扩散”。同时，坚持稳产保供，抓好农产品产销衔接，发挥网络平台作用，开辟绿色运输通道，解决滞销农产品30余吨。落实惠民政策，减免承租街道国有资产近100家中小企业、个体工商户租金达200万元。帮助企业复工复产，指导近60家企业编制疫情防控工作方案，协助企业建立返岗职工健康档案超3000个，尽全力缩短复工复产时间差。　（陈雨心）

【经济发展】　2020年，华阳街道围绕“融入南京、接力镇江”战略定位，立足区位、交通优势，持续加大项目推进力度。洽谈推进中信勒芒文旅小镇、贝壳象宠物食品总部、1912商业街等十多个产业项目。年内，童世界乐园29个单体完成主体封顶，人工湖及中心园林对外开放；会展中心、欧堡酒店开工建设；蝙蝠飞机研发中心主体结构封顶；义台街E1地块竣工；京华酒店项目完成方案报批。协助吾悦广场、中央商场等企业疫后复苏，协调山水集团总部建设，整合华阳传统建材企业向石山头建材产业园集聚。

（陈雨心）

【乡村建设】　2020年，华阳街道围绕“因地制宜、特色发展、城乡联动、以城哺乡”思路，推进“三农”发展。注重挖掘保护地方传统文化，加强秦淮花灯基地建设，推进下甸山芋地乡村振兴试点工作，建成下甸村秦淮花灯馆、村史馆。钱家边王许庄乡村公共空间治理示范点基本完成。新坊小学“时光里”民宿项目动工，进一步扩大和挖掘新坊老鹅一条街品牌效应。全年新增镇江市级示范家庭农场1家、省级示范家庭农场2家。年内118个自然村全部通过镇江市人居环境督导组验收，完成7个行政村2060户改厕任务。　（陈雨心）

【民生事业】　2020年，华阳街道统筹布局学校、超市、市民广场、休闲公园等公共设施，城东南小学9月开学投入使用；华阳实小、北阳门幼儿园等学校消防整改到位；便民北部新城邻里中心对外营业；美家福邸西侧街心公园和城上城西侧绿化带正式竣工，体育公园、葛洪路街心公园开建；完成东门小区、美家福邸、财政楼等7个老旧小区综合改造工作。围绕“双铁”项目建设，加大征地拆迁推进力度，宁句城际上阳片区危房、车辆段新增7户和涉南沿江高铁四家企业搬迁工作基本结束。完成周家岗剩余3栋、上路、里巷口安置房回迁工作，共回迁近千户，安置面积超20万平方米，安置套数达2000套。推进安置房办证工作，已发证524本。完成近5万人的城乡居民医疗保险核对、录入、缴费工作。引导创业带动就业，办理创业贷款380余人，金额3700万元，扶持创业近200人，创业带动就业2000多人，帮助就业困难人员实现就业73人。完成社区养老服务中心建设任务，街道五保供养服务站被国家卫生健康委评选为2020年全国“敬老文明号”。落实排口长制，完成万家河上游财政楼、教师楼片区雨污分流改造工作；完善扬尘管控考核机制，发出扬尘管控督办单92份，督办问题277条。制定安全生产专项整治行动方案，开展安全生产专项检查及隐患排查整治，全年未发生一起安全生产责任事故。

（陈雨心）

【“天下玫景”世界珍品玫瑰园正式开园】 10月1日，华阳街道“天下玫景”世界珍品玫瑰园正式开园，并举办大型烟花秀和一系列的开园活动，开园期间单日游客量人数高达2万人次。该项目占地面积约1000亩，计划投资约8000万元。（陈雨心）

【华阳街道为民服务中心启用】 11月11日，华阳街道为民服务中心正式启用。中心位于文昌雅苑小区北门S01幢，分为两层，总面积达2000平方米，一楼是为民服务中心大厅，为办事群众提供一窗式受理、一站式办结、一条龙服务。大厅24小时自助服务区推行自助延伸服务，全天候打造为民服务“不打烊”。

（陈雨心）

下蜀镇

【概况】 下蜀镇是句容市唯一的沿江乡镇，建镇于唐代，至今已有1300多年历史。下蜀镇南枕宁镇山脉万亩大山，北依长江黄金水道，西邻佛教律宗第一名山宝华山，镇域面积122平方千米，下辖9个行政村，户籍人口约3.46万人。2020年完成地区生产总值75.65亿元，完成一般公共预算收入5.03亿元。（詹　伟）

【疫情防控】 2020年，下蜀镇第一时间成立领导小组，发挥“大数据+网格化+铁脚板”防疫治理作用，划分出441个“微网格”，实现“大事小事一网通办”。统筹推进企业疫情防控和复工工作，向全镇34家重点企业派驻61名帮办员，帮助各家规上企业于2月19日全部复工。出台“党政领导+机关干部”联系服务企业政策，设置驻企帮办岗，挂钩联系34家重点工业企业，帮助企业有效解决疑难事项10余件。

（詹　伟）

【工业经济】 2020年，下蜀镇镇实现工业应税销售收入209.85亿元，实际利用外资2100万美元，进出口总额约700万美元。圣象二期、联博新能源汽车项目实现建成投产；建华方桩项目完成主体施工。台泥无人驾驶智能矿山改造项目启动。北新建材清洁能源项目正在实施，台泥一号线节能提标改造项目正式落成。建华建材获评全市首家国家级企业技术中心，并获国家混凝土科学技术奖、技术革新奖“双一等

华阳街道“天下玫景”世界珍品玫瑰园开园

奖”。新增省级三星级以上上云企业4家，毅马、联博、森豊等7家企业创成国家高新技术企业。把招商引资作为“一号工程”，全年外出招商48次，共招引优质项目5个。森豐包装二期项目、华博植脂末项目、三维电子新型包装材料项目通过产业评审。

（詹 伟）

【现代农业】 2020年，下蜀镇响应全省“万企联万村，共走振兴路”行动，建设空青鲜食玉米种植示范基地、裕课临港工业园区绿化养护、六里河山家庭农场等“一村一品”特色产业，亭子圣福来、六里千谷汇等现代化农旅结合产业发展良好，实现“村企联建”经济效益和社会效益的有机统一。发展绿色农业，建成六里、祝里等6家水稻单元基地14603亩。健蜂园蜂业专业合作社获评2020年省级农民合作社示范社。组织申报省级园艺作物标准园建设单位1家、镇江市绿色蔬菜生产基地2家。 （詹 伟）

【镇村建设】 2020年，下蜀镇打造沿句蜀路“空青、亭子乡村振兴示范带”，完成新村、亭子村庄规划编制工作，以范巷、梁庄等村庄为样板，开展美丽宜居村建设。实施拆迁安置小区产权证办理前期准备工作，完成长江花园、临港佳园相关手续。下蜀卫生院建成全省首批农村区域性医疗卫生中心。启动天然气进镇入户工程。完成江堤路、新山路、桥头集镇沥青摊铺，维修破损道路、改造农村“断头路”25处。实施村庄亮化提升工程，检测维修路灯1058盏，新增路灯30盏。沙地村东侧及桥头小学污水收集工程全面建成，亭子农贸市场交付使用。实施农村人居环境整治专项行动和乡村公共空间“513”专项治理，清理各类垃圾23950吨，清淤塘坝79处、河道3.8千米。联同铁路部门率先完成京沪普铁路域环境整治工作。沿江码头综合整治、关闭化工企业遗留地块场地调查等12项市级突出环境问题整治销号清零。完成长江经济带9处废弃宕口简易治理工程，实施大南山400亩土地复垦。完成渔民退捕上岸，疏堵结合推进长江禁捕巡查执法行动。引河截污纳管工程基本完工，铺设污水压力管4500米；亭子污水提升泵站投入使用；建立下蜀、龙潭跨界水体共治共享联席会议机制，协同开展跨界水域污染调查，同步推进跨界水体干支流水质达标治理。推进化工产业安全环保整治提升行动，波尔顿化肥生产线整治通过初步验收。关闭洗砂、塑料加工、废旧汽车拆解等散乱污企业4家。 （詹 伟）

9月28日，句容市下蜀镇至栖霞区龙潭、仙林公交班线开通

【民生事业】 2020年，下蜀镇保障2个经济薄弱村、316户574名建档立卡户持续稳定脱贫。健全完善阳光扶贫系统和全国扶贫开发系统信息，建档立卡低收入人口全部纳入城乡居民基本医疗保险、大病保险和医疗救助范围，镇财政全额资助医保个人缴费部分。完成2020年度城乡居民医保征收、电子社保卡发放，参保率100%。新建村级居家养老服务中心6家，为全镇2000多名77周岁以上老年人购买居家养老上门服务。募集善款130万元，发放各类优抚优待金430余万元。将每月8号固定为下蜀镇招聘日，举办招聘活动10余场次，全年新增就业600人次，发放创业贷款750万元。开通下蜀至龙潭上坝、营房及仙林经天路3条毗邻公交班线。面对汛情，成立“防汛突击队”“临港先锋巡逻队”，镇村干部、民兵、消防队员和志愿者火速投入一线，较好完成防汛工作任务。推进村级便民服务中心“一门式”业务办理，累计办理各

类事项27667件。空青山宋代古墓遗址在央视《探索发现》栏目播出。新建农户家庭式小书屋7个，并在此基础上打造“学习强国”主题书屋1个。桥头小学新建项目装饰工程竣工验收。评选表彰2020年度文明家庭241户，王秀燕家庭入围第二批全国最美家庭候选。（詹　伟）

宝华镇

【概况】　宝华镇因宝华山而得名，地处句容市西北部，辖8个行政村，2个社区，户籍人口3.46万人，总面积103平方千米。宝华地理位置优越，西距南京市中心23千米，与南京仙林科学城一河之隔，东距镇江34千米，南至南京禄口国际机场50千米，北离南京龙潭港5千米，312国道、337省道、京沪铁路、沪宁城际铁路穿境而过。境内拥有30平方千米的国家级森林公园及国家AAAA级风景区，有距今7000年前的“丁沙地”文化遗址和享誉东南亚的佛教名寺隆昌寺，生态资源丰富、文化底蕴深厚，是全国第二批小城镇改革试点镇、江苏省对外开放重点工业卫星镇、江苏省旅游名镇、江苏省卫生镇。2020年，宝华镇实现地区生产总值56.56亿元；一般公共预算收入突破11.5亿元，农民人均纯收入25887元。年内，宝华镇获江苏省卫生镇、全省基层党员冬训工作示范乡镇等荣誉称号。

（宝华镇）

【经济发展】　2020年，宝华镇实现固定资产投资额46.5亿元，房地产商品房销售35亿元。南京大学·句容创新创业示范园项目持续推进。可意电子智能柔性穿戴用品项目开工建设。凤坛产业园完成临时道路施工。“句容宝华软件信息技术众创社区”成功引进项目50个，实现年销售近亿元。仙东网谷创成镇江市创业示范基地，万城青年人才创业园创成国家级科技企业孵化器。

（宝华镇）

【现代农业】　2020年，宝华镇坚持秸秆禁烧、综合利用两手抓，秸秆机械化还田率93.3%，综合利用率96.8%。有序开展农村人居环境整治，累计清理生活垃圾1.3万吨，整治河塘392个，清理沟渠65.1千米。（宝华镇）

【文化旅游】　2020年，宝华山景区旅游收入累计达6000万元，接待游客突破700万人次。全镇旅游依托宝华山生态资源优势，入选“大运河（江苏段）十佳文旅示范名镇”。宝华山创成获评江苏省省级夜间文旅消费集聚区建设单位，获评“全域旅游品牌创新案例”“长三角最具网红特质旅游目的地”和“中国森林氧吧”。

（宝华镇）

【镇村建设】　2020年，宝华镇以文明城市创建为抓手，按照精美城市建设要求，推进一批民生实事项目。新城小学、大学印象幼儿园、行知路、鲍亭路开工建设。陈甸河堤黑色化完成。南京二路水源正式供水，供水量由日供2万吨增至5万吨。消防站竣工交付。新建、改造农贸市场6个，升级改造垃圾中转站2个，增加公厕5座。累计疏浚河道5.8千米，清淤土方量约14.4万立方米，新增拦水坝等水利设施8处。新增城区公共停车位1260余个，改造提升公交站8座。开展“263”专项行动、“散乱污”企业专项整治，完成生态环境部信访件销号工作。坚决打赢蓝天保卫战，开展“春雷行动”，关闭混凝土公司1个，拆除石灰窑6口。坚决打赢净水保卫战，落实《南京市与镇江市跨界水体水质提升

10月28日，宝华镇为民服务中心正式投入使用

合作协议》要求，制订跨界水体水质提升工作清单，一体化开展13个节点工程建设，建成宝志路、凤坛河污水处理设施；强化新城片区黑臭水体综合治理。坚决打赢净土保卫战，开展固危废（化学品）安全隐患专项排查，制定铜山钼铜矿环境污染整治方案，完成钼铜矿尾矿库环境隐患销号。

（宝华镇）

【民生事业】 2020年，宝华镇民生支出占一般公共预算支出92.3%，6项镇级民生实事项目顺利实施。新增育禾双语幼儿园、星光普惠幼儿园。深化与省人民医院句容分院、南京泰康仙林鼓楼医院、镇江第一人民医院医疗合作，和邦盛德康复医院完成主体建设，华君医院加快建设。投入6000多万元完善安置房产权办理手续，已具备发证条件的占任务数99.23%。推动管理力量、网格治理、为民服务到一线，打通服务群众“最后一千米”。城乡居民医疗保险参保率达95%以上，全年发放低保保障金163万元，残疾人补贴306万元，抚恤和生活补助资金共149万元，镇慈善分会救助困难群众2531人次。组织“春风行动”招聘会，新增就业540人。抓好安全生产工作，打好物流行业专项整治攻坚战，完成国务院、省、句容市督导巡查30项问题整改销号。（宝华镇）

白兔镇

【概况】 白兔镇位于句容东郊，宋置为土市，元代置税务于此。境内有唐代著名书法家颜真卿的“墓葬地”、句容第一个党支部大支里旧址等。白兔镇享有“中国草莓之乡”的美誉，是“全国无公害大棚草莓”“全国美人指葡萄”两个国家级标准化示范区，同时也是句容“国家现代农业示范区”“国家农业科技园区”的核心区。全镇总面积115平方千米，户籍人口4万人，常住人口3.77万人，辖15个行政村和2个居委会。2020年，地区生产总值37.3亿元，一般公共预算收入5699万元，农民人均纯收入较“十二五”末增长46.6%。年内，中心村被评为全国文明村，唐庄村（葡萄）获评全国“一村一品”示范村，白兔村被评为全国乡村特色产业亿元村，解塘村被评为“江苏省电子商务示范村”。

（文　舒）

【疫情防控】 2020年，白兔镇建立24小时值班值守制度，在全镇范围内设置卡口63个。加强宣传引导，发放《致全镇广大农民群众一封信》，张贴横幅标语，每天出动宣传车高频次巡回广播疫情防控要点，对农贸市场、超市等公共场所定期进行消毒处理。针对疫情期间草莓滞销问题，通过媒体推荐、商超合作、网络带货等方式，助力200余户莓农实现草莓销售130余万元。推动复工复产，全面落实企业帮办员制度，推动工业企业、餐饮商超、文化旅游等各行各业有序恢复。

（文　舒）

【工业经济】 2020年，白兔镇围绕“产业强市”主导战略，科学规划国土空间，初步划定城镇开发边界、工业集中线、工业保障线。利用盘活的闲置土地和厂房，推进专业招商、以商引商，全年累计开展招商活动22次，联恒汽车零部件产业园项目成功签约。年内派欧汽配、朋友新材料、集瑞汽车零部件项目投产。加大企业培扶力度，新增规上工业企业6家，规上服务业企业1家。推进两化融合，完成三星级企业上云2家，四星级企业上云1家。

（文　舒）

【现代农业】 2020年，白兔镇实施乡村振兴战略，推进省级现代农业产业示范园建设，累计投入3148万元，新建连栋草莓大棚42000余平方米、育苗棚4500余平方米。投入3500万元完成太平、西井、幸福、上荣4个村2万亩高标准农田建设。全省农业产业强镇现场会在白兔镇召开。完成粮食种植总面积9.5万亩，生猪存栏7020头、出栏14586头。柏生草莓、致富果业等3家合作社农产品创成绿色食品，笪小华家庭农场等4家基地被认定为镇江市第一批绿色蔬菜产业基地，4.9万亩水稻被认定为省级绿色优质农产品基地。白兔草莓育苗公司被评为江苏省第一批特色优势种苗企业，张峰良品家庭农场入选全省家庭农场典型案例名单。

（文　舒）

【乡村旅游】 2020年，白兔镇推动农文旅深度融合发展，举办第19届中国（句容）草莓文化旅游节，在全国精品草莓擂台赛上，白兔镇共获特等奖2个、金奖5个。以茅山长青公司农旅产业落户为契机，打造茶园旅游新业态。推进伏热花海五星级乡村旅游创建工作，举办“春季野餐”“星空帐篷”“向日葵嘉年华”等节庆活动，全年吸引游客64.5万人次，同比增长20.1%。（文　舒）

【镇村建设】　2020年，白兔镇新改建拦水坝21座，修建灌溉渠道30.2千米。完成徐高线、周甲线、幸福路等3.6千米农路提档升级，完成边白线亮化工程建设。锦香苑（安置小区）二期二标段10栋住宅完成主体工程建设。白兔污水厂提标改造、行香集镇生活污水管网进户纳管工程全面完成，西明塘1.45千米雨污分流和上行、下行、西颜3个自然村污水接户支管网工程建设完工。统筹推进环境治理和生态修复，帮助233家企业办理排污许可证，完成上荣山工矿废弃地复垦复绿工程，推进河湖“两违三乱”巡查整治。推进农村人居环境整治，全镇135个自然村全部通过镇江验收，完成乡村户厕改造592座。推进垃圾分类处理试点工作，购置压缩式垃圾收集车2辆，改造农村垃圾房41个。开展解塘村、山南村美丽宜居乡村建设，完成唐庄村、西井村2个村庄段农路美化工程。（文　舒）

【民生事业】　2020年，白兔镇全年发放低保、“五保”、慈善、残疾人等各类资金1183万元。做好31户不稳户帮扶工作，完成7户贫困户草危房改造，贫困村、贫困户全部摘帽。打造全市首家人

9月24日，白兔镇龙山湖村举办第三届中国农民丰收节暨龙山湖村文艺晚会

社扶贫示范基地，扶持5名贫困人员就地就业。为1900余位失能半失能老人提供居家养老上门服务。落实计生特殊家庭联系人制度，打造白兔村省级“连心家园—关爱失独家庭”优秀项目点。做好退役军人保障工作，发放优抚、安置、救助慰问等各类资金427万元，帮助41名退役士兵续办养老保险。组织开展网络招聘活动，帮助企业签约用工120余人。开展新型职业农民培训，张奎峰被评为全国优秀农民工和农业农村部农民教育培训“百名优秀学员”扶贫先锋，纪荣喜、郭强被评为省乡土人才“三带名人”，王柏生被评为省乡土人才“三带能手”。行香中学创成江苏省智慧校园，白兔小学创成江苏省健康促进（银牌）学校、镇江市智慧校园。行香卫生院新门诊楼投入使用，创成江苏省健康镇，高庙村、西井村创成江苏省卫生村，解塘村、唐庄村创成江苏省健康村。新增村级文化广场5处，中心村被省文旅厅选为“文化e旅游”第一批试点村。全年开展安全检查277次，排除隐患1100多条，制定整改措施47条。

（文　舒）

边城镇

【概况】　边城镇地处沪宁经济走廊、是中国沿海和长江三角洲对外开放的重点区域，东临镇江，西接南京，南濒道教圣地茅山，北依佛教发源地宝华山。沪宁高速、243省道、沪宁城际轻轨穿境而过，境内有清新俊秀的高骊山、山水如画的仑山湖、独具特色的江苏农博园、集生态休闲度假旅游为一体的边城国际度假区，还蕴藏有亿年鱼化石、千年银杏树、八百年木瓜树等珍贵文化遗产，东乡文化历史悠远。全镇总面积109平方千米，辖14个行政村和2个居委会，户籍人3.46万人。2020年，全年实现地区生产总值39.4亿元；完成一般公共预算收入1.02亿元，增长6.7%；完成固定资产投资21.5亿元，增长13.2%；农民人均可支配收入达27035元。（张　飞）

【疫情防控】 2020年，边城镇400余名镇村社干部、30余名网格员和50余名志愿者动态进企入户走访排查。各条战线通力协作，社会各界捐款捐物，广大群众守望相助，全镇下好“一盘棋”、打好“组合拳”、织好“一张网”，为全市取得零确诊、零疑似、零境外输入的“三零”成效作出贡献。（张 飞）

“福地青年英才”创业大赛边城赛区总决赛

【工业经济】2020年，边城镇6个市级以上重点产业类项目推进顺利，抽水蓄能电站克服疫情影响完成投资8.8亿元，超额完成年度投资任务。工程质量检测中心竣工投产；世泰诊断、圣龙医疗项目开工；赛博悠游康养、诚春新材、华正电器扩建项目稳步推进；元拓文旅、肯立科技、恒动金属、南瓷特高压绝缘子、苏博特二期、美瑞机电扩建等亿元以上项目通过市产评会。全年累计外出招商49次，开展专题招商6场，共签约项目12个，总投资11.5亿元。全年运用市场化方式建成标准化厂房1.2万平方米，九紫汽车配件、嘉腾新材料、亚之峰消防门、天道交通设施设备等租赁厂房的短平快企业成功落户投产。全年共申报高企14家，其中完成认证10家，累计数达到19家。举办第五届“福地青年英才”创业大赛边城分赛，2个项目在全市获奖。新增镇江“金山英才”2名，“福地英才”4名，储备省“双创”项目4个。完善光明科创园区软硬件设施，在孵企业35家，其中高层次人才创新创业项目8个，销售超过1000万元的产业化项目10个，连续2年省级孵化器绩效评价优秀，成功创成国家级科技企业孵化器。（张 飞）

【现代农业】 2020年，边城镇完成高效设施农业600多亩，有序推进1万亩高标准农田项目建设，新增种植业绿色基地4600亩，创建绿色水稻生产基地2.8万亩。创成镇江市级家庭示范农场2个、句容市农业龙头企业1个，申报省级家庭示范农场1个，“紫云英”牌大米获第二届“镇江好大米评比”金奖，完成年度生猪养殖任务。（张 飞）

【文化旅游】 2020年，边城镇发挥东乡文化浸润作用，以“两山一湖”和青山古村落为品牌，持续挖掘青山村“一门九相、一村八古”历史文化底蕴，村史馆、古戏台、古街建成使用。依托6000亩精品苗木基地，农文旅产业优势日益凸显，旅游新业态不断丰富。鹿跃客栈获句容市旅游民宿三等奖，“稻花香”农家乐在句容市首届美食节大赛中获江苏省招牌菜等四项奖项。（张 飞）

【镇村建设】 2020年，边城镇围绕“四清一治一改”，全力推进农村人居环境综合整治，全镇132个自然村在全市率先完成镇江销号，特色经验做法得到省级媒体和学习强国平台推广。全年镇村两级河长共履职770余次，完成仑山水库路亚平台整治、洛阳河段西侧违章种植及小沿坝水库违建整治工作。全年完成农村户厕省改、自建工程625座，危房改造6户。完成污水处理厂提档升级改造，新建一千米黄梅河污水管网，检修维护污水泵站6个、污水处理设施16个。完成河道疏浚整治2座，村庄河塘整治14座，河道清淤500米，实施仑山水库西副坝除险加固工程、水库移民后期扶持项目和仑山湖库容补偿及防洪自保工程。（张 飞）

【民生事业】 2020年，边城镇巩固脱贫成果，建档立卡户全部纳入医疗救助和慈善助医。开展“2021年春风行动招聘会暨政策咨询会”，提供岗位200余个，达成就业意向60余人。推进企业社会保险扩面征缴和新农保全覆盖，全镇城乡居民养老保险人数达12294人。完善社会救助体系，累计发放低保金、救灾金、助困金等800余万元，发放独生子女父母奖励金15万元。推进居家和社区养老服务，新建2家村级居家养老中心。边城中学顺利通过镇江市中小学智慧校园评估，边城中心小学浆塑盆景特色文化课程成功申报省级项目，边城中心幼儿园创成镇江市第五批指南实验园，陈武幼儿园创成江苏省餐饮质量安全示范单位。（张　飞）

【边城镇“百年追梦　全面小康”喜迎国庆暨百姓大舞台文艺晚会】　9月26日，边城镇“百年追梦　全面小康”喜迎国庆暨百姓大舞台文艺晚会在边城中心小学体育场举行，进一步展现边城镇群众的精气神，给广大文艺爱好者提供一个展示才艺、相互交流的舞台。（张　飞）

郭庄镇

【概况】　郭庄镇位于句容市西南部，紧邻江宁开发区、江宁大学城和南京禄口国际机场，总面积150.55平方千米，耕地面积7854公顷，户籍人口6.7万人，下辖郭庄村等22个行政村和2个居委会。境内拥有发达的交通路网和独特的城际枢纽优势，宁杭高铁、宁杭高速、243省道等多条交通要道纵横贯穿其中。2020年，实现地区生产总值68.2亿元，完成一般公共预算收入1.91亿元。（刘庆庆）

【疫情防控】　2020年，郭庄镇在第一时间成立镇防控指挥部，严格落实“四早”要求，全年召开镇级防控工作部署会议19次。建立动态化信息管理机制，设置119个村级临时交通卫生检疫点，对全镇22个行政村实行包联管控。在市指挥部设立的1个交通卡口基础上，主动增设7个交通卡口，抽调人员24小时轮流值班管控，保持“零确诊、零疑似、零境外输入”的阶段性成效。在疫情得到有效控制后，迅速调整工作重心，开展“企业复工复产帮办”行动，实行“党政领导+机关干部”定企挂包责任制，选派近百名机关干部入驻企业，帮助解决复工复产难点问题。2月底，率先在全市实现规上企业复工率100%。同时，落实纾困惠企政策，帮扶企业寻找国内合作伙伴，联合多家金融机构解决融资难题，减免企业职工养老保险金2100余万元。（刘庆庆）

【工业经济】　2020年，郭庄镇实现工业应税销售收入111亿元，固定资产投资27亿元，实际利用外资1290万美元。到上海、南京、苏州等地开展小分队招商20余次，其中专题招商6次，引进5吉瓦高效光伏组件、5G智慧能源产业园、6吉瓦单晶硅切片等重点项目，协议总投资超过40亿元。年内，年产6吉瓦太阳能单晶硅切片、协鑫高效智能组件、恒嘉年产1吉瓦太阳能电池组件、协鑫智慧绿色云仓二期等重点项目投产；铭顺汽车主体竣工；5吉瓦高效光伏组件项目成功签署三方协议；新能源汽车零配件供应链管理华东基地、恒伟物流等一批项目实现开工。（刘庆庆）

【现代农业】　2020年，郭庄镇完成4.6万亩小麦、6600亩油菜、6.2万亩水稻种植和5000亩方溪片区高标准农田建设。全面落实

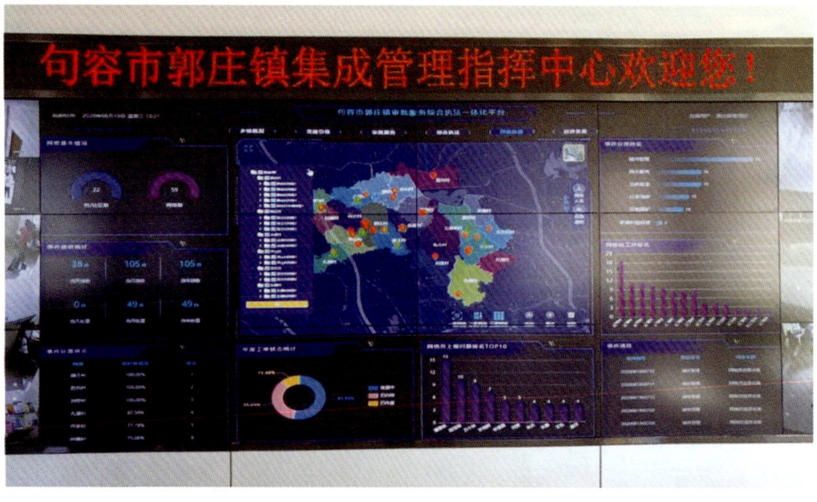

郭庄镇审批服务综合执法一体化平台投入使用

530亩生态标准化鱼池改造和700亩稻虾综合种养任务，超额完成各项任务指标。完成土地休耕1.47万亩，休耕面积位列全市第一。全年新增市级示范家庭农场4个、镇江市级示范家庭农场1个、示范合作社2个、省级示范家庭农场2个。苏润米业获得江苏省粮食行业协会第二届“好吃苏米”品鉴大赛金奖第一名，纪兵合作社获得中华全国供销合作总社农民专业合作社示范社称号。

（刘庆庆）

【文化旅游】 2020年，郭庄镇将生态旅游与乡村振兴有机结合，积极参加旅游推介会，全年新增AA级以上旅游厕所1座、停车场面积1000平方米。赤山湖国家湿地公园成功举办“世界无车日”活动，近600人参加“健康出行”，6月5日“世界环境日”活动当天，举行句容首场自然主题直播节目——“赤山湖鸟叔带你自然观察”。

（刘庆庆）

【镇村建设】 2020年，郭庄镇投入3119万元对赤山湖内湖堤防加固3550米。集中整治河道，完成河塘疏浚72座，塘坝改造19座，河道疏浚3条。推进拆迁安置小区产权证办理工作，丹湖小区、雅苑小区产权证有序发放。实施镇为民服务中心提档升级工程，综合行政执法局和集成管理指挥中心办公场所建成使用。2600平方米的镇综合文化站和社区教育中心全面启用。葛村集镇学校东侧街道路面提档升级和金赤路“白改黑”项目完成，宁茅路与空港大道南延线交汇路口、五渚坊村路口信号灯工程竣工并投入使用。

（刘庆庆）

【民生事业】 2020年，郭庄镇通过发展高效农业、特色光伏扶贫等方式提高收入水平，10个经济薄弱村集体经营性收入稳定达到80万元以上。全年全镇共募集善款254.5万元，群众救助2978人次。开展职业技能培训、农村劳动力技能提升培训，累计参加300余人次，审批发放富民创业贷款3750余万元。发放2020年度独生子女父母奖励金23.57万元，共为8750余名65岁以上老年人及1424名建档立卡人员提供免费体检。做好城乡最低生活保障工作，发放低保金365万余元，分散五保金368万元，发放残疾人两项补贴约894万元。针对留守儿童、留守老人等弱势群体，购买高龄、失能、半失能老人上门服务近2600余人次。14个村因地制宜，建成居家养老服务中心。推进基层审批服务执法力量整合，在镇江市率先完成“三整合”新成立机构揭牌，暂承接省赋行政审批与公共服务下放权限35项、行政执法下放权限235项、省赋权限清单外公共服务类39项。

（刘庆庆）

5月29日，新希望六和农牧有限公司15万头生猪养殖项目开工建设

后白镇

【概况】 后白镇地处国家AAAAA级风景名胜区、道教圣地茅山西麓，国家湿地公园赤山湖东畔。境内总面积143.28平方千米，大部属河圩地区，水资源丰富，素有“七水三田”之称。境内辖21个行政村和3个居委会，户籍人口5.8万人，常住人口6.1万人，外来从业人员约0.6万人。全年完成地区生产总值55.56亿元，一般公共预算收入8819万元。实现工业应税销售30.95亿元，固定资产投资11.78亿元，农民人均可支配收入达26700元。2020年，西冯村创成全国文明村，

西冯草坪获得国家地理标志产品。（陈　通）

【疫情防控】　2020 年，面对疫情，后白镇第一时间成立镇防控指挥部，落实“四早”要求，组织动员 400 余名党员干部和 60 余名志愿者下沉一线，全面落实疫情防控各项措施，对全镇所有出入通道实行交通管控，对所有行政村、社区实行 24 小时严格封闭管理。在疫情得到有效控制后，统筹推进疫情防控和经济发展工作，选派 20 名帮办员，走进企业开展帮办服务，推进复工复产、复商复市工作，并落实上级一系列纾困惠企政策，减免租金超 100 万元，减免企业职工养老保险金 2200 余万元。（陈　通）

【工业经济】　2020 年，后白镇开展“迎老乡、回故乡、建家乡”活动，到上海、南京、苏州等地开展招商 69 场次，签订正式协议 10 个，签约金额超 10 亿元，其中有 5 个项目通过市产评会，投资金额近 6 亿元。年内 9 个市重点产业项目均按序时或超序时进度，林亚通讯、大美天第、曜铭生物等 7 个待开工项目正加速推进。帮助 6 家企业成功入选省高新技术企业培育库，3 家企业获得市产业转型升级专项资金支持，2 家企业获得省三星级上云企业认定。盘活土地约 190 亩，厂房 50000 平方米，其中通过租赁、合作等方式盘活联合铜材、恒馨米业、润阳水泥 3 家企业。（陈　通）

【现代农业】　2020 年，后白镇新增水稻 6141 亩，玉米 1032 亩，完成高效设施农业 250 亩，稻渔综合种养 600 亩指标；完成生猪出栏 14000 头，存栏 7000 头的稳产保供任务。总投资 7.5 亿元、占地面积 2000 余亩的新希望六和集团 15 万头生猪养殖项目开工建设；古村 5000 亩高标准农田完工，投资 1000 万元的高标准大棚开工，华振生态、静庆生态等项目序时推进。西冯草坪获得国家地理标志商标；草坪研究院及试验基地分别获科技部、教育部正式授牌，研究院编撰草坪类 7 个标准，通过省级草坪标准化验收。与南京农业大学签署共建草坪研究院深化合作协议，与省农科院共建句容稻米产业研究院和工程研发中心，获得授权种植“南粳”系列优质新品种 7 个，李家桥 600 亩稻米新品种试验基地序时推进。“后白味稻”区域性公用品牌正式授权，“福地好味稻”获全国绿色有机大米知名品牌，天香米获得国际有机食品博览会金奖。（陈　通）

【镇村建设】　2020 年，后白镇启动后白国土空间规划编制工作，申报富民强村继续行动项目 15 个，总投资达 1650 万元，到账奖补资金 500 万元。开展农村人居环境整治行动，解决农村环境卫生、乱贴乱画、黑臭水体、河道池塘漂浮物、乱堆乱放等脏乱差问题，21 个村全部通过镇江验收。张庙片区截污纳管全面完工，通过省级专家验收，按时销号。推进丰产沟治理工程，推进全国排污许可证制度，完成 250 余家企业排污许可证核发工作。总投资约 2800 万元的后白卫生院综合楼开工建设，新设二曙线、二杨线、曲泗线沿线防撞护栏 4500 米。续建 2.6 千米张槐路道路提档升级工程，新建花海路北沿段 800 米道路。新建二圣水库南干渠、茅山水库南北干渠、丰产沟涵闸 5 座，拆建电站渠道 400 米，十里小河、丰产沟灌浆 3 千米，新建防汛道路 1 千米，茅山水库南干渠二圣十字河清淤 3 千米。安装分类垃圾桶 4485 套，建成垃圾分类中转收集点 45 座。协助华润燃气做好管道下地工作和企业接管工作。完成华阳至张庙段 1 千米，王庄集镇段 3.5 千米管道下地工程。（陈　通）

【民生事业】　2020 年，后白镇加强对边缘性贫困户动态监测，加大就业帮扶、社会救助和兜底保障，全镇 18 个经济薄弱村以及 782 户，1480 名建档立卡户都稳定实现“双达标”。全年发放慰问金 370.86 万元，救助 4677 人次，老年人意外伤害保险实现全覆盖。全年发放富民创业贷款 1000 万元，发放优抚经费及安置金 866.7 万元。新建或改建标准化居家养老服务中心 8 家，覆盖率达 100%。启动安置小区不动产颁证工作，推进已拆迁未安置群众货币化安置工作。推进垃圾分类试点，林梅村“积分兑换”助力垃圾分类做法成为“文明积分”“综治银行”试点单位。推进改厕工作，林梅、二圣、徐巷、西城 4 个村通过镇江、句容两级验收。推进社会治理创新，累计上报各类信息 12491 条，持续开展“扫黑除恶”专项斗争。落实安全生产责任制，全年未发生一起安全

生产事故。（陈　通）

天王镇

【概况】　天王镇地处宁镇常三市交界处，南与溧阳接壤，东与金坛相依，西与溧水毗邻，是句容市南大门，始建于唐中和二年，因御赐金匾寺庙——天王寺而得名，至今已有1400多年的历史。全镇地域面积131.54平方千米，下辖16个行政村和1个社区，截至2020年年末户籍人口5.4万人。天王镇土地资源丰富，以丘陵山地为主，全镇耕地总面积11.5万亩，其中水田5.3万亩，岗坡旱地6.2万亩，另有各类水面1.2万亩，大多水源经检测达国家一类水标准。2020年，实现地区生产总值51.34亿元，完成一般公共预算收入5000万元，农民人均可支配收入达27120元。年内，戴庄大米创成国家地理标志商标；句容市唐陵花木交易市场有限公司获国家级农业龙头企业认定；天王镇获“美丽乡村拍摄基地”称号。

（张映钢　谈德寅）

【工业经济】　2020年，天王镇总投3.5亿元的镇江市重点制造业项目天旸科技智能防护设备生产项目，一期两幢厂房主体竣工。总投5000万的镇江市重点农业项目土山土水生态农业科技园完成占地建筑面积1.5万平方米农产品深加工厂，主体建筑基本完成建设，完成设计装修，稻米加工工厂、果品深加工工厂设备安装调试完成，开始全面试运营。总投2.5亿元的惠博汽车零部件项目，一期一幢厂房主体竣工。总投1.2亿元的裕凯机械风电润滑系统生产项目完成部分围挡建设。2个句容市级技术改造项目，总投1000万元的顺新能源风力发电定转子扩产项目和总投1000万元的天王汽配汽车零配件扩产项目，400万元新设备购置进场且投入使用。（张映钢　谈德寅）

【农业旅游】　2020年，天王镇深化“戴庄经验”推广，斗门、天王优质绿色水稻种植面积不断扩大，绿色水稻种植面积新增2180亩。同时，新发展稻田综合种养210亩、设施蔬菜85亩、果树180亩、花木2500亩、林下循环养殖750亩。“福到句容　稻香天王”为主题的天王稻香节在戴庄白沙村举办，拉开2020句容农民丰收节的帷幕。10月1日，以“喜庆丰收　福迎小康“为主题的“美丽中国乡村行走进句容天王”活动在天王镇浮山樱花园成功举行。

（张映钢　谈德寅）

【镇村建设】　2020年，天王镇完成340省道污水管网及老104国道天王集镇南两条污水管网、为民服务中心装修工程、老交警队改造工程室内装修、天王寺牌坊到映月桥段沥青路面、340省道路灯、工业园区35千伏高压线改线、新希望洗消中心道路、天王白沙高标准农田改造项目、新104国道与340省道交叉口节点绿化工程。完成农村塘坝改造12座、河塘疏浚24座、小型农田水利设施配套20座；完成镇级河道金戴河上游及押泥杆河清淤整治工程、15座在册水库汛后隐患排查整改工作。（张映钢　谈德寅）

【民生事业】　2020年，天王镇浦溪花园五期项目、天然气接入工程开工；天鑫路公共厕所、新老104交叉口景观改造已完成设计及预算。完成农林村村庄规划、斗门村村庄规划、完成东三棚省级特田景观提升规划设计、西庄省级特田景观提升规划设计、白沙高标准农田规划设计及天王集镇地下管线综合测绘。人居环境

稻香节期间，天王镇开展水稻收割

方面，全镇16个行政村151个自然村于2020年7月全部通过镇江专项办的现场验收。

（张映钢　谈德寅）

【“美丽中国乡村行走进句容天王”活动举办】　10月1日国庆节当天，“美丽中国乡村行走进句容天王”活动在天王镇浮山樱花园成功举行。本次活动以“喜庆丰收，福迎小康”为主题，旨在满足城乡群众节庆多元化更高文化生活的需求，提升农民的荣誉感、幸福感、获得感，展示新时代新句容新风貌。整场活动融句容名特优农产品、句容地道风味美食和老百姓喜闻乐见的歌曲舞蹈于一体，展现出浓浓的田园风情和农家特色。

（张映钢　谈德寅）

茅山镇

【概况】　茅山镇地处上海经济圈和南京都市圈的交叠处，总面积81平方千米，下辖城盖、丁庄、何庄等10个行政村和1个居委会。户籍人口2.91万人。全年完成地区生产总值30.1亿元；一般公共预算收入2941万元；工业应税销售收入6.4亿元；固定资产投资6.5亿元；利用外资1022万美元；人均可支配收入达到26735元。年内，丁庄村入选2020年中国美丽休闲乡村、全国乡村旅游重点村、全国文明村；“葡萄架下的文明实践”获全国学雷锋最佳志愿服务项目；丁庄葡萄小镇被列入省级特色小镇创建名单；丁庄万亩葡萄专业合作联社入选2020年全国示范合作社“典型案例”；丁庄村、丁家边被评为2020年全国乡村特色产业亿元村；永兴村入选全国“一村一品”示范村镇名单。

（华　嘉）

【经济发展】　2020年，茅山镇贯彻“产业强市”一号战略，全镇在手项目进展顺利。总投资5亿元的迎客乡村酒店项目预计2021年7月3日开业；总投资1.1亿元的义利康酵素园项目预计2021年8月试生产；总投资1.05亿元的山水葛园民宿项目全面开工建设；总投资1.1亿元的清境农场项目预计2021年6月开园。另有江苏惟华农业科技丁庄堆肥项目、丁庄葡萄小镇田园综合体、木匠谷、桃源胜境等一批项目稳步推进。

（华　嘉）

【现代农业】　茅山镇是传统的农业大镇，也是高效农业特色镇。全镇有省级农业龙头企业2家，农业合作社总数达到85家，其中全国示范合作社4家，省级合作社2家，镇江市级合作社12家。丁庄葡萄、东方紫、茅山长青、葛根茶等一大批农产品创成无公害、绿色农产品和著名商标。2020年，茅山镇抓农文旅项目发展，结合“万企联万村、共走振兴路”，总投资12亿元的瑞华生态农业项目于2020年11月正式签约并开工建设。建成4000平方米的新式大型葡萄分拣中心，实施“村企联建育新机　乡村振兴开新篇”行动，80%的村完成村企联建工作。推进“263”专项行动计划，进行测土配方施肥和农药化肥减量增效，打造生态循环农业。建立粮食生产和生猪生产两项工作保障机制，全力保障“两产”工作。建成高标准农田10000亩，完成春耕备耕、夏收夏

茅山镇得撒迎客乡村酒店项目

种、秋粮增收任务。（华　嘉）

【文化旅游】 茅山镇是省级特色景观旅游名镇，全镇创建成全国农旅型示范点2个，国家AAAA级景区1个，全国农旅AAA级示范点3个，江苏省乡村旅游四星级示范点4个。中国得撒石磨豆腐村、茶博园、茅宝葛园、东方紫酒厂、怡景湾度假村、清境农场等一大批农旅项目相继建成并开园营业。（华　嘉）

【镇村建设】 2020年，茅山镇推进乡村振兴战略，加快何庄试点建设、提升基础设施、美化人居环境。何庄乡村振兴试点9个组团1186栋民房全部实现封顶，水电路讯气等基础设施配套全面进场施工。以“四清一治一改”“四个专项行动”为重点，以行政村为单位，全镇9个行政村全部通过镇江市人居环境考核验收。开展秸秆禁烧全方位巡查，实现全年零火情，推进大气污染防治。健全农村卫生长效管护机制，完成户厕改厕目标任务。开展农村乱占耕地建房专项整治、“两违三乱”专项整治、农村公共空间治理工作，深入宣传“八不准”相关规定，清理乱堆乱放3082处，清淤疏浚河道6.88千米。开展“安全生产月”、“安全生产宣传咨询日”、固废危废安全专项整治、安全生产宣传教育“七进”、违法“小化工”整治等活动；对在建工程、使用燃气行业和校园安全、燃气、烟花爆竹、危化品、消防等重点领域开展监督排查，抓好安全生产工作。（华　嘉）

【民生事业】 2020年，茅山镇坚持为民理念，推进民生实事。开展第十四个“慈善捐赠月”活动，募集善款68.2万元；开展老年人“安康关爱”行动，兜底保障农村五保户193人。深入开展“助医”“助学”“助困”工作。坚持建档立卡户动态管理、深入调查、精准识别，精准脱贫工作落到实处；建档立卡户549户1102人和8个经济薄弱村均实现“双8”脱贫目标，完成“百村万户达新标”任务。建立退役军人服务站，抚恤金、水电补贴、物价补贴定期发放，为重点优抚对象缴纳保险共计28.7万元，深入开展优抚对象慰问、免费体检。（华　嘉）

崇明街道

【概况】 崇明街道地处句容市主城区，东起东昌中路，南至二圣路，西到洪武路，北抵文昌中路，辖东门、义台街、红旗、崇明、茅山、甲城、河滨、中凌、葛仙、建新、新村、梅花、马扎里13个社区居委会。（黄　炎）

【社区建设】 2020年，崇明街道推进文明城市建设，将全国文明城市创建工作融入基础设施整治、公共秩序提升、老旧小区治理、文明风尚营造。实施老旧小区改造，投入1300余万元对梅花小区、玫瑰苑、一品佳园等小区进行改造提升，解决楼道黑暗、墙体破损、楼顶漏水、三线乱搭等问题。对城区7大菜场周边700余幢居民楼出新整治，着力改善居民居住环境。建设微型消防站65个，完成48个居民小区的消防通道禁停标志划设工作，在消防薄弱小区投放灭火器材1200余组，新增消防水带400余套。新增太阳能臂架式路灯324盏，漆划机动车位2610个、非机动车位18495米。推进基础设施的排查修复，修补破损路面8000余平方米，修补路牙1200余米，疏通下水道3200余米，铺设下水管道900余米，清理化粪池370余座，更换雨水篦子和各类盖板430余块，切实改善老旧小区居住环境。（黄　炎）

【社区服务】 2020年，崇明街道深化“彩虹桥”惠民助困计划，全年救助困难学生51人，助医、助老381人。做好慈善募集工作，募集善款30万余元。为1985名80岁以上老人发放尊老金，共计67.38万元；为1.2万余名60—78岁老人购买意外伤害保险，共计60余万元；为189名85岁以上老人购买新型农村合作医疗保险，共计6.24万元。在13个社区建成居家养老服务中心，新建街道居家养老服务中心，使用面积达2000余平方米。新增低保2户，清退低保10户，完成98户144人的低保核查、长期公示工作。对辖区内困难户无住房家庭进行摸底统计，共计75户家庭申请保障房，完成对139户廉租住房年度审核工作。对辖区内残疾人进行分类帮扶，解决残疾人群体的就业、教育、康复训练方面的困难。全年开展慰问计生特殊家庭共80户，发放慰问金及物资共计13万

崇明街道新建居家养老服务中心——“幸福里”

余元。开展健康讲座、义诊活动16场次，举办各类政策宣传活动15场次。评选表彰50户“文明家庭”和20户“最美家庭”，设立善行义举榜。打造“红色影院”等15个特色服务品牌，建立服务清单，公示活动计划，先后开展为民服务活动450余场。依托“爱心超市”，组织党员为400户家庭1655名群众提供帮助。在元旦、春节、“八一”等重大节假日期间走访慰问重点优抚对象，落实困难退伍军人家庭50户，帮扶资金4.5万元。（黄　炎）

【社区治理】　2020年，崇明街道试点实施“小区党支部+网格党小组+楼栋党员先锋共建岗”的三级化管理。建立18个“党员先锋共建岗”示范点，选聘36名党员楼栋长，吸收在职、无职、离退休党员488人，累计解决居民诉求400余件。完成第七次全国人口普查和机构改革工作，承接46项行政审批和公共服务事项。通过公开招聘和现有兼职网格员转入方式，共配备专职网格员116人，提升网格化集成管理工作质效。（黄　炎）

茅山风景区管委会

【概况】　茅山风景区行政区域面积153平方千米，辖10个行政村，户籍人口3.3万人。2020年，实现地区生产总值28.6亿元，实现一般公共预算收入3516万元。旅游经济恢复明显，全年景区接待游客447.5万次，旅游营业收入2.59亿元。2020年，茅山风景区围绕做好“六稳”“六保”任务，全面建成小康社会，以及推动“一福地四名城”建设、“1355”战略部署深化等开展工作，在推进疫情防控和经济社会发展方面做到“两手抓”，实现“双过硬”。（孔德琴）

【经济发展】　2020年，茅山风景区新签约项目4个，茅山青蒿园、镜心谷、康缘中药材产业园3个项目通过了产业评估，道温泉酒店、茅山逸酒店、福来涵苑、京华民宿4个项目均实现了当年开工当年建成运营。镇江市重点产业项目康缘中医药文化产业园、金象温泉欢乐谷、开元酒店，句容市重点产业项目天下无有谷、茅山半岛度假村、茅山洲际酒店顺利推进。其中涵田商业街区以及洲际酒店正式开业，天下无有谷项目高科技演绎秀完成阶段性汇报演出，温泉欢乐谷项目于2020年7月运营，6个重点产业项目全部达到投资建设序时进度。（孔德琴）

【镇村建设】　2020年，茅山风景区做好村“两委”换届，各项工作有序推进。创新打造“红色文化+研学”党性教育模式，成功创建江苏省民营经济人士理想信念教育实践基地。全年举办各类培训500多个班次，培训学员5万余人次。开展“小化工”领域、烟花爆竹经营单位、冶金工贸行业、文化和旅游景点等方面安全生产专项整治，对查出的隐患全部整改到位；举办了“百团进百万企业”“安全生产月”“法律七进”等系列宣讲和主题活动，培训“三项人员”234人，培训率达100%；发放宣传手册2000余份，悬挂横幅百余条，投放高炮10余个，制作安全生产宣传

栏 9 个。（孔德琴）

【民生事业】　茅山风景区共建档立卡户 292 户 506 人，其中“五保户”63 户 66 人；低保户 150 户 271 人；一般贫困户 79 户 169 人。截至 2019 年 9 月底，全部实现脱贫。通过向上争取、镇级扶持，共实施扶贫项目 31 个，涉及水利、交通、路灯、环境整治等方面，累计投入资金 1800 余万元。其中争取市级财政资金及中央财政资金扶贫项目 2 个，涉及资金 180 万元，安排公益岗位就业 18 个；帮助销售滞销桃子、大米和菜籽油等各类扶贫农产品共计 1 万余千克。打造茅山村党建标准化精品示范村，玉晨、夏林等 7 个村通过标准化验收工作。组建 10 个“党员突击队”和 20 个“党员志愿服务队”，在防控一线卡口同步设立 60 个党员先锋岗作为防控前沿阵地。（孔德琴）

【第五届国际道教论坛筹备】　2020 年，茅山风景区将论坛作为“一号工程”，瞄准“世界瞩目、彰显特色、无与伦比”目标，全力筹备、确保圆满。配套工程、宣传氛围、疫情防控等各项工作扎实有序推进。主论坛会场道宫内外装修全部完成，作为会见及宴请重要嘉宾场所的茅山洲际温泉假日度假酒店正式运行，包括句茅路路灯工程、沥青摊铺、沿线环境整体提升、“三宫两观”微修缮、水电气建设等在内的基础项目工程均已竣工。年内，中国道教协会第十次全国代表大会在茅山成功举办。（孔德琴）

黄梅街道

【概况】　句容市黄梅街道办事处，行政区划面积约 144 平方千米，下辖 19 个村（社区），户籍人口约 7.55 万人。句容经济开发区按照“统分结合”的原则，开发区与黄梅街道实行“以区带街、统分结合”管理模式，在开发区党工委、管委会领导下，黄梅街道实体化运作，内部机构、人财物管理等方面相对独立。开发区主要负责产业优化、招商引资、投融资服务和区域城市建设管理等职能；黄梅街道承担社会管理事务，主要负责党的建设、农业农村、社会事业、社会治理和征地拆迁等职能。市委、市政府以及条块工作，按职责分工确定责任主体，负责抓好任务落实。（黄梅街道）

【文化教育】　2020 年疫情期间，黄梅街道按照“保运转”的要求专门下拨财政资金 200 万元，补助辖区内六所幼儿园维持正常运转。9 月 1 日，新建的石狮小学交付使用；12 月，水畔新居幼儿园开始装修，预计 2021 年 9 月 1 日投入使用。2020 年暑期，投入 300 万，对六所学校的消防隐患进行整改，确保校园安全。截至 2020 年年底，辖区内共有初中一所、小学五所、幼儿园六所；正在建设、2021 年交付使用的公办幼儿园一所，民办普惠园一所，同时成立工作小组进一步规范无证民办幼儿园清理整治工作。文化产业顺利推进，完成全年营收、新增规上企业数，营收规模和制造业文化企业数量规模均位居全市第一。推进全民阅读，企阅圈、企阅角品牌效应逐步显现。开展文化惠民，全市百姓大舞台获得第三名。实施乡村文艺播种计划，九华村综合文化服务中心通过全省公共文化服务示范区创建检查考核组验收。全面开展文明单位创建工作，组织开展文明家庭评选和宣传工作，成功举办全市志愿服务集市活动，深入开展新时代文明实践活动。（黄梅街道）

茅山风景区第四届百姓大舞台文艺汇演

【民生事业】 2020年，黄梅街道有82个农民专业合作社、5个农业龙头企业、22个家庭农场。年内申请省级高标准农田建设项目3100亩，分布在后莘、石狮和河桥村。通过高标准农田建设，黄梅河以西的石狮片区粮食种植条件明显改善。完成后莘行政村大岗头、张思桥、对过巷、大、小三里樊五个自然村的商品房团购回迁工作；完成莲塘行政村南杆底自然村的回迁安置工作，共计回迁安置274户、454套房屋。完成搬迁群众过渡费的发放工作，共计发放石狮片区、西庙片区过渡费2477万元。2020年，寨里社区的黄金花园、姚徐、杨塘岗、新塘、南巷、大卓法治广场均已完工并投入使用。年内，退役军人服务站被评为“镇江市退役军人事务工作先进集体”，推送辖区内1家企业获得“建行杯”“镇江市首届退役军人创业创新优胜奖”，推送1名退役军人获得“江苏省退役军人微党课获胜奖”。创成2家村（社区）级残疾人之家（寨里、三里井），1家街道（镇）级残疾人之家（黄梅新村）。组织定村干部、第一书记、村干部等开展结对帮扶，帮扶责任人每季度定期上门走访慰问、采集收入等信息，为1户建档立卡户提供公益性岗位，为12户贫困户改造危房，并安排专人全程监督工程质量，将“两不愁、三保障”落到实处。年内黄梅街道全部502户建档立卡户均已脱贫。

（黄梅街道）

2020年句容市各镇（街道、园区、管委会）经济社会发展基本情况一览表

表24

镇（街道、园区、管委会）名称	土地面积（平方千米）	耕地面积（公顷）	户籍人口（人）	人口自然增长率（‰）	地区生产总值（亿元）	社会消费品零售总额（万元）	地方一般公共预算收入（万元）
华阳街道	119.97	5189	62770	17.48	93.7661	913783	79210
下蜀镇	96.44	2642.2	34620	-2.71	75.6469	7762	50262
宝华镇	103.06	981	28710	0.21	56.5617	46988	115077
白兔镇	115.50	4569	39644	-0.81	37.3127	35064	5699
边城镇	109.00	3411	34607	-0.74	39.4170	4402	10243
郭庄镇	150.55	7854	67263	-0.82	68.2100	42232	19112.73
后白镇	143.28	7761	58033	-0.87	55.5639	18184	8819
茅山镇	81.00	4667	29137	-0.56	30.1119	15124	2941
天王镇	131.54	8173	53920	-1.11	51.3400	68167	5000
茅山风景区管委会	153.00	4585	32697	-0.69	28.6227	14151.3	3516
开发区	144.00	2785	75458	0.02	138.9918	162035	158276

市领导简介

（2020年发生变动的）

高庆华　中共句容市委副书记、统战部部长、党校校长。2020年7月不再兼任中共句容市委党校校长职务。

简介见《句容年鉴（2006）》。

宋飞雄　中共句容市委常委，市人民政府党组副书记、常务副市长，市行政干部学校校长。2020年7月不再兼任句容市行政干部学校校长职务。

简介见《句容年鉴（2014）》。

孙卫军　中共句容市委常委，宝华镇党委书记，宝华山国家森林公园党工委书记。2020年10月不再担任中共句容市委常委，宝华镇党委书记，宝华山国家森林公园党工委书记职务。

简介见《句容年鉴（2014）》。

汪丹宁　中共句容市委常委、组织部部长。2020年7月兼任中共句容市委党校校长、市行政干部学校校长。

简介见《句容年鉴（2019）》。

徐　飞　2020年3月任句容市人民政府党组成员，下蜀镇人大主席（副处职）。

1977年3月生，男，汉族，江苏句容人，1996年8月参加工作，1999年1月加入中国共产党，全日制中专学历，在职大学学历。

1996年8月历任共青团句容市委干事、宣传部副部长；2001年6月任共青团句容市委副书记；2005年9月任句容市黄梅镇党委副书记；2009年8月任句容市赤山湖党工委书记、管委会常务副主任；2013年2月任江苏省句容经济开发区党工委副书记、管委会主任，开发建设总公司董事长；2014年4月任江苏省句容经济开发区党工委副书记、管委会主任；2014年8月任江苏省句容经济开发区党工委副书记；2014年12月任江苏省句容经济开发区开发区党工委副书记、市黄梅街道党工委书记；2015年3月任句容市茅山镇党委书记；2019年12月任句容市下蜀镇人大主席（升格后）、茅山镇党委书记。（市委组织部）

模范人物简介

糜　林　原镇江市农业科学院果树研究室主任、研究员，2020年2月18日去世。2020年6月，入选江苏好人榜榜单；2020年9月17日，入选2—7月“中国好人榜”，被评为“敬业奉献好人”；2020年10月，获全国脱贫攻坚奖贡献奖。

1963年出生，1987年7月从句容农校（现为江苏省农林职业技术学院）毕业，进入镇江农科所（现为镇江市农业科学院）工作。自参加工作以来，33 年如一日扎根“三农”一线，把科技兴农、科技富农作为毕生奋斗目标，积极开展农业科学研究和技术推广服务，帮助茅山老区农民掌握应时鲜果先进栽培技术，实现脱贫致富。他把科技成果陆续推广到中西部地区 4 个省（自治区、直辖市）、17 个县，累计培训农民 16 万余人次，为农民增收 10 亿多元。先后主持省、市级研究课题 30 多项，获国家授权发明专利 13 件、省市级科技奖 7 项，编制省、市级地方标准 7 项，发表论文 35 篇，出版著作 6 部。

（史志办）

张奎峰　江苏句容市白兔镇倪塘村葡萄种植示范党支部书记、致富果业专业合作社社长。2020 年 10 月被农业农村部评为农民教育培训“百名优秀学员”扶贫先锋。

1977 年 6 月出生，中共党员，汉族，1995 年 7 月参加工作。张奎峰潜心钻研种植技术，积极参加各类新型职业农民培训，自费到台湾、浙江、山东等地学习，种出的葡萄先后荣获全国、省和市级行业评比金奖 10 多个，年销售 2 万多箱，年利润 100 余万元，亩均效益达 3 万多元。他还牵头组建致富果业专业合作社，帮助合作社 165 户及周边 135 户葡萄种植户转变种植理念、转变种植方式，探索新品种新技术，合作社亩均增加效益 3000 多元，带动就业 287 人。

张奎峰曾先后获江苏省乡土人才“三带”新秀、镇江市劳动模范、镇江市十佳农民、镇江市十大创业明星、2020 年江苏省农业技术推广奖二等奖等荣誉称号。

（白兔镇）

沈春雷　江苏广兴集团有限公司首席技师。2020 年 11 月当选为全国劳动模范。

1965 年 3 月出生，中共党员，从事建筑行业 30 多年来，长期奋战在工程建设一线。他通过自考获得同济大学工程管理本科学历，先后取得了砌筑工技师（职业最高级）职业资格、装饰镶贴工高级技师职业资格、一级建造师资质。通过勤学苦练，努力提高专业技术水平，练就了一手过硬的基本功。由他开创的斜坡屋面防水技术成为行业标杆，所负责工程屋面渗漏返修率为零。在担任班组长后，沈春雷重视团队建设，通过“快乐工作法”凝聚职工合力，开设“业余建筑工培训学校”为职工提供培训，传授技能，所带班组被全国总工会评为“安康杯”优胜班组。

沈春雷先后获得江苏省有突出贡献中青年专家、江苏省技术能手、江苏省企业首席技师、全国优秀农民工等荣誉称号。

（史志办）

逝世人物简介

金鼎鐄　原句容市政协副主席，1997 年 12 月退休，2020 年 6 月 27 日逝世，享年 87 岁。

1934 年 4 月 2 日出生于扬州市，1950 年 4 月参加工作，1952 年 9 月加入中国共产党。1950 年 4 月至 1960 年 5 月，在句容税务局工作；1960 年 5 月至 1966 年在句容县委办工作；1974 年至 1977 年在黄梅公社工作。1978 年至 1980 年在溧水县工作。1981 年至 1985 年分别在武进、常州、无锡市工作。1986 年至 1997 年，在句容政协工作，担任政协副主席。

先进人物名录

2020年句容市获省条线以上荣誉人物一览表

表25

姓名	单 位	荣誉称号	授予单位	授予时间
鸦连军	句容市人民检察院	二等功	江苏省人民检察院	2020年1月
戴 蓉	句容市商务局	全省商务局系统先进工作者	省人力资源和社会保障厅、省商务厅	2020年1月
章美霞	句容市华阳卫生服务中心	江苏“最美志愿者”	中共江苏省委宣传部、省文明办	2020年2月
易善智	句容市公安局交警大队	江苏“最美防疫先锋”	江苏省委宣传部	2020年3月
易善智	句容市公安局交警大队	“江苏好人”	江苏省文明办	2020年3月
丛培周	句容市公安局刑警大队	全省政法系统先进工作者	江苏省委政法委、省人社厅	2020年4月
谭江宇	句容市人民法院	全省法院审判系统先进个人	江苏省高级人民法院	2020年4月
华梦丽	句容果牧不忘家庭农场有限公司	江苏“最美大学毕业生”	江苏省委宣传部	2020年6月
闫晓星	句容市公安局石狮派出所	江苏“最美巾帼奋斗者”	江苏省公安厅、江苏省妇联	2020年6月
章美霞	句容市华阳卫生服务中心	“江苏好人”	江苏省文明办	2020年6月
吴 阳	句容市残疾人联合会	全省残联系统先进工作者	江苏省人力资源社会保障厅、江苏省残疾人联合会	2020年6月
糜 林	镇江市农业科学院	江苏“时代楷模”	江苏省委宣传部	2020年6月
江大兵	句容市城管局	江苏省住房和城乡建设行业优秀共产党员	中共江苏省住房和城乡建设行业委员会	2020年6月
杨 慧	市人民医院	新冠肺炎疫情防控记功奖励	省人社厅、卫健委	2020年6月
赵甜甜	市人民医院	新冠肺炎疫情防控嘉奖名单	省人社厅、卫健委	2020年6月
秦 娇	市人民医院	新冠肺炎疫情防控嘉奖名单	省人社厅、卫健委	2020年6月
殷慧慧	市人民医院	新冠肺炎疫情防控嘉奖名单	省人社厅、卫健委	2020年6月
包华成	市人民医院	新冠肺炎疫情防控嘉奖名单	省人社厅、卫健委	2020年6月
张古方	市人民医院	新冠肺炎疫情防控嘉奖名单	省人社厅、卫健委	2020年6月
张美玲	市人民医院	新冠肺炎疫情防控嘉奖名单	省人社厅、卫健委	2020年6月
巫章娟	石狮社区卫生服务中心	新冠肺炎疫情防控嘉奖名单	省人社厅、卫健委	2020年6月
刘 宇	市疾控中心	新冠肺炎疫情防控嘉奖名单	省人社厅、卫健委	2020年6月
刘 敏	市疾控中心	优秀党务工作者	中共江苏省卫生健康行业委员会	2020年7月

续表 25

姓名	单　位	荣誉称号	授予单位	授予时间
马文荣	句容市公安局经侦大队	全省公安机关执法示范岗位	江苏省公安厅	2020 年 7 月
钟　海	句容市检察院	全国检察宣传先进个人	检察日报社	2020 年 7 月
罗年武	句容市边城中学	“新时代好少年”主题教育读书活动“先进个人”	教育部关心下一代工作委员会	2020 年 8 月
糜　林	镇江市农业科学院	2—7 月“中国好人榜”“敬业奉献好人”	中央文明办	2020 年 9 月
程　明	句容市白兔中心小学	省百姓学习之星	江苏省成人教育协会	2020 年 9 月
糜　林	镇江市农业科学院	全国脱贫攻坚奖贡献奖	国务院	2020 年 10 月
张奎峰	白兔镇致富果业专业合作社	农民教育培训“百名优秀学员”扶贫先锋	农业农村部	2020 年 10 月
史小莉	句容市华阳中学	江苏省优秀心理健康辅导员	江苏省少工委	2020 年 10 月
陈先进	句容市二圣中心小学	全省校外辅导站工作优秀辅导员	省文明办、省关心下一代工作委员会	2020 年 10 月
沈春雷	江苏广兴集团有限公司	全国劳动模范	中共中央、国务院	2020 年 11 月
裔玉诚	句容市公安局	全省抗击新冠肺炎疫情先进个人	中共江苏省委	2020 年 11 月
秦　娇	市人民医院	全省抗击新冠肺炎疫情先进个人	中共江苏省委省人民政府	2020 年 11 月
陈　松	句容市交通运输局	全省抗击新冠肺炎疫情先进个人	中共江苏省委	2020 年 11 月
卢　丹	句容市公安局刑警大队	江苏省三八红旗手	江苏省妇联	2020 年 11 月
姚武荣	宝华镇仓头村	江苏省农机使用一线“土专家”	江苏省农业农村厅	2020 年 11 月
张红建	宝华镇仓头村	江苏省农机使用一线“土专家”	江苏省农业农村厅	2020 年 11 月
龚于高	宝华镇仓头村	江苏省农机使用一线“土专家”	江苏省农业农村厅	2020 年 11 月
邱宽勇	句容市葛村中心小学	优秀青少年科技教育校长	江苏省教育厅	2020 年 12 月
陈　亮	句容市第三中学	第 32 届江苏省中小学生金钥匙科技竞赛优秀青少年科技教育辅导员	江苏省教育厅、江苏省科学技术协会、江苏省精神文明建设指导委员会办公室	2020 年 12 月
卜延斌	句容市社区培训学院	“十三五”社会教育先进个人	江苏省社会教育指导中心	2020 年 12 月
金　成	下蜀镇空青村	江苏好青年	团省委、省文明办、省通管局	2020 年 12 月
戴　翔	郭庄镇芦亭村	江苏好青年	团省委、省文明办、省通管局	2020 年 12 月
孙　文	江苏省人民医院句容分院	江苏好青年	团省委、省文明办、省通管局	2020 年 12 月

注：收录时间以证书或发文日期为准：2020 年 1 月 1 日至 12 月 31 日止。

先进集体名录

2020年句容市获省条线以上先进集体一览表

表26

单位（全称）	荣誉名称	授予单位	授予时间
江苏金沃机械有限公司	国家科学技术进步二等奖	国务院	2020年1月
句容市	普通话基本普及县域	江苏省语言文字工作委员会、江苏省教育厅	2020年1月
句容市三台阁幼儿园	2019年度江苏省餐饮质量安全示范食堂	江苏省市场监督管理局	2020年1月
句容市	江苏省农产品质量安全县	江苏省食品安全委员会	2020年3月
句容市实验高级中学	江苏省优秀共青团组织	共青团江苏省委、江苏省教育厅	2020年3月
江苏农林职业技术学院	全国农牧渔业丰收奖	农业农村部	2020年3月
句容市供销合作总社	二十强县级供销合作社	江苏省供销合作总社	2020年3月
句容市总工会	江苏省“安康杯”竞赛组织工作优秀单位	江苏省总工会 江苏省应急管理厅	2020年4月
江苏盛邦家具制造有限公司	江苏省五一劳动奖状	江苏省总工会	2020年4月
句容市深水水务有限公司化验班	江苏省工人先锋号	江苏省总工会	2020年4月
句容市城乡公交有限公司天王线	江苏省工人先锋号	江苏省总工会	2020年4月
江苏农林职业技术学院	江苏省五四红旗团委	共青团江苏省委	2020年5月
句容市供销合作总社	全国供销合作社系统百强县级社	中华全国供销合作总社	2020年5月
句容市葛村中心小学	2019年江苏省健康促进金牌学校	江苏省教育厅	2020年6月
句容市	江苏省平安校园建设示范市	江苏省教育厅、省委政法委、省公安厅	2020年7月
句容市公安局刑警大队	全省公安机关执法示范所队	江苏省公安厅	2020年7月
下蜀镇	2019年国家卫生乡镇	全国爱国卫生运动委员会	2020年7月
句容市葛村中心小学	2019年度江苏省青少年科技教育三星级先进集体	江苏省青少年科技教育协会	2020年7月

续表 26

单位（全称）	荣誉名称	授予单位	授予时间
句容市人力资源和社会保障局 华阳劳务服务公司	江苏省人力资源服务骨干企业	江苏省人力资源和社会保障厅	2020 年 7 月
茅山镇丁庄村	第二批全国乡村旅游重点村	文化和旅游部	2020 年 7 月
茅山镇丁庄村	中国美丽休闲乡村	农业农村部	2020 年 8 月
句容市教育局	“新时代好少年”主题教育读书活动“美好生活，劳动创造”先进集体	教育部关心下一代工作委员会	2020 年 8 月
句容市关工委	全国关心下一代工作先进集体	中国关心下一代工作委员会、中央精神文明建设指导委员会办公室	2020 年 8 月
句容市	2019 年“四好农村路”省级示范县	江苏省政府办公厅	2020 年 8 月
下蜀镇老干部党支部	省级离退休干部先进集体	中共江苏省委组织部、中共江苏省委老干部局	2020 年 9 月
共青团句容市委员会	2020 年度江苏希望工程“圆梦行动”15 周年优秀组织奖	共青团江苏省委、江苏省青少年发展基金会	2020 年 9 月
镇江市句容生态环境局	第二次全国污染源普查表现突出集体	国务院第二次全国污染源普查领导小组办公室	2020 年 9 月
句容经济开发区管理委员会	全省民族团结进步模范集体	江苏省人民政府	2020 年 10 月
共青团句容市委员会	2020 年全省团属报刊宣传先进单位	共青团江苏省委	2020 年 10 月
茅山镇丁庄村	江苏省第四批次特色田园乡村	江苏省特色田园乡村建设工作联席会议办公室	2020 年 10 月
后白镇西冯村	江苏省第四批次特色田园乡村	江苏省特色田园乡村建设工作联席会议办公室	2020 年 10 月
江苏农林职业技术学院	红旅赛道“优秀组织奖”	江苏省教育厅、江苏省委统战部等	2020 年 10 月
句容市	第六届全国文明城市	中央精神文明建设指导委员会	2020 年 11 月
茅山镇丁庄村	第六届全国文明村镇	中央精神文明建设指导委员会	2020 年 11 月
后白镇西冯村	第六届全国文明村镇	中央精神文明建设指导委员会	2020 年 11 月
白兔镇中心村	第六届全国文明村镇	中央精神文明建设指导委员会	2020 年 11 月
茅山镇永兴村	全国“一村一品”示范村	农业农村部	2020 年 11 月
白兔镇唐庄村	全国“一村一品”示范村	农业农村部	2020 年 11 月
白兔镇白兔村	2020 年全国乡村特色产业亿元村	农业农村部	2020 年 11 月

续表 26

单位（全称）	荣誉名称	授予单位	授予时间
后白镇西冯村	2020 年全国乡村特色产业亿元村	农业农村部	2020 年 11 月
天王镇唐陵村	2020 年全国乡村特色产业亿元村	农业农村部	2020 年 11 月
茅山镇丁庄村	2020 年全国乡村特色产业亿元村	农业农村部	2020 年 11 月
茅山镇丁家边村	2020 年全国乡村特色产业亿元村	农业农村部	2020 年 11 月
句容市人力资源和社会保障局　劳动就业管理中心	就业宣传工作先进单位	中国就业促进会	2020 年 11 月
句容市卫健委	江苏省抗击新冠肺炎疫情先进集体	江苏省委、省政府	2020 年 11 月
句容市关工委	全国关心下一代工作先进集体	中国关工委	2020 年 11 月
句容市	第三批节水型社会建设达标县（区）	水利部	2020 年 11 月
江苏农林职业技术学院	全省学生资助绩效评价优秀单位	江苏省教育厅、财政厅	2020 年 11 月
句容市白兔中心小学	2020 年度省级节水型学校	江苏省水利厅、教育厅	2020 年 11 月
句容市	全国第五批率先基本实现主要农作物生产全程机械化示范市	农业农村部	2020 年 12 月
中共句容市委宣传部	2020 年度江苏省境外卫星电视传播秩序专项整治工作先进单位	江苏省广播电视局	2020 年 12 月
中共句容市委宣传部	2020 年度全省县市新闻中心系统先进单位	江苏省县市报（融媒）研究会、江苏省县市新闻中心工作委员会	2020 年 12 月
句容市发展和改革委员会	物流统计工作先进单位	江苏省现代物流协会	2020 年 12 月
唐陵花木交易市场有限公司	农业产业化国家重点龙头企业	农业农村部	2020 年 12 月
江苏农林职业技术学院	全国大中专学生 2020 年暑期“三下乡”社会实践活动优秀组织单位	共青团中央	2020 年 12 月
江苏农林职业技术学院	全国职业院校校园文化“一校一品”学校	教育部职业院校文化素质教育指导委员会	2020 年 12 月
财政局老干部党支部	江苏省“六有一提升”示范党支部	中共江苏省委老干部局	2020 年 12 月
边城镇光明村	全国农村固定观察点先进观察点村	中共中央政策研究室　农业部农村固定观察点办公室	2020 年 12 月
句容市天王镇浦溪幼儿园	江苏省 2020 年度餐饮质量安全示范食堂	江苏省市场监督管理局	2020 年 12 月
句容市实验小学	第四届“童心里的诗篇”优秀组织奖	江苏省委宣传部、文明办、教育厅	2020 年 12 月
句容市华阳中心小学	江苏省中小学艺术教育特色学校	江苏省教育厅	2020 年 12 月

续表 26

单位（全称）	荣誉名称	授予单位	授予时间
句容市下蜀中心小学	第 32 届江苏省中小学生金钥匙科技竞赛优秀青少年科技教育先进学校	江苏省教育厅、江苏省科学技术协会	2020 年 12 月
句容市边城中学	第 32 届江苏省中小学生金钥匙科技竞赛优秀青少年科技教育先进学校	江苏省教育厅、江苏省科学技术协会	2020 年 12 月
句容市实验小学	第 32 届江苏省中小学金钥匙科技竞赛团体一等奖	江苏省教育厅	2020 年 12 月
句容市宝华中学	2020 年度江苏省健康促进学校（金牌）	江苏省教育厅	2020 年 12 月
句容市宝华中心小学	“十三五”江苏省科学教育综合示范校	江苏省教育厅 江苏省科学技术协会	2020 年 12 月
句容市崇明小学	江苏省中小学诵读学传工作示范校	共青团江苏省委	2020 年 12 月
句容市教育局	第 32 届江苏省中小学金钥匙科技竞赛青少年科技教育先进单位	江苏省教育厅、江苏省科学技术协会、江苏省文明办	2020 年 12 月
句容市郭庄中学	江苏省省绿色学校	江苏省生态环境厅、江苏省教育厅	2020 年 12 月
宝华镇	江苏省生态文明建设示范乡镇	江苏省生态环境厅	2020 年 12 月
宝华镇铜山村	江苏省生态文明建设示范村	江苏省生态环境厅	2020 年 12 月
天王镇戴庄村	江苏省生态文明建设示范村	江苏省生态环境厅	2020 年 12 月
后白镇古村	江苏省生态文明建设示范村	江苏省生态环境厅	2020 年 12 月
句容市融媒体中心	江苏省县市新闻中心系统先进单位	江苏省县市新闻中心工作委员会	2020 年 12 月
句容市华通客运有限公司镇村公交工会	全国模范职工小家	全国总工会	2020 年 12 月
国网江苏省电力有限公司句容供电公司	全国工会品牌职工书屋示范点	全国总工会	2020 年 12 月
国网江苏省电力有限公司句容供电公司	书香企业建设示范点	江苏省总工会 江苏省全民阅读办	2020 年 12 月

注：收录时间以证书或发文日期为准：2020 年 1 月 1 日至 12 月 31 日止。

正高级专业技术人员名录

2020 年句容市正高级专业技术人员一览表

表 27

姓　名	单　位	职　称	批准时间
王　剑	江苏农林职业技术学院	副教授	2020 年 6 月
宋　军	句容市建设工程管理处	正高级工程师	2020 年 9 月
朱兴杰	句容市天王中学	正高级教师	2020 年 11 月
陈大琴	句容市华阳街道中心幼儿园	正高级教师	2020 年 11 月
孟纪军	句容市华阳实验小学	正高级教师	2020 年 11 月
王明松	茅山卫生院	社区主任医师	2020 年 12 月
陈海燕	崇明社区卫生服务中心	社区主任医师	2020 年 12 月
李双根	边城卫生院	社区主任医师	2020 年 12 月
欧阳柏祥	白兔中心卫生院白兔分院	社区主任医师	2020 年 12 月
范月平	市人民医院	主任医师	2020 年 12 月
金　龙	市人民医院	主任医师	2020 年 12 月
朱雪梅	市人民医院	主任医师	2020 年 12 月
王泓涛	市人民医院	主任医师	2020 年 12 月
夏　琴	市人民医院	主任医师	2020 年 12 月
凌　俊	市人民医院	主任医师	2020 年 12 月
茆仁胜	市人民医院	主任医师	2020 年 12 月
朱　勇	市人民医院	主任医师	2020 年 12 月
袁卫星	市人民医院	主任医师	2020 年 12 月
张龙泳	市人民医院	主任医师	2020 年 12 月
刘　强	市人民医院	主任医师	2020 年 12 月
赵　敏	市中医院	主任技师	2020 年 12 月
朱小红	市妇幼保健院	主任医师	2020 年 12 月
黄燕红	市人民医院	主任护师	2020 年 12 月
陈建平	市人民医院	主任护师	2020 年 12 月
吴阿敏	江苏农林职业技术学院	副教授	2020 年 12 月
许　评	江苏农林职业技术学院	副教授	2020 年 12 月
李静涵	江苏农林职业技术学院	副教授	2020 年 12 月
董　慧	江苏农林职业技术学院	思政副教授	2020 年 12 月

注：收录时间以证书或发文日期为准：2020 年 1 月 1 日至 12 月 31 日止。

全面争先进位　奋力追赶超越
跑出“一福地四名城”建设加速度

——在中共句容市委十二届九次全会上的报告（摘要）

潘　群

2020年8月3日

一、“一福地四名城”建设在大战大考中砥砺前行

今年以来，面对突如其来的新冠肺炎疫情和错综复杂的宏观发展形势，全市上下深入学习贯彻新思想，统筹“两手抓”，加速“跑起来”，疫情防控和经济社会发展交出满意答卷。上半年，全市实现地区生产总值323.82亿元，增长1%，高于全省和镇江平均水平；完成一般公共预算收入29.86亿元，总量列全省县（市）第16位，税占比90.8%，列全省县（市）第一。

（一）坚决打赢阻击战，疫情防控取得重大成效。我们坚持人民至上、生命至上，第一时间启动重大突发公共卫生事件一级响应，结合工作实际，及早研判、快速反应，打出“12356”① 防控“组合拳”，牢牢把握战疫主动权。注重把疫情防控与提升社会治理能力结合起来，靶向发力补短板、堵漏洞，充分运用“大数据+网格化+铁脚板”做法，最大限度摸清工作底数，针对宁句通勤群体特殊需求，落实落细服务保障措施，有效彰显了城市温度、赢得了“新句容人”口碑。以辩证思维抢抓疫情防控期间的城市管理新“窗口期”，干成了一些以前想干但难度较大的事，对城区167个开放式小区和45个城中村进行封闭，在提升群众安全感的同时，有效提升了城市管理水平。在全市上下的共同努力下，我们取得了零确诊、零疑似、零境外输入的重大成效。同时，针对今年出现的严峻汛情，坚持“以大概率思维预防小概率事件”，科学调度、积极应对，全市防汛形势平稳可控。

① 12356：明确“一个目标”，发挥“两项作用”，做好“三层发动”，压实“五大责任”，严守“六道防线”。即：明确乡镇铁板一块、村（社区）铁桶一个的“双铁”目标；发挥党组织战斗堡垒和党员先锋模范“两项作用”；做好党员干部、社会群众和广大市场主体“三层发动”；压实领导责任、指挥部统筹协调责任、乡镇属地责任、企业主体责任和群众社会责任“五大责任”；严守交通卡口、村（社区）、人员排查、医院防感染、企事业单位主体责任和主要负责人第一责任、自我防护和“防同事”“六道防线”。

（二）因势按下加速键，经济社会发展有序恢复。我们坚持稳中求进、主动作为，扎实做好“六稳”工作、落实“六保”任务，千方百计把发展的节奏拉起来、把失去的时间抢回来、把落下的任务补起来。**经济运行企稳回升**。建立企业帮办员制度，出台涵盖金融、财税、运营、就业等方面20项支持企业共渡难关的政策，免除承租国有资产类经营用房的中小企业租金400余万元，减免各类企业社会保险费用近2亿元，协调金融机构为429家企业融资授信、新增、续贷91.5亿元，助力企业全面复工复产复能。上半年，全市完成固定资产投资123.56亿元，总量列镇江第一；实际到账外资7609万美元，同比增长86%；完成工业应税销售收入233.4亿元，华电、建华建材等重点企业逆势上扬，分别增长62%、43.6%。**产业强市全面推进**。明确“项目突破年”主题，修订完善“1+X”产业政策体系，实施“三听三答”、招商流动红旗等项目推进机制，句容抽水蓄能电站等3个省级重大项目完成投资14.3亿元；31个镇江市重点产业项目完成投资29.62亿元，超序时10个百分点，华祥耀半导体项目从签约到投产仅用一年时间，跑出了项目建设新速度。大力推进专业招商、平台招商，开展招商活动170余次，全市新签约亿元以上产业项目20个，制造业项目占比超60%，联东U谷与20家企业签订入驻或意向协议，协鑫5GW光伏组件、金象农旅等一批重大项目签约落地。**营商环境持续改善**。开展营商环境“中梗阻”问题和“指定”涉企中介服务机构专项整治，全面启动基层整合审批服务执法力量改革，落实50个高频事项“一件事一次办”，开展“多测合一”改革，推广“交地即发证”模式，“2440”改革成效进一步巩固提升。

（三）围绕创建决胜年，精美城市特质不断彰显。我们坚持“标准为王、美感为要、文化为魂、以人为本”，推动城市战略品牌和标准体系精准落地，精美城市、文明城市建设取得了可观可感的成效。**文明创建决战决胜**。立非常之志、下非常之功，发起文明城市创建大决战，实施“四大提升工程”① 和14项重点行动，推进19个老旧小区改造，完成华阳东西南北路文化护栏升级改造，出新城区27条道路停车泊位，近10万平方米的生态围挡、240个环保“灭烟柱”、69个创意别致的景观小品、独具韵味的文化墙和变电箱，为城市增添了视觉美感，于细微处体现了文明新风。**城市功能不断完善**。积极向上争取专项债券77.14亿元，已下达14.62亿元，重点支持交通、水利、医疗卫生等重大基础设施建设。南沿江城际铁路完成桥梁下部结构60%，宁句城际轨道交通全线首个盾构区间顺利双线贯通，正式进入轨道铺设阶段，长江引水暨城区水厂、下蜀水厂建设工程开工。强力推进征地拆迁攻坚行动，宁句城际轨道东门站征收顺利推进，老影剧院片区完成扫尾，有效推动重要资源释放、保障重大工程建设。**生态环境持续优化**。严格建筑施工与道路扬尘管控，空气质量较去年同期显著改善。上半年，全市空气质量优良天数比率达到77.47%，同比上升10.8%，$PM_{2.5}$平均浓度38.4微克/立方米，同比下降27.7%。深化“排口长制”工作，优化主城区雨污分流实施规划，国省考断面保持稳定达标。全面完成长江两岸绿化和19个长江经济带废弃露天矿山生态修复工程。

（四）积极争创现代化，乡村振兴步伐扎实稳健。我们坚持农业农村优先发展，开展农业农村现代化示范市创建，乡村振兴工程取得积极进展。**农业产业优化升级**。积极推广“戴庄经验”，全面提升生态农业发展质效，新建高标准农田1万亩，开工建设15万头生猪养殖项目，西冯草坪获得国家地理标志商标，丁庄葡萄小镇入选第三批省级特色小镇，天王戴庄有机农业合作社获批省级乡土人才传承示范基地。针对疫情期间草莓滞销问题，通过媒体推介、商超合作、网络带货等方式，助力200余户莓农解决燃眉之急。**人居环境全面提升**。围绕“四清一治一改”② 要求，提前完成138个行政村村庄环境整治任务。茅山何庄乡村振兴试点加速推进，姚凹组团95栋民房全部完工，其他组团加快建设。完成25个美丽宜居村庄规划实施方案，茅山风景区陈庄村、边城青山村等成为“望山见水忆乡愁”的好去处。**农旅融合步伐加快**。扎实推进全域旅游，宝华山国家森林公园总体规划通过国家林草局审批，恒大童世界24个单体封顶，“天下玫景”玫瑰园开园，丁庄村入选第二批全

① 四大提升工程：基础设施提升工程、公共秩序提升工程、创建氛围提升工程、文明素养提升工程。

② 四清一治一改：清理生活垃圾、村内沟塘、农业废弃物、无保护价值的残垣断壁；治理农村公共空间；改变农民不良生活习惯。

国乡村旅游重点村。全力推进第五届国际道教论坛筹备工作，洲际温泉度假酒店正式营业，完成句茅路沥青摊铺和路灯更新，完成茅山景区道路、店招改造提升，景区及周边形象焕然一新。

（五）聚焦群众获得感，民生福祉得到持续改善。我们高度关注疫情对民生领域的影响，深入排查解决民生突出问题，切实兜牢托稳民生底线。上半年，全市民生支出占一般公共预算支出比重达81.33%，中央下发的1.35亿元特殊转移支付资金全部用于民生支出。**群众就业有效保障**。坚持保就业就是保民生，组织开展“线上春风”等系列行动，发放创业贷款1.46亿元，城镇登记失业率控制在2.47%。组织开展脱贫攻坚“回头看”，出台扶贫对象动态管理办法，建立医疗、保险、养老、金融等多元扶贫政策体系，全面落实低收入群体健康扶贫意见，持续巩固兜底保障成果。全市城乡居民人均可支配收入达到2.02万元，增长2.1%。**公共服务不断优化**。深化医药卫生综合改革，出台紧密型市域医疗卫生共同体建设试点实施方案，新市人民医院体检中心投入使用。积极推进医保支付方式改革，群众异地就医直接结算率提高到75%。教育重点工程加快推进，省句中异地新建工程完成选址。教育质量持续提升，全市高考一本达线率提高11.7个百分点，其中省句中一本达线率达77.5%，提高13.5个百分点。**社会治理持续深化**。强力推进国务院安全生产督导组交办问题整改，扎实开展24个行业领域安全生产专项整治，宝华物流行业整治取得重大进展，13个物流园区关停、135条物流专线撤离，全市安全生产形势持续平稳。全力保障群众“舌尖上”的安全，创成省级食品安全示范市。纵深推进扫黑除恶专项斗争，打掉黑社会性质组织1个，破获九类涉恶案件47起，群众满意度镇江第一。不断创新基层社会治理，郭庄“综治银行”模式探索出乡村治理新路，继续保持敏感节点信访维稳“三零”佳绩。

（六）党建引领跑起来，担当干事热情有效激发。市委常委会示范开展“能力提升年”建设，切实做到对习近平新时代中国特色社会主义思想对标对表、紧跟紧随、坚定坚决。村书记专职化管理“句容经验”在全省推广，162名村书记全部纳入专职管理序列，首次评选出8名“新时代领航发展好书记”。糜林同志被追授为江苏“时代楷模”，“葡萄架下的文明实践”荣获全国学雷锋志愿服务“四个100”最佳项目，茅山成为省民营经济人士理想信念教育实践基地，融媒体中心通过省级试点验收。深入推进“三治理一挂牌”专项行动，处置扶贫领域等群众身边腐败问题56起64人。大力开展形式主义、官僚主义突出问题集中整治，查处违反中央八项规定精神问题22起57人。围绕中心、服务大局，市人大常委会有效监督，市政协建言献策，市各民主党派、工商联、群团组织履职尽责，驻句部队、在句单位助力地方发展，形成了团结奋进的“大合唱”，全市上下加速奔跑的态势正全面迸发。

上半年取得这样的成绩，十分艰辛、殊为不易。**回顾上半年工作，最让我们信心坚定的是党中央的坚强领导**。习近平总书记亲自指挥、亲自部署，领导全国疫情防控阻击战取得重大战略成果，这是中国特色社会主义制度优势的体现，是习近平新时代中国特色社会主义思想的胜利。我们深刻感受到，以习近平同志为核心的党中央坚强领导是我们战胜一切艰难险阻的根本保证，任何时候都必须坚决地听从习近平总书记和党中央的号令。**最让我们骄傲自豪的是全市上下的精诚团结**。在这场艰苦卓绝的大战大考中，市委见势早、行动快、措施实，精准落实不同阶段的工作重点，充分调动全市各方力量，弘扬新时代句容精神，众志成城、共克时艰，展现了强大的凝聚力、战斗力；全市广大党员干部，才下抗疫战场，又奔防汛阵地，用实际行动让党旗在疫情防控一线、防汛抗洪前线高高飘扬。**最让我们充满感动的是人民群众的理解付出**。在疫情防控工作中，全市人民坚定地与党委政府站在一起，识大体、顾大局，积极支持配合各项管控措施；15名医护人员响应党和国家号召，白衣执甲、千里驰援，展现了“最美逆行者”的硬核担当。在文明城市创建中，全市人民焕发出共建美好家园的巨大热情，以强烈的主人翁意识积极参与、合力攻坚，众手浇灌文明之花，句容这座城市因人而更加美丽。

二、全面提振争先进位追赶超越精气神

一是全力打造高质量发展新高地。在镇江争雄、苏南亮剑、全省进位，打造“五大高质量发展新高地”，是镇江市委对句容的期望和要求，这与践行新发展理念是一致的，与追赶超越的目标是同向的。我

们必须更加聚焦创新发展，树牢“三个第一”① 理念，推动经济发展质量变革、效率变革、动力变革；我们必须更加聚焦协调发展，注重统筹兼顾，推动城市更加精致精美、乡村更加令人向往；我们必须更加聚焦绿色发展，保持污染防治攻坚态势，拓宽“绿水青山”和“金山银山”的转化通道，全面提升生态价值和竞争力；我们必须更加聚焦开放发展，积极顺应区域一体化大势，全力把得天独厚的区位优势转化为开放优势、发展胜势；我们必须更加聚焦共享发展，量力而行、尽力而为，推动民生“八个更”不断取得新进展，让群众生活与全面小康同节奏、同步伐。

二是全力建设区域融合新样板。全面拥抱长三角“大三角”，紧抓宁镇扬“小三角”，围绕“七个一”②，建设宁镇扬一体化发展先行示范区。要在战略谋划上登高望远、以我为主，聚焦“融入长三角、唱好双城记”，坚持“跳出句容看句容、跳出句容发展句容”，在融入、服务、推动一体化中扛起句容责任、展现句容作为。要在战术推进上扬我所长、采石攻玉，聚焦“融入南京、接力镇江”，突出区域内循环，全力把一批重大项目、重大工程、重大平台融入一体化各项规划中去，既干好“自己”的事，也做好“一起”的事。要在战斗实施上时不我待、只争朝夕，聚焦“在南京挣钱，到句容花钱”，以“三降两提”打造高品质居住社区，积极培育大农业、大旅游、大健康、大文化产业，大力发展“十园”③ 经济，以高品质农产品、多层次旅游产品供给，抢滩高端市场、形成高端效益，实现优势互补、整体提升。

三是全力深化美丽句容新实践。省委对深入推进美丽江苏建设作出新部署，是最直接最可感展现“强富美高”的具体行动，这与我们“一福地四名城”的城市定位一脉相通，与群众追求高品质生活的美好愿景高度契合。我们要将美丽句容建设，作为新形势下推动高质量发展的重要抓手，整体规划、系统推进，充分展现自然生态之美、城乡宜居之美、人文和谐之美。要统筹抓好环境保护治理和产业转型升级，扮靓全域生态底色，提升产业“含绿量”，推动生态有“口碑”更有“内涵”；要以建设精美、人文醇美为内涵，久久为功建设美丽宜居城市，常态长效抓好文明创建，将新时代句容精神融入城市血脉，让人成为句容最美的风景，推动城市有“颜值”更有“气质”；要更加聚焦乡村的经济、生态、社会、文化价值，深入实施乡村振兴工程，努力规划建设一批山清水秀、天蓝地绿、村美人和的美丽田园乡村，推动乡村有“盆景”更有“风景”。

四是全力扛起加速奔跑新担当。省委发出了“在高质量发展的道路上再来一场比学赶超”的动员令，镇江市委吹响了“跑起来”的集结号。比学赶超“跑起来”，首先是精神状态要“跑起来”。近年来一场场的硬仗打下来，充分证明句容的干部想跑、会跑、能跑出好成绩。全年工作转战下半场，压力挑战依然很大，喊破嗓子不如甩开膀子，我们要有“困难面前有我们、我们面前没困难”的昂扬斗志，走出舒适区、攻坚打硬仗，不以事难而退缩、不以任重而畏惧，该做的事顶着压力也要做，该担的责冒着风险也要担；我们要保持不甘平庸、不甘人后的奋进状态，撸起袖子干、全力以赴拼，努力把别人做不成的事做成功，把大家都在做的事做到极致，把“一福地四名城”美好蓝图演绎成现实。

三、深化落实争先进位追赶超越重点举措

（一）全力以赴推进产业强市。深化园区升级工程，持续完善“四大体系”④，做实做强“五大经济”⑤，切实稳住实体经济，稳住发展基本盘。**一是产业链条要建得更强。**突出“科技园+产业园”两大形态、双轮驱动，聚焦新能源、新材料、智能制造等领域，坚持“移植大树”“培育树苗”“老树发新芽”三管齐下，大力支持毗邻南京板块发展军民融合产业，培育形成一批“链主企业”和“隐形冠军”，推动产业链供应链创新链重塑，不断提升产业竞争力。

---

① 三个第一：发展是第一要务，人才是第一资源，创新是第一动力。

② 七个一：一张规划图，一张交通网，一个示范区，一个大市场，一套联防联控机制，一套推进考核机制，一起争取。

③ 十园：花园、菜园、果园、茶园、田园、家园、健身园、会展园、养生园、养老园。

④ 四大体系：规划体系、产业体系、金融体系、服务体系。

⑤ 五大经济：枢纽经济、产业经济、城市经济、农业农村经济和消费经济。

深化与南京五大地标产业①、八大产业链②的延链补链，抓住G312产业创新走廊建设机遇，发挥比较优势，主动布局、承接溢出，大力集聚培育华祥耀半导体、壹度科技等更多重科技、高成长的“硬核”企业，确保全年新增国家级高新技术企业30家。**二是项目马力要开得更足**。坚持以大抓项目的确定性，对冲外部环境的不确定性。牢牢把握产业发展“九大机遇”③，创新招商机制、挂好流动红旗，建立健全与我市主导产业发展相匹配的目标客户库、项目数据库，抓好石砀山抽水蓄能电站、国民新能源车、5G能源产业园等重大项目的跟踪推进，确保全年新签约亿元以上项目40个，力争今年实现50亿项目零的突破。针对项目审批、开工、建设、投产中的问题，一线督办调度推进，确保全市90个在手重点产业项目10月份全部开工，全年工业应税销售收入突破600亿元。**三是服务保障要做得更优**。树牢营商环境“只有升级版，没有终极版”理念，紧扣企业发展中的堵点、痛点、难点，坚持让企业真正有获得感的目标导向，按照全生命周期管理的要求实施流程优化再造，确保营商环境指数全省排名大幅前移。刚性兑现、及时修补疫情期间出台的一揽子纾困稳企政策，继续发挥好企业帮办员等经验做法，光明磊落同企业交往、用心用情为企业解难，坚决把市场主体这座“青山”稳住保好。

（二）全力以赴提升城市品质。统筹生产、生活、生态关系，大力推进精美城市工程，不断提升城市的视觉震撼力、历史穿透力、文化浸润力和消费吸引力。**一是攻坚重大基础设施建设**。坚持“多规合一”、以我为主，积极对接南京紫东地区各项规划，高标准、高质量完成“十四五”发展规划和国土空间规划编制，优化覆盖全域的“三线一单”④生态环境分区管控体系，发挥好战略引领和刚性管控作用，做到看得准的“积极有为”，看不准的“主动无为”，切实为未来发展留足空间。坚持“内聚成核、外联快通、城乡一体”理念，系统做好南京东部综合立体交通枢纽研究，防止“空城风险”“穿肠效应”。加快推进南沿江城际铁路建设，确保宁句城际轨道交通主体建设完成80%的工作量，做好扬镇宁马城际各项开工准备工作，全力争取仪禄高速最优线型，启动句容城区至茅山市域（郊）铁路前期工作。**二是大力提升城市宜居水平。有序推进城市美化和有机更新，少一点“大拆大建”、多一点“穿衣戴帽”**。完成玉清路、崇明路、宁杭路“白改黑”工程，确保高骊山路北延段建成通车。开展城市道路文化路灯建设试点，推进人民路部分路段建筑立面改造试点，实现主城区文化护栏升级改造全覆盖，展现城市独特的文化韵味和美好观感。更加注重对重点区域、标志性建筑的设计，确保葛仙湖公园和葛洪纪念馆10月份对外开放，开工建设1912商业街区和城市综合展馆，实施广播电视发射塔改造工程，打造聚人气、带流量的城市新地标。加快推进长江引水暨城区水厂、下蜀水厂建设工程，根本解决句容人的饮水安全问题。**三是奋力摘得全国文明城市桂冠**。聚焦“国检”大考，常态抓好“四大提升”工程，把刚性制度与柔性管理相结合，集中力量攻坚背街小巷、农贸市场、交通秩序等重点环节，持续推进老旧小区改造，放大句容“好人群像”影响，发挥文明浸润效应，打造更多金牌志愿服务项目，使“句容案例”转化为“全国范例”，推动城市有“面子”更有“里子”。

（三）全力以赴加快乡村振兴。坚持从补齐小康短板、统筹城乡发展的高度出发，扛起探索丘陵地区乡村振兴新路的使命担当，打造农业农村现代化示范样板。**一是更高质量推动试点建设**。全面推进茅山何庄乡村振兴试点，确保年底前所有民居组团达到交付标准。规范何庄土地股份合作社运营管理，加快推进土地整理流转和农文旅项目招引。优化完善镇村规划布局，因地制宜编制“多规合一”的实用性村庄规划，进一步优化山水、田园、村落等空间要素，保护自然肌理和传统建筑。坚持以创意发展农业、用设计点燃乡村，积极推进第二批试点，彰显主导产业、地

---

① 五大地标产业：新能源汽车、集成电路、人工智能、软件和信息服务、生物医药。

② 八大产业链：软件和信息服务、新能源汽车、新医药和生命健康、集成电路、人工智能、智能电网、轨道交通、智能制造装备。

③ 九大机遇：原始创新带来的机遇；大众创业、万众创新带来的机遇；国际与国内同一个行业发展深度和水平差异带来的机遇；独特的区位带来的机遇；污染防治倒逼转型带来的机遇；为制造业服务的制造业的机遇；军民融合发展带来的机遇；平台经济发展带来的机遇；新基建的机遇。

④ 三线一单：生态保护红线、环境质量底线、资源利用上线和环境准入清单。

域特色、资源禀赋和乡村风貌，探索乡村振兴多元之路。**二是更高水平推动农旅融合**。市场化推进国家现代农业示范区、国家农业科技园区、省级农业高新区建设，大力发展生态农业和智慧农业，推动大米、鲜果、茶叶等名优农产品朝“绿色、优质、特色、高效”方向转型，提振农民对脚下土地的信心，提升土地的品质和价值。针对疫情期间暴露的农产品供应链安全问题，强化农业大数据运用，积极对接更高层次供需平台，形成农产品产销稳定衔接机制，全面增强农业抗风险能力。启动“一山三湖”① 空间规划编制，持续推进“句容福道”配套设施建设，打造绿色交通圈、高品质出行圈，有效串联各板块旅游资源，积极筹备第19届中国草莓文化旅游节、农民丰收节等节庆活动，打造一批既“网红”更“长红”的旅游景点。继续高标准抓好第五届国际道教论坛筹备工作，适时开展全要素全流程演练，确保道宫建成投入使用、配套工程全部竣工。**三是更高标准推进人居环境整治**。在全面完成“四清一治一改”基础上，建立完善以农民为主体的长效管护机制，持续扮靓乡村颜值。坚持宜分则分、宜统则统，加快村级污水处理专项规划编制。坚持“+厕所”理念，融合行业标准，推进农村户厕提升行动，确保完成1000户省级、5500户自行改造任务。坚持统筹标准、兼顾分类，制定农村垃圾处理工作规范，确保年底前完成160座垃圾房和露天垃圾池改造。

（四）全力以赴防范化解风险。始终保持抓风险、抓统筹、抓协调的工作意识，强化底线思维、洞察风险挑战，从最坏处准备、向最好处努力。**一是扎实抓好疫情防控**。坚持“可知可控、精准防控”，慎终如始抓好“外防输入、内防反弹”各项工作，做到重点地区人员防控不放松、重点场所检验检疫检查不放松、重要活动防疫风险评估不放松、群众防疫教育引导不放松、做好应急准备不放松，牢牢守住“医院院感”和“聚集性传播”防控底线，坚决用“防得住”保障“放得开”。**二是强力攻坚污染防治**。保持对工地扬尘、机动车尾气和餐饮油烟的精准常态整治力度，确保$PM_{2.5}$年均浓度保持在41微克/立方米以下，全年空气质量优良天数占比达到75.3%以上。深化“排口长制”工作，加快实施玉清河、葛洪路排口等重点区域雨污分流工程，完成开发区工业污水处理厂选址，巩固城区黑臭水体整治成效，确保国省考断面水质稳定达标。扎实开展土壤污染防治，加快推进建筑垃圾资源化利用、餐厨废弃物处置、生活垃圾应急（飞灰）处置工程建设。坚决落实长江十年禁渔任务，推进常态监管和渔民安置保障，助力长江“共抓大保护、不搞大开发”。**三是积极化解风险隐患**。牢牢把握“两个不放松”和“务必整出成效”总要求，聚焦国务院、省和镇江市安全生产督导反馈问题整改，纵深推进违法违规“小化工”、建筑施工、交通运输等重点领域大排查大整治，做到问题见底、措施到底、整改彻底，确保宝华物流整治取得全面胜利。遵循产业发展、安全生产规律，全面考量风险防控、监管执法、综合治理，更加系统提升本质安全水平，推动安全生产治理体系和治理能力现代化。坚持控增量、优存量，强化预算绩效管理、严格项目生成机制，抓住中央在新基建、重大基础设施等领域加大投资机遇，提前储备项目，积极向上争取专项债券等支持，提升平台公司市场化运作和资本化运营水平，完成年度政府隐性债务化解任务。

（五）全力以赴办好民生实事。始终坚持以人民为中心的发展思想，把群众生活冷暖放在心中，认真办好群众牵肠挂肚的民生大事、天天有感的关键小事。**一是坚决保就业稳收入**。把就业作为“六稳”“六保”的首要任务，促就业举措应出尽出、拓岗位办法能用尽用，综合实施技能提升、政策保障、创业引领计划，确保全年新增城镇就业1.2万人。动态做好返贫人口和新发生贫困人口的监测，提供精准及时、更有温度的救助帮扶，坚决防止因疫因灾致贫返贫，切实巩固脱贫成果、提高脱贫质量。**二是坚决保民生优服务**。深入推进教育质量提升“三个五年”行动计划，不断深化“县管校聘”改革，全面激发教育活力。加快推进教育重点工程，确保华阳实验小学弘景校区等5所学校建成交付，省句中异地新建工程、宝华新城小学及实验幼儿园开工建设。巩固深化“院府合作”成果，确保省人民医院句容分院9月底全面搬迁、投入运营。积极开展全国第四批居家和社区养老服务改革试点，为社区老年人提供“日托+全托”的综合性养老服务。加快推进市殡仪馆改扩建工

① 一山三湖：茅山，茅山湖、二圣湖、潘冲湖。

程，确保9月份完成兆文山烈士陵园改造。**三是坚决保稳定护平安**。深化网格化社会治理机制的“句容实践”，积极探索“党建引领、多网融合”新模式，增强大数据治理精度、网格化治理密度、铁脚板治理温度，实现社会高效率治理。按照上级部署要求，真实准确做好第七次全国人口普查工作。聚焦扫黑除恶专项斗争“三年治本”和“长效常治”目标，深入推进“六清行动”和“十大专项”整治，夺取专项斗争全面胜利。积极推进“网信+信访”融合机制，确保将舆情风险、矛盾隐患防范在前、发现在早、处置在小。

四、为争先进位追赶超越提供坚强政治保证

（一）树牢旗帜鲜明讲政治的导向。深化市委常委会“能力提升年”建设，把学深悟透做实新思想与贯彻落实上级决策部署结合起来，一体领会、一体把握、一体践行，既从战略高度认识把握问题，又立足实际分析推动工作，确保上级有要求、贯彻有创造、落实见成效。全市广大党员干部要始终牢记习近平总书记“对国之大者要心中有数”的谆谆教导，善于从政治上看问题想事情，不断提高政治鉴别力和政治敏锐性，切实把增强“四个意识”、坚定“四个自信”、做到“两个维护”体现在实际行动中，贯穿于党性锻炼全过程。以严肃的政治态度扛起“六保”任务专项巡察整改责任，聚焦问题清单，细化整改措施，逐一对账销号。

（二）浓厚比学赶超有激情的氛围。把准“极端重要”的政治定位，抓住契机“筑同心”、聚焦发展“强信心”、改进方式“入人心”，牢牢把握意识形态工作领导权主导权。围绕“三个一”① 主线，加快推动融媒体中心高质量发展，统筹抓牢新闻舆论、文化传播、新兴媒体等阵地建设管理，加快构建深度融合的全媒体传播格局。全面提升7×24小时全时全网全程舆情监控处置机制效能，加大依法管网、技术治网力度，营造清朗网络空间。深入开展向糜林同志学习活动，积极选树践行新时代句容精神的先进典型，大力推进新时代文明实践中心建设全国试点工作，开展更多“通天线、接地气、暖人心”的文明实践活动，为争先进位追赶超越提供强大的价值引导力、精神推动力。

（三）锻造干事创业敢担当的队伍。贯彻落实新时代党的组织路线，突出“政治标准+责任心+斗争精神”，通过加强思想淬炼、政治历练、实践锻炼、专业训练，把更多“四硬”型干部选出来、用起来。着眼市镇党委换届、领导班子建设长远需要，持续推进“青苗工程”，蓄足年轻干部的“源头活水”。搭建更多战场砺兵、赛场选马平台，推动干部在实践的大熔炉里百炼成钢。增强“三项机制”的穿透力引领力，旗帜鲜明宽容改革探索中的失误，及时为受到不实举报的干部澄清正名。开展“四硬四好”评选，推动形成能者上、优者奖、庸者下、劣者汰的正确导向，让善奔跑、跑出好成绩的人有舞台、受褒奖，让不想跑、不敢跑的人没市场、受警醒。大力开展“短小精专”培训，磨砺干事创业的“金刚钻”、拓宽个人本领的“护城河”，真正通过党员干部的“决定性作用”，更好应对前进中的“不确定性挑战”。

（四）建强领航发展强基础的堡垒。坚持一切工作到支部、一切工作靠支部，全面贯彻落实“五聚焦五落实”三年行动计划，系统总结村书记专职化管理试点经验，优化完善专职化管理体系，进一步丰富内涵、深化实践，为全省面上推开提供句容样本。扎实做好村（社区）党组织换届工作，稳步推进村书记、主任“一肩挑”。完善农村和机关党建标准化制度，完成45家机关党组织标准化阵地建设，实施“两新”组织“四大行动”②，努力让“先进”成为每个党组织永不磨灭的标志，让“先锋”成为每名共产党员永不褪色的勋章。

（五）巩固风清气正聚合力的生态。落实全面从严治党主体责任，健全完善全市政治生态工作联席会议制度，全力支持纪检监察机关履行监督职责。围绕纪律监督、监察监督、派驻监督、巡察监督统筹衔接，探索构建“四项监督”一体推进、同向发力的大监督格局。精准运用“四种形态”，更好地“治未病、治欲病、治已病”。驰而不息加强作风建设，深入贯彻落实省“持续减负20条”，做到眼睛向下看、步子向下迈、力量向下沉，为基层干部减压力、增动力、添活力。建好用好市党风廉

---

① 三个一：一种声音、一支队伍、一个平台。

② 四大行动：组织覆盖扩面行动、党建人才配优行动、阵地建设优化行动、党员先锋领航行动。

政警示教育基地，以案示警、以案促改，增强广大党员干部的政治定力、纪律定力、道德定力、抵腐定力。以“三不”一体理念推进反腐败斗争，从严查处违纪违法案件，推进重点领域、关键环节制度建设，深入整治民生领域漠视侵害群众利益问题，推动政治生态持续向上向好。

聚力美丽句容建设 开启现代化新征程 把“一福地四名城”美好愿景向纵深推进

——在中共句容市委十二届十次全会上的报告（摘要）

潘 群

2020 年 12 月 31 日

一、“一福地四名城”建设跑出加速度

面对错综复杂的外部形势、艰巨繁重的改革发展任务，特别是新冠肺炎疫情的严重冲击，我们在习近平新时代中国特色社会主义思想指导下，团结带领全市上下万众一心加油干、越是艰险越向前，积极应对大战大考，扎实做好“六稳”“六保”，全面争先进位、奋力追赶超越，交出了一份来之不易的高质量发展新答卷。预计全年实现地区生产总值 690 亿元，同比增长 3%左右；完成一般公共预算收入 54.84 亿元，同比增长 2.5%；列全面小康指数百强县第 37 位，全国乡村振兴百佳示范县第 5 位。

一年来，我们坚持人民至上、生命至上，疫情防控取得重大成效。突出把人民生命安全和身体健康放在第一位，第一时间启动突发公共卫生事件一级响应，及早研判、快速反应，打出“12356”① 防控“组合拳”，牢牢把握战疫主动权。在这期间，基层干部日夜坚守，白衣天使勇毅逆行，各条战线通力协作，社会各界捐款捐物，广大群众守望相助，形成了众志成城的强大合力，涌现出一批抗疫先进典型，谱写了激昂嘹亮的抗疫战歌，取得了零确诊、零疑似、零境外输入的重大成效。疫情进入常态化防控阶段后，我们严格落实“外防输入、内防反弹”防控要求，接续部署、落实落细秋冬季疫情防控任务，紧盯重点人群、重点场所、重点环节不放松，加强人物同防、闭环管理、物资储备、应急演练，全面构筑防控“铜墙铁壁”，有力保障了人民安全、社会安定。

一年来，我们坚持稳中求进、精准施策，产业强市激发强劲动能。精准把握疫情变化趋势，因时应势按下经济社会发展“重启键”“加速键”，坚决守住“保”的底线、夯实“稳”的基础、拓展“进”的态势。**精准施策帮企业**。强化经济运行及高质量考核监测指标常态调度，建立企业帮办员制度，深入落实援企稳岗、减税降费、金融扶持等优惠政策，为广大市场主体雪中送炭、纾困解难，全年减免企业各类社会保险费用 3.6 亿元，协助 26 家企业申报各类专项奖补资金 2981.75 万元，有效提振了市场主体信心、助力生机恢复。**保持定力稳投资**。围绕“项目突破年”主题，实施“三听三答”、招商流动红旗等推进机制，抽水蓄能电站等 3 个省级重大项目完成投资 31.6 亿元，31 个镇江市级、59 个句容市级重点产业项目分别完成投资 59 亿元、43 亿元，均超额完成年度任务。国民新能源车、环境监测和负压方舱项目成功落户、即将开工建设，华祥耀半导体、协鑫高效智能组

① 12356：明确“一个目标”，发挥“两项作用”，做好“三层发动”，压实“五大责任”，严守“六道防线”。即：明确乡镇铁板一块、村（社区）铁桶一个的“双铁”目标；发挥党组织战斗堡垒和党员先锋模范“两项作用”；做好党员干部、社会群众和广大市场主体“三层发动”；压实领导责任、指挥部统筹协调责任、乡镇属地责任、企业主体责任和群众社会责任“五大责任”；严守交通卡口、村（社区）、人员排查、医院防感染、企事业单位主体责任和主要负责人第一责任、自我防护和“防同事”“六道防线”。

件等项目建成投产。北新建材获评国家级“绿色工厂”，天晟药业被认定为国家级专精特新小巨人企业，建华建材成为我市首家国家级制造业单项冠军。预计全年完成固定资产投资255亿元，同比增长2%；实现工业应税销售收入585亿元，同比增长3.3%；全年新签约亿元以上项目40个，其中制造业项目占67.5%；实际利用外资1.47亿美元，同比增长19.69%。**持之以恒优环境**。优化完善产业强市政策体系，持续激发实体经济发展活力动力。深入推进基层整合审批服务执法力量改革，全面推广“交地即发证”模式，开展“民营企业服务月”活动，以“指定”涉企中介服务机构为切口，实施营商环境“中梗阻”专项治理，开展营商环境服务满意度测评，建立营商环境“红黑榜”制度，行政审批涉企中介服务收费项目下降34.9%，企业获得感明显提升。

*一年来，我们坚持外塑颜值、内优品质，城市建设赢得历史荣光。*坚持“人民城市人民建、人民城市为人民”，保持“创则必成、志在必夺”的决心，运用把握规律、追求极致的方法，树牢创建惠民、联创联建的理念，同心同向、苦干实干，在竞争激烈的省级大考、全国大赛中脱颖而出，一举夺得第六届全国文明城市桂冠，铸就了句容发展历史上的无上荣光。**城市颜值更加靓丽**。坚持“标准为王、美感为要、文化为魂、以人为本”，以文明城市创建“四大提升”工程①为抓手，推动城市战略品牌规划和建设标准体系精准落地。新葛仙湖公园开园、葛洪纪念馆开馆，“城市新客厅”在广大群众期待中蝶变新生、闪耀回归。完成人民路、玉清路、崇明路等城市干道“白改黑”，启动华阳西路、人民路建筑立面改造试点，完成121个老旧小区改造、25个背街小巷整治提升工程。全面开展城市干道绿化、工地围挡美化、变电箱靓化、户外广告牌净化等行动，城市更加精致雅致、更加美丽宜居。**功能品质不断提升**。新增政府专项债券23亿元，重点聚焦交通、卫生、水利等基础设施补短板。有序推进城市有机更新，聚焦长龙山、老影剧院、甲城片区及开发区等一批影响城市形象、制约项目建设的征收拆迁工作，强力攻坚、完成扫尾。南沿江城际铁路句容段总工程量过半，宁句城际轨道交通句容站全面封顶，轨道铺设加速推进。长江引水暨城区水厂、下蜀水厂工程加快建设，肖杆河整治工程顺利完工，创成国家级节水型城市。开通下蜀至仙林、龙潭3条跨界公交班线。**生态环境持续向好**。完成国家生态红线调整划定上报和自然保护地整合优化编制工作。大力开展蓝天保卫战“百日攻坚”行动，常态化推进工地扬尘管控、重点区域车辆整治，台泥水泥窑飞灰协同处置项目主体完工，全年空气质量优良率达到78.5%，同比提升7.5个百分点，$PM_{2.5}$平均浓度36微克/立方米，同比下降15%。深化“排口长制”工作，有序推进城区雨污分流工程，国省考断面水质优Ⅲ比例均达到100%。城北垃圾填埋场综合整治加快推进，渗滤液污染问题完成整改。积极推进“林长制”试点工作，在全省率先完成公益林调整及森林植被异地恢复空间储备库。

*一年来，我们坚持优先发展、示范带动，乡村振兴呈现美丽风景。*始终坚持农业农村优先发展，以农业农村现代化示范市创建为抓手，系统推进“五大振兴”②，乡村振兴画卷徐徐展开。**产业振兴步伐有力**。扎实推进农业产业项目建设，签约落户项目21个，15万头生猪养殖项目竣工投产，总投资12亿元的何庄瑞华生态农业项目开工建设，天王唐陵花木交易市场成为我市首家国家级农业龙头企业，实现历史性突破。完成农村集体产权制度改革试点，新增新型经营主体70家，建成高标准农田4万亩，丁庄葡萄合作联社入选全国农民合作社典型案例，戴庄大米、西冯草坪获得国家地理标志商标。全省“万企联万村共走振兴路”现场会在我市召开，句容乡村振兴的美丽风景赢得广泛赞誉。**美丽乡村可观可感**。茅山何庄乡村振兴试点加快推进，姚凹组团95栋民房达到交付标准、其他组团加速推进，水利、道路等基础设施有序实施。深入实施农村人居环境整治和“513”③公共空间治理，村庄环境整治全面收官，户厕改造提升通过省级验收销号，完成35个农村生活污水设施建设。建成省级特色田园乡村5个，丁庄村入选中国美丽休

① 四大提升工程：基础设施提升工程、公共秩序提升工程、创建氛围提升工程、文明素养提升工程。

② 五大振兴：产业振兴、人才振兴、文化振兴、生态振兴、组织振兴。

③ “513”：五治理一优化三提升，即治理农村集体资产资源、道路两侧、水体两侧、集镇区及村庄、乡镇工业集中区等五大公共空间；优化乡村土地资源配置；推动乡村基层治理能力、公共资源综合效益、基层干群精神面貌“三大提升”。

闲乡村。**农文旅融合系统发力**。全面启动“一山三湖”① 空间规划编制。恒大童世界29个单体主体封顶、景观湖及中心园林对外开放，茅山道温泉酒店建成运营，康缘中医药文化产业园、茅山豆腐村乡村田园酒店加快建设。第19届中国（句容）草莓文化旅游节、丁庄葡萄节等重大节庆活动顺利举办。芝樱小镇、伏热花海、天下玫景等美丽经济如火如荼，句容“真山真水真生态、福地福运福文化”的魅力不断彰显。

一年来，我们坚持尽力而为、量力而行，民生情怀得到有效彰显。始终把人民放在心中最高位置，持续排查解决突出民生问题，全力解民忧、暖民心，提升高水平全面小康成色，全市民生支出占一般公共预算支出比重达83.6%。**民生保障持续加强**。坚持以“首稳”促“六稳”，打好稳就业组合拳，开展“线上春风”“创业富民”“就业见习”系列活动，全年城镇新增就业16765人，城镇登记失业率控制在2%以下。动态做好返贫人口和新发生贫困人口监测，探索构建分层分类的社会救助体系，城乡低保、农村特困供养、城市“三无”等群体补助稳步提高，城乡基本社会保险覆盖率达98.12%，企业退休人员基本养老金实现十六连增。扎实推进全国第四批居家和社区养老服务改革，完成630户老年人居家适老化改造，边城医养中心入选全省医养结合典型经验名单。**社会事业加快推进**。坚持教育优先发展，省句中异地新建工程即将开工建设，石狮小学、华阳实验小学弘景校区建成交付，宝华新城小学、幼儿园等工程加快推进。教育质量持续提升，全市高考一本达线率提高11.7%，清华北大等“双一流”高校录取人数创历史新高。“院府合作”不断深化，新市人民医院全面搬迁有序开展。聚焦群众期盼，全年完成安置房权证发放1.2万余本，已具备发证条件的占任务总数68.84%。兆文山烈士陵园一期景观改造工程完成并交付使用，市殡仪馆改扩建工程加快推进。**治理效能不断提升**。统筹衔接安全生产“一年小灶、三年大灶”要求，安全生产事故起数、死亡人数大幅下降，宝华物流行业专项整治取得全面胜利，先后关停搬离物流园区27个、专线315条。全面打赢长江防汛阻击战，实现江河安澜、百姓安康。全面完成政府隐性债务年度化解任务，获评省金融生态优秀县。深化扫黑除恶专项斗争，破获九类涉恶案件159起，摧毁黑社会性质组织、恶势力犯罪集团4个，工作成效获全国扫黑办特派督导组高度肯定。建成市级网络舆情监测和应急处置中心并实体化运作，“升级版技防城”和“雪亮工程”通过省级验收，重要敏感节点信访维稳持续保持“三零”佳绩，全年省测公共安全感指数保持高位。深化拓展“大数据+网格化+铁脚板”经验做法，配备288名专职网格员，完成第七次全国人口普查工作。

一年来，我们坚持扛起主责、抓好主业，管党治党取得积极成果。市委常委会坚持把学习贯彻新思想作为政治之责、为政之要，聚焦“能力提升年”建设，开展市委理论中心组学习12次，组建市委宣讲团，开展十九届五中全会精神宣讲30余场。加强基层“领头雁”队伍建设，构建以“专职五级”为核心的村书记专职化管理体系，全省现场会在我市召开。扎实做好村（社区）“两委”换届工作，落实选人用人“四硬”标准，在疫情防控、文明城市建设、重大项目攻坚等主战场培养干部、选拔干部。强化新时代句容精神的感召力、引领力，糜林入选中国好人榜，易善智、章美霞、华梦丽分获全省“最美抗疫先锋”“最美志愿者”“最美大学毕业生”，芮东明、沈春雷荣获“镇江市人民奖章”。圆满承办中国道教协会第十次全国代表会议，扎实做好第五届国际道教论坛筹备工作。压实管党治党政治责任，对履责不力的80名干部、4个党组织进行问责。深化形式主义、官僚主义突出问题集中整治，查处违反中央八项规定精神64起111人。一年来，市人大紧扣中心、依法履职，市政协围绕全局、咨政建言，各民主党派、工商联、群团组织戮力同心、服务大局，驻句部队、在句单位积极融入地方建设，形成了心齐气顺、共克时艰的磅礴伟力。

2020年我们实现了“十三五”规划的圆满收官，同时也为“十四五”发展打下了坚实基础。回顾这五年，我们准确把握形势变化、积极抢抓战略机遇，牢记习近平总书记“强富美高”谆谆嘱托，勠力同心、砥砺奋进，交出了一份厚重提气的小康答卷。经

① 一山三湖：茅山，茅山湖、二圣湖、潘冲湖。

济强的成就更加显著。人均 GDP 突破 10 万元大关，一般公共预算收入由“十二五”末的 40 亿元上升到 54.84 亿元。新能源、新材料、绿色建材、智能制造等四个百亿级主导产业初步形成。葡萄、草莓、大米、茶叶等农产品正以高端品质打入高端市场，农文旅融合步伐加快。百姓富的成果更加丰硕。全市城乡居民人均可支配收入增速快于经济增速，群众多样化需求得到有效满足。高质量完成百村万户“双达标”“达新标”脱贫攻坚和省富民强村任务。医疗、教育资源供给持续扩容提质，省级优质医疗资源下沉到县级实现重大突破。社会大局和谐稳定，群众安全感提高到99.17%。**环境美的成色更加闪亮。**深入贯彻习近平生态文明思想，生态环境保护力度空前，空气质量不断改善，国省考断面水质总体稳定达标，建成赤山湖蓄滞洪能力提升等一批重大水利工程，创成国家环保模范城市、国家级生态示范区，绿水青山颜值不断提升、金山银山价值有效彰显。**社会文明程度高的成效更加彰显。**总结提炼“尊上德、崇人文、勇拼搏、甘奉献”的新时代句容精神，涌现全国“时代楷模”赵亚夫、江苏“时代楷模”糜林等一批榜样典型。新时代文明实践中心成为全国试点、经验全省交流。深入挖掘句容历史文化元素，形成了独具特色的城市战略品牌规划。

二、奋力开启“十四五”发展新征程

明年工作的总体要求是：**以习近平新时代中国特色社会主义思想为指导，深入贯彻中央、省委和镇江市委各项工作部署，坚持稳中求进工作总基调，坚持以推动高质量发展为主题、以深化供给侧结构性改革为主线、以改革创新为根本动力、以满足人民日益增长的美好生活需要为根本目的，聚力美丽句容建设，把“一福地四名城”美好愿景向纵深推进，全力以赴在“争当表率、争做示范、走在前列”中扛起句容担当、展现句容作为，确保“十四五”开好局、全面建设社会主义现代化起好步，以优异成绩献礼建党 100 周年。**

明年经济社会发展的主要目标是：地区生产总值增长 7.5%左右；一般公共预算收入增长 5%；固定资产投资增长 10%；高技术制造业投资占工业投资比重达到 33%；全体居民可支配收入与经济增长保持同步；生态环境持续好转；本质安全水平加快提升。具体来说，要**“聚焦一个抓手、干好三件大事”：**

“聚焦一个抓手”：深入开展美丽句容建设新实践。建设美丽中国是习近平总书记亲自布局的重大举措，党的十九大提出，到 2035 年基本实现美丽中国目标，省委、镇江市委分别提出要打造美丽中国的“江苏样板”“镇江实践”。句容生态环境优良、历史底蕴深厚、区位优势突出，“最令人向往的山水田园福地”既是我们的奋斗指向，更是句容的价值所在。进入新时代、踏上新征程，句容要提升城市吸引力、核心竞争力，真正在区域一体化中脱颖而出、胜人一筹，必须立足资源禀赋，发挥核心优势、比较优势，抓住“美丽句容建设”这个关键一招，把“一福地四名城”美好愿景演绎成现实。**美丽句容建设，**其核心要义是生产生活生态的“三生”融合，是“美丽环境、美丽经济、美好生活”的“三美”融合，外在形态是匠心独运的品质建设，根本支撑是绿色高端的产业体系，本质要求是以人为本的美好生活。**美丽句容建设，**就是要聚焦“标准为王、空间为基、产业为核、颜值为要、文化为魂、体验为本”，持续打造“美丽宜居空间、美丽绿色产业、美丽生态环境、美丽人居生活、美丽文明风尚、美丽人文体验”，各美其美、美美与共。**美丽句容建设，**既要美的有形态，能够望得见山、看得到水、记得住乡愁，也要美的有韵味，能够触摸到自然肌理、历史脉络和文化记忆；既要美的有温度，生活中处处彰显文明之风，新时代句容精神浸润人心，人民群众充盈着获得感、自豪感、归属感，也要美的有质感，衣食住行、娱购游学，都能享受到优质高效的公共服务，感受到美丽美好、品质品味。我们要让每一个生活在这里的人和来到句容的人，都能够找到心目中最美的句容。

“干好三件大事”：面对纷繁复杂的发展任务，我们必须抓住全局中的重点、重点中的关键、关键中的具体。**一是**抢抓南京紫东发展战略“家门口的机遇”，全力对接紫东、融入紫东，以“标准高于南京、成本低于南京”为取向，以“在南京挣钱、到句容花钱”为目标，在产业融合、服务共享、功能互补、交通互联等方面主动谋划、先行一步。**二是**聚焦“内聚成核、外联快通、城乡一体”理念，高水平建设句容立体综合交通枢纽，加快推进南沿江城际铁路、宁句城际轨道交通建设，做好扬镇宁马铁路、市域郊铁路句茅线开工准备工作，以“轨道上的句容”带来发展裂变。**三是**高起点、高标准开展“一山三湖”整体规划编制，以“拥有远程号召力、吸引顶级流量”为目标，全力打造山水道相映、农文旅融合的大茅山景区。要真正通过干好这“三件大事”，将外在机遇红利与句容内生动力有机融合、相互促进，推动发展优势转化为发展胜势。

三、纵深推进“一福地四名城”建设

（一）聚焦产业美，铸就“一福地四名城”坚实筋骨。坚定不移推进产业强市，加快构建本质安全、绿色高端的产业体系，培育高质量发展新动能。**一是增强产业竞争力**。突出“科技园+产业园”两大形态、双轮驱动，持续推动园区产业形态升级、协同升级、配套升级。鼓励协鑫光伏、壹度科技等企业通过创新升级、战略合作等措施壮大主业，打造一批“链主企业”和“隐形冠军”。聚焦智能制造、新能源汽车、新材料等重点产业，紧盯南京五大地标产业①和八大产业链②，在细分领域和关键节点做好建链强链延链补链文章，构建比较优势突出、专业协作便捷的产业生态体系。抢抓G312宁镇产业创新走廊建设机遇，健全完善更加灵活精准的人才政策体系，打通产学研创新链、产业链、人才链、资本链，打造承西联东的区域科创产业新高地。**二是提升项目支撑力**。项目不落实，发展就落空。必须把项目作为检验干部的“试金石”、配置要素的“硬通货”，保持量的增长，注重质的提高，切实以项目大突破带动发展大提升。建立完善与我市主导产业发展高度匹配的目标客户库、项目数据库、合作载体库，发挥联东U谷等专业平台作用，进一步招大引强、招优引新、招急引缺，确保全年新签约石砀山抽水蓄能电站等亿元以上项目60个。更加注重结果思维，把快落地、早投产作为抓项目的最大逻辑，突出当年新增投入指标，挂图作战、节点倒逼，确保国民新能源车、环境监测和负压方舱完成厂房主体建设，5G能源产业园、LCD驱动芯片封装开工建设。全年新开工亿元以上项目30个，新竣工亿元以上项目15个，制造业投资增长20%，实现工业应税销售620亿。**三是优化服务保障力**。聚力打造最优营商环境，围绕项目全生命周期服务，以“一件事”视角优化业务流程，推动“一件事一次办”向更广领域拓展，实现营商环境从拼政策、比服务向建生态转型。着眼“效能提标、效率提速、效绩提质”，更深层次开展作风效能革命，扎实解决广大市场主体关切的实际问题，蓄积经济发展基本动力。发挥市级10亿元产业引导基金的撬动作用，加快落地一批创投基金、股权投资基金，实现优质项目与优质资本的同频共振、互利共赢。坚持以强度换空间、向存量要增量，积极探索“零地招商”③，深化低端低效产能处置，更大力度内部挖潜，确保盘活存量1200亩。

（二）聚焦城市美，彰显“一福地四名城”颜值魅力。坚持经营城市理念，持之以恒推进美丽宜居城市建设，进一步凸显城市特色魅力，形成城市财富积累机制。**一是狠抓基础设施建设**。围绕打造南京东部立体综合交通枢纽，加快推进南沿江城际铁路建设，确保宁句城际轨道交通明年底全面建成通车，做好扬镇宁马铁路开工准备，加快推进市域郊铁路句茅线前期工作。系统谋划打通区域融合“延伸路”、拓宽发展“瓶颈路”。加大长江引水暨城区水厂、下蜀水厂工程建设力度，确保城区水厂、长江取水泵站完成土建及主要设备安装，下蜀水厂完成总工程量的70%。**二是持续提升城市形象**。以城市战略品牌规划和建设标准体系为抓手，统筹推进城市美化、城市更新，全面完成华阳西路、人民路沿街立面改造试点，实施文昌东西路、华阳北路延伸段“黑改黑”工程，实现城区主干道文化护栏安装全覆盖。加快推进华阳东西南北路路灯改造试点，完成13个老旧小区改造、20个城区公交站台提升。强化城市重点区域、重要节点、标志性建筑物和重大交通基础设施沿线的空间设计、轴线设计、单体设计，有效融入历史文化元素符号，提高城市辨识度。持续推进“三降两提”④，打造一批美丽街区、美丽社区、美丽庭院、美丽阳台、美丽天际线，建设更多“转角遇见美”的景观小品，努力让城市目之所及皆是美景。**三是深化文明创建成效**。以“重整行装再出发”的心态，不断深化“+文

---

① 五大地标产业：新能源汽车、集成电路、人工智能、软件和信息服务、生物医药。

② 八大产业链：软件和信息服务、新能源汽车、新医药和生命健康、集成电路、人工智能、智能电网、轨道交通、智能制造装备。

③ 零地招商：引进落地的新项目不需要重新征用土地，不需要重新申请用地指标，而是从已经被征用的土地资源中进行挖潜和再利用的一种招商理念。

④ 三降两提：降密度、降高度、降容积率、提品质、提配套。

明”理念，紧紧抓住志愿服务、农贸市场、老旧小区、背街小巷等重点关键，在提高工作标准、提升文明素养、夯实基层基础等方面持续用力，推动文明创建制度化、常态化、长效化。大力弘扬社会主义核心价值观和新时代句容精神，持续涵养“好人生态”、放大“好人效应”，积极选树践行新时代句容精神的先进典型，以身边典型激励人心，用榜样力量催人奋进，推动向上向善蔚然成风。

（三）聚焦乡村美，绘就“一福地四名城”田园画卷。坚决扛起乡村振兴战略的政治责任和使命担当，通过系统谋划、统筹推进、重点攻坚，全力打造“希望的田野”新风景。**一是打造乡村振兴样板**。深化茅山何庄乡村振兴试点建设，高标准推进民居组团建设，继续完善水电气等基础设施配套，做好居民回迁、权证办理等相关工作。发挥好何庄土地股份合作社的组织优势、土地整合优势，加快推进瑞华生态农业项目建设，打造高产高质高效农业亮点，为乡村振兴注入产业的“源头活水”。系统总结茅山何庄试点建设“党建引领、产业为要、以人为本、敢想敢干”的经验，因地制宜推动句容乡村振兴从“一枝独秀”到“百花齐放”。**二是塑造美丽田园风光**。坚持“用设计发展农业、用创意点燃乡村”，因地制宜编制“多规合一”的实用性村庄规划，加强对传统村落原有形态和自然肌理的研究，保护好乡土文化和传统建筑，留住历史记忆，融入自然风光，让人们“望得见山、看得见水、记得住乡愁”，建设更多具有历史记忆、地域特色、人文情怀的美丽田园乡村。以农村人居环境整治和“513”公共空间治理为抓手，建立健全以农民为主体的长效管护机制，让干干净净、清清爽爽、整整齐齐成为句容农村的标配。**三是提升产业融合质效**。坚持“政府搭台、市场唱戏、群众受益、IP为王”，加快组建市文旅集团，围绕发展全域旅游，系统谋划、专业策划、精准规划、有序计划“四划”并举，推动农文旅深度融合发展。充分把握商业开发规律、旅游业发展规律和轨道交通建设运营规律，抓好“一山三湖”整体规划编制，通过市场化、专业化、资本化运作，加快建设恒大童世界等旅游经济综合体，让不同年龄、不同层次、不同喜好人群“到句容体验一种生活方式”。

（四）聚焦生态美，铺陈“一福地四名城”亮丽底色。生态美好，才有生活美好；生态句容，才是美丽句容。要把生态作为重要战略资源和长期战略坚守，打造“绿水青山就是金山银山”的实践样板。**一是在发展中优化生态**。山清水秀但贫困落后不行，殷实富裕但环境退化也不行。要严把产业导向、项目准入、节能减排“三个关口”，坚持“亩均论英雄”“绿色论豪杰”，在低效低端产能上坚定做减法，在高端绿色产业上持续做加法，打造绿色产业集群，增强绿色转型动能。要加快探索生态资源转换路径，推动自然景观向消费场景转变、生态修复向创新利用转变，持续把生态资本转化为产业资本、富民资本。要尊重自然规律、社会规律和经济发展规律，立足全市主体功能区定位，推进国土空间总体规划二阶段和各专项规划编制工作，完成基础信息平台和“一张图”建设，科学划定、刚性执行“三线一单”①，看得准的“积极有为”，看不准的“主动无为”，为未来发展留足空间。**二是在治理中净化生态**。保持污染防治攻坚“只能进、不能退”的定力，统筹山水林田湖草一体，做到铁腕治污不讲条件、修复生态不打折扣。全方位降尘、管车、减煤，确保全市$PM_{2.5}$浓度不断压降，让“句容蓝”成为常态。深化“排口长制”工作，精准实施雨污分流工程，开工建设开发区工业污水处理厂，实施长江引水河清淤整治工程，确保国省考断面长期稳定达标。加强土壤污染源头预防、调查评估与风险管控，加快建设餐厨及污泥协同处置厂、飞灰应急填埋场等终端处置项目。全面完成长江经济带废弃裸露矿山生态修复工程。**三是在建设中美化生态**。坚持“种香樟、铺草坪、小坡型”，扎实开展城乡绿化行动，建设崇明西路、文昌东路等小游园、微绿地，让城市四季有花、随处见景，彰显“城在绿中、园在城中、城绿相融”的大美意境。依托“四好农村路”建设和句容福道优化提升工程，全力打造绿色交通圈、高品质出行圈，建设更多串联美丽句容的“绿色项链”。

（五）聚焦生活美，提升“一福地四名城”民生福祉。美丽句容，最美是人，是群众脸上洋溢的幸福笑容。要始终坚持以人民为中心的发展思想，用心用力补短板、解难题、办实事。**一是群众生活要更富裕**。深入实施就业优先战略，着力稳就业存量、扩就

① 三线一单：生态保护红线、环境质量底线、资源利用上线和环境准入清单。

业增量，探索建立职业技能培训与产业需求变化的联动机制，深化校企合作，引导按需选择、按需培训，推进精准就业，确保全年城镇新增就业1.2万人。持续巩固脱贫攻坚成果，强化动态监测，及时为最困难群体兜住底，深化“万企联万村共走振兴路”行动，以产业扶贫保障长久脱贫。**二是公共服务要更优质**。深度对接南京优质教育资源，推进宝华新城小学与仙林外国语学校、文昌中学与南师附中江宁分校的试点合作办学，确保在宁镇扬教育一体化方面取得突破性进展。狠抓教育质量提升，深化“县管校聘”改革，优化片区合作共同体建设和义务教育阶段集团化办学，加快省句中异地新建工程。扎实做好国家卫生城市复审迎检工作，抓好医疗基础设施提档升级，提升应对突发公共卫生事件能力，全面完成新市人民医院搬迁、新市妇幼保健院建设工作，提升市域整体医疗水平，为句容人民提供更加全面、更高质量的健康服务。抓好殡葬领域突出问题整治，提高基本殡葬公共服务水平，确保市殡仪馆改扩建工程主体封顶。站稳人民立场、加快办理进度，力争全面完成全市安置房发证任务。**三是社会治理要更高效**。坚持“可知可控、精准防控”，坚决杜绝麻痹思想、厌战情绪、侥幸心理、松劲心态，不断完善疫情防控机制和措施，坚决守住“防院感”和“聚集性传播”两条底线，巩固疫情防控“三零”成果。积极创建省级安全发展示范城市，全面推进专项整治“三年大灶”，深入开展非煤矿山、危化品等8个领域隐患排查，逐个对账销号，坚决处置到位，坚决杜绝重特大安全事故。持续做好“清、规、控、降、防”工作，确保政府隐性债务风险安全可控。着力建设更高水平法治句容、平安句容，启动“八五”普法，推动“网格+警格”融合建设，以大数据、信息化手段加快构建科学精准的智慧治理平台，不断提升社会治理体系与治理能力现代化水平。突出信访积案攻坚和矛盾纠纷化解，巩固扫黑除恶专项斗争成果，确保社会大局安全稳定。确保省级双拥模范城“七连冠”。

四、筑牢纵深推进“一福地四名城”建设的坚强保障

（一）以强根铸魂的自觉抓好政治建设。始终突出政治建设这一根本性建设地位，牢牢把握党的最高政治原则和根本政治规矩，把聚焦点放到树牢“四个意识”、坚定“四个自信”、践行“两个维护”的实际行动上，把着力点放到创造性贯彻落实中央决策部署上，不断提高政治判断力、政治领悟力、政治执行力，坚决做到“对国之大者心中有数”。持续巩固主题教育成果，健全管根本、利长远的长效机制，推动党员干部时时叩问初心、守望初心。持续抓好省委巡视反馈问题整改，聚焦问题清单，全面查漏补缺，逐一对账销号，确保改到位、改彻底。

（二）以笃信笃行的精神强化思想武装。持续深入学习习近平新时代中国特色社会主义思想，把学习贯彻党的十九届五中全会精神与学习贯彻习近平总书记视察江苏重要讲话指示精神结合起来，真正以学思用贯通、知信行合一来提高政治站位高度、检验政治忠诚纯度、提升政治敏感锐度。强化党对意识形态工作的领导，抓好属地高校、宗教场所、互联网等阵地管理，坚决防范意识形态领域风险隐患。科学应对形势变化，统筹做好第五届国际道教论坛筹备、举办各项工作。全面深化新时代文明实践，广泛开展更接地气、更富朝气、更有正气的实践活动，围绕建党100周年，精心组织策划系列主题宣传活动，讲好新时代句容故事、展示美丽句容形象，持续壮大主流思想舆论。

（三）以坚定有力的行动贯彻组织路线。始终突出“政治标准+责任心+斗争精神”，搭建比武擂台、赛马平台，更加注重掌握干部在完成急难险重任务、处理复杂问题时的表现，精心组织好换届选举各项工作，让更多“四硬”型高素质干部脱颖而出。围绕提高“七种能力”①，深入实施干部能力提升工程，组建年轻干部“尖兵实训营”，鼓励引导年轻干部多钻“矛盾窝”、多办“棘手事”，不断提高应对变局、服务大局、开拓新局的能力水平。深化完善综合考核体系和“四硬四好”评选机制，持续增强“三项机制”的穿透力引领力，让干部上之有理、下之有据、容之有度、奖之有力，推动形成干部放手干、基层放心干、上下放开干的生动局面。

（四）以大抓基层的导向建强战斗堡垒。党的基层组织是党全部工作和战斗力的基础，要抓紧补齐基层党组织领导基层治理的各种短板，让每一个党组织

① 七种能力：政治能力、调查研究能力、科学决策能力、改革攻坚能力、应急处突能力、群众工作能力、抓落实能力。

都成为红色引擎、每一名党员都成为攻坚先锋。深化拓展村书记专职化管理工作，提升“头雁项目”落地质效，大力实施“名书记”培育工程，落实村干部员额管理和公开招考制度，切实以“头雁”引领“群雁高飞”。深入构建抱团发力的“党建联盟”模式，推动在农村领域开展合作联社党委建设，在社区开展“党建+网格”治理，在“两新”领域开展商圈党建联盟、园区党建联盟建设，真正把党的政治优势、组织优势转化为高质量发展、高效能治理优势。

（五）以坚韧执着的决心深化正风肃纪。深刻把握党风廉政建设规律，将严字当头、一严到底的主基调长期坚持下去，持之以恒打造政治生态的“绿水青山”。坚持政治监督是根本、协调联动是方法、系统集成是关键、更高质效是追求，推动“四项监督”统筹衔接。锲而不舍执行中央八项规定及其实施细则精神，深化拓展基层减负工作，进一步防范和纠治形式主义、官僚主义问题。坚持惩治高压、权力归笼、思想自律三管齐下，持续整治群众身边腐败问题和不正之风，注重总结重点领域腐败问题发生的特点，有针对性建章立制、堵塞漏洞，一体推进不敢腐、不能腐、不想腐。精准运用“四种形态”①，深化以案促改、完善“查改一体”工作机制，教育广大党员干部从灵魂深处加强警醒，守住行为底线、树立道德高线、点亮心中明灯。

政府工作报告（摘要）

——在句容市第十六届人民代表大会第五次会议上

市　长　周必松

2021年1月12日

一、2020年和“十三五”工作回顾

2020年是“十三五”规划的收官之年，是全面建成小康社会的决胜之年，面对错综复杂的外部形势和突如其来的新冠肺炎疫情，我们始终坚持以习近平新时代中国特色社会主义思想为指导，在市委的正确领导下，在市人大、市政协的监督支持下，紧密团结全市人民，扎实做好“六稳”“六保”② 工作，全面加快“一福地四名城”建设，各项事业在大战大考中交出了一份合格答卷。

这一年，我们疫情防控获得“三零”佳绩，“12356”③“组合拳”成效明显，全市人民众志成城，确保了零确诊、零疑似、零境外输入，全面构筑了疫情防控的“铜墙铁壁”。

这一年，我们产业强市激发强劲动能，“融入南京、接力镇江”强势推进，40个亿元以上项目签约落地，“双铁”④ 工程加快建设，南京东部立体综合交通枢纽呼之欲出。

这一年，我们创成全国文明城市，精美城市纵深

---

① 四种形态：第一种形态，党内关系要正常化，批评和自我批评要经常开展，让咬耳扯袖、红脸出汗成为常态；第二种形态，党纪轻处分和组织处理要成为大多数；第三种形态，对严重违纪的重处分、作出重大职务调整应当是少数；第四种形态，严重违纪涉嫌违法立案审查的只能是极少数。

② 六稳：稳就业、稳金融、稳外贸、稳外资、稳投资、稳预期工作。六保：保居民就业、保基本民生、保市场主体、保粮食能源安全、保产业链供应链稳定、保基层运转。

③ 12356：明确乡镇铁板一块、村（社区）铁桶一个的“双铁”目标；发挥党组织战斗堡垒和党员先锋模范“两项作用”；做好党员干部、社会群众和广大市场主体“三层发动”；压实领导责任、指挥部统筹协调责任、乡镇属地责任、企业主体责任和群众社会责任“五大责任”；严守交通卡口、村（社区）、人员排查、医院防感染、企事业单位主体责任和主要负责人第一责任、自我防护和“防同事”“六道防线”。

④ 双铁：宁句轨道交通、南沿江城际铁路。

推进，城市战略品牌规划和建设标准体系精准落地，新葛仙湖公园和葛洪纪念馆盛大开放。

这一年，我们乡村振兴走在全省前列，“万企联万村共走振兴路”经验全省推广，村党组织书记专职化管理试点成绩突出，唐陵花木交易市场成为全市首家国家级农业龙头企业。

这一年，我们民生实事取得重大突破，长江引水暨城区水厂、下蜀水厂工程加速建设，省句中异地新建工程正式开工，安全生产专项整治“一年小灶”①任务圆满完成。

回望这一年，极为特殊、极不平凡，我们进行了惊心动魄的抗疫大战，经受了艰苦卓绝的历史大考，收获了全面小康的丰硕成果。2020 年，预计实现地区生产总值 690 亿元，增长 3%；完成一般公共预算收入 54.85 亿元，增长 2.5%，总量全省第 16 位、税占比全省第一；全面完成了镇江市下达的化债任务，政府全口径债务实现总量下降、成本下降、结构优化；列全面小康指数百强县第 37 位，全国乡村振兴百佳示范县第 5 位。

这一年，我们主要做了以下几个方面工作：

（一）疫情防控取得重大战略成果。坚持人民至上、生命至上，把人民生命安全和身体健康放在第一位，2020 年 1 月 24 日启动突发公共卫生事件一级响应，第一时间落实防控举措，并根据疫情形势变化，及时调整为“外防输入、内防反弹”的常态化防控策略。先后实施“十个一律”“九个严格”等 12 项措施，对城区 174 个开放式小区和 52 个城中村进行封闭式管理，开展核酸标本检测 8.9 万份，重点场所消毒近 280 万平方米，完成 1461 名入境人员集中医学观察任务，对首批 600 名重点人群进行新冠病毒疫苗接种，牢牢守住了抗疫防线。省委娄勤俭书记、省政府吴政隆省长分别对我市防疫工作给予了高度的肯定。我们坚持一手抓疫情防控，一手抓复工复产，建立企业帮办员制度，制定一系列纾困惠企政策，减免用人单位职工基本医疗保险参保费用 5200 万元，减免企业养老、工伤、失业保险费用 3.6 亿元，金融服务支持企业总金额 91.5 亿元，有力推动交通运输、餐饮商超、文化旅游等各行各业有序恢复，奋力夺取了疫情防控和经济社会发展的“双胜利”。

（二）产业强市战略强势推进。项目建设强力攻坚。以“项目突破年”为主题，持续开展“双招双引”②，创新运用“云招商”“一线签”、招商流动红旗等推进机制，全年开展招商活动 230 场次，累计实际利用外资 1.47 亿美元，同比增长 19.69%。国民新能源车、环境监测和负压方舱等一批重大项目签约落地，华祥耀句容（台湾）半导体产业园、协鑫高效智能组件等项目建成投产。预计全年完成固定资产投资 255 亿元，增长 2%；实现工业应税销售 585 亿元，增长 3.3%。**创新转型加快实施**。深入实施创新驱动战略，天晟药业被认定为国家级专精特新“小巨人”企业，万城青年人才创业园、光明中小企业新材料科创园创成国家级科技企业孵化器。全年新认定国家高新技术企业 96 家，净增 27 家。成功举办“2020 走进镇江国家农业科技园区”“上海大学—句容校地对接”等活动，新增省“双创”人才 1 人，省“科技副总”2 人，补贴企业人才专项资金近 1000 万元。**营商环境持续优化**。修订完善产业强市政策体系，持续激发实体经济发展活力。深入推进基层整合审批服务执法力量改革，全面推广“交地即发证”模式，基本实现“1330”③ 改革目标。建立营商环境“红黑榜”制度，行政审批涉企中介服务收费项目下降 34.9%，企业满意度明显提升。

（三）城市建管水平显著增强。**基础设施日趋完善**。南沿江城际铁路句容段总工程量过半，宁句轨道交通句容站全面封顶，轨道铺设加速推进。防汛防旱基础工程基本建成，有力阻击了去年长江大汛。长江引水工程城区水厂累计完成土建工程 70%，肖杆河整治工程顺利完工，创成国家级节水型城市。敢于啃硬骨头，长期以来影响城市形象和项目建设的长龙山、老影剧院、甲城片区及开发区等一批拆迁征收工作完成扫尾。**城市品质有效提升**。坚持“标准为王、美感为要、文化为魂、以人为本”，以文明城市创建“四

① 一年小灶、三年大灶：2019 年 11 月 12 日，习近平总书记作出重要批示：“国务院要对江苏省安全问题‘开小灶’，进行专项整治，务必整出成效。”2020 年 4 月 13 日，习近平总书记再次作出重要批示：“继续抓整改不放松，实现‘开小灶’任务后再纳入全国三年整治的‘大灶’，不达目的不放松。”

② 双招双引：招商引资、招才引智。

③ 1330：1 个工作日企业开办，3 个工作日不动产权证办结，30 个工作日领取工业企业项目施工许可证。

大提升"① 工程为抓手，创成第六届全国文明城市。城区"白改黑"二期工程全面建成，华阳西路、人民路建筑立面改造试点正式启动，完成121个老旧小区改造、25个背街小巷整治提升工程，安装"福元素"文化护栏超5千米。全面开展城市干道绿化、工地围挡美化等行动，拆除违规广告152处，新增机动车停车泊位近2000个，句容城市形象更加靓丽，城市管理更加有序。**环境质量持续向好**。完成国家生态红线调整划定上报、自然保护地整合优化编制工作。扎实开展中央环保督察和"回头看"、江苏省环保督察反馈问题销号工作，严防问题反弹回潮。全年空气质量优良天数比率78.4%，同比提升7.5个百分点；$PM_{2.5}$年均浓度36微克/立方米，同比下降14.8%，质量镇江最优。城北垃圾填埋场综合整治有序实施，"排口长制"② 工作不断深化，国省考断面水质优Ⅲ比例达到100%。狠抓长江大保护，"十年禁渔"全面落实，长江经济带废弃裸露矿山生态修复加快推进，生态环境突出问题专项整治取得阶段性成果。

（四）乡村振兴步伐不断加快。**乡村产业发展壮大**。紧抓粮食安全，坚持"稳字当头、扩面增产"，抛荒治理成效明显，建成高标准农田4万亩，农作物总播种面积96.5万亩。15万头生猪标准化养殖项目竣工投产，生猪恢复生产，总投资12亿元的何庄瑞华生态农业项目开工建设。完成农村集体产权制度改革试点，新增新型经营主体70家。丁庄葡萄合作联社入选全国农民合作社典型案例，丁庄葡萄、戴庄大米、西冯草坪获得国家地理标志商标。省农担句容分公司在保余额超3亿元，增长44%。**农文旅融合持续深化**。全面启动"一山三湖"③ 空间规划编制。康缘中医药文化产业园顺利推进，景区游客中心建设完成；恒大童世界项目加快实施，童世界乐园26个单体主体封顶。"天下玫景"玫瑰园开园，茅山洲际假日度假酒店、道温泉酒店正式运营。宝华山品茶节、丁庄葡萄节等节庆活动成功举办，句容福道、生态陈庄等成为新的"网红打卡地"，句容旅游进入2020年全国县域旅游综合实力20强。**乡村面貌展现新颜**。全面完成农村人居环境整治任务，农村生活垃圾集中收运处理率100%，完成35个农村生活污水处理设施建设，实现行政村全覆盖，改造无害化卫生户厕6528户。建成省级特色田园乡村5个，丁庄村入选2020年中国美丽休闲乡村。

（五）群众幸福指数稳步提升。**社会保障更加有力**。脱贫任务提前完成，巩固提升工程全面推进，对全市不稳定脱贫户、边缘户进行动态监测，确保脱贫不返贫。开展"线上春风""创业富民"等系列行动，举办线下专场招聘会46场次，城镇新增就业近1.7万人。城乡基本社会保险覆盖率提升至98.12%，成功创成全省首批唯一县级社会保险标准化"先行城市"。顺利通过全国第四批居家和社区养老服务改革试点验收，全市居家养老上门服务率镇江市第一。**社会事业协调共进**。全年民生支出占一般公共预算支出84.3%。教育质量持续提升，高考本一达线率、名校录取率和高分段人数均创历史新高，石狮小学、华阳实验小学弘景校区建成交付。"院府合作"④ 不断深化，急危重症转院率下降24%，新市人民医院全面搬迁有序开展，体检中心投入使用，下蜀、天王中心卫生院建成全省首批农村区域性医疗卫生中心。完成安置房权证发放1.2万余本，已具备发证条件的占任务总数70%。**社会大局和谐稳定**。持续推进社会治理创新，推动"警格+网格"双网融合，911名政法网格指导员进网入格实现全覆盖，省测群众安全感指数持续保持高位，认真开展市第七次全国人口普查工作。深化扫黑除恶专项斗争，破获九类涉恶案件159起，摧毁黑社会性质组织、恶势力犯罪集团4个。统筹衔接安全生产"一年小灶、三年大灶"要求，组织开展道路交通、违法违规"小化工"等专项整治，排查整改隐患6135条，创成省食品安全示范市、省农产品质量安全市。着力解决信访突出问题，重要时期持续保持零进京、零登记、零非访。

① 四大提升工程：基础设施提升工程、公共秩序提升工程、创建氛围提升工程、文明素养提升工程。

② 排口长制：为全面加强水污染防治，在"河长制""断面长制"的基础上，在城区所有河道排口设立排口长，负责排口的日常管理和综合整治工作。

③ 一山三湖：茅山，茅山湖、二圣湖、潘冲湖。

④ 院府合作：属地人民政府与省级三级医院签订合作办医协议，建设省级三级医院分院，由省级三级医院派出管理团队和业务专家，提升分院综合实力。

这一年，各镇、街道、管委会和句投集团认真贯彻落实市委、市政府各项决策部署，坚持“融入南京、接力镇江”不动摇，坚持“产业强市”不动摇，坚持乡村振兴不动摇，尽力而为，量力而行，在全市加快推进“一福地四名城”建设的实践中体现了使命担当：经济开发区、黄梅街道全年新签约20亿元以上项目3个，省级经济开发区综合评价排名上升至第17位。茅山风景区、茅山湖抢抓国际道教论坛筹备工作，配套工程全面完工，沿线环境整体提升，中国道教协会第十次全国代表大会在茅山成功举行。下蜀镇科学应对历史级汛情；建华建材获评国家级企业技术中心、成为我市首家国家级制造业单项冠军，北新建材获评国家级“绿色工厂”。宝华镇、宝华山坚决打响物流行业专项整治攻坚战，关停搬离物流园区27个、专线315条，物流园安全隐患得到彻底根除，整治行动取得显著成效。边城镇大力发展健康养生产业，医养结合综合体建成运营，经验做法获得“全省医养结合典型”推广。白兔镇写好草莓文章，成功举办第19届中国（句容）草莓文化旅游节，白兔草莓育苗公司被评为江苏省第一批特色优势种苗企业。郭庄镇、赤山湖打造新能源产业集群，5G能源产业园、5GW高效光伏组件、6GW太阳能单晶硅切片等一批重大项目签约落地。后白镇狠抓粮食生产安全，与省农科院共建句容稻米产业研究院和工程技术中心，有机天香米获国际有机食品博览会金奖。天王镇千亩牡丹园项目正式奠基，“美丽中国乡村行走进句容天王”活动成功举办，获评“2020全国百佳旅游目的地”。茅山镇扎实推进何庄村乡村振兴试点工作，830栋民房完成封顶，1万亩高标准农田项目列入全省试点。华阳街道聚焦精美城市建设，持续推进城市功能完善、品质提升，一批体育公园投入使用，万家河重现水清岸绿。崇明街道深化创新“三精体系”，构建“网格+党建”“网格+警务”“网格+物业”的多元共治格局，城市社区基层治理体系和能力不断提升。句投集团当好城市资产的经营者、城市建设的运营商，福地生态、城投公司信用评级上调至AA+。

这一年，我们坚持以习近平新时代中国特色社会主义思想为指导，深入推进学习政府、法治政府、服务政府、阳光政府和廉洁政府建设。办理市人大代表建议105件、市政协提案165件，完成重要文件合法性审查41件。此外，民族宗教、媒体融合、文史档案、气象防震、机关事务、供销科普、外事侨务、对台事务、工会、审计、老龄、妇女儿童、青少年、残疾人、红十字、慈善、关心下一代、见义勇为、国家安全、国防动员、双拥共建、退役军人事务、人民防空、对口支援和科技镇长团等工作都取得了新的成绩。需要说明的是：2020年十件民生实事项目中，“句容市救助管理站建设项目”由于初期选址不当，目前未能按序时完成。在此，我代表市政府向各位代表致以深深的歉意。

五年来，我们聚焦产业强市，经济更强了。华电二期、抽水蓄能电站、恒大童世界等一批百亿级以上重大项目强力推进，为句容未来发展奠定了坚实基础。南沿江城际铁路、宁句轨道交通全面开工建设，扬镇宁马铁路列入“十四五”铁路建设计划，市域（郊）铁路句容至茅山线纳入长三角交通一体化发展规划，“轨道上的句容”正加速走来。镇江国家农业科技园区获批建设，赤山湖创成国家湿地公园，中央商场、吾悦广场两大商业综合体投入运营，句容高质量发展迈出坚实步伐。

五年来，我们始终以人为本，百姓更富了。民生支出年均增速高于一般公共预算支出增速，城乡居民人均可支配收入增速高于经济发展增速，我们句容人获得感更强了，我们句容人更自信了。提前完成脱贫攻坚任务，村户达标率100%。累计投入32亿元新建、扩建及加固学校52所，建筑面积超70万平方米。江苏省人民医院句容分院挂牌运行，市人民医院、妇幼保健院新院区主体建造完成。南部应急水厂投入运行，二水厂完成应急改造，饮用水水质达标率保持100%。

五年来，我们坚持系统观念，环境更美了。坚持山水林田湖草是一个生命共同体的新系统观，持续开展污染防治攻坚，坚决打好蓝天、碧水、净土三大保卫战，空气质量不断改善，矿山宕口整治力度空前，首创“排口长制”，建成区绿化覆盖率达到35.43%。创成国家环保模范城市、国家级生态示范区，唐陵村、西冯村、丁庄村、中心村、永兴村、唐庄村成为全国“一村一品”示范村。

五年来，我们弘扬新时代句容精神，社会文明程度更高了。总结提炼“尊上德、崇人文、勇拼搏、甘奉献”的新时代句容精神，涌现出全国“时代楷模”

赵亚夫、江苏“时代楷模”糜林等一批榜样典型。新时代文明实践中心成为全国试点，经验全省交流。句容人民文明素养不断提升，家国情怀持续厚植，中国好人榜上、镇江人民奖章获得者中，“句容人”在增多。

在肯定成绩的同时，我们也清醒地看到，经济社会发展还面临一些困难和挑战。主要是：实体经济发展仍然不够充分，制造业基础薄弱仍是最大短板，农文旅融合还有待深入挖掘；对标人民群众对美好生活的向往，在创造高品质生活、实施高效能治理上尚需持续发力；对照统筹发展和安全的要求，部分领域一些风险隐患还需前瞻应对、精准化解；政府部门的法治意识、服务意识还需增强，执行力、创新能力有待进一步提高等等。对此，我们将高度重视，采取有效措施，认真加以解决。

二、“十四五”时期目标任务

根据市委十二届十次全会以及关于“十四五”发展规划建议精神，今后五年政府工作的指导思想是：**以习近平新时代中国特色社会主义思想为指导，全面贯彻党的十九大和十九届二中、三中、四中、五中全会精神，坚持稳中求进、改革创新，统筹发展与安全，全力以赴在“争当表率、争做示范、走在前列”中扛起句容担当、展现句容作为，聚力打造美丽句容，纵深推进“一福地四名城”建设，奋力开启社会主义现代化建设的新征程。**

今后五年，我们谋划与推进工作的总体遵循是：一是准确把握新发展阶段。当前，国内外环境发生深刻变化，既有机遇，更具挑战，我们必须明大势、观大局，走好自己的路、办好自己的事，努力育先机、开新局，有效应对发展环境变化带来的挑战与风险，把句容未来发展的潜力更多转化为经济发展的动力、活力和韧劲。二是坚决贯彻新发展理念。创新、协调、绿色、开放、共享五大发展理念之间相互贯通、内在关联，我们要坚持系统观念，把新发展理念贯穿于“一福地四名城”建设的全过程、各环节，努力提高以新发展理念引领高质量发展的能力和水平，保持经济社会发展良好态势。三是服务构建新发展格局。要认真谋划句容在“双循环”中的切入点和价值链位置，坚持“融入南京、接力镇江”，发挥区位优势，放大枢纽效应，积极融入长三角和宁镇扬“大小三角”的循环体系，实现优势互补、整体提升。

今后五年，全市经济社会发展的主要目标是：在“经济强”上取得更大突破。经济保持中高速增长，产业迈向中高端水平，地区生产总值年均增长率达到6.5%；一般公共预算收入与地区生产总值年均增长率相适应；全国百强县综合实力排名稳步提升。在“百姓富”上收获更多成果。民生支出占一般公共预算支出的比重进一步提高；教育、文化、医疗、养老等基本公共服务体系更加健全；居民人均可支配收入年均增幅与经济增长同步。在“环境美”上展示更美形象。生态文明制度体系更加健全，绿色发展能力显著增强；持续推进污染防治攻坚，$PM_{2.5}$浓度稳步下降，国省考断面水质长期稳定达标；建成区绿化覆盖率达到45%，林木覆盖率达到29%。在“社会文明程度高”上实现更高追求。中国梦和社会主义核心价值观更加深入人心，新时代句容精神广泛弘扬；持续巩固全国文明城市创建成果，文明形象更加彰显；全社会法治意识不断增强，社会大局保持和谐稳定，公众安全感满意度持续提升。

三、2021年主要工作安排

今年工作的总体要求是：**以习近平新时代中国特色社会主义思想为指导，深入贯彻市委十二届十次全会精神，坚持稳中求进工作总基调，坚持以推动高质量发展为主题，以深化供给侧结构性改革为主线，以改革创新为根本动力，以满足人民日益增长的美好生活需要为根本目的，紧扣“两争一前列”重大使命、“三高一争”① 奋斗目标，聚力美丽句容建设，把“一福地四名城”美好愿景向纵深推进，确保“十四五”开好局、全面建设社会主义现代化起好步，以优异成绩献礼建党100周年。**

今年全市经济社会发展的主要预期目标是：地区生产总值增速达到6.5%左右；一般公共预算收入增长4.5%；固定资产投资增长8%；居民可支配收入增长与经济增长保持同步；生态环境持续好转；本质安全水平加快提升。

围绕市委十二届十次全会明确的“聚焦一个抓

① 三高一争：推进高质量发展、创造高品质生活、实施高效能治理，在谱写“镇江很有前途”新篇章中争得城市荣光。

手、干好三件大事”①，我们将重点抓好五个方面工作：

（一）夯实“美丽句容”的产业根基。推动“双招双引”。瞄准南京、上海、深圳、北京等热点地区开展产业链招商，落地一批围绕南京五大地标产业、八大产业链的补链型、强链型重大内外资项目。完善招商地图，建优专业化招商队伍和招商网络，构筑上下联动、园区引领、镇街并进的招商工作格局。确保全年开展专题招商48场次以上，引进亿元以上产业类项目48个，其中制造业项目32个。深化拓展“福地英才”计划，建立人才分类目录，积极探索柔性引才，在上海、南京等高校资源集中地区设立“双招双引”专员工作室，为高质量发展提供高质量人才支撑。**狠抓项目推进**。将项目作为“产业强市”的核心支撑，全年确保新开工亿元以上产业项目30个，新竣工亿元以上项目15个，实现工业应税销售610亿元。紧扣项目建设关键节点，进一步优化项目督查推进机制，推动国民新能源车、协鑫5G智慧产业园等项目开工建设，兆鋆碳纤维新材料等项目竣工投产。注重加强本土项目资源培育，通过科技孵化、兼并重组、增资扩股等方式，从研发机构中孵化一批科技创新项目，从龙头企业中整合一批协作配套项目，从主导产业中挖掘一批补链延链项目。深化“放管服”改革，进一步创新审批服务模式，持续打造市场化、法治化、国际化营商环境。推进国土空间规划编制工作，科学划定“三区三线”②。**激发创新动能**。主动参与、积极融入G312产业创新走廊建设，突出“科技园+产业园”两大形态、双轮驱动，重点推动创新链、产业链与南京紫东地区协同发展、深度融合，大力招引高校平台、创新团队和高新技术等各类资源集聚转移落地。实施创新型企业培育工程，全面助推科技型企业“小升高”“高升规”，着力培育一批“专精特新”、智能制造企业，力争新增高新技术企业25家以上。进一步完善科技创投体系，发挥苏科贷、华阳科贷等科技融资产品的作用，让科技插上金融的翅膀。

（二）彰显“美丽句容”的城市魅力。**完善城市功能**。加快推进句容高铁枢纽站建设，全力推进G312句容段快速化改造、市域（郊）铁路句容至茅山线规划、仪禄高速公路前期等重点项目。继续开展城市主干道路面改善提升工程，开工建设兆文山路及陵园路二期工程，扎实推进宁句城际站点配套建设。实施工业污水处理厂、建筑垃圾资源化处理厂、餐厨及污泥协同处置厂、生活垃圾应急（飞灰）填埋场等终端处置项目建设。加大长江引水工程推进力度，全面完成城区水厂和长江取水泵站土建工程，下蜀水厂、北山水库泵站管线施工进度达到60%。**提升城市品质**。按照“三降两提”③要求，强化规划引领，建设高品质楼盘，优化住房供应结构体系，不断提升我市房地产竞争力。实施城区部分主干道夜景灯光亮化、和平鸽广场景观品质提升等工程，城区新改建公厕8座。完成13个老旧小区改造、20个城区公交站台提升，不断提升已改造老旧小区物业管理水平。**培育生态优势**。严格管控大气污染源，推进建筑工地扬尘、餐厨油烟等专项整治，推动$PM_{2.5}$和臭氧浓度“双控双减”、空气质量持续改善。统筹水资源水生态水环境综合治理，深化落实“排口长制”，强化河湖巡查长效管护力度，巩固提升黑臭水体整治成效。全面完成长江经济带废弃裸露矿山生态修复任务，深化“林长制”试点成效，积极申报“山水林田湖草”生态保护修复工程省级试点。强化环境监管执法，对环境违法企业亮红黄牌、列黑名单，全面纳入企业诚信体系。

（三）建设“美丽句容”的乡村田园。**推动农业产业更强**。坚决把保障粮食安全作为“三农”工作的首要任务，扎实做好防止耕地“非粮化”。以建设镇江国家农业科技园区为抓手，全力推动省级农高区创建。加大对农产品精深加工、绿色供应链等新技术、新品种、新工艺的开发投入，力争新创成省级龙头企业1家。新申报高标准农田建设项目3个，建设面积1.2万亩。实施“生态促安”行动，打造省级生

① 一个抓手：深入开展美丽句容建设新实践。三件大事：一是全力对接紫东、融入紫东，在产业融合、服务共享、功能互补、交通互联等方面主动谋划、先行一步。二是高水平建设句容立体综合交通枢纽，加快推进南沿江城际铁路、宁句城际轨道交通建设，做好扬镇宁马铁路、市域郊铁路句茅线开工准备工作。三是高起点、高标准开展“一山三湖”整体规划编制，全力打造山水道相映、农文旅融合的大茅山景区。

② 三区三线：三区是指城镇、农业、生态空间。三线是指生态保护红线、永久基本农田保护红线和城镇开发边界。

③ 三降两提：降密度、降高度、降容积率、提品质、提配套。

态循环农业试点示范村1个、镇江市级4个。培育新型农业经营主体，稳妥推动资本、技术、人才等要素向农村流动，支持农村电商等新业态发展。**推动农村面貌更美**。因地制宜编制实用性村庄规划，推动“多规合一”①，鼓励有条件的地区开展镇级国土空间规划编制试点。谋划实施乡村建设行动，加快“美丽库区幸福家园”水美乡村建设，突出抓好农村生活垃圾污水处理、农村户厕修缮提档升级工作，补齐农村基础设施短板。坚持农文旅融合发展，加快推进“一山三湖”整体规划编制，深入开展国家全域旅游示范区创建工作，加大中国美丽休闲乡村申报力度，力争新创中国美丽休闲乡村1个。实施“四好农村路”②建设及句容福道品牌提升工程，打造2条美丽乡村路、2条平安放心路。**推动农民口袋更富**。深入推进“万企联万村共走振兴路”行动，推动全市152个行政村的联建体系加快形成，与连云港海州区南北联建取得阶段性成果。持续巩固拓展脱贫攻坚成果，防范脱贫人口返贫、防止边缘人口致贫，力促家庭经营性、工资性、财产性、转移性收入稳定增长。加强农村创业致富带头人队伍建设，组织开展第四届高素质农民评选活动，全面增强农业高素质人才供给。

（四）提高“美丽句容”的民生福祉。**推进就业创业**。加快完善职业技能培训体系，引导“按需选择”“按需开展”培训，实施城乡劳动者职业技能提升免费培训，开展企业职工技能培训1万人次、就业技能培训5千人次、创业培训1500人次，有效推进求职者技能提升。持续优化创业环境，扩大创业示范引领效应，发放富民创业贷款，全年提供就业岗位3.5万个，新增城镇就业1.1万人，带动就业7500人。**发展社会事业**。深度对接南京优质教育资源，推进宝华新城小学与仙林外国语学校、文昌中学与南师附中江宁分校的试点合作办学，确保在宁镇扬教育一体化方面取得突破性进展。加快推进省句中异地新建、福地路小学和幼儿园等学校建设。着力提升基层医疗机构服务能力，推动市人民医院、市中医院医疗集团资源融合，不断巩固医共体建设成效。全面完成市人民医院、妇幼保健院、黄梅社区卫生服务中心整体搬迁工作，推进江苏省中医院、南京市儿童医院“院府合作”项目。**提升保障水平**。提高最低生活保障标准，积极推进残疾人关爱和慈善事业，建立健全社会救助工作监督管理体系。继续构建完善多层次医疗保障体系，坚持城乡统筹，加强重大疾病、罕见病保障力度，大力发展商业健康保险。加大省婚俗改革试验区创建工作力度，积极推进养老产业和区域化养老中心建设。进一步提高基本殡葬公共服务水平，优化殡葬服务惠民政策，加快市殡仪馆改扩建工程。

（五）守好“美丽句容”的安全底线。**防范化解重大风险**。加强政府投资项目管理，坚决遏制债务增量，关紧“水龙头”，严格规范政府投资项目生成、审批、竣工验收等流程，继续盘活国有资产，推进新增融资成本有序下降、融资结构持续优化。坚持“房住不炒”定位，稳房价稳地价稳预期，促进房地产市场平稳健康发展。坚持标准不降、力度不减，接续推进安全生产专项整治“三年大灶”，积极创建省级安全发展示范城市。聚焦危化品、道路运输、建筑施工、消防等重点行业领域和重大风险隐患，关注食品、药品等与群众息息相关的民生安全，持续开展深层次隐患排查，坚决遏制重特大事故发生，不断提升本质安全水平。**加快建设平安句容**。分类健全安全稳定预案，加强应急管理体系和能力建设。进一步完善常态化疫情防控机制，毫不放松抓好“外防输入、内防反弹”工作，最大限度降低输入性风险。全力维护政治安全、公共安全，持续深化基层系列平安创建、社会治安防控体系建设等工作，全力巩固扫黑除恶专项斗争成果，纵深推进“黄赌毒”突出问题整治。完善城市巡防网格，始终保持街面见警率、威慑力和治安控制力，全力构建大数据支撑下的智能安防体系。**聚力创新社会治理**。坚持发挥“大数据+网格化+铁脚板”治理机制优势，充分整合现有资源，优化网格工作机制，提高基层社会治理现代化水平。积极探索新时代“枫桥经验”句容模式，完善信息共享机制、矛盾化解机制、联动工作机制、快速处置机制，提升矛盾风险的发现、预警、稳控能力。强化矛盾纠纷调处、初信初访办理工作，大力推动信访积案化解，打造“线上应对有力、线下可防可控”的联

① 多规合一：将国民经济和社会发展规划、城乡规划、土地利用规划、生态环境保护规划等多个规划融合到一个区域上，实现一个市县一本规划、一张蓝图，解决现有各类规划自成体系、内容冲突、缺乏衔接等问题。

② 四好农村路：全面建设好、管理好、养护好、运营好农村公路。

动处置新格局。完善社会信用体系建设，大力倡导和弘扬诚实守信的良好社会风尚。

四、全面加强政府自身建设

保持政治坚定。切实加强政治建设，把握政治大局，提高政治判断力、政治领悟力、政治执行力，善于从政治上观察和处理问题，始终做到在思想上政治上行动上与党中央保持高度一致，在任何时候任何情况下都能“不畏浮云遮望眼”“乱云飞渡仍从容”。要科学把握形势变化，做到对“国之大者”了然于胸，始终坚持用党中央精神和习近平新时代中国特色社会主义思想分析形势、把握遵循、推动工作。

坚持依法履职。自觉尊法学法守法用法，认真落实法律法规和句容市人民政府工作规则等规章制度，强化依法执政观念，严格按照法定权限和程序行使权力，重大事项及时向市委报告，不断提高运用法治思维和法治方式深化改革、推动发展、化解矛盾、维护稳定、应对风险的能力。积极支持司法体制和工作机制改革，加强公共法律服务体系建设，启动实施“八五普法”。自觉接受市人大及其常委会法律监督、政协民主监督、社会和舆论监督，强化审计监督。

永葆为民初心。坚持以人民为中心，以群众需求为导向，畅通政民互动渠道，既要办好群众最期盼的“根本大事”，也要办好群众关心的“关键小事”。持续发扬“专业化+店小二”服务理念，致力破解政策入企落地难、要素公平配置难等制约企业发展问题，构建亲清新型政商关系，做到清而有为、亲而有度。严格落实中央八项规定及其实施细则精神，以永远在路上的韧劲和执着，坚持不懈纠正“四风”，力戒形式主义、官僚主义，严格控制“三公”经费和一般性支出，真正用政府的“紧日子”换取人民群众的“好日子”。

强化担当作为。坚持以身作则、以上率下，全面克服“慵懒散”，坚决革除“等靠要”，以“跑起来”的紧迫感，创造性推动各项决策部署迅速落地生根。推进干部队伍能力素质建设，持续加强思想淬炼、政治历练、实践锻炼、专业训练，全面提高解决问题、服务发展的专业化能力。认真落实句容市委的决策部署，把坚持底线思维、坚持问题导向贯穿工作始终，强化责任意识，发扬斗争精神，积极防范化解各种风险。

组织机构及领导干部

（姓名后标注＊的为兼任）

·中共句容市委员会·

书记

潘　群

副书记

周必松

高庆华

常委

宋飞雄

贾云亮

姚　华

赵树锋

查兆娣（女）

孙卫军（　—2020.10）

陈志勇

汪丹宁

办公室

主任

谢　兵（　—2020.03）

徐哲迅（2020.07—　）

副主任

唐富祥＊（　—2020.03）

徐哲迅（　—2020.07）

丁邦元＊（2020.03—　）

孙仁军

张广铧＊

时　效

冯朝柱（2020.08—　）

常　云

成　帅

深改办副主任

郑　超（女）

市委研究室主任

孙仁军（2020.04—　）

副主任

陈　冬（　—2020.07）

李文永（2020.07—　）

市委机要局

副局长

张广铧

吴　炜（女）

合作交流中心

主任

雍正金

副主任
金　菊（女）（2020.04—　）

组织部

部长
汪丹宁＊
常务副部长
孙太元
副部长
阎艳齐（女）
方春喜
市考核办副主任
孔　飞
市人才办专职副主任
张金陵
市电教中心主任
赵　鑫

党建工作领导小组办公室

（在市委组织部挂牌）

主任
张红星

非公有制企业和社会组织工作委员会

（在市委组织部挂牌）

书记
阎艳齐（女）
副书记
吴宗新（　—2020.07）
杨　鹏（2020.07—　）

公务员局

（在市委组织部挂牌）

局长
孙太元＊

市级机关党工委

（在市委组织部挂牌）

书记
吴宗新（2020.07—　）
副书记
王　伦（　—2020.04）

宣传部

部长
查兆娣＊（女）
常务副部长
庞　勇
副部长
严道顺
翟德润
宣传指导员
纪　萍（女）
王　莉（女）（　—2020.07）
新闻办副主任
陈利元

精神文明建设指导委员会办公室

（在市委宣传部挂牌）

主任
严道顺＊
副主任
刘　军

市委网络安全和信息化委员会办公室

（设在市委宣传部）

主任
翟德润＊
副主任
谢志春

统一战线工作部

部长
高庆华＊
常务副部长
严建华
副部长
贾良明
陈桂生（　—2020.07）
王发顺（2020.07—　）

台湾工作办公室

（在市委统战部挂牌）

主　任
贾良明＊
副主任
胡　新
石少华

民族宗教事务局

（在市委统战部挂牌）

局长
严建华＊
副局长
谢天成
张晓晖（女）

政法委员会

书记
姚　华＊
常务副书记
李洪根（　—2020.07）
经　军（2020.07—　）
副书记
吴明成＊
王灵飞
汪四红
吴凌华（2020.07—　）
政治处主任
倪　儒

市社会治安综合治理中心

主任
韦　丹（2020.04—　）

机构编制委员会办公室

主任
耿　忠
副主任
吴孝海
徐国华（女）

夏文华（2020. 07— ）

机构编制政务管理中心

主任

夏文华（ —2020. 07）

市委巡察机构

巡察办主任

滕振林＊

巡察办专职副主任

李 政＊（ —2020. 07）

袁根富

曹 伟（2020. 07— ）

巡察组组长

许发毅

巡察组专职副组长

沈春生（ —2020. 04）

赵向梅（女）（ —2020. 04）

王庆涛（2020. 04— ）

问丽萍（女）（2020. 04— ）

巡察组组长

陆 卫（ —2020. 03）

袁 健（2020. 03— ）

巡察组专职副组长

骆腊生（ —2020. 04）

万晓忠

孙 晨（女）（2020. 07— ）

巡察组组长

余立超

巡察组专职副组长

朱德保（ —2020. 04）

唐 慧（女）

刘吉花（女）（2020. 12— ）

老干部局

局 长

方春喜

副局长

徐开国（ —2020. 07）

贡道金

纪项迪（2020. 12— ）

离退休干部工作委员会

（在市委老干部局挂牌）

书 记

方春喜＊

副书记

陆 萍（女）

党校（行政干部学校）

党校校长

高庆华＊（ —2020. 07）

汪丹宁＊（2020. 07— ）

行干校校长

宋飞雄＊（ —2020. 07）

汪丹宁＊（2020. 07— ）

常务副校长

冯家旺

副校长

陶 强（ —2020. 04）

凌建林

徐 进

校务委员

周 文（ —2020. 04）

史志办（党史办）

主任

张 俊

副主任

倪定胜＊

许朝斌（ —2020. 07）

徐彬彬（女）（2020. 07— ）

档案局（档案馆）

馆 长

戴晓伟

副馆长

王自清（ —2020. 04）

周长兵

赵 宏（女）（2020. 04— ）

融媒体中心

主任

汪荣春

党委书记

汪荣春

总编辑

汪荣春

副主任

杨言宏

王 芸（女）

张 玮

吴名建

移军霞（女）

纪委书记

朱宏琴（女）（ —2020. 03）

党委委员

朱宏琴＊（女）（ —2020. 03）

杨言宏＊

王 芸＊（女）

张 玮＊

吴名建＊

移军霞＊（女）

张冬俊（2020. 07— ）

·句容市人民代表大会常务委员会·

主任

文雁才

党组书记

文雁才

党组副书记

周春芳

副主任

周春芳

石继刚

黄 培

刘志鹏

党组成员

石继刚＊

徐胜宝
刘志鹏 *
俞小俊 *
刘　宁 *
陈学东 *
李爱林 *
纪书生 *
齐兴武 *
颜利平 *

办公室

主任
俞小俊
副主任
张金网
王　婷（女）（　—2020. 07）
韩维娜（女）（2020. 07—　）
信访室主任
张　瑾（女）

人事代表联络委员会

主任
刘　宁
副主任
张广新

内务司法委员会

主任
陈学东（　—2020. 03）
副主任
吕　芬（女）（　—2020. 03）

监察和司法工作委员会

主任
陈学东（2020. 03—　）
副主任
吕　芬（女）（2020. 03—2020. 07）
贡永芳（女）（2020. 12—　）

财政经济委员会

主任
李爱林
副主任
赵　虎

农业和农村经济委员会

主任
纪书生
副主任
张忠玉（　—2020. 07）
李海涛（2020. 12—　）

社会事业委员会

主任
齐兴武
副主任
王广平

环境资源城乡建设委员会

主任
颜利平
副主任
李晓军

华阳街道人大工委

主任
朱群峰

崇明街道人大工委

主任
丁学平

黄梅街道人大工委

主任
马久根

·句容市人民政府·

市　长
周必松
党组书记
周必松 *
常务副市长
宋飞雄
党组副书记
宋飞雄 *
副市长
贾云亮
侯华锋
张荣海
王大金
吴明成
凌　华（女）
沈向民（挂职）（　—2020. 08）
吴亚芹（女）（挂职）（2020. 08—　）
李永辉（挂职）（2020. 09—　）
张德超（挂职）（2020. 09—　）
党组成员
贾云亮 *
侯华锋 *
张荣海 *
王大金 *
吴明成 *
徐　飞 *（2020. 03—　）
高志祥 *

办公室

主任
高志祥
党组书记
高志祥
副主任
刘富金
李　玮
赵　文
杨　钢
毛海洋（　—2020. 04）
巫建林
戴　伟
陈　冬（2020. 07—　）

党组成员

雍正金＊
刘富金＊
李　玮＊
赵　文＊
杨　钢＊
巫建林＊
戴　伟＊
陈　冬＊（2020. 07—　）

外事办公室

（在市政府办公室挂牌）

主任

雍正金

副主任

杨　钢

大数据管理局

（在市政府办公室挂牌）

副局长

王中明（2020. 11—　）

侨务办公室

主任

王发顺＊（2020. 07—　）

发展和改革委员会

主任

纪文华

党委书记

纪文华

党委副书记

唐红生

副主任

唐红生
徐小明
李云鹏
毛可进（　—2020. 07）
钱　勇（2020. 07—　）

党委委员

焦桂葆＊（2020. 03—　）
徐小明＊
李云鹏＊
钱　勇＊（2020. 07—　）
姚　芬（女）（2020. 03—　）

粮食和物资储备局

（在市发展和改革委员会挂牌）

局　长

焦桂葆＊

教育局

局　长

高宏斌

党委书记

高宏斌

副局长

尹小计（女）
徐　燕（女）
许艾岷（　—2020. 08）
房家义
凌麓（女）（挂职）（　—2020. 11）
孔庆俊（2020. 08—　）

党委委员

王泰山＊
尹小计＊（女）
徐　燕＊（女）
许艾岷＊（　—2020. 08）
房家义＊
孔庆俊＊（2020. 08—　）
经庆录＊（2020. 08—　）

市委教育工作委员会

（在市教育局挂牌）

书　记

高宏斌＊

市政府教育督导室

（在市教育局挂牌）

主任

王泰山

副主任

陈雪花（女）（　—2020. 08）
金　荣＊（2020. 12—　）

市教师发展中心

主任

李　歆

江苏省句容高级中学

党总支副书记

经庆录

常务副校长

经庆录

副校长

汪　涛
胡文靖

年级部主任

张永才
解永平
宣　进

实验高级中学

校　长

刘瑞宏

党总支副书记

刘瑞宏＊

副校长

黄　新（　—2020. 08）
冯义平
薛国强
曾　玮（2020. 08—　）

江苏省句容中等专业学校

校　长

赵健康

党总支书记

孔祥富

党总支副书记

赵健康＊

副校长

孔祥富＊

曾　玮（　—2020. 08）
张正珏
陈春华（2020. 08—　）
金　荣（2020. 08—　）

第二中学

校　长
黄光斌（　—2020. 08）
蒋　明（2020. 08—　）
党总支书记
蒋　明
党总支副书记
黄光斌 *（　—2020. 08）
副校长
纪争春
侯红宝（　—2020. 08）
朱建光
徐飞燕（副股 2020. 08—　）

第三中学

校　长
蒋龙贵
党总支书记
吴发清
党总支副书记
蒋龙贵 *
副校长
严　飞
陈　敏
张　春

实验小学

校　长
戴拥军（　—2020. 08）
汤爱军（正股 2020. 08—　）
党总支书记
陈远勇

科技局

局　长
潘　云
党组书记
潘　云
副局长
戴　俊
杜永刚
李　艳（女）
吴鹏飞（挂职）（　—2020. 08）
郭　勇 *（挂职）（2020. 07—　）
党组成员
戴　俊 *
杜永刚 *
王慧慧（女）

工业和信息化局

局　长
沈　政
党组书记
沈　政
党组副书记
周　伟（2020. 04—　）
副局长
徐　进（　—2020. 04）
周　伟（2020. 04—　）
罗元清
陈高祥
杨　勇
蒋苏娜（女挂职）（　—2020. 11）
党组成员
罗元清 *
陈高祥 *
杨　勇 *
姚淦橙（2020. 04—　）

公安局

局　长
吴明成 *
党委书记
吴明成 *
督察长
吴明成 *
政　委
裔玉诚
党委副书记
裔玉诚
副局长
章丽明
蔡成贵
王世界
梅新贤
邵兴林
党委委员
章丽明 *
蔡成贵 *
王世界 *
梅新贤 *
邵兴林 *
吴玉琢 *（　—2020. 03）
王志平 *（2020. 08—　）
刘卫明 *
易善智 *
潘良军 *
张　进 *
刘华国 *
孔庆辉 *（2020. 07—　）

公安局政治处

主任
吴玉琢（　—2020. 03）
孔庆辉（2020. 07—　）

公安局治安警察大队

大队长
张　进
教导员
许永兵

公安局刑事警察大队

大队长
潘良军
教导员
余大伟

公安局交通警察大队

大队长

易善智

教导员

史明春

公安局经济犯罪侦查大队

大队长

丁义新

教导员

陈明政

公安局国内安全保卫大队

大队长

黄　平

教导员

王泽举

公安局警务督察大队

大队长

刘卫明

教导员

陶正庚（　—2020.04）

吴世红（2020.07—　）

公安局法制大队

大队长

刘华国

教导员

王　慧

公安局网络安全保卫大队

大队长

万　俊（　—2020.07）

教导员

邵　林

公安局出入境管理大队

大队长

黄庆远

教导员

陈义芳（女）

看守所

所　长

张元祥

教导员

徐　伟

公安局禁毒大队

大队长

吴新龙（　—2020.07）

教导员

杜伦国

华阳派出所

所长

孔庆辉（　—2020.07）

贾　臣（2020.07—　）

教导员

潘林桢

下蜀派出所

所长

王克钉

教导员

陈顺祥

宝华派出所

所长

杨国正

教导员

朱春桥

边城派出所

所长

贾晓光

教导员

肖兆波

白兔派出所

所长

琚卫军

教导员

陈启宏

茅山派出所

所长

周巧生

教导员

丁　晨

郭庄派出所

所长

夏祖明

教导员

蒋瑞银

后白派出所

所长

贾　臣（　—2020.07）

吴新龙（2020.07—　）

教导员

余　伟

天王派出所

所长

程　飞

教导员

袁　飞

开发区派出所

所长

汪　龙

教导员

桂　飞

茅山风景区派出所

所长

张方军

教导员

居　斐

赤山湖派出所

所长

魏旺荣

教导员

吴世红（　—2020.07）

黄梅派出所

所长

陈兴贵

教导员

朱华静

石狮派出所

所长

闫晓星（女）

教导员

戎　波（　—2020.03）

直属派出所

所长

陈洪军

教导员

张宗周

民政局

局长

纪先荣（　—2020.03）

唐富祥（2020.03—　）

党委书记

纪先荣（　—2020.03）

唐富祥（2020.03—　）

党委副书记

韦　刚（　—2020.04）

周大庆（2020.04—　）

副局长

韦　刚（　—2020.04）

周大庆（2020.04—　）

姜建兵

徐　玮（女）

武益飞

党委委员

姜建兵*

徐　玮*（女）

武益飞*

福利中心主任

孙　青（女）

司法局

局长

张　晶

党组书记

张　晶

副书记　华恩慧（女）

副局长

华恩慧（女）

袁继宏

庞文革（　—2020.04）

杨海平

张传军

罗建军

党组成员

庞文革*（　—2020.04）

杨海平*

张传军*

罗建军*

财政局

局长

陈　刚

党委书记

陈　刚

副局长

糜　艺

笪洪侠

许明生（2020.08—　）

朱　峰

党委委员

糜　艺*

笪洪侠*

许明生*

朱　峰*

蔡　伟*

吴心敏*

国有资产监督管理办公室

主任

陈　刚*

副主任

薛学祥*（　—2020.03）

陆　卫*（2020.03—　）

蔡　伟

镇江市住房公积金管理中心句容分中心

主任

许明生（　—2020.08）

吴心敏（2020.08—　）

人力资源和社会保障局

局长

蔡家红

党委书记

蔡家红

党委副书记

滕　静（女）（2020.04—　）

副局长

杨俊魁（　—2020.04）

滕　静（女）（2020.04—　）

胡继发

戴志勇

陈　健

徐滕州（挂职）（2020.07—　）

人才服务中心

主任

邹志琴（女）

社会劳动保险基金管理中心

主任

王中明（　—2020.11）

卜　俊（2020.11—　）

劳动就业管理中心

主任

任玉军

住房和城乡建设局

局长

邵国一

党委书记

金　伟

党委副书记

邵国一*

杨　勇（2020.03—　）

副局长

冯义进（　—2020.03）

陈　华（　—2020.03）

杨　勇

李本春（2020.03—　）

许厚春

魏胜亚（2020.03—　）

党委委员

李本春*（2020.03—　）

许厚春*

魏胜亚*（2020.03—　）

高　翔*

施金玉

地震局

（在市住房和城乡建设局挂牌）

副局长

高　翔

人民防空办公室

（在市住房和城乡建设局挂牌）

主任

金　伟

市政公用事业服务中心

主任

笪兴柏

拆迁安置服务中心

主任

苏安定

房产业发展服务中心

主任

陈　杰（　—2020.07）

赵鹏飞（2020.07—　）

城市管理局

局长

沈雪琦

党委书记

沈雪琦

党委副书记

张　虎（　—2020.03）

王　军（2020.03—　）

副局长

张　虎（　—2020.03）

王　军（2020.03—　）

徐正春

陈才俊

陈抗震

张建华（2020.10—　）

唐剑锋*（挂职）

（　—2020.08）

韩继斌（挂职 2020.07—　）

党委委员

徐正春*

陈才俊*

陈抗震*

张建华*（2020.10—　）

樊苏春（2020.03—　）

城市管理城区行政执法大队

大队长

潘良栋

城市管理乡镇行政执法大队

大队长

贡　群

交通运输局

局长

彭长江（　—2020.03）

党委书记

彭长江（　—2020.03）

党委副书记

吴　清（　—2020.07）

彭长江（2020.03—　）

副局长

彭长江（2020.03—　）

吴　清（　—2020.07）

徐富祥（　—2020.07）

吴迎春

李本春（　—2020.03）

顾　娟*（挂职）

（　—2020.08）

秦　健（2020.07—　）

杨正军（2020.07—　）

党委委员

吴迎春*

秦　健*（2020.07—　）

杨正军*（2020.07—　）

陈　松*

黄庆平*（2020.03—　）

王爱云（女）（2020.03—　）

公路管理处

（2020年11月更名为公路事业发展中心）

处　长

黄庆平

党总支书记

黄庆平

运输管理处

（2020年11月更名为交通运输综合行政执法大队）

处　长

陈　松

航道管理处

（2020年11月更名为港航事业发展中心）

处　长

李卫东

水利局

局长

包俊华

党委书记

李家云（女）（　—2020.08）

包俊华＊（2020.08—　）

党委副书记

包俊华＊（　—2020.08）

刘明祥

副局长

陈智彬

王　勇（　—2020.11）

文　伟

党委委员

陈智彬＊

文　伟＊

张雨路（2020.07—　）

长江提水站管理处

主任

刘明祥

副主任

方　雷

农业农村局

局长

褚小明（女）（　—2020.04）

袁　民（2020.04—　）

党委书记

褚小明（女）（　—2020.04）

袁　民（2020.04—　）

党委副书记

张世军（　—2020.04）

王　勇（2020.11—　）

副局长

李　祥

张柯华

潘茂亮（　—2020.08）

葛安明（　—2020.04）

赵德生

李　艳＊（女）（2020.12—　）

张　谷＊（挂职）

（　—2020.08）

党委委员

李　祥＊

张柯华＊

潘茂亮＊（　—2020.08）

赵德生＊

赵九红＊（女）

陈　胜＊

夏前德

市政府扶贫工作办公室

（在市农业农村局挂牌）

主任

袁　民＊（2020.04—　）

副主任

赵九红（女）

市委农村工作领导小组办公室

主任

袁　民＊（2020.04—　）

副主任

张世军（　—2020.04）

王　勇（2020.11—　）

农业行政综合执法大队

大队长

陈　胜

农业技术推广中心

主任

束华琴（女）

商务局

局长

赵　军

党组书记

赵　军

党组副书记

孙良俊（　—2020.04）

戴　蓉（女）（2020.04—　）

副局长

孙良俊（　—2020.04）

戴　蓉（女）

刘　刚（2020.04—　）

吴　珏（女）

马菁晟＊（挂职）

（　—2020.08）

党组成员

刘　刚＊（2020.04—　）

吴　珏＊（女）

沈　晨＊

投资促进中心

（2020年7月更名为招商中心）

主任

沈　晨

文体广电和旅游局

局长

许家荣

党委书记

许家荣

副局长

陈玉林

周孝荣（　—2020.07）

杨　玲（女）

陈巧根

王海明

党委委员

周孝荣＊（　—2020.07）

杨　玲＊（女）

陈巧根＊

王海明＊

卫生健康委员会

主任

叶本强（ —2020.04）

杨春光（2020.04— ）

党委书记

叶本强（ —2020.12）

杨春光＊（2020.12— ）

党委副书记

杨春光（2020.04—2020.12）

副主任

王　丽（女）

梅学伟（2020.07— ）

曾称荣

蒋雪平

单红浦（挂职2020.07— ）

党委委员

梅学伟＊（2020.07— ）

曾称荣＊

蒋雪平＊

巫建华（女）（ —2020.07）

王　波（2020.03— ）

疾病预防控制中心

主任

刘　敏

人民医院

院　长

孔连宝（外聘）

党委书记

叶本强＊（ —2020.04）

杨春光＊（2020.04— ）

党委副书记

孔连宝＊

吴晓军

副院长

吴晓军＊（2020.07— ）

沈　斌（外聘）

刘庆伟

王卓群（ —2020.07）

刘业锋

陆振华

刘丽华（女）

中医院

院　长

梁本初

副院长

李　勇

张传飞

退役军人事务局

局长

李文富

党组书记

李文富

党组副书记

胡世广（ —2020.11）

副局长

胡世广（ —2020.11）

张军桓（ —2020.04）

周　舟（2020.03— ）

牛风华（2020.07— ）

朱　宾（2020.12— ）

徐胜松

党组成员

张军桓＊（ —2020.04）

周　舟＊（2020.03— ）

牛风华＊（2020.07— ）

朱　宾＊（2020.12— ）

徐胜松＊

应急管理局

局长

方道宏

党组书记

方道宏

党组副书记

唐广智

副局长

唐广智

雍　军

吴士军

周正辉

王　容（ —2020.04）

党组成员

雍　军＊

吴士军＊

周正辉＊

王　容＊（ —2020.04）

朱　波＊（2020.03— ）

安全生产监督执法大队

大队长

王　容＊（ —2020.04）

周正辉＊（2020.04— ）

安全生产委员会办公室

专职副主任

朱　波＊（2020.03— ）

行政审批局

局长

杨金国

党组书记

杨金国

党组副书记

周　云＊（女）

副局长

周　云＊（女）

俞　伟（2020.12— ）

武　莉（女）

袁　健（ —2020.03）

裔建祥

包永祥

党组成员

俞　伟＊（2020.12— ）

武　莉＊（女）

袁　健＊（ —2020.03）

裔建祥＊
包永祥＊
朱玉刚＊（　—2020.07）
邹　越＊（2020.07—　）

公共资源交易中心

主任
周　云（女）
副主任
程　伟
张　琦

政务服务中心

主任
朱玉刚（　—2020.07）
邹　越（2020.07—　）

市场监督管理局

局长
洪礼荣
党委书记
洪礼荣
副局长
盛金玉
张传斌（　—2020.04）
陶显忠
卞英军
王　昕（女）
张锐方（　—2020.04）
裔　秀（女）（　—2020.04）
张　云
夏培龙（援陕2020.11—　）
党委委员
盛金玉＊
张传斌＊（　—2020.04）
陶显忠＊
卞英军＊
王　昕＊（女）
张锐方＊（　—2020.04）
裔　秀＊（女）（　—2020.04）
张　云＊
夏培龙＊（援陕2020.04—　）
华阳分局局长
王秀安（　—2020.11）
姜浩林（2020.11—　）
下蜀分局局长
王圣叶
边城分局局长
邵国滨（　—2020.11）
周峻玲（女）（2020.11—　）
白兔分局局长
杭新宇
郭庄分局局长
朱　斌
后白分局局长
张　勇
天王分局局长
卢傲怀
茅山分局局长
洪泉辉
黄梅分局局长
夏培龙（　—2020.11）
王秀安（2020.11—　）
宝华分局局长
姜浩林（　—2020.11）
邵国滨（2020.11—　）

统计局

局长
经　军（　—2020.07）
胡文成（2020.07—　）
党组书记
经　军（　—2020.07）
胡文成（2020.07—　）
副局长
焦一明
陈太军
胡　炜
党组成员
焦一明＊
陈太军＊
胡　炜＊

医疗保障局

局长
欧红卫
党组书记
欧红卫
党组副书记
张芬清
副局长
张芬清
滕　静（女）（　—2020.04）
王　伦（2020.04—　）
刘丽华（女挂职）
（　—2020.11）
党组成员
滕　静＊（女）（　—2020.04）
王　伦＊（2020.04—　）
彭　忠＊（2020.04—　）

医疗保险基金管理中心

主任
彭　忠

市信访局

局长
唐富祥（　—2020.03）
丁邦元（2020.03—　）
党组书记
唐富祥（　—2020.03）
丁邦元（2020.03—　）
副局长
刘寿根
聂家勇
文丰华

地方金融监督管理局

局长
徐龙喜（　—2020.03）

巫维国（2020.03— ）

党组书记

徐龙喜（ —2020.03）

巫维国（2020.03— ）

党组副书记

巫维国（ —2020.03）

副局长

巫维国（ —2020.03）

黄晓敏（女）（ —2020.07）

王小军

张金先（2020.12— ）

李 晶（2020.08— ）

党组成员

黄晓敏*（女）（ —2020.07）

王小军*

张金先*（2020.12— ）

李 晶*（2020.08— ）

方 伟（2020.08— ）

供销合作总社

主任

谭素平

党委书记

王 勇

副主任

华 平（ —2020.04）

李海涛（ —2020.12）

高 昕

王 波（2020.12— ）

陈崇磊

党委委员

华 平*（ —2020.04）

李海涛*（ —2020.12）

高 昕*

王 波*（2020.12— ）

陈崇磊*

机关服务中心

主任

周法祥

党组书记

周法祥

副主任

李开忠

冯宏国

张传轶（2020.04— ）

纪检组长

葛 娅（女）

党组成员

李开忠*

冯宏国*

葛 娅*（女）

张传轶*（2020.04— ）

粮食收储中心

主任

焦桂葆

党委书记

焦桂葆

副主任

王银宝（ —2020.04）

谭红军

朱玉刚（2020.07— ）

纪委书记

顾德飞（ —2020.04）

熊金霞（女）（2020.04— ）

党委委员

王银宝*（ —2020.04）

谭红军*

朱玉刚*（2020.07— ）

顾德飞*（ —2020.04）

熊金霞*（女）（2020.04— ）

国有资产经营总公司

（2020年11月更名为国有资产经营中心）

总经理

薛学祥（ —2020.03）

陆 卫（2020.03— ）

党委书记

薛学祥（ —2020.03）

陆 卫（2020.03— ）

副总经理

程 刚

朱 军

纪委书记

贡俊丹（女）

党委委员

程 刚*

朱 军*

贡俊丹*（女）

夏卫平（2020.08— ）

镇江国家农业科技园区

党工委书记

陈 斌*

主任

袁功前

党工委副书记

袁功前*

许仪震

副主任

许仪震

周雪松

戴显斌*

樊 磊*

李 艳（女）（2020.03— ）

党工委委员

周雪松*

审计局

局长

马志勇

党组书记

马志勇

党组副书记

宋维生

副局长

宋维生

梁 涛

党组成员

王万青

梁　涛

句容生态环境局

局长

罗　荣

党组书记

罗　荣

党组副书记

叶向荣

副局长

叶向荣

郦雷明

张玉春

王　明

尤红光

党组成员

郦雷明＊

张玉春＊

王　明＊

尤红光＊

环境监察大队

大队长

马国兵（　—2020.03）

王　云（2020.03—　）

自然资源和规划局

局长

涂长坤

党组书记

涂长坤

党组副书记

程　勇

副局长

孔庆龙（　—2020.04）

程　勇

经　政

王蕴雷

刘　聪

邹云峰

王　洪

余立荣

党组成员

曹晓波＊

经　政＊

王蕴雷＊

刘　聪＊

邹云峰＊

王　洪＊

余立荣＊

严生新＊（　—2020.05）

王晓莉＊（女）

许文雯＊（女）（2020.05—　）

宝华中心所所长

纪青春（2020.05—　）

下蜀中心所所长

吕守坤（2020.05—　）

后白中心所所长

刘　敏（2020.05—　）

郭庄中心所所长

张　乐（2020.05—　）

土地收储中心主任

王晓莉（女）

自规监察大队大队长

朱　辉（2020.12—　）

不动产登记中心主任

严生新（2020.05—　）

市公益林管理中心

主任

曹晓波

副主任

许文雯（女）（2020.05—　）

于秉喜

吴　越

江苏句容投资集团有限公司

董事长

吉田刚

党委书记

吉田刚

党委副书记

笪爱华＊

总经理

笪爱华

副总经理

王　政（　—2020.03）

周隆进

韩　强（外聘—2020.03）

韩　强（内聘2020.03—　）

彭　文（2020.03—　）

纪委书记

任凌云（　—2020.07）

杜　鹃（女）（2020.07—　）

监察专员

任凌云＊（2020.03—2020.07）

杜　鹃＊（女）（2020.07—　）

党委委员

王　政＊（　—2020.03）

周隆进＊

任凌云＊（　—2020.07）

杜　鹃＊（女）（2020.07—　）

江苏句容新农控股集团有限公司

董事长

王余进

总经理

吴　玮

纪检监察组组长

徐　萌

副总经理

杨　瑞（　—2020.07）

朱俊伟（2020.04—　）

茅山风景区

党工委书记

高发巧

管委会主任

郭　江（援陕）

桑学军（2020.04—　）

党工委副书记

郭　江＊（援陕）

桑学军＊（2020.07— ）
朱 斌（ —2020.07）
吴 清（2020.07— ）
管委会副主任
胡文成（ —2020.07）
王 霞（女）
高 新（ —2020.11）
丁邦元（ —2020.03）
万 震（女）
杨世祥（2020.03— ）
党工委委员、纪工委书记
金 峰
党工委委员
胡文成（ —2020.07）
王 霞（女）
高 新（ —2020.11）
丁邦元（ —2020.03）
万 震（女）
金 峰
杨世祥（2020.03— ）
吴玉伟（2020.03— ）
张 楠（女）（2020.03— ）
郭心悦（女）（挂职）（ —2020.11）
办公室主任
吴玉伟（2020.03— ）
党群工作部部长
张 楠（女）
经济发展部部长
程双双（女）
规划建设部部长
笪斐斐（女）
景区运营部部长
刘 亚（女）（2020.12— ）
社会事务部部长
殷文宏（ —2020.04）
王 丽（女）（2020.04— ）
财务部部长
吴文华

江苏省句容茅山湖旅游度假区管理办公室

党组书记
高发巧
主任
褚小明（女）
党组副书记
褚小明＊（女）
副主任
张 俊
胡基兵
李迎节
朱 燕（女）
党组成员
张 俊＊
胡基兵＊
李迎节＊

宝华山国家森林公园

党工委书记
孙卫军＊（ —2020.10）
卞云峰＊（2020.11— ）
管委会主任
谢庚明
副书记
谢庚明＊
管委会副主任
汤继红（女）（ —2020.03）
李建权（2020.07— ）
韩志成（援藏）
王 欣（女）
党工委委员
汤继红（女）（ —2020.03）
李建权（2020.07— ）
韩志成（援藏）
王 欣（女）
郑晓虎（挂职）（ —2020.11）
赤山湖
党工委书记
段永齐＊（ —2020.03）
谢 兵＊（2020.03— ）
管委会主任
吕兴齐
党工委副书记
吕兴齐＊
管委会副主任
夏兴华
刘吉花（女）（ —2020.12）
高 翔
万 笑（女）（2020.12— ）
万 笑（女）（挂职）（ —2020.11）
党工委委员
夏兴华
刘吉花（女）（ —2020.12）
高 翔

江苏省句容经济开发区

党工委书记
周 俊
管委会主任
戴兆方
党工委副书记
戴兆方＊
金 宇
朱庆峰（ —2020.04）
孙良俊（2020.04— ）
顾 娟（挂职）（ —2020.08）
林 军（挂职 2020.07— ）
管委会副主任
魏金河（ —2020.03）
许能祥
宋念东
陈 敏
孔凡峰（2020.04— ）
党工委委员、纪工委书记
严宜荣
党工委委员
段续文＊
严宜荣

张东旭＊（　—2020.03）
高　然＊（　—2020.03）
姜雯荣＊（2020.12—　）

财政分局局长

姜小网

投促中心主任

杨兆鹏（2020.04—　）

黄梅街道

党工委书记

金　宇

办事处主任

段续文

党工委副书记

段续文＊
熊满胜
蔡学飞（挂职）（　—2020.04）
王德臣（挂职）（2020.07—　）

纪工委书记

严宜荣＊

办事处副主任

陈　华（2020.03—　）
刘　迎（女）
张东旭（2020.03—　）

党工委组织委员

张东旭（　—2020.03）
部广平（女）（2020.03—　）

党工委宣统委员

高　然

党工委政法委员

张东旭＊（　—2020.03）

党工委政法委员

马国兵（2020.03—　）

党工委委员

陈　华（2020.03—　）
巫玉倩（挂职）（　—2020.11）

华阳街道

党工委书记

张　凯

办事处主任

桑　毅

党工委副书记

桑　毅＊
陈建兵（　—2020.04）
孔凡峰（　—2020.04）
吴　勇（2020.04—　）
陈兴荣（2020.04—　）
马菁晟（挂职）（　—2020.08）
徐滕州（挂职）（2020.07—　）

党工委委员、纪工委书记

杨建勋（　—2020.03）
许　俊（2020.03—　）

办事处副主任

陈兴荣（　—2020.04）
王　军（　—2020.03）
张映旭（2020.04—　）
吴小蕾（女）
徐　峰
宋贤飞
夏　永
杨建勋（2020.03—　）

党工委组织委员

魏粮川

党工委宣统委员

吴　敏（女）

党党工委政法委员

朱　宾（　—2020.12）
谢　鸣（2020.12—　）

党工委委员

刘　浩（挂职）（　—2020.11）

崇明街道

党工委书记

卞云峰（　—2020.04）
戴红梅（女）（2020.04—　）

办事处主任

佘　俊

党工委副书记

佘　俊＊
戴荣国
宋　杨（挂职）（　—2020.04）
李文湃（挂职）（2020.07—　）

党工委委员、纪工委书记

陈志清（女）（　—2020.04）
盛振华（2020.04—　）

办事处副主任

吴　文
骆守喜（　—2020.07）
陈国民
王广成（2020.12—　）

党工委组织委员

王广成（　—2020.12）
张佩佩（女）（2020.12—　）

党工委宣统委员

宋康文

党工委政法委员

陈兴民

党工委委员

张佩佩（女）（挂职）
（　—2020.11）

·中国人民政治协商会议句容市委员会·

主　席

章壮钧

党组书记

章壮钧

党组副书记

商　震

副主席

商　震
吴小香（女）
倪定胜
王道银（女）
胡现龙

秘书长

张业华（女）（　—2020.03）

王仁俊（2020.03—　）

党组成员

胡现龙＊

吴兴春

王素俊（2020.03—　）

张业华＊（女）（　—2020.03）

王仁俊＊（2020.03—　）

程柏林＊

张腊英＊（女）

徐嘉惠＊

王金涛＊

包华根（　—2020.07）

张彦飞

办公室

主任

张业华（女）（　—2020.03）

王仁俊（2020.03—　）

副主任

郑晓虎

张明中

提案联络委员会

主任

程柏林

副主任

凌　麓（女）

学习和文史委员会

主任

张腊英（女）

副主任

笪　雷（女）

经济科技委员会

主任

徐嘉惠

副主任

窦鹏飞

社会事业委员会

主任

钟诚柏

副主任

陈绍林

港澳台侨和民族宗教委员会

主任

王金涛

副主任

张金豹

·中共句容市纪律检查委员会·

书　记

赵树锋

副书记

张世海

滕振林

纪委常委

李兴国

朱孝成

杨　华

王轶群（女）

办公室主任

赵文超

干部管理监督室主任

夏　蕾（女）

宣教室主任

周钰明

案件审理室主任

郑　静（女）（2020.03—　）

党风政风监督室主任

王轶群＊（女）（　—2020.11）

赵　祥（2020.11—　）

信访室主任

杨　华＊

案件监督管理室主任

李兴国＊

第一纪检监察室主任

陈　勇

第二纪检监察室主任

赵　军（　—2020.03）

第三纪检监察室主任

韩学明＊

第四纪检监察室主任

崔海峰

第五纪检监察室主任

李　波（2020.03—　）

第六纪检监察室主任

盛振华（　—2020.04）

第七纪检监察室主任

许　俊（　—2020.03）

第八纪检监察室主任

张爱萍（女）

监察委员会

（与市纪委合署）

主任

赵树锋

副主任

张世海

滕振林

委　员

李兴国

朱孝成

周宜安

韩学明

第一派出监察员办公室主任

李　波＊（2020.03—　）

第二派出监察员办公室主任

盛振华＊（　—2020.04）

第三派出监察员办公室主任

许　俊＊（　—2020.03）

派驻机构

市委办纪检监察组组长

步　玲（女）

市委办纪检监察组第一副组长

王　琴（女）

人大政协机关纪检监察组组长
张秀花（女）
政府办纪检监察组组长
杜　鹃（女）
组织部纪检监察组组长
兰　玮（女）（　—2020. 07）
王　挺（2020. 07—　）
宣传部纪检监察组组长
王　挺（　—2020. 07）
郃小雪（女）（2020. 07—　）
政法委机关纪检监察组组长
牛风华（　—2020. 07）
陈　鑫（2020. 07—　）
发改经信委纪检监察组组长
孙平国
发改经信委纪检监察组第一副组长
郃小雪（女）（　—2020. 07）
住建局纪检监察组组长
陈　铭
住建局纪检监察组第一副组长
伍扣才
农委纪检监察组组长
文茂根（　—2020. 07）
市监局纪检监察组组长
陈祥福
市监局纪检监察组第一副组长
朱益平（　—2020. 04）
顾冬云（女）（2020. 04—　）
公安局纪检监察组组长
王志平
综合监督纪检监察组组长
杜雪美（女）

·句容市人民法院·

院　长
王锁平
党组书记
王锁平
副院长
唐世民（　—2020. 03）
姜　波（　—2020. 07）
王　蔚（女）
严卫东（2020. 07—　）
张　路（2020. 11—　）
党组成员
唐世民*（　—2020. 03）
姜　波*（　—2020. 07）
王　蔚*（女）
严卫东*
张　路*
陈　琴*（女）
谭江宇*（2020. 11—　）
王　丽*（女）（2020. 07—　）
政治部主任
陈　琴（女）（　—2020. 07）
王　丽（女）（2020. 07—　）
审判委员会专职委员
张　路（　—2020. 11）
严卫东（　—2020. 07）
陈　琴（女）（2020. 07—　）
谭江宇（2020. 11—　）
执行局局长
卞英明

·句容市人民检察院·

检察长
高　鹏
党组书记
高　鹏
党组副书记
鸦连军
副检察长
鸦连军
徐光云（女）
汪兴东（　—2020. 03）
党组成员
徐光云*（女）
汪兴东*（　—2020. 03）
刘昌云*
朱凌雁*（女）
张红兴*
夏立红（2020. 07—　）
政治部主任
刘昌云
检察委员会专职委员
朱凌雁（女）
张红兴
后白检察室
夏立红

·社会团体·

总工会

主　席
徐胜宝*
党组书记
陈一江
副主席
陈一江*
张　健
曹　丽（女）
方海军
胡继发*
刘润华*
王立宇（女）（挂职）
党组成员
张　健*
曹　丽*（女）
方海军*

共青团句容市委员会

书　记
蔡　艳（女）
副书记
包文谦（女）
姜雯荣
吕小步（挂职）
高　津*
汪厚俊*

妇女联合会

主　席
杨冬梅（女）

党组书记

杨冬梅（女）

副主席

陈　梅（女）

朱晓静（女）（　—2020.07）

夏　敏（女）（2020.07—　）

华梦丽（女）（挂职）

孙　瑜＊（女）

罗先霞＊（女）

党组成员

陈　梅＊（女）

夏　敏＊（女）（2020.07—　）

张玉红（女）（2020.04—　）

科学技术协会

主　席

高庆松

副主席

张德成

施江华

李　祥＊

房家义＊

蒋雪平＊

工商业联合会

主　席

王道银＊（女）

党组书记

陈　健

驻会副主席

王明怀（　—2020.04）

蒋苏娜（女）

冯　俊（2020.07—　）

党组成员

王明怀＊（　—2020.04）

冯　俊＊（2020.07—　）

不驻会副主席

张小祥

李　鸣（女）

任春香（女）

刘树安

徐益盛

杨志峰

文学艺术界联合会

主　席

傅丽莉（女）

副主席

王庆涛（　—2020.04）

徐　燕（女）（2020.04—　）

红十字会

会　长

凌　华＊（女）

常务副会长

文德忠

副会长

郑所勤（女）

残疾人联合会

主　席

王大金＊

党组书记

吴　阳（　—2020.03）

张业华（女）（2020.03—　）

副主席、理事长

吴　阳（　—2020.03）

张业华（女）（2020.03—　）

副理事长

周　舟（　—2020.03）

汤继红（女）（2020.03—　）

张光兵（2020.08—　）

党组成员

汤继红（女）（2020.03—　）

张光兵（2020.08—　）

刘小燕（女）

归侨侨眷联合会

主　席

王金涛（不驻会）

副主席

郑长明（不驻会）

汪海滨（不驻会）

人口和计划生育协会

会　长

凌　华＊（女）

·各镇党委、人大、政府·

下蜀镇

党委书记

郭　江（升格前—2020.03）

贾良旭（升格后）

党委副书记

徐　明＊

朱　斌（升格后2020.07—　）

陈健兵（升格后2020.04—　）

周　伟（升格前—2020.04）

杨　健（升格前—2020.04）

吴鹏飞（挂职）（　—2020.08）

王万珺（挂职2020.07—　）

党委委员、纪委书记

冯正平（升格前—2020.04）

殷文宏（升格后2020.04—　）

党委组织委员

夏　敏（女）（　—2020.07）

张　馨（女）（2020.07—　）

党委宣传委员

潘海风（女）

党委统战委员

王　荣（女）

党委政法委员

许学智

党委委员

张波静（　—2020.07）

刘　浩（2020.07—　）

党委委员

杨　健

余　俊（挂职）（　—2020.11）

人大主席

徐　飞（升格后）

王发顺（升格前—2020. 07）

镇长

徐　明（升格后）

副镇长

杨　健（升格前—2020. 04）

杨　健（升格后 2020. 04—　）

王吉军

张映旭（　—2020. 04）

陈　勇（援疆）

杨正军（　—2020. 07）

吴荣燕

丁卫民

冯正平（2020. 04—　）

张波静（2020. 07—　）

宝华镇

党委书记

孙卫军＊（　—2020. 10）

卞云峰（2020. 11—　）

党委副书记

杨春光＊（　—2020. 04）

杨世祥（　—2020. 03）

卞云峰（2020. 04—2020. 11）

冯义进（2020. 03—　）

邱　俊（挂职 2020. 07—　）

党委委员、纪委书记

朱　健（　—2020. 07）

任凌云（2020. 07—　）

党委组织委员

胡　亮（　—2020. 06）

米　玉（2020. 07—　）

党委宣传委员

陈　平（　—2020. 12）

郭心悦（女）（2020. 12—　）

党委统战委员

林　松

党委政法委员

张远云

党委委员

戴　裔（援疆）

孙洪钰（2020. 03—　）

徐　淼（挂职）（　—2020. 11）

人大主席

胥兴华

镇长

杨春光（　—2020. 04）

卞云峰（2020. 04—　）

副镇长

戴　裔（援疆）

孙洪钰

万　俊

谭玉芬（女）

张金先（　—2020. 12）

朱宏琴（女）（2020. 03—　）

陈　平（2020. 12—　）

龚　勋（挂职）（　—2020. 08）

边城镇

党委书记

桑学军（　—2020. 07）

吕长江（2020. 07—　）

党委副书记

吕长江＊（　—2020. 07）

吴　勇（　—2020. 04）

韦　刚（2020. 04—　）

唐剑锋（挂职　—2020. 08）

王瑞兴（挂职　2020. 07—　）

党委委员、纪委书记

陈和平

党委组织委员

章　伟

党委宣传委员

夏建玲（女）

党委统战委员

许　平（　—2020. 12）

巫玉倩（女）（2020. 12—　）

党委政法委员

董存玉

党委委员

刘　刚（　—2020. 04）

徐　进（2020. 04—　）

潘道政（挂职）（　—2020. 11）

人大主席

王仁俊（　—2020. 03）

张　虎（2020. 03—　）

镇长

吕长江

副镇长

刘　刚（　—2020. 04）

徐　进（2020. 04—　）

周菲菲（女）

王　波（　—2020. 12）

魏胜亚（　—2020. 03）

王　政（2020. 03—　）

许　平（2020. 12—　）

白兔镇

党委书记

陈　斌

党委副书记

戴红梅＊（女）（　—2020. 04）

朱庆峰＊（2020. 04—　）

董　群

党委委员、纪委书记

徐　钧

党委组织委员

侯建忠

党委宣传委员

纪项迪（　—2020. 12）

潘道政（2020. 12—　）

党委统战委员

刘长珍（女）（　—2020. 07）

朱小洪（2020. 07—　）

党委政法委员

任　振

党委委员

洪　浩（　—2020. 04）

杨　军（2020. 07—　）

耿香玉（挂职）（　—2020. 11）

人大主席

严　群

镇长

戴红梅（女）（　—2020. 04）

朱庆峰（2020. 04—　）

副镇长

洪　浩（　—2020. 04）

杨　军

樊　磊

吴凌华（　—2020. 07）

吴　笠

刘长珍（女）（2020. 07—　）

茅山镇

党委书记

徐　飞（　—2020. 03）

侯　伟（2020. 03—　）

党委副书记

郭　露

戴显斌（2020. 04—　）

成　聪（挂职）（2020. 07—　）

党委委员、纪委书记

喻　萍（女）

党委组织委员

孔庆俊（　—2020. 08）

束　泉（2020. 08—　）

党委宣传委员

徐　燕（女）（　—2020. 04）

孙怀建（2020. 07—　）

党委统战委员

冯朝柱（　—2020. 08）

朱明海（2020. 08—　）

党委政法委员

李建权（　—2020. 07）

方　静（2020. 07—　）

党委委员

戴显斌（　—2020. 04）

钱　莉（女）（2020. 07—　）

孙　青（挂职）（　—2020. 11）

人大主席

陈喜春

镇长

侯　伟（　—2020. 04）

郭　露（2020. 04—　）

副镇长

戴显斌（　—2020. 04）

钱　莉（女）

丁国睿

刘　凯

陈　杰（2020. 07—　）

张　谷（挂职）（　—2020. 08）

后白镇

党委书记

贡月明（　—2020. 03）

张明飞（2020. 03—　）

党委副书记

张明飞 *（　—2020. 03）

任　刚（2020. 04—　）

张　博

刘　君（挂职）（　—2020. 08）

于景金（挂职 2020. 07—　）

党委委员、纪委书记

孔　叶

党委组织委员

张巍（女）（　—2020. 12）

余　俊（2020. 12—　）

党委宣传委员

王　伟

党委统战委员

樊旭华（女）

党委政法委员

马　杰

党委委员

俞　伟（　—2020. 12）

谢　鸣（挂职）（　—2020. 11）

人大主席

李如祥

镇长

张明飞（　—2020. 04）

任　刚（2020. 04—　）

副镇长

靳春亮

俞　伟（　—2020. 12）

余　兵

刘功华

张　巍（女）（2020. 12—　）

天王镇

党委书记

贾良旭（　—2020. 03）

贡月明（2020. 03—　）

党委副书记

袁　民 *（　—2020. 04）

任　刚（　—2020. 04）

张世军 *（2020. 04—　）

洪　浩（2020. 04—　）

党委委员、纪委书记

沈信志

党委组织委员

贡永芳（女）（　—2020. 12）

方　晶（2020. 12—　）

党委宣传委员

张映钢

党委统战委员

李家斌

党委政法委员

方　晶（　—2020. 12）

陈江涛（2020. 12—　）

党委委员

鲁学谦

陈江涛（挂职）（　—2020. 11）

人大主席

高　平

镇长

袁　民（　—2020. 04）

张世军（2020. 04—　）

副镇长

鲁学谦

王惠宇

王　莉（女）（2020. 07—　）

张昌华

秦　健（　—2020. 07）

宗树斌（挂职）（2020. 07—　）

郭庄镇

党委书记

段永齐 *（　—2020. 03）

谢　兵（2020. 03—　）

党委副书记
黄建清＊
周大庆（　—2020.04）
朱华伟
毛海洋（2020.04—　）
杨　婷（挂职）（　—2020.08）
郭　勇（挂职）（2020.07—　）

党委委员、纪委书记
陈　鑫（　—2020.07）
朱　健（2020.07—　）

党委组织委员
黎立青

党委宣传委员
薛珊珊（女）

党委统战委员
孙怀建（　—2020.07）
沈军伟（2020.07—　）

党委政法委员
梅学伟（　—2020.03）
徐原雷（2020.03—　）

党委委员
袁友新
梅学伟（2020.03—2020.07）
杨　荣（2020.07—　）
方　雷（挂职）（　—2020.11）

人大主席
秦华成

镇长
黄建清

副镇长
袁友新
范迎春
钱　勇（　—2020.07）
毛可进（2020.07—　）
王　益（女）
杨青松

索 引

说 明

一、本索引采用主题分析方法编制。标引词按第一字汉语拼音音序排列；第一字相同，按第二字排列，依次类推。

二、类目、分目（次分目上）名称用黑体字标明。标引词后的阿拉伯数字表示内容所在的页码，数字后的拉丁字母 a、b、c 表示从左至右第一、二、三栏。标引词后第二个页码起，表示该索引参见内容所在位置。

三、彩色画页未编索引

K

L

M

N

P

Q

图书在版编目（CIP）数据

句容年鉴. 2021 / 句容市史志办公室编. —北京 ：
方志出版社，2021. 12
ISBN 978-7-5144-4856-6

Ⅰ. ①句… Ⅱ. ①句… Ⅲ. ①句容-2021-年鉴
Ⅳ. ①Z525. 34

中国版本图书馆 CIP 数据核字（2021）第 247542 号

句容年鉴（2021）

编　　者：句容市史志办公室
责任编辑：李　静
出 版 者：方志出版社
地址　北京市朝阳区潘家园东里 9 号（国家方志馆 4 层）
邮编　100021
网址　http：//www. zgfzcb. org
发　　行：方志出版社图书经销中心
电话（010）67110500
经　　销：各地新华书店
印　　刷：镇江文苑制版印刷有限责任公司
开　　本：889×1194　1/16
印　　张：22. 5
字　　数：720 千字
版　　次：2021 年 12 月第 1 版　2021 年 12 月第 1 次印刷
印　　数：1-800 册

ISBN 978-7-5144-4856-6　定价：280. 00 元